职业院校汽车类专业人才培养改革创新示范教材

汽车维修业务接待

黄　芳　王勇静　主编

电子工业出版社

Publishing House of Electronics Industry

北京 · BEIJING

内 容 简 介

本书主要内容有：汽车维修业务接待与服务礼仪、汽车维修业务接待流程、汽车维修管理、汽车维修业务接待员基本专业知识、汽车维修收入与维修合同、汽车车辆保险和保险理赔、汽车维修客户的接待与投诉处理、汽车维修客户信息管理。本书适用于职业高中、职业学校教学及职业技工培训。

未经许可，不得以任何方式复制或抄袭本书之部分或全部内容。
版权所有，侵权必究。

图书在版编目（CIP）数据

汽车维修业务接待/黄芳，王勇静主编. —北京：电子工业出版社，2015.11
ISBN 978-7-121-27532-6

Ⅰ. ①汽…　Ⅱ. ①黄… ②王…　Ⅲ. ①汽车—修理厂—商业服务　Ⅳ. ①U472.31

中国版本图书馆 CIP 数据核字（2015）第 265525 号

策划编辑：杨宏利（yhl@phei.com.cn）
责任编辑：杨宏利　　　特约编辑：李淑寒
印　　刷：北京七彩京通数码快印有限公司
装　　订：北京七彩京通数码快印有限公司
出版发行：电子工业出版社
　　　　　北京市海淀区万寿路 173 信箱　邮编 100036
开　　本：787×1 092　1/16　印张：17　字数：435.2 千字
版　　次：2015 年 11 月第 1 版
印　　次：2024 年 1 月第 6 次印刷
定　　价：34.00 元

前　言

　　汽车维修业务接待员是指负责接待客户，解答客户来电咨询，仔细问诊和安排好维修工作，做好维修人员和客户之间车辆信息的及时反馈，与客户交谈并向客户推荐定期保养及精品，定期对客户进行回访的工作人员。

　　汽车维修业务接待员要认识自己在整个维修过程中起到什么作用。一般 4S 店都要求业务接待员能灵活接待，对客户要有亲和力，以取得客户的信任。这将决定业务能否成功。此外还要熟练掌握 DMS（Dealer Management System，汽车经销商管理系统），以及开单、预估、结算。特别是要熟练掌握汽车常用配件的价格以及安装工时，准确地报出估价，灵活沟通，取得客户的认可。

　　本书主要用于培养汽车维修业务接待员岗位能力。汽车维修业务接待员作为汽车维修企业的"窗口"，代表着企业的形象。业务接待员服务质量的高低、维修估价是否合理、收费结算过程是否流畅等，是衡量企业形象的重要指标。本书紧密结合汽车维修业务接待的岗位需求，设计出相应学习任务模块，运用情境模拟训练的方式进行反复操练，使学生能够基本掌握汽车维修业务接待的相关知识和技能，熟悉汽车 4S 店的业务接待服务流程，承担完整的汽车维修业务接待工作，同时培养学生的团队合作、沟通、协调能力及职业道德。

　　1．教材特色

　　（1）针对性强。本书具有很强的针对性，着重于业务接待员能力素质的培养。

　　（2）适用性强。本书适合作为中职类和高职类汽车商务专业或汽车维修专业教材。

　　2．教材创新

　　（1）本书在内容编写上从业务接待员应掌握的知识入手，学生上手比较快。

　　（2）本书在内容上更加贴近企业的实际工作过程，以"项目模块"的新形式替代了传统的章节形式，让学生能够更好地实现"做中学、学中做"。

　　（3）为了切合学生的感受、兴趣以及接受能力，本书适当降低了理论知识的难度，强调实践环节的教学，从而真正做到了"够用和实用"。

　　（4）引入了新的研究成果和方法，如工学结合一体化教学理念等。

　　（5）本书顺应社会发展变化来设置教学内容。

　　本书由常州交通技师学院黄芳和王勇静主编，黄芳编写了项目一到项目五，王勇静编写了项目六到项目八，本书在编写过程中受到了商务运输系主任王才贤的悉心指导，在此表示衷心的感谢。

　　本书在编写中，参考了本类题材的优秀文献，使其内容更加丰富，知识范围更加全面，再此我们衷心表示谢意。

编者 2015.3.

目 录

项目一

汽车维修业务接待与服务礼仪

教学要求

1. 能运用商务礼仪规范接待客户；
2. 掌握本行业的职业道德规范；
3. 掌握与客户沟通的技巧、态度与话术，通过与客户沟通了解客户需求并满足客户需求。

任务一 汽车维修业务接待

汽车所有者身份的变化，带来了客户需求的多样性。汽车维修企业为了满足客户需求，树立企业形象，提高企业的竞争力，纷纷在企业内开展宾馆式服务，设置汽车维修业务接待这一岗位。经过几年的发展，业务接待已逐渐成为汽车维修企业经营管理中的一个重要岗位。维修业务接待的好坏已成为衡量汽车维修企业是否优良的直接标准。汽车制造厂也将业务接待作为企业营销战略的一个重要组成部分。

汽车维修企业的服务对象群体与以前相比发生了质的变化。这些拥有汽车的车主，主要以家庭用车为主，他们不仅要求维修质量优良，而且希望得到热情接待、费用合理等优质的服务。因此，汽车维修企业不仅要保证维修质量优良，而且要提供一个良好的客户休息环境和优秀的业务接待服务。客户到企业修车时，如果遇到一件或几件不满意的事，如服务人员回答自己提出的问题不专业，故障判断没有针对性，维修环境差，设备精度不高，管理乱，维修人员工作责任心不强，工作人员忙乱无序，服务质量与维修收费的比例不合理等，势必产生不满，甚至抱怨。这时客户在主观上会对企业做出"不正规、档次低、服务差、条件差、维修质量不怎么样"的结论，从而使企业在客户心中留下"恶感"，在以后的质量保证期内，即使一点小的故障也会引起客户的强烈不满。在这种情况下，客户除了在周围朋友中损坏企业的形象外还会向行业管理部门投诉，使企业不仅得不到新的客户群，还会逐步流失原有客户群。这就是现实中二类维修企业"客户少、回头客少、业务少"的原因之一，也是很多 4S 店价格虽高，但仍然顾客盈门的原因之一。因此，随着汽车售后服务市场的进一步发展，业务接待虽不是万能的，但没有业务接待却是万万不能的。其重要性主要体现在以下几个方面。

① 汽车维修业务接待岗位的设立，充分体现了汽车维修企业的经营管理规范化程度。

② 汽车维修业务接待可带动协调各个管理环节，有利于提高工作效率。

③ 汽车维修业务接待可作为企业与客户之间的桥梁，协调双方利益，提高双方的信任度，从而凝聚广大客户，提高企业的经济效益和社会效益。

1.1.1　汽车维修业务接待的作用

客户来修车，第一步是踏入企业的接待大厅，接待大厅的环境决定着客户对企业的第一印象。因此从企业本身来说，设置业务接待大厅要从全盘考虑，在布置方面要结合所修的主导车型进行个性化设计，力求具有较强的舒适性、较好的亲和力，彰显庄重性和技术性。要加强业务接待人员素养培训，提高接待员的服务水平和素质，使客户信任企业，使客户愿意在企业修车，从而将客户变为企业的"回头客"。

J.D.POWER（市场调研）公司在调查中发现，1 个不满意的顾客会影响 13 个人不来买公司的产品，而 4 个不满意的顾客中只有 1 个会对公司抱怨，其余 3 个除了会影响别人不买公司的产品外，他们还会选择默默地离开，因此每当 1 个顾客来抱怨时就代表了 4 个顾客对同一件事的抱怨，而且可能有 52 个人会因此而不买公司的产品。因此，作为公司处理的不是单一顾客的案件，而是如何让这个顾客满意，以减少对另外 13 个顾客的影响，并且在经过彻底改善后，使其他 13 位可能也会不满意的潜在顾客达到满意。

从很多企业的成功经验来看，只有在汽车维修业务接待这个"第一窗口"彻底改善服务质量，才能减少不满意事件的发生。汽车维修业务接待对汽车维修企业的发展有着至关重要的作用。

1. 代表企业的形象

汽车维修企业的特征主要由企业精神、企业效率、企业信誉及经营环境等组成。良好的企业形象会在公众中产生深刻的认同感和信任感，进而转化为巨大的经济效益。维修业务接待在客户中的形象就是企业特征的直接反映，是企业的"窗口"代表，其言谈举止、待人接物、服务水平等直接关系到企业形象。

2. 影响企业的收益

维修业务接待要对承修车辆在维修前进行估价，在维修过程中对所发生的费用进行统计核实，并向客户解释相关费用的收取标准，听取客户的意见并向上级部门反映，在双方完全认同的条件下收取相关费用。其维修估价的合理性、收费结算过程的流畅性、发生费用结算纠纷时处理的灵活性，都直接影响着企业的信誉、企业的收入和企业的效益。

3. 反映企业技术管理的整体素质

维修业务接待在接车、估价等过程中所表现出的解决问题和处理问题的能力，直接体现了企业的技术水平。其从接车到交车的全过程中有关工作的条理性、周密性和灵活性，直接体现了企业的服务和管理水平。

4. 作为维修企业与车主之间的桥梁

维修业务接待有许多不同的名称，如接待专员、服务顾问、维修顾问、诊断顾问等，这个角色之所以重要，是因为他是顾客进厂后碰到的第一人，如果服务好、顾客信赖度高，也可能是顾客在服务厂唯一接触的人。因为顾客时间有限、专业性不足，所以很容易将爱车交给业务接待后就放心等待结果。因此，从理论上讲，来厂维修的客户是由业务接待从头到尾完成服务的。如果维修业务接待服务好，则顾客对企业的信赖度就会提高。

另外，在顾客的信任下，随着业务接待专业能力的不断增强，他还可以建议顾客采用最好的维修项目，以保障车辆的长期使用。因此，业务接待的专业性为顾客所依赖，同时只要说服力强，就可以对顾客做出最合适的建议，这既是维修企业重要的业绩来源，又有助于业绩的稳定提升。

维修业务接待需要掌握汽车维修企业的工作流程及工作进度，其目的是确认顾客的车辆维修进度，了解能否在顾客认知的时间内顺利完成，或者提早告知顾客车辆状况，使车主能有心理准备。

最后，维修业务接待还必须站在顾客的立场上，为顾客检查爱车，使顾客从车辆进厂到交车能得到完整的服务，从而提高顾客满意度，最终提高顾客对汽车品牌的认可度和对汽车维修企业的信任度。

1.1.2　汽车维修业务接待员应具备的条件

从各汽车 4S 店的调查现状和汽车工业的发展水平来看，一个合格的汽车维修业务接待员必须具备下列条件。

① 具有汽车维修专业大专以上文化程度，或者取得中级维修工技术证书，以及具有维修岗位 5 年以上的工作经验。

② 品貌端正、口齿伶俐，会说普通话，具有较强的语言表达能力和随机应变能力。

③ 熟悉汽车维修、汽车材料、汽车配件知识及汽车保险知识，并有一定的实践经验。

④ 接受过业务接待技巧的专业培训。

⑤ 熟悉汽车维修价格结算的工艺流程、工时单价和工时定额，具有初步的维修企业财务知识。

⑥ 有驾驶证，会使用企业内维修软件。

⑦ 接受过专业培训，经主管部门考核合格，熟悉国家和汽车维修行业的有关价格、法律、法规和政策。

⑧ 具有高度的责任心、良好的职业道德和心理素质。

1.1.3　汽车维修业务接待员的素质要求

1. 品格素质要求

① 忍耐与宽容是优秀接待人员的一种美德，也是面对无理客户的法宝。面对客户要包容和理解。良好的服务就是让客户满意。真正的客户服务是根据客户的喜好提供满意的服务，不同客户的性格、人生观、价值观不同，要根据不同客户的需求和喜好提供服务。在工作中要像对待朋友那样对待客户，要有很强的包容心，包容客户的一切，树立"客户就是上帝"这一现代服务理念。

② 不轻易承诺，说到就要做到。对于业务接待，通常很多企业都要求不轻易承诺，说到就要做到。因此业务接待不要轻易地承诺，随便答应客户，这样极易使工作陷于被动。业务接待必须注重自己的诺言，一旦答应客户，就应竭力做到。

③ 勇于承担责任。业务接待需要承担各种各样的责任。工作中出现问题和失误时，同事之间不应相互推卸责任，而要勇于承担责任，积极主动解决问题，以消除客户的不满和抱怨。

④ 拥有博爱之心，真诚对待每一个人。这里的博爱之心是指"人人为我，我为人人"的那种思想境界，热爱客户就像热爱自己一样。

⑤ 谦虚是做好客户服务工作的要素之一。谦虚是人类的美德。对业务接待员而言，谦虚

很重要。一个业务接待拥有较强的专业知识，靠专业知识和技能提供服务，面对相对外行的客户极易产生自满，这是客户服务的大忌。在客户面前炫耀自己的专业知识，揭客户的短处，这是不礼貌的行为，更无法提供让客户满意的服务。业务接待在拥有了丰富的服务技巧和专业知识后，更应谦虚。

⑥ 要有强烈的集体荣誉感。客户服务强调的是团队精神，企业的业务接待需要互相帮助，必须要有团队精神。业务接待所做的一切，不是为了表现自己，而是为了把整个企业的客户服务工作做好。强烈的集体荣誉感也是对业务接待品格方面的要求。

2. 技能素质要求

① 良好的语言表达能力。良好的语言表达能力是实现与客户沟通的必要技能和技巧。

② 丰富的行业知识及经验。丰富的行业知识及经验是解决客户问题的必备武器，不管做哪个行业都需要具备专业知识和经验。业务接待不仅要能跟客户沟通、赔礼道歉，而且要成为产品的专家，能够解释客户提出的问题。如果业务接待不能成为业内人士，不是专业人才，就没有办法帮助客户解决实际问题。因此，业务接待要有很丰富的行业知识和经验。

③ 熟练的专业技能。熟练的专业技能是客户服务人员的必修课。每个业务接待都需要学习多方面的专业技能。

④ 优雅的形体语言表达技巧。掌握优雅的形体语言表达技巧，能体现出业务接待的专业素质。内在的气质会通过外在形象表露出来。举手投足、说话方式、笑容，都能说明业务接待是否足够专业。

⑤ 思维敏捷，具备对客户心理活动的洞察力。这是做好客户服务工作的关键所在。所以，业务接待需要具备这方面的技巧。这也是对业务接待技能素质的起码要求。

⑥ 具备良好的人际关系沟通能力。业务接待具备了良好的人际关系沟通能力，跟客户之间的交往就会变得更顺畅。

⑦ 具备专业的客户服务电话接听技巧。专业的客户服务电话接听技巧是业务接待的另一项重要技能，业务接待必须掌握接听客户服务电话和提问的技巧。

⑧ 良好的倾听能力。良好的倾听能力是实现客户沟通的必要保障。与客户交谈时应"听七分，说三分"，学会倾听，善于倾听，应借助目光、体态与客户产生互动。只有互动式的倾听才能真正实现与客户的有效沟通。

3. 综合素质要求

① "客户至上"的服务理念。"客户至上"的服务理念要始终贯穿于客户服务工作中。

② 独立工作能力。优秀的业务接待必须能独当一面，具备独立工作能力，能妥善处理客户服务中的棘手问题。

③ 各种问题的分析解决能力。优秀的业务接待不但需要做好客户服务工作，还要善于思考，提出工作的合理化建议，有分析解决问题的能力，能够帮助客户去分析解决一些实际问题。

④ 人际关系的协调能力。优秀的业务接待不但要能做好客户服务工作，还要善于协调同事之间的关系，以达到提高工作效率的目的。在客户服务部门中，要协调好同事之间的关系，若同事之间关系紧张，会直接影响到客户服务的工作效果。

1.1.4 汽车维修业务接待员的职业道德规范

汽车维修业务接待员职业道德规范是在汽车维修职业道德的指导下，结合业务接待工作的特性形成的，一般可归纳为真诚待客、服务周到、收费合理、质量保障。

1. 真诚待客

真诚待客是指要主动、热情、耐心地对待来厂维修车辆的车主或驾驶员，认真聆听和记录客户的述说，耐心、诚实、科学地回答客户提出的每一个问题，理解客户的要求，最大限度地满足客户的期望并与之达成共识。

客户到企业来修车、选购零配件或咨询有关事宜，归纳起来无非有两个要求。一是对物质的要求，希望能得到满意的商品；二是对精神的要求，希望自己的到来能被重视，能得到热情的接待。如果业务接待员按"真诚待客"的要求接待了客户，对他的欢迎、对他的尊重，以及对他的关注都会打动他，业务接待员的谈吐举止及服务热情会给客户留下既深刻又美好的印象。客户在精神上得到满足，从而对业务接待员产生好感，进一步对企业产生好感与信任。真诚待客做得好，将会给企业后续经营活动开个好头。

对待新客户是这样，对待老客户更要维护好客户与企业已形成的良好关系，不要因为已经熟识了而怠慢老客户。由于企业每个员工出色的工作，企业给老客户留下了良好的印象，使他们认为双方是熟人，更应该得到热情周到的服务、快速优质的修理和更便宜的价格。如果业务接待冷淡了老客户，老客户会马上做出反应，认为企业对待客户的态度前后不一致，认为企业在利用客户。客户不但会更换修理企业，而且会向其他客户宣传不利于企业形象的言论。因此，对待老客户更要热情周到，真诚待客。无论是新客户还是老客户，都要同等对待，做到前后一致、亲疏一致。

2. 服务周到

服务周到是指在车辆维修的全过程中向客户提供全方位的优质服务。汽车维修业务接待在维修前应该认真倾听客户对汽车故障的描述，初步诊断出汽车故障，对维修内容、估算费用和竣工时间进行详细说明，并得到客户的认同，还要向客户提供有关汽车保养等方面的建议和其他有关信息。在维修过程中要及时与车间沟通，确保修理项目合理，避免重复收费和无故增加一些不必要的修理项目。需要增加维修项目时，要耐心、详细地向客户说明，同时要征得客户认可。随时了解维修进度，督促维修车间按时完工，如发现不能按时完工，要及早通知客户，说明原因，取得客户的谅解。结算前要向客户详细说明维修内容、维修费用的组成，并征得客户认可。交车时要简要介绍修车过程中的一些特殊情况、车辆现在的状况及使用中的注意问题等。在维修后应该建立健全汽车维修技术档案，并及时回访。回访客户时要诚恳，对客户提出的所有问题要认真调查。对企业的问题要负责，对一些疑问要耐心解释，必要时要勇于承担责任，不推诿和敷衍，对客户的发现和建议要表示感谢。要处理好质量投诉，处理客户投诉时要做好"双面人"，切勿当着客户的面责怪工人，或者当着工人的面责怪客户。

3. 收费合理

收费合理是指汽车维修企业在承接汽车维修业务时，要做到价格公道，付出多少劳务，就收取多少费用，严格按照交通行政管理部门制定的、备案的或企业公布的汽车维修工时定额和收费标准核定企业的维修价格。不乱报工时，不高估冒算，不将小修当大修，不采取不正当的经营手段招揽业务。收费合理，还体现在严格按照工作单上登记的维护、修理项目内容进行收费，不能为了达到多收费的目的而擅自改变修理范围和内容，更不能偷工减料，以次充好。这种行为是一种自毁信誉、自砸牌子的短期行为。

4. 质量保障

质量保障主要是指保证修车的质量。修车过程中各道工序要严格按照技术要求和操作规程进行。使用的原材料及零配件的规格、性能要符合规定的标准。要按规定的程序严格进行检验与测试，完全排除汽车故障，使汽车原来丧失的功能得以恢复，让车辆使用寿命得以延长等。

汽车维修质量是客户最关心的问题。修车质量好，客户满意度就高，保证质量是实现客户利益的重中之重，也是企业继续在市场竞争中取得优势的保证。

1.1.5　汽车维修业务接待员的职责

在国家标准《汽车整车维修企业开业条件》（GB/T 16739—2004），以及省级地方标准《机动车维修业开业条件》（DB32T 1692.1—2010）中，把汽车维修业务接待员作为一个必须具备的岗位提出，以期提高汽车维修行业的整体服务水平。业务接待人员的主要职责有以下几个方面。

① 保持接待区整齐、清洁。

② 快速向前、热情地接待客户，了解客户的需求及期望。

③ 接收车辆，初步诊断车辆的问题，评估维修内容，提供给车主汽车的专业知识及更换意见，与车主意见达成一致。

④ 估计维修费用或征求有关人员意见，并耐心向客户说明收费项目及其依据，得到客户认同后开出维修单。

⑤ 掌握维修进度，增加维修项目或延迟交车时，及时联络客户，取得客户的同意和理解。

⑥ 确认车辆的问题是否解决。

⑦ 妥善保管客户车辆资料。

⑧ 建立客户档案。

⑨ 协助车主完成结账程序并目送车主离开。

⑩ 宣传本企业，推销新技术、新产品，解答客户提出的有关问题。

⑪ 听取客户的意见和建议，及时向上级汇报。

⑫ 不断学习新知识、新政策，努力提高自身业务水平。

1.1.6　汽车维修业务接待员的职业准则

职业准则是从事一定职业的人长期在职业生活中工作必须遵守的规则。这些规则通常有准点准时、言而有信、以客户为中心、以同事为客户、理解第一、忍让为先和微笑服务。

1. 准点准时

做到准时是一个基本的礼节问题，它代表着对一个人的尊重。为做到准时，必须遵守如下规则。

① 制订一份作息时间表。严格按照规定时间控制自己何时起床，何时赶班车，下班后何时看电视节目，何时阅读报纸等。

② 制订一份工作时间安排表。严格按照规定时间完成各项具体工作，如何时完成统计报表，何时整理新客户资料，何时向经理汇报工作等。

③ 日常工作要有条有理。一切先后有序，按部就班，井井有条，清晰地反映出自己的时间观念。

④ 与客户或同事会面，首先要做到准时，一般要提前 10～15 分钟到达。

⑤ 当出现不准时情况时，一要查明原因，如与客户会面迟到的原因是交通堵塞、行驶线路搞错等；二要找出纠正办法，如调整时间、改变行驶路线等。

2. 言而有信

与客户打交道，最重要的一点就是必须遵守诺言。如果对客户的许诺不能兑现，通常在两次以后，客户就会另谋他厂。

为了养成言而有信的职业习惯，应该注意以下几个方面。

① 没有把握的事不得随意应承。

② 即便是有把握的事，也要经过周密、反复的考虑，才能说"可以"。

③ 在没有弄清楚客户所需要的信息的情况下，不能随意答应客户的要求。

④ 当时不能回答的问题，不能说"这事我没办法帮助您"，应晚些时候再给客户一个肯定的答复。

⑤ 对已许诺过的客户，把姓名、许诺的事项等记录在备忘录上，便于随时查看落实情况，以免遗忘。

除上述几个方面外，在承诺时还应留有充足的余地，不能让热心或利益冲昏了头脑。一旦做出许诺，就在客户心中建立了一种期望。等发现无法满足客户的需求时，可能就会引起客户的不满。通常在许诺时应注意"只答应客户有把握的事，而不是客户希望做到的事"。为了做到承诺留有余地，要注意以下几个方面。

① 对没有把握的事，不要一口应承，应说"这件事我没有十分把握，但我一定尽力，争取把这件事办好"。

② 对有把握的事，也不要把话说死，要留有余地，应说"我看这件事问题不大，我想会解决好的"。

③ 对于没有把握的事，也不能说"这事难办，您找别人吧"，要留有余地，主动为客户想些办法、出些主意，表现出对客户的关心和真诚。例如，接待员可以说："我可以通过采购员和某个厂家帮助解决您的问题，一旦有了结果，我会马上通知您，您看这么办可以吗？"

3．以客户为中心

由于业务接待员的工作具有重复性，有时候会感到厌烦，很容易把客户看做对工作的干扰，这很容易导致客户的抱怨。要改变这种态度，就要树立以客户为中心的理念，把客户看做工作中不可缺少的一部分。为了切实做到以客户为中心，要养成为客户做些分外的、力所能及的服务的习惯。为客户所做的分外服务对企业接待员来说可能是举手之劳，但对客户来说却是解决了他的难处。关键时的一点微小服务可能给客户留下深刻印象，无形中会增加客户对企业的信任感。

4．以同事为客户

以同事为客户将会提高维修企业内部交际的整体素质，提高内部人员工作的主动性和积极性，增强协作互助的精神，扩大企业经营能力。对业务员个人来说，把同事看做客户，有利于业务范围的扩大，有利于工作开展得更加顺利。对维修企业来讲，这加大了对外部客户服务的合力。

例如，对于一位客户咨询的信息，业务接待员不清楚，那么可以与同事联系沟通。若平时相处得很好，别人就会很负责地告诉你有关信息。这种间接服务就在于平时是否将同事作为客户对待，同事有没有从自己这儿得到周到、热情的服务。只有平时将同事作为客户对待了，同事才会将自己也作为客户对待，二者是相互的。

5．理解第一

一个人无论服务技能多么娴熟，都难免有使客户产生不悦的情况。在这种情况下，要养成对客户表示理解的习惯。当遇到客户不悦时，尽管自己不同意他的观点，也要对客户表示理解。可以使用以下用语来表示对客户的理解，如"我理解您为什么那样想"，"我了解您的想法"，

"您说的我都听到了"，"出了这种事，真对不起"等。

6. 忍让为先

无论工作多么出色，也难免遇到大发雷霆、吹毛求疵的客户。当出现这种情况时，一定要记住，必须遵守忍让为先的原则，要以高度的涵养妥善处理好与这类客户的关系。

切记在客户怒气冲天时，不可运用过激的语言与其针锋相对，否则不但解决不了问题，而且会使情况越来越糟糕，难以收拾。

7. 微笑服务

微笑服务是情感服务。微笑会使人产生亲切、热情、平易近人的感觉，微笑服务是业务接待中最基本的服务手段。微笑具有沟通感情、传递信息的作用。业务接待员必须养成微笑服务的习惯。在与客户面对面的情况下要做到微笑服务，接听电话时更要采用微笑服务。微笑会改变人的口形，使声波更流畅，声音更动听，更容易被客户接受。接听电话时客户虽然见不到人，但凭友好、温和的语气，会十分准确地感觉到接待员在微笑着跟他通电话。大多数客户在评价一个业务接待员服务质量好坏时，常常以微笑服务做得怎么样来衡量。

任务二 业务接待员的礼仪

"礼"是表示敬意的通称，包括尊敬的语言和动作；"仪"则表示准则、表率、仪式、风度等。"礼仪"是"礼"和"仪"的合成。

礼仪是人类社会生活中在语言行为方面一种约定俗成的符合礼的精神，要求每一个社会成员共同遵守的准则和规范。也可以通俗地认为，礼仪是人们在长期的生活实践中，在语言行为方面由于风俗习惯而形成的为大家所共同遵守的准则。

1.2.1 礼仪的基本原则

1. 尊重

孔子说"礼者，敬人也"，这是对礼仪的核心思想的高度概括。所谓尊重的原则，就是要求我们在服务过程中，要将对客人的重视、恭敬、友好放在第一位，这是礼仪的重点与核心。因此在服务过程中，首要的原则就是敬人之心常存。掌握了这一点，就等于掌握了礼仪的灵魂。在人际交往中，只要不失敬人之意，哪怕具体做法一时失当，也容易获得服务对象的谅解。

2. 真诚

服务礼仪所讲的真诚的原则，就是要求在服务过程中，必须待人以诚，只有如此才能表达对客人的尊敬与友好，才会更好地被对方所理解、所接受。与此相反，倘若仅把礼仪作为一种道具和伪装，在具体操作礼仪规范时口是心非、言行不一，则是有悖于礼仪的基本宗旨的。

3. 宽容

宽容的基本含义，是要求我们在服务过程中，既要严于律己，更要宽以待人。要多体谅他人，多理解他人，学会与服务对象进行心理换位，而千万不要求全责备，咄咄逼人。这实际上也是尊重对方的一个主要表现。

4. 从俗

由于国情、民族、文化背景的不同，在人际交往中，实际上存在着"十里不同风，百里不同俗"的局面。例如，在全球性的体育赛事奥运会的服务工作中，要求志愿者对各国的礼仪文化、礼仪风俗以及宗教禁忌要有全面、准确的了解，这样才能够在服务过程中得心应手，避免出现差错。

5. 适度

适度的含义是要求应用礼仪时，为了保证取得成效，必须注意技巧，合乎规范，特别要注意做到把握分寸，认真得体。这是因为凡事过犹不及。假如做得过了头，或者做得不到位，就不能正确地表达自己的自律、敬人之意。

6. 敬人

在社会交往中，要做到敬人之心常存，处处不可失敬于人，不可伤害他人的个人尊严，更不能侮辱对方的人格。

敬人就是尊敬他人，包括尊敬自己，维护个人乃至组织的形象。不可损人利己，这也是人的品格问题。

7. 自律

自律是礼仪的基础和出发点。学习、应用礼仪，最重要的就是要自我要求、自我约束、自我对照、自我反省和自我检查。

自律就是自我约束，按照礼仪规范严格要求自己，知道自己该做什么、不该做什么。

8. 平等

平等是礼仪的核心，即尊重交往对象，以礼相待，对任何交往对象都必须一视同仁，给予同等程度的礼遇。

礼仪是在平等的基础上形成的，是一种平等的、彼此之间的相互对待关系的体现，其核心问题是尊重且满足相互之间获得尊重的需求。在交际活动中既要遵守平等的原则，也要善于理解具体条件下对方的一些行为，不应过多地挑剔对方的行为。

1.2.2 礼仪的作用

礼仪是表示人们不同地位的相互关系和调整、处理人们相互关系的手段。礼仪的作用表现在以下几个方面。

1. 尊重

尊重即向对方表示尊敬与敬意，同时对方也还之以礼。礼尚往来，有礼仪的交往行为，蕴含着彼此的尊敬。

2. 约束

礼仪作为行为规范，对人们的社会行为具有很强的约束作用。礼仪经制定和推行后，久而久之，便会成为社会的习俗和社会行为规范。任何一个生活在某种礼仪习俗和规范环境中的人，都自觉或不自觉地受到该礼仪的约束，自觉接受礼仪约束是"成熟的人"的标志；不接受礼仪约束的人，社会就会以道德和舆论的手段对他加以约束，甚至以法律的手段来强制约束。

3. 教化

礼仪具有教化作用，主要表现在两个方面。一方面是礼仪的尊重和约束作用。礼仪作为一种道德习俗，它对全社会的每个人都有教化作用，都在施行教化。另一方面，礼仪的形成、完备和凝固，会成为一定社会传统文化的重要组成部分，它以"传统"的力量不断地由老一辈传承给新一代，世代相继、世代相传。在社会进步中，礼仪的教化作用具有极为重大的意义。

4. 调节

礼仪具有调节人际关系的作用。一方面，礼仪作为一种规范、程序，作为一种文化传统，对人们之间相互关系的模式起着规范、约束和及时调整的作用；另一方面，某些礼仪形式、礼仪活动可以化解矛盾，建立新关系模式。由此可见，礼仪在处理人际关系中，在发展健康良好的人际关系中，是有其重要作用的。

1.2.3 基本礼仪

1. 仪容仪表

仪容是指人的外观、外貌。其中的重点，则是指人的容貌。在人际交往中，每个人的仪容都会引起交往对象的特别关注，并将影响到对方对自己的整体评价。在个人的仪表问题中，仪容是重中之重。

仪表是人的外表，它包括人的形体、容貌、健康状况、姿态、举止、服饰和风度等方面，是人举止风度的外在体现。风度是指待人接物时，一个人的德才学识等各方面的内在修养的外在表现。风度是构成仪表的核心要素。

（1）仪容美的含义

① 要求仪容自然美。这是指仪容的先天条件好，天生丽质。尽管以相貌取人不合情理，但先天美好的仪容相貌，无疑会令人赏心悦目，感觉愉快。

② 要求仪容修饰美。这是指依照规范与个人条件，对仪容进行必要的修饰，扬其长，避其短，设计、塑造出美好的个人形象，在人际交往中尽量令自己显得有备而来，自尊自爱。

③ 要求仪容内在美。这是指通过努力学习，不断提高个人的文化、艺术素养和思想、道德水准，培养出自己高雅的气质与美好的心灵，使自己秀外慧中，表里如一。

真正意义上的仪容美，应当是上述三个方面的高度统一。忽略其中任何一个方面，都会使仪容美失之偏颇。

在这三者之中，仪容的内在美是最高的境界，仪容的自然美是人们的心愿，而仪容的修饰美则是仪容礼仪关注的重点。

要做到仪容修饰美，自然要注意修饰仪容。修饰仪容的基本规则是美观、整洁、卫生、得体。

（2）仪容美的基本要素

仪容美的基本要素是貌美、发美、肌肤美，主要要求整洁干净。美好的仪容一定能让人感觉到其五官构成彼此和谐并富于表情；发质发型使其英俊潇洒、容光焕发；肌肤健美使其充满生命的活力，给人以健康自然、鲜明和谐、富有个性的深刻印象。但每个人的仪容是天生的，长相如何不是至关重要的，关键是心灵的问题。从心理学上讲每一个人都应该接纳自己，接纳别人。

（3）仪容的修饰

为了维护自我形象，有必要修饰仪容。在仪容的修饰方面要注意以下5点。

① 仪容要干净，要勤洗澡、勤洗脸，脖颈、手都要干干净净，并经常注意去除眼角、口角及鼻孔的分泌物。要换衣服，消除身体异味，有狐臭要搽药品或及早治疗。

② 仪容应当整洁。整洁，即整齐、洁净、清爽。要使仪容整洁，重在持之以恒，这一条与自我形象的优劣关系极大。

③ 仪容应当卫生。讲究卫生，是公民的义务，要注意口腔卫生，早晚刷牙，饭后漱口，不能当着客人的面嚼口香糖；指甲要常剪，头发按时理，不得蓬头垢面、体味熏人，这是每个人都应当自觉做好的。

④ 仪容应当简约。仪容既要修饰，又忌讳标新立异、"一鸣惊人"，简练、朴素最好。

⑤ 仪容应当端庄。仪容庄重大方，斯文雅气，不仅会给人以美感，还易于使自己赢得他人的信任。相形之下，将仪容修饰得花里胡哨、轻浮怪诞，是得不偿失的。

仪表各环节要求，见表1-1。

表1-1 仪表各环节要求

仪表部位	规范要求
头发	洁净、整齐，无头屑，不染发，不做奇异发型；男性不留长发，女性不留披肩发，也不用华丽头饰
眼睛	无眼屎，无睡意，眼不充血，不斜视；眼镜端正、洁净明亮；不戴墨镜或有色眼镜；女性不画眼影，不用人造睫毛
耳朵	内外干净，无耳屎；女性不戴耳环
鼻子	鼻孔干净，不流鼻涕，鼻毛不外露
胡子	胡子刮干净或修整齐，不留长胡子，不留八字胡或其他奇形怪状的胡子
嘴	牙齿整齐洁白，口中无异味，嘴角无泡沫，会客时不嚼口香糖等食物。女性不用深色或艳丽口红
脸	洁净，无明显粉刺；女性施粉适度，不留痕迹
脖子	不戴项链或其他饰物
手	洁净，指甲整齐，不留长指甲；不涂指甲油，不戴结婚戒指以外的戒指
帽子	整洁、端正，颜色与形状符合自己的年龄与身份
衬衣	领口与袖口保持洁净；扣上风纪扣，不要挽袖子；质地、款式及颜色与其他服饰相匹配，并符合自己的年龄、身份和公司的个性
领带	端正整洁，不歪不皱；质地、款式及颜色与其他服饰匹配，符合自己的年龄、身份和公司的个性；不宜过分华丽和耀眼
西装	整洁笔挺，背部无头发和头屑；不打皱，不过分华丽；与衬衣、领带和西裤匹配；与人谈话或打招呼时，将第一个纽扣扣上；上口袋不要插笔，所有口袋不要因放置钱包、名片、香烟、打火机等物品而鼓起来
胸饰与女士服装	胸卡、徽章佩戴端正，不要佩戴与工作无关的胸饰；胸部不宜袒露；服装整洁无皱；穿职业化服装，不穿时装、艳装、晚装、休闲装、透明装、无袖装和超短裙
皮带	高于肚脐，松紧适度，不要选用怪异的皮带扣
鞋袜	鞋袜搭配得当，系好鞋带；鞋面洁净亮泽，无尘土和污物，不宜钉铁掌，鞋跟不宜过高、过厚和怪异。袜子干净无异味，不露出腿毛；女性穿肉色短袜或长筒袜，袜子不要褪落和脱丝

（4）仪表修饰的原则

生活中人们的仪表非常重要，它反映出一个人的精神状态和礼仪素养，是人们交往中的"第一形象"。天生丽质、风仪秀整的人毕竟是少数，我们可以靠化妆修饰、发式造型、着装配饰等手段，弥补和掩盖容貌、形体等方面的不足，并在视觉上把自身较美的方面展露、衬托和强调出来，使形象得以美化。成功的仪表修饰一般应遵循以下原则。

① 适体性原则。要求仪表修饰与个体自身的性别、年龄、容貌、肤色、身材、体型、个性、气质及职业身份等相适宜、相协调。

② 时间（Time）、地点（Place）、场合（Occasion）原则。简称TPO原则，即要求仪表修饰因时间、地点、场合的变化而相应变化，使仪表与时间、环境氛围、特定场合相协调。

③ 整体性原则。要求仪表修饰先着眼于人的整体，再考虑各个局部的修饰，促成修饰与人自身的诸多因素之间协调一致，使之浑然一体，营造出整体风采。

④ 适度性原则。要求仪表修饰无论在修饰程度，还是在饰品数量和修饰技巧上，都应把握分寸，自然适度，追求虽刻意雕琢但又不露痕迹的效果。

2. 基本仪态

仪态泛指人们的身体所呈现出来的各种姿势，亦即身体的具体造型，也称体姿，包括人的表情、站姿、坐姿、蹲姿、行姿等，以及身体展示的各种日常行为动作。用优美的仪态表现礼仪，比用语言更让受礼者感到真实、美好和生动。工作中应注意自己的仪态礼仪，这不但是自我尊重和尊重他人的表现，也能反映出自身的工作态度和责任感。

（1）表情

表情的要求，见表1-2。

表1-2　表情的要求

待人谦恭	待人谦恭与否，不仅从表情神态方面可以很直观地看出来，而且也备受服务对象的重视，所以务必使自己的表情神态于人恭敬、于己谦和
表情友好	对于任何服务对象，皆应友好相待
适时调整	不论是庄重、宽和、活泼、俏皮，还是不满、气愤、悲伤，表情都要与现场的氛围相符合
真心实意	表情出自真心，才能做到表里如一、名副其实

另外，人的眼睛是心灵的窗户，而眼神是人的表情的主要表现方式，眼神的运用见表1-3。

表1-3　眼神的运用

注视的部位	眼睛	问候对方、听取诉说、征求意见、强调要点、表示诚意、向人道贺或与人道别皆应注视对方的双眼，但注意时间不宜过久
	面部	与对方较长时间交谈时，可注视对方的面部，但不要聚集于一点，以散点柔视为宜。用于接待服务
	全身	服务对象距离较远时，应注视对方的全身。站立服务时，往往有此必要
	局部	实际需要时，对对方身体的某一部分会多加注视。如在递接物品时，应注视对方手部。注意：如没有任何理由，不得注视打量对方的头顶部、胸部、腹部、臀部或大腿，这些都是失礼的表现
注视的角度	正视	与人正面相向，眼光可停留在对方脸部三角区，即眉骨、鼻梁之间
	平视	本人与对方高度相近，正视时往往要求平视对方，可表现出双方地位的平等与本人的不卑不亢
	仰视	本人的位置较对方低，需要抬头向上仰视对方，仰视他人时，可给予对方重视信任之感
兼顾多方		给予每位对象以适当的注视，使其不会产生被疏忽、被冷落之感

与客户交谈时，两眼视线落在对方的脸部三角区，偶尔也可以注视对方的双眼。恳请对方时，可注视对方的双眼。为表示对客户的尊重和重视，切忌斜视或目光在他人他物上，避免让客户感到你心不在焉。

（2）站姿

站立是人们生活交往中一种最基本的仪态，站姿指的是人在站立时呈现出的具体姿态。"站如松"是指人的站立姿势要像松树一样端正挺拔。这是一种静态美，是培养优美仪态的起点。优美的站姿能衬托出一个人的气质和风度。

① 站姿的要求。

站姿的基本要求是挺直、舒展、线条优美、精神焕发。站立时，上下看要有直立感，即以鼻子、肚脐为中线的人体大致垂直于地面；左右看要有开阔感，即肢体和身段给人舒展的感觉；从侧面看也要有直立感，即从耳朵到脚踝骨所形成的直线也大致垂直于地面，如图 1-1 所示。

② 具体的站姿。

男士站立时，要表现出刚健、强壮、英武、潇洒的风采。具体要求是下颌微收，双目平视，身体立直，挺胸抬头，挺髋立腰，吸腹收臀，两膝并严，两脚靠紧，双手置于身体两侧，自然下垂，这是标准的立正姿势。也可以脚跟靠近，脚掌分开呈 V 字形，或者两腿分开，两脚平行，但不可超过肩宽，双手叠放于身后，掌心向外，形成背手，背手有时会给人盛气凌人的感觉，在正式场合或者有领导和长辈在场时要慎用，如图 1-2 所示。

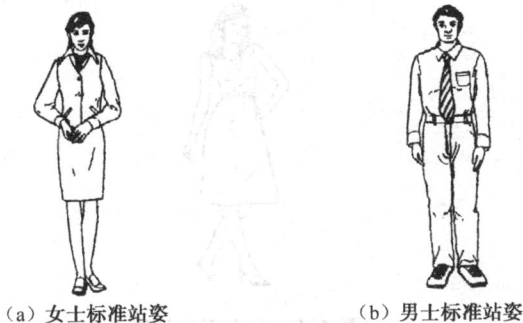

（a）女士标准站姿　　　　　　（b）男士标准站姿

图 1-1　标准站姿　　　　　　　　　　　　图 1-2　男士站姿

女士站立时，要表现出轻盈、娴静、典雅、优美的韵味。具体要求是身体立直，挺胸收腹，双手自然下垂，也可相叠或相握放在腹前，两膝并严，两脚并拢，也可以脚跟并拢，脚尖微微张开，两脚尖之间大致相距 10 厘米，其张角约为 45°，形成 V 字形，或者两脚一前一后，前脚脚跟紧靠后脚内侧足弓，形成丁字形。

③ 站姿的调整。

● 同别人站着交谈时，如果空着手，男士可以双手相握或叠放于身后，女士可以双手相握或叠放于腹前。

● 身上背着背包时，可利用背包摆出高雅的姿势，如用手轻扶背包或夹着背包的肩带。

● 身着礼服或旗袍时，绝对不要两脚并列，而要两脚一前一后，相距 5 厘米左右，以一只脚为重心。

● 向他人问候、做介绍、握手、鞠躬时，两脚要并立，相距约 10 厘米，膝盖要挺直。

● 等待时，两脚的位置可以一前一后，保持 45° 角，肌肉放松而自然，但仍保持身体的挺直。

● 站立过久时，可以把脚后撤一小步，后面的脚跟可以稍微抬起一点，身体的重心置于前面的脚上。

④ 站立时禁忌的姿势。

● 手的错位。站立时双手可以随谈话的内容做一些适当的动作，来帮助对方理解谈话的内容，但双手的动作宜少不宜多，宜小不宜大，切不可做一些乱指乱点、乱动乱摸、乱举乱扶、将手插入裤袋、左右交叉抓住胳膊压在胸前、摆弄小东西、咬手指甲等不合礼仪要求的动作。

● 脚的错位。双脚站累时可以把身体的重心从两脚挪到任何一只脚上，但不可把两膝弯曲，双脚摆成外八字，用脚做一些乱指乱点、乱踢乱画、乱蹦乱跳、勾东西、蹭痒痒、脱鞋子或半脱不脱、脚后跟踩在鞋帮上、一半在鞋里一半在鞋外等不合礼仪要求的动作，如图1-3所示。

● 腿的错位。站立时双腿不可叉开过宽，不可交叉形成别腿，或把脚踩、蹬、勾在别的东西上，甚至把腿搭在或跨在别的东西上，使腿部错位，更不可抖动双腿或一条腿。

● 上身错位。上身不可自由散漫，东倒西歪，或随意倚、靠、趴在别的东西上，或肩斜、胸凹、腹凸、背驼、臀撅，显得无精打采，萎靡不振，如图1-4所示。

● 头部错位。脖子没有伸直，使得头部向左或向右歪斜，头仰得过高或压得过低，目光斜视或盯视，表情僵硬等。

图1-3 男士不雅站姿   图1-4 女士不雅站姿

（3）坐姿

坐姿是指就座之后所呈现的姿势。"坐如钟"是指人在就座之后要像钟一样稳重，不偏不倚，如图1-5所示。它也是一种静态美，是人们在生活工作中采用得最多的一种姿势。

① 坐姿的具体要求。

入座时讲究先后顺序，礼让尊长，切勿争抢；一般从左侧走到自己的座位前，转身后把右脚向后撤半步，轻稳坐下，然后把左脚与右脚并齐；穿裙装的女士入座，通常应先用双手拢平裙摆，再轻轻坐下；在较为正式的场合，或者有尊长在座的情况下，一般坐下之后不应坐满座位，大体占据三分之二的座位即可。

② 坐定的要求。

● 头部端正。坐定时要求头部端正，可以扭动脖子，但不能歪头；眼睛正视交谈对方，或者目视前方，目光柔和，表情自然亲切。

● 上半身伸直。上半身自然伸直，两肩平正放松，两臂自然弯曲，两手既可以放在大腿上，也可以放在椅子或沙发扶手上，掌心一定要向下。

● 下半身稳重。两腿自然弯曲，两脚平落地面，在极正规的场合，上身与大腿、大腿与小腿均应当呈直角，即所谓"正襟危坐"。

③ 坐定的姿势。

● 男士的坐姿。坐定以后，头部和上半身的要求与站姿一样。双腿、双脚并拢，形成"正襟危坐"。双腿、双脚也可以张开一些，但是不能宽于肩部，如图1-6所示。

● 女士的坐姿。女士落座后，头部和上半身的要求也与站姿一样，但更强调要双腿并拢。双腿、双脚并拢"正襟危坐"，如图1-7所示。

双腿并拢，双脚呈V字形或丁字形"正襟危坐"。

双腿并拢，双脚并拢或者呈V字形、丁字形，双膝向左或向右略微倾斜。

一条腿压在另一条腿上，上面的腿和脚尖尽量向下压，不能翘得过高，否则有失风度。

图 1-5　女士标准坐姿　　　　　图 1-6　男士的坐姿　　　　　图 1-7　女士的坐姿

④ 坐定时禁忌的姿势。

● 身体歪斜：如前倾、后仰、歪向一侧等。

● 头部不正：如左顾右盼、摇头晃脑等。

● 手部错位：如双手端臂，双手抱于脑后，双手抱住膝盖，用手浑身乱摸、到处乱敲，双手夹在大腿间等。

● 腿部失态：如双腿叉开过大、抖动不止、架在其他地方、高翘 4 字形腿（也就是一只脚放在另一条腿的膝盖上，脚踝骨接触膝盖，鞋底朝向身体外侧）、直伸开去等。

● 脚部失态：如坐定后脱下鞋子或者脱下袜子，用脚尖指人或脚尖朝上使别人能看见鞋底，把脚架在高处、翘到自己或别人的座位上，双脚摆成内八字，双脚上下或左右抖个不停等。

（4）蹲姿

蹲姿在工作和生活中用得相对不多，但最容易出错。人们在拿取低处的物品或拾起落在地上的东西时，不妨使用下蹲和屈膝的动作，这样可以避免弯曲上身和撅起臀部，尤其是着裙装的女士下蹲时，稍不注意就会露出内衣，很不雅观。

① 蹲姿的具体要求。

● 高低式蹲姿。它是指下蹲时一只脚在前，另一只脚稍后（不重叠），两腿靠紧向下蹲。前边那只脚全脚掌着地，小腿基本垂直于地面，后边那只脚脚跟提起，脚掌着地。后边的膝盖低于前边的膝盖，后膝内侧靠于前小腿内侧，形成前膝高、后膝低的姿势，臀部向下，基本上以后边的腿支撑身体。男士选用这种蹲姿时，两腿之间可有适当距离，如图 1-8 所示。

（a）女士标准蹲姿　　　　　（b）男士标准蹲姿

图 1-8　标准蹲姿

图1-9　女士不雅蹲姿

● 男女蹲姿的不同。男士一般采用高低式蹲姿，女士一般采用高低式蹲姿或者交叉式蹲姿。

② 蹲姿的禁忌。

采用高低式蹲姿时两腿不应分开过大，如图1-9所示，着裙装的女士更不可这样；采用高低式蹲姿时不但两腿分开过大，而且两腿一样高，也十分不雅。

（5）行姿

行姿也称走姿，指人们在行走的过程中所形成的姿势。"行如风"指的是人们行走时像一阵风一样轻盈。它是一种动态美，是以人的站姿为基础的，实际上属于站姿的延续动作。

① 行姿的具体要求。

● 重心落前。在起步行走时，身体应稍向前倾，身体的重心应落在反复交替移动的前脚脚掌之上。要注意的是，当前脚落地、后脚离地时，膝盖一定要伸直，踏下脚时再稍微松弛，并即刻使重心前移，这样行走时，步态才会好看。

● 全身协调。行走过程中，要面朝前方，双眼平视，头部端正，胸部挺起，背部、腰部、膝部尤其要避免弯曲，使全身形成一条直线。

● 摆动两臂。行进时，双肩、双臂都不可过于僵硬呆板。双肩应当平稳，力戒摇晃。两臂则应自然地、一前一后地、有节奏地摆动。在摆动时，手腕要进行配合，掌心要向内，手掌要向下伸直。摆动的幅度，以30°左右为佳。

● 脚尖前伸。行进时，向前伸出的那只脚应保持脚尖向前，不要向内或向外。同时还应保证步幅（行进中一步的长度）大小适中。通常，正常的步幅应为一脚之长，即行走时前脚脚跟与后脚脚尖二者相距为一脚长。

● 协调匀速。行走时，大体上在某一阶段中速度要均匀，要有节奏感。另外，全身各个部分的举止要相互协调、配合，要表现得轻松、自然。

● 直线前进。在行进时，女士的行走轨迹应呈一条直线，男士的行走轨迹应呈两条平行线。与此同时，要克服身体在行进中的左右摇摆，并从腰部至脚部始终都保持以直线的状态进行移动，如图1-10所示。

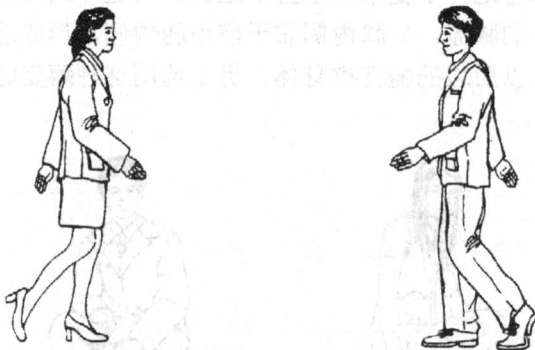

图1-10　标准行姿

② 行走时禁忌的姿势。

● 瞻前顾后：在行走时要目视前方，不应左顾右盼，尤其是不应反复回过头来注视身后。

- 双肩乱晃：在行走时应力戒双肩左右摇晃不止，身体也随之乱晃不止。
- 八字步态：在行走时，若两脚脚尖向内侧伸构成内八字步，或两脚脚尖向外侧伸构成外八字步，这样走起来都很难看。
- 速度多变：行走之时，切勿忽快忽慢。要么突然快步奔跑，要么突然止步不前，让人不可捉摸。
- 声响过大：在行走时用力过猛，使脚步声响太大，因而妨碍他人，或惊吓了其他人。
- 方向不定：在行走时方向要明确，不可忽左忽右，变化多端，显得鬼鬼祟祟，心神不定。
- 不讲秩序：在行走时要遵守交通规则，靠右行走，不可争先恐后，乱闯一气。与别人"狭路相逢"时，要礼让别人，不可各不相让，甚至动口吵架或动手打架。
- 人群中穿行：在行走时，如果想超过前边的人或人群，就要从他或他们的左侧经过，不可从他或他们的右侧或中间经过。如果迎面过来有人，大家各自靠右即可，不可从迎面人群中间穿行。
- 边走边吃：一边走，一边吃，既不卫生，又不雅观。可在室内或销售摊点吃完东西再走。

3. 基本礼仪规范

（1）基本用语

有客人来访或遇到陌生人时，应使用文明礼貌的语言。基本用语规范见表1-4。

表1-4　基本用语规范

基 本 用 语	情 景
"您好"、"你好"	初次见面或当天第一次见面时使用。清晨（十点钟以前）可使用"早上好"、"您早"等，其他时间使用"您好"或"你好"
"欢迎光临"、"您好，有什么可以帮到您"	前台接待人员见到客人来访时使用
"对不起，请问……"	等候时使用，态度要温和且有礼貌
"让您久等了"	无论客人等候时间长短，均应向客人表示歉意
"麻烦您，请您……"	让客人登记或办理其他手续时，应使用此语
"不好意思，打扰一下……"	当需要打断客人或其他人谈话时使用，要注意语气和缓，音量要小
"谢谢"或"非常感谢"	对其他人所提供的帮助和支持，均应表示感谢
"再见"或"欢迎下次光临"	客人告辞或离开时使用

礼貌用语规范，见表1-5。

表1-5　礼貌用语规范

情 景	规 范 标 准
问候语	早上好、您早、晚上好、您好、大家好……
致谢语	谢谢、非常感谢、谢谢您、十分感谢……
拜托语	请多关照、承蒙关照、麻烦您了、拜托了……
慰问语	辛苦了、受累了……
赞赏语	很好、太好了、真棒……
谢罪语	对不起、劳驾、实在抱歉……
挂念语	身体好吗、近来怎样、……
祝贺语	祝您成功、身体健康、一帆风顺……

情　景	规　范　标　准
理解语	只能如此、深有同感……
迎送语	欢迎光临、见到您很高兴、再见、慢走、走好、欢迎再来……
征询语	我能为您做些什么、需要帮助吗、您觉得这车怎么样、您是不是很喜欢这种颜色……
应答语	是的、我会尽量按您的要求去做、没关系、不必客气……
推托语	这件东西其实跟您刚才想要的差不多、很遗憾不能帮您的忙……

（2）人际距离

所谓人际距离，是指在人与人所进行的正常交往中，交往对象彼此之间在空间上所形成的间隔。常规人际距离见表1-6。

表1-6　常规人际距离

场　景	规　范　标　准
服务距离	一般情况下，服务距离以0.5～1.5米为宜
展示距离	进行展示时，既要使客户看清自己的操作示范，又要防止对方对自己的操作示范有所妨碍或者遭到误伤，展示距离在1～3米为宜
引导距离	在行进客人左前方1.5米左右最为适当
待命距离	方便随时为客人提供服务，正常情况下应当在3米之内
信任距离	工作人员不能离开客户，不要从客户的视线中消失。注意：不要躲在附近，也不要一去不返
交谈距离	个人交谈的最佳距离为1～1.5米，并最好有一定角度，两人可斜站对方侧面，形成30°最佳，避免面对面。这个距离和角度，既无疏远之感，又文明卫生。另外，在交谈中，如偶然咳嗽要用手帕遮住口鼻，不能直对前面，更不能随地吐痰

（3）介绍

介绍是人际交往中互相了解的基本方式，正确的介绍可以使不相识的人相互认识，也可以通过落落大方的介绍显示出良好的交际风度。介绍分为自我介绍和介绍他人。

① 自我介绍。

自我介绍的基本程序是，先向对方点头致意，得到回应后再向对方介绍自己的姓名、身份和单位，同时递上准备好的名片。自我介绍时，表情要坦然、亲切，注视对方，举止庄重大方，态度镇定而充满信心，表现出渴望认识对方的热情。如果见到陌生人就紧张、畏怯、语无伦次，不仅说不清自己的身份和来意，还会造成难堪的场面。

做自我介绍时，应根据不同的交往对象做到内容繁简适度。自我介绍总的原则是简明扼要，一般以半分钟为宜，情况特殊的也不宜超过3分钟。如果对方表现出认识自己的愿望，则可在报出本人姓名、供职单位、职务（即自我介绍三要素）的基础上，再简略地介绍一下自己的籍贯、学历、兴趣、专长及与某人的关系等。自我介绍应该实事求是，既不能把自己拔得过高，也不要自卑地贬低自己。介绍用语一般要留有余地，不宜用"最"、"第一"、"特别"等极端的词语。

自我介绍有一些忌讳需要注意和避免。

● 不要过分热情。如大力握手或热情拍打对方手背的动作，可能会使对方感到诧异和反感。

● 不要打断别人的谈话而介绍自己，要等待适当的时机。

● 不要态度轻浮，要尊重对方。无论男女都希望别人尊重自己，特别是别人尊重他的优点和成就。因此在自我介绍时,表情一定要庄重。

- 如果一个以前曾经介绍过的人,未记起你的姓名,你不要做出提醒式的询问,最佳的方式是直截了当地再自我介绍一次。

② 介绍他人。

介绍他人是由第三者为彼此不相识的双方引见、介绍的一种方式。他人介绍通常是双向的,即对被介绍者双方各自均做一番介绍。做介绍的人一般是主人、朋友或公关人员。

为他人做介绍时必须按"尊者优先"的规则。把年轻者介绍给年长者,把职务低者介绍给职务高者。如果双方年龄、职务相当,则把男士介绍给女士,把家人介绍给同事、朋友,把未婚者介绍给已婚者,把后来者介绍给先到者。

由他人做介绍,自己处于当事人之中,如果你是身份高者、长者或主人,在听他人介绍后,应立即与对方互致问候,表示欢迎对方的热忱。如果你是身份低者或宾客,当尚未被介绍给对方时应耐心等待;当将自己介绍给对方时,应根据对方的反应做出相应的举动,如对方主动伸手,你也应及时伸手相握,并适度寒暄。

介绍时应注意以下事项。

- 介绍者为被介绍者介绍之前,一定要征求一下被介绍双方的意见,切勿上去开口即讲,显得很唐突,让被介绍者感到措手不及。
- 被介绍者在介绍者询问自己是否有意认识某人时,一般不应拒绝,而应欣然应允。实在不愿意时,则应说明理由。
- 介绍人和被介绍人都应起立,以示尊重和礼貌;待介绍人介绍完毕后,被介绍双方应微笑点头示意或握手致意。
- 在宴会、会议桌、谈判桌上,视情况介绍人和被介绍人可不必起立,被介绍双方可点头微笑致意;如果被介绍双方相隔较远,中间又有障碍物,可举起右手并点头微笑致意。
- 介绍完毕后,被介绍双方应依照合乎礼仪的顺序握手,并且彼此问候对方。问候语有"您好,很高兴认识您"、"久仰大名"、"幸会幸会",必要时还可以进一步做自我介绍。

介绍具体人时,要有礼貌地以手示意,而不要用手指指点点。

介绍规范,见表1-7。

表1-7 介绍规范

介绍类型	相应内容	示例
自我介绍	介绍的内容:公司名称、职位、姓名	您好,我是某某公司的服务顾问,我叫某某。
	给对方一个自我介绍的机会	请问,我应该怎样称呼您呢?
介绍他人	顺序:把职位低者、晚辈、男士、未婚者分别介绍给职位高者、长辈、女士和已婚者	王总,这是我公司的服务顾问某某。
	国际惯例敬语(姓名和职位)	王总,请允许我向您介绍……
	被介绍者应面向对方,介绍完毕后与对方握手问候	您好!很高兴认识您!

(4)握手

握手是日常工作中最常使用的手势礼仪,握手是交际的一个重要部分。握手的力量、姿势和时间的长短往往能够表达出对握手对象的不同礼遇和态度,显露自己的个性,给人留下不同的印象,也可通过握手了解对方的个性,从而赢得交际的主动。

① 握手的要求。

通常，与人初次见面，熟人久别重逢，告辞或送行时都可以通过握手表示自己的善意，这也是最常见的应用场合。有些特殊场合，如向人表示祝贺、感谢或慰问时，双方交谈中出现了令人满意的共同点时，或双方原先的矛盾出现了某种良好的转机或彻底和解时，习惯上也以握手为礼。

- 握手时，距对方约一步远，上身稍向前倾，两足立正，伸出右手，四指并拢，虎口相交，拇指张开下滑，向受礼者握手。掌心向下握住对方的手，显示着一个人强烈的支配欲，无声地告诉别人，他处于高人一等的地位，所以应尽量避免这种傲慢无礼的握手方式。相反，掌心向里握手显示一个人的谦卑与毕恭毕敬，如果伸出双手，更是谦恭备至了。平等而自然的握手姿态是两手的手掌都处于垂直状态。这是一种最普通也最稳妥的握手方式。

- 戴着手套握手是失礼的行为，但女士可以例外。当然在严寒的室外也可以不脱手套。比如，双方都戴着手套、帽子，这时一般应先说声"对不起"。握手时双方互相注视、微笑、问候、致意，不要看第三者或显得心不在焉。

- 除了关系亲近的人可以长久地把手握在一起外，一般握两三下就行。不要太用力，但漫不经心地用手指尖"蜻蜓点水"般点一下也是无礼的。一般要将时间控制在3～5秒钟。如果要表示自己的真诚和热烈，也可较长时间握手，并上下摇晃几下。

- 握手时两手一碰就分开，时间过短，好像在走过场，又像是对对方怀有戒意。而时间过久，特别是拉住异性或初次见面者的手长久不放，显得有些虚情假意，甚至会被怀疑为"想占便宜"。

- 长辈和晚辈之间，长辈伸手后，晚辈才能伸手相握；上下级之间，上级伸手后，下级才能接握；男女之间，女方伸手后，男方才能伸手相握。

- 如果需要和多人握手，握手时要讲究先后次序，由尊而卑，即先年长者后年幼者，先长辈再晚辈，先老师后学生，先女士后男士，先已婚者后未婚者，先上级后下级。

- 交际时如果人数较多，可以只跟相近的几个人握手，向其他人点头示意，或微微鞠躬就行。为了避免尴尬场面发生，在主动和人握手之前，应想一想自己是否受对方欢迎，如果已察觉对方没有要握手的意思，点头致意就行了。

- 在公务场合，握手时伸手的先后次序主要取决于职位、身份。而在社交、休闲场合，它主要取决于年龄、性别和婚否。

- 在接待来访者时，这一问题变得特殊一些。当客人抵达时，应由主人首先伸出手来与客人相握。而在客人告辞时，就应由客人首先伸出手来与主人相握。前者表示"欢迎"，后者表示"再见"。这一次序颠倒，很容易让人产生误解。

应当强调的是，上述握手时的先后次序不必处处苛求于人。如果自己是位尊者、长者或上级，而位卑者、年轻者或下级抢先伸手时，最得体的就是立即伸出自己的手，进行配合，而不要置之不理，使对方当场出丑。

当你在握手时，不妨说一些问候的话，可以握紧对方的手，语气应直接而且肯定，并在加强重要字眼时，紧握着对方的手，来加深对方对你的印象。

② 应当握手的场合。

遇到较长时间没见面的熟人，在比较正式的场合和认识的人道别，在自己作为东道主的社交场合迎接或送别来访者，拜访他人后辞行，被介绍给不认识的人，在社交场合偶然遇上亲朋故旧或上司，别人给予自己一定的支持、鼓励或帮助，表示感谢、恭喜、祝贺，对别人表示理解、支持、肯定，得知别人患病、失恋、失业、降职或遭受其他挫折，向别人赠送礼品或颁发奖品，以上都是适合握手的场合。

③ 握手的禁忌。

在行握手礼时应努力做到合乎规范，避免下述失礼的禁忌。

- 不要用左手相握，尤其是和阿拉伯人、印度人打交道时要牢记，因为在他们看来左手是不干净的。
- 在和基督教信徒交往时，要避免两人握手时与另外两人相握的手形成交叉状，这种形状类似十字架，在他们眼里这是很不吉利的。
- 不要在握手时戴着手套或墨镜，只有女士在社交场合戴着薄纱手套握手，才是被允许的。
- 不要在握手时将另外一只手插在衣袋里或拿着东西。
- 不要在握手时面无表情、不置一词，或长篇大论、点头哈腰、过分客套。
- 不要在握手时仅握住对方的手指尖，好像有意与对方保持距离。正确的做法是握住整个手掌，即使对异性也应这样。
- 不要在握手时把对方的手拉过来、推过去，或者上下左右抖个没完。
- 不要拒绝握手，即使有手疾或汗湿、弄脏了，也要和对方说一下"对不起，我的手现在不方便"，以免造成不必要的误会。

其他几种常见手势，见表1-8。

表1-8 其他几种常见手势

手 势 类 别	规 范 标 准
介绍手势	应面向对方伸出手朝向介绍者，伸手时应先伸臂，再五指并拢、手心向上打开做停顿，这是一种十分标准的介绍手势
递物手势	双手从胸前高度把物品交递给对方，身体略向前倾，递文字印刷品时应正面朝向对方，递其他物品时要以方便对方接物为宜
接物手势	接取对方递给的物品时，应目视对方，而不能只顾注视物品，要用双手或右手，不能单用左手，接物要平稳、准确。持物要稍加整理，不同的物品要采用不同的持物方式
举手致意	面向对方，掌心向外，手臂轻缓地由下而上伸起，而不是自上而下或向左右两侧来回摆动
挥手道别	身体站直，目视对方，掌心朝外，两臂向左右两侧轻轻挥动

（5）鞠躬

鞠躬是表达敬意、尊重、感谢的常用礼仪。鞠躬时应从内心发出向对方表示感谢、尊重的意念，从而体现于行动，给对方留下真诚的印象。

鞠躬标准见表1-9。

表1-9 鞠躬标准

鞠 躬 类 别	规 范 标 准
欠身礼	面带微笑，头颈背成一条直线，目视对方，身体稍向前倾
15°鞠躬礼	面带微笑，头颈背成一条直线，双手自然放在裤缝两边（女士双手交叉放在体前）前倾15°，目光约落于体前1.5米处，再慢慢抬起，注视对方

鞠 躬 类 别	规 范 标 准
30°鞠躬礼	面带微笑，头颈背成一条直线，双手自然放在裤缝两边（女士双手交叉放在体前）前倾30°，目光约落于体前1米处，再慢慢抬起，注视对方

注：行鞠躬礼一般在距对方2～3米的地方，在与对方目光交流的时候行礼，且行鞠躬礼时必须真诚地微笑，没有微笑的鞠躬礼是失礼的。

各种场合的鞠躬礼规范，见表1-10。

表1-10 鞠躬礼规范

场　　景		规 范 标 准
遇见客人	在公司内遇到贵宾时	15°鞠躬礼
	在贵宾经过你的工作岗位时	问候、行欠身礼
	领导陪同贵宾到你的工作岗位检查工作时	起立、问候、行15°鞠躬礼
	遇到客人问询时	停下、行15°鞠躬礼、回答
遇见同事和领导	每天与同事第一次见面	问候、行欠身礼
	与久未见面的同事相遇	问候、行15°鞠躬礼
	与经常见面的同事相遇	行欠身礼
	到领导办公室请示汇报工作	敲门、听到回应之后进门、行30°鞠躬礼
	在公司内遇到高层领导	问候、行15°鞠躬礼
会议	主持人或领导上台讲话前	与会者行30°鞠躬礼
	主持人或领导讲完话	向与会者行30°鞠躬礼，与会者鼓掌回礼
	会议迟到者	必须向主持人行15°鞠躬礼表示歉意
	会议途中离开者	必须向主持人行15°鞠躬礼示意离开
迎送客人	迎接客户	问候、行30°鞠躬礼
	在自我介绍或交换名片时	行30°鞠躬礼并双手递上名片
	会客迎接客人时	起立问候，行30°鞠躬礼，待客人入座后再就座
	欢送客人时	说"再见"或"欢迎下次再来"，同时行30°鞠躬礼，目送客人离开后再返回
其他方面	在接受对方帮助时	表示感谢时，行30°鞠躬礼，并说"谢谢"
	给对方造成不便或让对方久等时	行30°鞠躬礼，并说"对不起"
	向他人表示慰问或请求他人帮助时	行30°鞠躬礼
特殊岗位人员礼仪要求	前台接待客人时	当客人到达前台2～3米处时，前台服务人员应起立行30°鞠躬礼、微笑问候
	行政前台接待工作客人时	当客人走出楼梯口时，前台接待应起立问候并行30°鞠躬礼，必要时为客人引路、开门
	送茶水时	双手托盘在客人的右侧上茶后，后退一步行15°鞠躬礼，转身离开

（6）名片礼仪

名片是商务人士必备的沟通交流工具，它就像一个人简单的履历表。在递送名片的同时，也是在告诉对方自己的姓名、职务、地址和联络方式。由此可知，名片是每个人最重要的书面介绍材料。在我们从业之初，设计及印制名片是首要任务，可在名片空白处或背面写下个人资料，以帮助相互了解。精美的名片使人印象深刻，也能体现自己的个人风格，但发送名片的时机与场合可是一门学问。

名片的用途十分广泛，最主要的用途是自我介绍，也可随赠送的鲜花或礼物，以及发送的介绍信、致谢信、邀请信、慰问信等一同使用，并在名片上留下简短附言。使用时最重要的是知道如何建立及展现个人风格，使名片更为"个性化"。例如，送东西给别人，可在名片后加上亲笔写的"友谊天长地久"、"祝你工作顺利，早日升职加薪，职业生涯顺风顺水"等。

① 注意事项。

● 首先要把自己的名片准备好，整齐地放在名片夹、盒或口袋中，要放在易于掏出的口袋或皮包里。不要把自己的名片和他人的名片或其他杂物混在一起，以免用时手忙脚乱或掏错名片。

● 出席重大的社交活动，一定要记住带名片。参加会议时，应该在会前或会后交换名片，不要在会中擅自与别人交换名片。

● 处在一群彼此不认识的人当中，最好让别人先发送名片。名片的发送可在刚见面或告别时，但如果自己即将发表意见，则在说话之前发名片给周围的人，可帮助他们认识你。

● 不要在一群陌生人中到处传发自己的名片，这会让人误以为你想推销什么物品，反而不受重视。在商业社交活动中尤其要有选择地提供名片，才不会使人以为你在替公司搞宣传、拉业务。

● 对于陌生人或巧遇的人，不要在谈话中过早发送名片。因为这种热情一方面会打扰别人，另一方面有推销自己之嫌。

● 除非对方要求，否则不要在年长的主管面前主动出示名片。

● 无论参加私人还是商业餐宴，名片皆不可于用餐时发送，因为此时只宜从事社交而非商业性的活动。

● 递交名片要用双手或右手，用双手拇指和食指执名片两角，让文字正面朝向对方，递交时要目光注视对方，微笑致意，可顺带一句"请多多关照"。

● 接名片时要用双手，并认真看一遍上面的内容。如果接下来与对方谈话，不要将名片收起来，应该放在桌子上，并保证不被其他东西压住，使对方感觉到你对他的重视。

● 破旧名片应尽早丢弃，与其发送一张破损或脏污的名片，还不如不送。

② 西方人的名片。

西方人在使用名片时通常写有几个法文单词的首字母，它们分别代表如下的不同含义。

● p.p.（pour presentation）：意即介绍，通常用来把一个朋友介绍给另一个朋友。当你收到一个朋友送来左下角写有"p.p."字样的名片和一个陌生人的名片时，便是为你介绍了一个新朋友，应立即给新朋友送张名片或打个电话。

● p.f.（pour felicitation）：意即敬贺，用于节日或其他固定纪念日。

● p.c.（pour condoleance）：意即谨唁，在重要人物逝世时表示慰问。

● p.r.（pour remerciement）：意即谨谢，在收到礼物、祝贺信或受到款待后表示感谢。它是对收到"p.f."或"p.c."名片的回复。

- **p.p.c.**（pour prendre conge）：意即辞行，在分手时用。
- **p.f.n.a.**（pour feliciter lenouvel an）：意即恭贺新禧。
- **n.b.**（nota bene）：意即请注意，提醒对方注意名片上的附言。

按照西方社交礼仪，一个男子去访问一个家庭时，若想送名片，应分别给男、女主人各一张，再给这个家庭中超过18岁的妇女一张，但绝不要在同一个地方留下三张以上名片。

一个女子去别人家做客，若想送名片，应给这个家庭中超过18岁的妇女每人一张，但不应给男子名片。

如果拜访人事先未约定，也不想受到会见，只想表示一下敬意，可以把名片递给任何来开门的人，请他转交给主人。若主人亲自开门并邀请进去，也只应稍坐片刻。名片应放在桌上，不可直接递到女主人手里。

名片的使用规范，见表1-11。

表1-11 名片的使用规范

名片的使用	规　范
名片的准备	名片不要和钱包、笔记本等放在一起，原则上应该使用名片夹
	名片可放在衬衣左侧口袋或西装的内侧口袋中，但不可放在裤兜里
	口袋不要因为放置名片而鼓起来
	保持名片的清洁、平整
	养成一个基本的习惯：会客前检查和确认名片夹内是否有足够的名片
接名片	必须起身接收名片
	应用双手接收
	接收的名片不要在上面做标记或写字
	接收的名片不可来回摆弄
	接收名片时，要认真地看一遍
	不要将对方的名片遗忘在座位上，或存放时不注意落在地上
	不把对方名片放入裤兜里
递名片	递名片时应用双手，食指和中指合拢，夹着名片上方的两个角，正面朝向对方，方便对方接拿，以弧状方式递交于对方的胸前
	递名片的次序是由下级或访问方先递名片，在介绍人时，应先由被介绍方递名片
	递名片时，应说"请多关照"、"请多指教"之类的寒暄语
	换名片时，应用右手拿着自己的名片，用左手接对方的名片后，用双手托住
	互换名片时，要看一遍对方职务、姓名等；最好将重要职务念出来，以示尊敬
	遇到难认字，应事先询问
	在会议室遇到多数人相互交换名片时，可按对方座次交换名片

（7）电话礼仪

电话是一种常见的通信、交往工具，打电话的礼仪也是公共关系礼仪的重要内容。

① 注意事项。

- 接打电话时，要坐端正，不要嚼口香糖、吃东西或喝水，否则客户会感觉你是在敷衍了事。

- 接打电话前，要准备好笔和记事本，以便通话时记下要点。
- 来电话时，听到铃响三声内接听，至少在第二声铃响时取下话筒，超过三声应向对方表示歉意，可以说"您好，很抱歉让您久等了"。通话时先问候，并自报公司、部门与姓名。对方讲述时要留心听，并记下要点。未听清时，应及时告诉对方。结束时应礼貌道别，待对方切断电话后，自己再放下话筒。
- 在接打电话时，语音要亲切、自然，吐字较慢而又清楚，要认真倾听，问答要简明扼要。
- 工作期间不在电话中聊天，不打私人电话。
- 客户来电话查询，应热情帮助解决问题，如不能马上回答，应与来电话的客户讲明等候时间，以免对方久等而引起误会。

② 接听电话的礼仪。

接听电话的规范用语，见表1-12。

表1-12　接听电话的规范用语

谈 话 情 景	正确的应对	错误的应对
询问来电话者姓名	"请问您是哪位"、"请问您贵姓"	"你是谁"、"你叫什么"、"你是哪个"
刚刚接听电话	"我能帮您做什么吗"	"什么事"、"有什么事"
电话中自己要中断一下	"请您稍微等候一下好吗"、"对不起，现在有点急事，稍候一下好吗"	"等一下"、"又有事找我，以后再电话联系你"
不能立即答复某事时	"对不起，我得先问一下主管，稍后再给您回电，好吗"	"我不能答复你"、"这事我管不了，要问主管"
当客户的要求不可能做到时	"很抱歉，我也同意你的想法，但目前我们还只能按规定的办"	"对不起，我们办不到"
当不明白对方意思时	"对不起，请再说一遍，好吗"	"我听不清，你再说一遍"、"什么？什么"
当电话找人，当事人不在时	"他现在不在办公室，需要留言吗？还是要他回您电话"	"他不在"、"他去休息室了"
需要客户等待时	"请您等一下，好吗"	"等一会再打过来"
电话结束时	"谢谢您的来电"（等对方先挂）	"再见"（"啪"先挂电话）

接听电话规范如下：

- 铃响时及时接听电话；
- 报上公司名称、职务与自己的姓名；
- 确认顾客的身份；
- 与对方简短地问候；
- 询问对方来电目的，并记下来电要点；
- 重复要点（内容）；
- 挂断前，再次问候；
- 挂断电话。

接听来电礼仪规范，见表1-13。

表 1-13 接听来电礼仪规范

接听来电	规范
（1）铃响时及时接听电话 ■ 铃响 3 声内接听电话 ■ 准备好纸笔在手边	—
（2）报上公司名称、自己的姓名及职务 ■ 清楚且有礼貌地说话	"您好！这里_____店，我是业务接待_____。"
（3）确认顾客的身份 ■ 如有需要，请顾客重复姓名 ■ 如果顾客未表明姓名，则询问顾客的姓名	"请问您是_____先生/小姐吗？" "抱歉，请问您怎么称呼？"
（4）与对方简短地问候 ■ 使用寒暄用语	"近来……？" "车辆使用……？"
（5）询问对方来电目的，并记下来电要点 ■ 确认要点 ■ 倾听技巧	"好的。"
（6）重复要点（内容） ■ 确定正确无误 ■ 确定顾客要找的人 ■ 复述名字（注意尊称）及部门，并将电话转接给当事人	"方便再重复一次吗？" "您是要找_____部门的_____先生吗？请稍候，我为您转接。"
（7）挂断前，再次问候 ■ 衷心问候 ■ 将电话转接给别人 ■ 按保留键 ■ 转接电话时应保持有礼态度	"谢谢您的来电。" "请稍候。" "有位_____来电找您。"
（8）挂断电话 ■ 确定顾客先挂断，然后再挂断电话 （先以手指轻压电话，再将话筒挂上）	等对方放下电话后，再轻轻将话筒放回电话机上

接听电话的注意事项如下：
- 认真做好记录；
- 使用礼貌语言；
- 讲电话时要简洁明了；
- 注意听取时间、地点、事由和数字等重要词语；
- 电话中应避免使用对方不能理解的专业术语或简略语；
- 注意语速不宜过快；
- 打错电话要有礼貌地回答，让对方重新确认电话号码。

③ 拨打电话的礼仪。

拨打电话规范如下：
- 准备资料；
- 报上公司名称和自己的姓名；

- 问候对方；
- 确认电话对象；
- 说明来电目的；
- 确定对方知道你所谈的事项；
- 挂断前，再次问候；
- 挂断电话。

拨打电话礼仪规范，见表 1-14。

表 1-14　拨打电话礼仪规范

拨 打 电 话	规　　范
(1) 准备资料 ■ 准备好有关资料、记录本、笔等 ■ 安排好说话内容和顺序 ■ 外界的杂音或私语不能传入电话内	—
(2) 报上公司名称、岗位与自己的名字 ■ 清楚且有礼貌地说话	"您好！这里是＿＿＿＿店，我是业务接待＿＿＿＿。"
(3) 问候对方 ■ 音量适度，不要过高	"早上好！" "下午好！"
(4) 确认电话对象 ■ 确认对方身份 ■ 采用适当的请求方式 ■ 语言简洁 ■ 与要找的人接通电话后，应重新问候	"请问＿＿＿＿在吗？" "麻烦请找＿＿＿＿。" "请问您是＿＿＿＿吗？" "您好。" "请问您现在方便谈话吗？" "方便耽误您＿＿＿＿分钟的时间吗？"
(5) 说明来电目的 ■ 说明来电的事项，清楚简洁地表达 ■ 在讨论到重点时应格外有礼 ■ 当要找的人不在时，可稍后再拨 ■ 当要找的人不在时，可以留言 ■ 希望对方回电话给自己 ■ 对方在忙线中 ■ 其他服务	"我稍后再拨。" "请问您方便帮我留言给＿＿＿＿吗？" "方便请＿＿＿＿回电吗？" "我可以在线等吗？"
(6) 确定对方知道你所谈的事项 ■ 表达要让对方容易理解 ■ 讲完后确认对方是否明白	"不知道您是否了解我的意思？" "不知道是否方便麻烦您？"
(7) 挂断前，再次问候 ■ 结束时向对方表明诚挚的谢意 ■ 用简单的语言对自己给对方的打扰表示歉意	"不知您是否还有不清楚的地方？" "非常谢谢您，＿＿＿＿先生/小姐，如果您有任何疑问，欢迎随时与我们联络。" "祝您愉快！"
(8) 挂断电话 ■ 等顾客挂断后，自己再挂电话 (先以手指轻压电话，再将话筒挂上)	等对方放下电话后，再轻轻将话筒放回电话机上

27

拨打电话注意事项如下：

● 要考虑打电话的时间（对方此时是否有时间或者方便）；

● 注意确认对方的电话号码、单位、姓名，以避免打错电话；

● 准备好需要用到的资料、文件等，通话的内容要有次序、简洁、明了；

● 注意通话时间，不宜过长；

● 使用礼貌语言；

● 外界的杂音或私语不能传入电话内；

● 工作期间不要拨打私人电话。

另外，接打电话时，如果发生掉线、中断等情况，应由打电话方重新拨打。用电话进行沟通的时候，一般应该把时间控制在 3 分钟以内，最长也不要超过 5 分钟。如果这一次沟通没有完全表达出自己的意思，最好约定下次打电话的时间或面谈的时间，避免在电话中一次占用的时间过长。牢记客户沟通交流时的七项重要内容，也即 5W2H 方法。5W2H 方法所传递的信息非常准确，且简明扼要地说明了理由和过程。因而拨打电话前，采用 5W2H 方法准备客户资料，并制成表格，整理后再拨打电话，可以做到信息不遗漏且准确。接听电话也是如此。

（8）拜访礼仪

① 拜访前应事先和被访对象约定，以免扑空或扰乱主人的计划。拜访时要准时赴约。拜访时间长短应根据拜访目的和主人意愿而定。一般而言，时间宜短不宜长。

② 到达被访人所在地时，一定要用手轻轻敲门，进屋后应待主人安排指点后坐下。后来的客人到达时，先到的客人应该站起来，等待介绍。

③ 拜访时应彬彬有礼，注意一般交往细节。告辞时要同主人和其他客人一一告别，说"再见"、"谢谢"；主人相送时，应说"请回"、"留步"、"再见"。

拜访客户礼仪规范，见表 1-15。

表 1-15　拜访客户礼仪规范

步　骤	规　范
约定时间和地点	事先打电话说明拜访的目的，并约定拜访的时间和地点
	不要在客户刚上班、快下班、异常繁忙、正在开重要会议时去拜访
	也不要在客户休息和用餐时间去拜访
准备工作	阅读拜访对象的个人和公司资料
	准备拜访时可能用到的资料
	注意穿着与仪容
	检查各项携带物是否齐备，如名片、笔和记录本、本公司电话和产品介绍、合同等
	明确谈话主题、思路和话语
出发前	最好与客户通电话确认一下，以防临时发生变化
	选好交通路线，算好时间出发
	确保提前 5~10 分钟到
到达客户办公楼门前	再整装一次
	如提前到达，不要在被访公司内溜达

步　骤	规　范
进入室内	面带微笑，向接待员说明身份、拜访对象和目的
	从容地等待接待员将自己引到会客室或受访者的办公室
	如果是雨天，不要将雨具带入办公室
	在会客室等候时，不要看无关的资料或在纸上图画
	接待员奉茶时，要表示谢意
	等候超过一刻钟，可向接待员询问有关情况
	如受访者实在脱不开身，则留下自己的名片和相关资料，请接待员转交
见到拜访对象	如拜访对象的办公室关着门，应先敲门，听到"请进"后再进入
	问候、握手、交换名片
	客户请人奉上茶水或咖啡时，应表示谢意
会谈	注意称呼、遣词用语、语速、语气、语调
	会谈过程中，如无急事，不要打电话或接电话
告辞	根据对方的反应和态度来确定告辞的时间和时机
	说完告辞就应起身离开座位，不要久说不走
	感谢对方的接待，握手告辞
	如办公室门原来是关闭的，出门后应轻轻把门关上
	客户如要相送，应礼貌地请客户留步

（9）办公室礼仪

在公司的办公场所接待客户、洽谈业务时，也需要注意礼仪，掌握了这方面的礼仪规范，可以使工作变得更加自如顺利，也会使客户产生宾至如归的感觉。常见办公礼仪规范，见表1-16。

表1-16　常见办公礼仪规范

情　景		注　意　事　项
引路	在走廊引路时	应走在客人左前方1.5米左右处
		引路人走在走廊的左侧，让客人走在路中央
		与客人的步伐保持一致
		引路时要注意客人，适当地做些介绍
	在楼梯间引路时	让客人走在正方向（右侧），引路人走在左侧
	途中要注意引导及提醒客人	转弯或有楼梯台阶的地方应使用手势，并提醒客人"这边请"或注意楼梯"等
开门次序	向外开门时	先敲门，打开门后握住门把手，站在门旁，对客人说"请进"并施礼
		进入房间后，用右手将门轻轻关上
		请客人入座，安静退出，此时可说"请稍候"等
	向内开门时	开门后，自己先进入房间
		侧身，握住门把手，对客人说"请进"并施礼
		轻轻关上门，请客人入座后，安静退出

续表

情景		注意事项
搭乘电梯	电梯内没有其他人时	在客人之前进入电梯，按住"开"的按钮，此时再请客人进入电梯；到大厅时，按住"开"的按钮，请客人先下
	电梯内有其他人时	无论上下都应客人、上司优先
	电梯内	先上电梯的人应靠后面站，以免妨碍他人乘电梯
		电梯内不可大声喧哗或嬉笑吵闹
		电梯内已有很多人时，后进的人应面向电梯门站立
办公室	进入他人办公室	必须先敲门，再进入
		已开门或没有门的情况下，应先打招呼，如说"您好"、"打扰一下"等，再进入
	传话	传话时不可交头接耳，应使用记事便签传话
		传话给客人时，不要直接说出来，而应将事情要点转告客人，由客人与待传话者直接联系
		退出时，按照上司、客人的顺序打招呼退出
	会谈中途有上司到来时	必须起立，将上司介绍给客人
		向上司简单汇报一下会谈的内容，然后重新开始会谈

（10）乘车礼仪

① 轿车。

● 轿车由司机驾驶时，以后排右侧为首位，左侧次之，中间座位再次之，前排右侧殿后，前排中间为末席。

● 如果由主人亲自驾驶，则以驾驶座右侧为首位，后排右侧次之，左侧再次之，而后排中间座为末席，前排中间座则不宜再安排客人。

● 主人夫妇驾车时，则主人夫妇坐前座，客人夫妇坐后座，男士要服务于自己的夫人，宜开车门让夫人先上车，然后自己再上车。

● 如果主人搭载友人夫妇，则应邀友人坐前座，友人之妇坐后座，或让友人夫妇都坐前座。

● 主人亲自驾车，坐客只有一人，应坐在主人旁边。若同坐多人，中途坐前座的客人下车后，在后面坐的客人应改坐前座，此项礼节最易疏忽。

● 女士登车不要一只脚先踏入车内，也不要爬进车里。应先站在座位边上，把身体降低，让臀部坐到位子上，再将双腿一起收进车里，双膝一定要保持合并的姿势。

② 吉普车。

吉普车无论是主人驾驶还是司机驾驶，都应以前排右侧为尊，后排右侧次之，后排左侧为末席。上车时，后排位低者先上车，前排位尊者后上车。下车时前排客人先下车，后排客人再下车。

③ 旅行车。

在接待团体客人时，多采用旅行车接送客人。旅行车以司机座后第一排为尊，后排依次降低。其座位的尊卑，依每排右侧往左侧递减。

4. 职场礼仪

1）同事间的问候

公司员工早晨见面时要互相问候"早晨好"、"早上好"等（如上午10点钟前）。

因公外出应向部内或室内的其他人打招呼。

下班时应相互打招呼后再离开，如"明天见"、"再见"等。

2）同事间的礼仪

同事是与自己一起工作的人，与同事相处得如何，直接关系到自己的工作、事业能否进步与发展。如果同事之间关系融洽、和谐，人们就会感到心情愉快，有利于工作的顺利进行，从而促进事业的发展。反之，如果同事关系紧张，相互拆台，经常发生摩擦，就会影响正常的工作和生活，阻碍事业的正常发展。处理好同事关系，在礼仪方面应注意以下几点。

① 尊重同事。相互尊重是处理好任何一种人际关系的基础，同事关系也不例外，同事关系不同于亲友关系，它不是以亲情为纽带的社会关系，亲友之间一时的失礼，可以用亲情来弥补，而同事之间的关系是以工作为纽带的，一旦失礼，创伤难以愈合。所以，处理好同事之间的关系，最重要的是尊重对方。

② 物质上的往来应清楚。同事之间可能有相互借钱、借物或馈赠礼品等物质上的往来，但切忌马虎，每一项都应记得清楚明白，即使是小的款项，也应记在备忘录上，以提醒自己及时归还，以免遗忘，引起误会。向同事借钱、借物，应主动给对方打张借条，以增进同事对自己的信任。有时，出借者也可主动要求借入者打借条，这并不过分，借入者应予以理解，如果所借钱物不能及时归还，应每隔一段时间向对方说明一下情况。在物质利益方面无论是有意或无意地占对方的便宜，都会引起对方不快，从而降低自己在对方心目中的人格。

③ 对同事的困难表示关心。同事遇到困难，通常首先会选择亲朋帮助，但作为同事，应主动问询。对力所能及的事应尽力帮忙，这样会增进双方之间的感情，使关系更加融洽。

④ 不在背后议论同事的隐私。每个人都有隐私，隐私与个人的名誉密切相关，背后议论他人的隐私，会损害他人的名誉，引起双方关系紧张甚至恶化，因而是一种不光彩的、有害的行为。

⑤ 对自己的失误或同事间的误会，应主动道歉说明。同事之间经常相处，一时的失误在所难免。如果出现失误，应主动向对方道歉，取得对方的谅解；对双方的误会应主动向对方说明，不可小肚鸡肠，耿耿于怀。

3）就餐礼仪

（1）中餐礼仪

中餐礼仪，是中华饮食文化的重要组成部分。学习中餐礼仪，主要应注意掌握用餐方式、时间和地点的选择、菜单安排、席位排列等方面的规则和技巧。

① 几种常见的用餐方式。

● 宴会：通常指的是以用餐为形式的社交聚会。可以分为正式宴会和非正式宴会两种类型。正式宴会，是一种隆重而正规的宴请。它往往是为宴请专人而精心安排，在比较高档的饭店或其他特定的地点举行，讲究排场、气氛的大型聚餐活动。对于到场人数、穿着打扮、席位排列、菜肴数目、音乐演奏、宾主致辞等，往往都有十分严谨的要求和讲究。非正式宴会，也称便宴，也适用于正式的人际交往，但多见于日常交往。它的形式从简，偏重于人际交往，而不注重规模、档次。一般来说，它只安排相关人员参加，不邀请配偶，对穿着打扮、席位排列、菜肴数目往往不作过高要求，而且也不安排音乐演奏和宾主致辞。

● 家宴：也就是在家里举行的宴会。相对于正式宴会而言，家宴最重要的是要制造亲切、友好、自然的气氛，使赴宴的宾主双方感觉轻松、自然、随意，彼此增进交流，加深了解，促进信任。通常，家宴在礼仪上往往不作特殊要求。

● 便餐：也就是家常便饭。用便餐的地点往往不同，礼仪讲究也最少。只要用餐者讲究公德，注意卫生、环境和秩序，在其他方面就不用过多介意了。

● 工作餐：是在商务交往中具有业务关系的合作伙伴，为进行接触、保持联系、交换信息或洽谈生意而以用餐的形式进行的商务聚会。它不同于正式的工作餐、正式宴会和亲友们的会餐。它重在一种氛围，意在以餐会友，创造出有利于进一步接触的轻松、愉快、和睦、融洽的氛围。它是借用餐的形式继续进行的商务活动，以餐桌充当会议桌或谈判桌。工作餐一般规模较小，通常在中午举行，主人不用发正式请柬，客人不用提前向主人正式进行答复，时间、地点可临时选择。出于卫生方面的考虑，最好采取分餐制或公筷制的方式。

在用工作餐的时候，还会继续进行商务上的交谈。但这时需要注意的是，这种情况下不要像在会议室一样，进行录音、录像，或者安排专人进行记录。必须进行记录的时候，应先获得对方首肯。千万不要随意自行其是，好像对对方不信任似的。发现对方对此表示不满的时候，更不可坚持这么做。

● 自助餐：是近年来借鉴西方的现代用餐方式。它不排席位，也不安排统一的菜单，而是把能提供的全部主食、菜肴、酒水陈列在一起，根据用餐者的个人爱好，自己选择、加工、享用。

采取这种方式，可以节省费用，而且礼仪讲究不多，宾主都方便，用餐的时候每个人都可以悉听尊便。在举行大型活动，招待为数众多的来宾时，这样安排用餐是最明智的选择。

② 慎重选择时间、地点。

中餐特别是中餐宴会，根据人们的用餐习惯，依照用餐时间的不同，分为早餐、午餐、晚餐3种。确定正式宴请的具体时间，主要要遵从民俗惯例。而且主人不仅要从自己的客观能力出发，更要讲究主随客便，要优先考虑被邀请者，特别是主宾的实际情况，不要对这一点不闻不问。如果可能，应该先和主宾协商一下，力求两厢方便。至少要尽可能提供几种时间上的选择，以显示自己的诚意，并要对具体时长进行必要的控制。

另外，在社交聚餐的时候，用餐地点的选择也非常重要。

首先要环境优雅。宴请不仅仅是为了"吃东西"，也要"吃文化"。如果用餐地点档次过低，环境不好，即使菜肴再有特色，也会使宴请大打折扣。在可能的情况下，一定要争取选择清静、优雅的地点用餐。

其次是卫生条件良好。在确定社交聚餐的地点时，一定要看卫生状况怎么样。如果用餐地点太脏、太乱，不仅卫生问题让人担心，而且会破坏用餐者的食欲。

此外，还要充分考虑到聚餐者来去交通是不是方便，有没有公共交通线路通过，有没有停车场，是不是要为聚餐者预备交通工具等一系列的具体问题，以及该地点设施是否完备。

③ 安排"双满意"菜单。

根据我们的饮食习惯，与其说是"请吃饭"，还不如说是"请吃菜"，所以对菜单的安排马虎不得。它主要涉及点菜和准备菜单两方面的问题。

在宴请前，主人需要事先对菜单进行再三斟酌。在准备菜单的时候，主人要着重考虑哪些菜可以选用、哪些菜不能选用。

优先考虑的菜肴有4类。

- 有中餐特色的菜肴。宴请外宾的时候，这一条更要重视。像炸春卷、煮元宵、蒸饺子、狮子头、宫保鸡丁等，因为具有鲜明的中国特色，所以受到很多外国人的推崇。
- 有本地特色的菜肴。比如，西安的羊肉泡馍、湖南的毛家红烧肉、上海的红烧狮子头、北京的涮羊肉，在宴请外地客人时，上这些特色菜，恐怕要比千篇一律的生猛海鲜更受好评。
- 本餐馆的特色菜。很多餐馆都有自己的特色菜。上一份本餐馆的特色菜，能说明主人的细心和对被请者的尊重。
- 主人的拿手菜。举办家宴时，主人一定要当众露上一手，多做几个自己的拿手菜。其实，所谓的拿手菜不一定十全十美。只要主人亲自动手，单凭这一条，就足以让对方感觉到主人的尊重和友好。

在安排菜单时，还必须考虑来宾的饮食禁忌，特别是要对主宾的饮食禁忌高度重视。这些饮食方面的禁忌主要有 4 条。

- 宗教的饮食禁忌，一点也不能疏忽大意。
- 出于健康的原因，对于某些食品，也有所禁忌。比如，患有心脏病、动脉硬化、高血压和中风后遗症的人不适合吃狗肉，肝炎病人忌吃羊肉和甲鱼，患有胃肠炎、胃溃疡等消化系统疾病的人不适合吃甲鱼，高血压、高胆固醇患者要少喝鸡汤等。
- 不同地区，人们的饮食偏好往往不同。对于这一点，在安排菜单时要兼顾。比如，湖南人普遍喜欢吃辛辣食物，少吃甜食。英国人与美国人通常不吃宠物、稀有动物、动物内脏、动物的头部和脚爪。
- 有些职业，出于某种原因，在餐饮方面往往也有各自不同的特殊禁忌。例如，国家公务员在执行公务时不准吃请，在公务宴请时不准大吃大喝，不准超过国家规定的用餐标准，不准喝烈性酒。再如，驾驶员工作期间不得喝酒。要是忽略了这一点，还有可能使对方犯错误。

在隆重而正式的宴会上，主人选定的菜单也可以在精心书写后，每人一份，用餐者不但餐前心中有数，而且餐后也可以留作纪念。

④ 席位的排列。

中餐的席位排列，关系到来宾的身份和主人给予对方的礼遇，所以是一项重要的内容。

中餐席位的排列，在不同情况下，有一定的差异。可以分为桌次排列和位次排列两方面。

宴请时，每张餐桌上的具体位次也有主次尊卑的分别。排列位次的基本规则有 4 条，它们往往同时发挥作用。

- 主人大都应面对正门而坐，并在主桌就座。
- 举行多桌宴请时，每桌都要有一位主桌主人的代表在座。位置一般和主桌主人同向，有时也可以面向主桌主人。
- 各桌位次的尊卑，应根据距离该桌主人的远近而定，以近为上，以远为下。
- 对于各桌距离该桌主人相同的位次，讲究以右为尊，即以该桌主人面向为准，右为尊，左为卑。

另外，每张餐桌上所安排的用餐人数应限制在 10 人以内，最好是双数。人数过多，不仅不容易照顾，而且可能坐不下。

（2）西餐礼仪

当被邀请参加早餐、午餐、晚宴、自助餐、鸡尾酒会或茶会时，通常只有两种着装，一种是正式的，一种是随意的。如果去的是高档餐厅，男士要穿着整洁的上衣和皮鞋，女士要穿套装和有跟的鞋子。如果指定要求穿正式服装，男士必须打领带。

下面介绍几种最具代表性的场合及注意事项。

① 自助餐。

自助餐（也是招待会上常见的一种）可以是早餐、中餐、晚餐，甚至是茶点，有冷菜也有热菜，连同餐具放在餐桌上，供客人使用。一般在室内、院子或花园里举行，宴请不同人数的宾客。如果场地太小或没有服务人员，招待比较多的客人，自助餐就是最好的选择。

自助餐开始的时候，应该排队等候取用食品。取食物前，自己先拿一个放食物用的盘子。要坚持"少吃多跑"的原则，不要一次拿得太多吃不完，可以多拿几次。用完餐后，再将餐具放到指定的地方。不允许"吃不了兜着走"。如果在饭店里吃自助餐，一般是按就餐的人数计价，有些还规定就餐时长，而且要求必须吃完，如果没有吃完的话，需要自己掏腰包"买"没吃完的东西。

② 鸡尾酒会。

鸡尾酒会的形式活泼、简便，便于人们交谈。招待品以酒水为主，略备一些小食品，如点心、面包、香肠等，放在桌子、茶几上，或者由服务生拿着托盘，把饮料和点心端给客人，客人可以随意走动。举办的时间一般是下午 5 点到晚上 7 点。近年来，国际上各种大型活动前后往往都要举办鸡尾酒会。

③ 晚宴。

晚宴分为隆重的晚宴和便宴两种。按西方的习惯，隆重的晚宴也就是正式宴会，基本上都安排在晚上 8 点以后举行，中国一般在晚上 6 点至 7 点开始。举行这种宴会，说明主人对宴会的主题很重视，或为了某项庆祝活动等。正式晚宴一般要排好座次，并在请柬上注明对着装的要求。其间有祝词或祝酒，有时安排席间音乐，由小型乐队现场演奏。

便宴是一种简便的宴请形式。这种宴会气氛亲切友好，适用于亲朋好友之间，有的在家里举行。服装、席位、餐具、布置等不必太讲究，但仍然有别于一般家庭晚餐。

按西方的习惯，晚宴一般邀请夫妇同时出席。如果受到邀请，要仔细阅读自己的邀请函，上面会说明是一个人还是先生或夫人陪同，又或是携带伴侣。在回复邀请时，最好能告诉主人他们的名字。

1.2.4 业务接待礼仪规范

① 接待人员要品貌端正，举止大方，口齿清楚，具有一定的文化素养，受过专门的礼仪、形体、语言、服饰等方面的训练。

② 接待人员服饰要整洁、端庄、得体、高雅；女性应避免佩戴过于夸张或有碍工作的饰物，化妆应尽量淡雅。

③ 如果来访者是预先约定好的重要客人，则应根据来访者的地位、身份等确定相应的接待规格和程序。在办公室接待一般的来访者，谈话时应注意少说多听，最好不要隔着办公桌与来人说话。对来访者反映的问题，应做简短的记录。

接待礼仪，见表 1-17。

表 1-17 接待礼仪

接待类别	规范标准
迎接礼仪	精神饱满、举止自然、精力集中，做好随时接待的准备
	热情主动、微笑相迎，致以问候并做自我介绍
	了解客户上门原因，若是找人，应引客到休息室，同时通知对方要找的负责人。若是洽谈业务，则要及时递上名片，并为客户办理业务
	有问必答、百问不烦，如遇自己不清楚的问题，不要不懂装懂，而应该诚挚地向客人表示歉意
引客礼仪	双方并排行进时居于客户左侧，单行时居于左前方 1.5 米左右的位置，保持身体侧向客户
	与客户保持相同的前进速度，经过拐角、楼梯或照明欠佳处等地方之前应及时提醒
	客人落座后，应奉上茶水招待
让客礼仪	与客户正面相遇时，应向客户点头致意，走姿改为面向客户侧行
	与客户同向行进时，应放慢脚步，让客户先行，并向客户做出前行示意手势
	出门口时，要以手开门，让客户先进，出入房门时要为人拉门，牢记"后进后出"（乘电梯则是"先出后进"）
送客礼仪	客户在前，送客人在后
	服务顾问送客礼仪应注意如下几点：（1）准备好结账；（2）准备好车辆资料
	送走客户时应向客户道别，祝福旅途愉快，目送客户离去，以示尊重
	要陪送到车站、机场、码头等，车船开动时要挥手致意，等开远了后才能够离开

接待客户的一般程序，见表 1-18。

表 1-18 接待客户的一般程序

接待步骤	使用语言	处理方式
（1）客人来访时	"您好！""早上好！""欢迎光临！"等	马上起立，正视对方，面带微笑，握手或行鞠躬礼
（2）询问客人姓名	"请问您是……""请问您贵姓？找哪一位？"等	必须确认来访者的姓名，如接收客人的名片，应重复"您是××公司×先生"
（3）事由处理	在场时，对客户说"请稍候"；不在时，对客户说"对不起，他刚刚外出公务，请问您是否可以找其他人或需要留言"等	尽快联系客户要找的人；如客户要找的人不在，应询问客户是否需要留言或转达，并做好记录
（4）引路	"请您到会议室稍候，××先生马上就来。""这边请。"等	在客人的左前方两三步处引路，让客人走在路的中央
（5）送茶水	"请"、"请慢用"等	保持茶具清洁，摆放时要轻，行礼后退出
（6）送客	"再见"或"再会"、"非常感谢"等	表达出对客人的尊敬和感激之情，送别时招手或行鞠躬礼

1.2.5 基本礼仪要求

① 客户到来，应面带微笑，主动热情地问候招呼："小姐（先生），您好，我能为您做些什么？"要使客户感受到你的友好和乐于助人。

② 对待客户应一视同仁，依次接待，统筹兼顾；做到办理前一个，接待第二个，招呼第三个。在办理前一个时要对第二个说"谢谢您的光临，请稍等"，招呼第三个时要说"对不起，让您久等了"，使所有客户感到不受冷落。

③ 接待客户时，应双目平视对方脸部三角区，专心倾听，以示尊重和诚意。对有急事而

来意表达不清的客户，应劝其先安定情绪后再说。可为该客户倒杯水，并说："您别急，慢慢讲，我在仔细听。"对长话慢讲、语无伦次的客户，应耐心、仔细听清其要求后再回答。对口音重、说话难懂的客户，在交流过程中，可适时重复他所讲的重要信息，一定要弄清其所讲的内容与要求，不能凭主观推测和理解，更不能敷衍了事将客户拒之门外。

④ 答复客户的询问，要做到百问不厌，有问必答，用词用语得当，简明扼要，不能说"也许、可能、好像、大概"之类模棱两可或含混不清的话。对一些不能回答的问题，不要不懂装懂，随意回答，也不能草率地说"我不知道"、"我不管这事"之类的话。应该实事求是地说："对不起，很抱歉，这个问题我不清楚，我能否让××部门的××来为您解答。"或"对不起，很抱歉，这个问题我现在无法解答，我会尽量在三天内了解清楚，然后再告诉您，请您留下联系电话。"

⑤ 客户较多时，应先问先答，急问快答，不先接待熟悉的客户，依次接待，避免怠慢。要使不同的客户都能得到应有的接待和满意的答复。

⑥ 在核对客户的证件资料时要注意使用礼貌用语，核对完后要及时交还，并表示谢意，可以说："××先生（小姐），让您久等了，这是您的××证、××证，共两本，请您收好，谢谢。"

⑦ 对有意见的客户，要面带微笑，以真诚的态度认真倾听，不得与客户争辩或反驳，而要真诚地表示歉意，妥善处理。对个别有意为难、过分挑剔的客户，仍应坚持以诚相待，注意服务态度，要热情、耐心、周到，要晓之以理、动之以情。

⑧ 及时做好客户资料的存档工作，以便查阅检索和对客户进行有针对性的服务。

⑨ 坚持售后服务电话跟踪，及时与客户电话联系，以体现对他们的尊重。

项目二

汽车维修业务接待流程

教 学 要 求 ···

1. 掌握预约流程；
2. 掌握车辆接待流程；
3. 能根据客户表述准确填写派工单；
4. 掌握派工的流程；
5. 掌握质检的操作流程；
6. 能够进行收费结算和交车操作；
7. 能够进行客户回访工作。

汽车维修流程实际上就是汽车维修企业的维修业务管理流程。一个汽车维修企业是否有一套科学完整的维修服务流程，以及这个流程执行得是否全面和细致，直接体现了企业的经营管理水平。

1. 汽车维修服务流程的目的

① 使经销商维修业务作业标准化。

② 促使维修作业流畅，人力、设备发挥最佳效率。

③ 满足顾客要求，实现客户满意和忠诚。

2. 汽车维修服务流程的实质

① 对传统维修服务程序的改进。

② 以广泛研究为基础并已证明成功，是国际通用的管理维修部门的工具。

③ 超过客户期望、确保客户满意的手段。

④ 以客户为中心的维修服务系统。

3. 制定汽车维修服务流程的意义

① 提供一个全局的观点，把员工和服务视为不可分割的整体，并与"我要做什么"联系起来，从而在员工中树立以顾客满意为导向的意识。

② 识别失误点，即服务行动链上的薄弱环节，确定随后的质量改善目标。

③ 提供一个由表及里的提高质量的途径，促进合理的服务设计并不断提高服务质量。

④ 明确过程和职责，减少和预防服务差距的产生和扩大。

4. 遵循汽车维修服务流程的意义

① 提高效率。

② 降低成本。

③ 取之即用。

④ 有章可循。

5. 汽车维修服务标准流程对汽车维修服务企业的益处

① 在市场中树立专业化的形象。

② 有助于平均分配每天的工作量。

③ 增加每个维修单的销售工时数。

④ 增加每个维修单所销售的零部件数。

⑤ 减少返工修理量。

⑥ 提高劳动生产率和工作效率。

⑦ 增加企业利润。

⑧ 最大限度地实现客户满意。

⑨ 提高客户的忠诚度。

6. 汽车维修服务流程的内容

汽车维修服务流程一般从车辆进厂接待开始，经过预检（或初诊）、开具任务委托书、派工、维修作业、竣工检验、试车、结算、车辆交付出厂这样一个过程，这也是多数修理企业常见的传统流程。但是，为了更好地提高服务质量和顾客满意度，提升本企业的社会形象，大部分 4S 汽车销售维修服务企业及大型综合性维修企业还在此基础上增加了用户招揽、预约、准备专用工位和人员及车辆竣工出厂后的跟踪回访等服务流程。从服务质量反馈的结果看，这些增加的流程确实起到了锦上添花的作用，即实现销售店的成功经营，其中最重要的是充实维修服务活动。虽然，促进新车销售也是非常重要的因素，但更重要的是通过维修服务赢得顾客的信任。对维修服务的理解程度直接影响到经销店的营销业绩。维修服务工作的实施水平与好坏对顾客满意度具有巨大的影响力。

虽然，各汽车服务企业在流程处理上内容基本一致，但还是存在一定差别，各有自己的特色，如图 2-1～图 2-4 所示分别为国内四家著名汽车服务企业的服务流程，如图 2-5 所示为某汽车服务企业服务流程标准。因此，现代汽车维修服务流程可以归纳为：客户招揽、预约、接待（含初诊）、维修作业（含准备工作、派工、维修作业与过程检验）、竣工检验、结算、交车、跟踪服务，如图 2-6 所示。

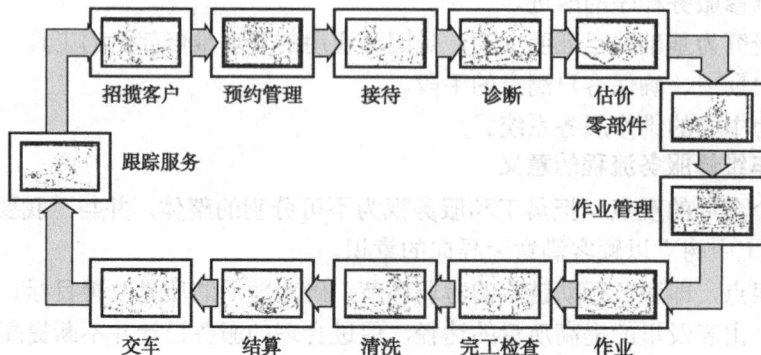

图 2-1　A 汽车服务企业的服务流程

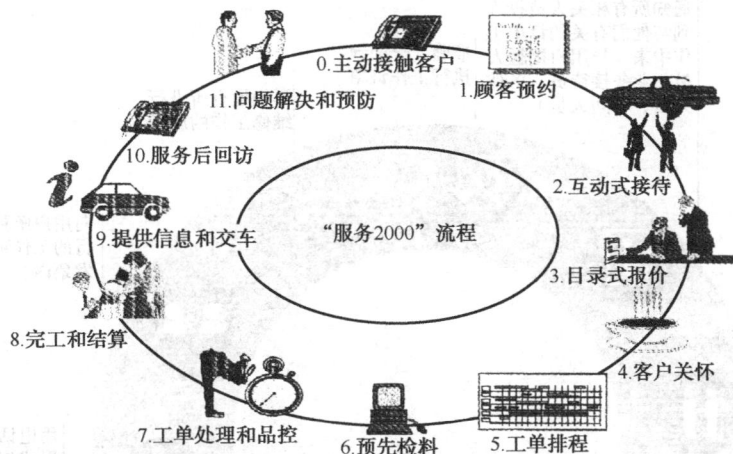

图 2-2　B 汽车服务企业的"服务 2000"流程

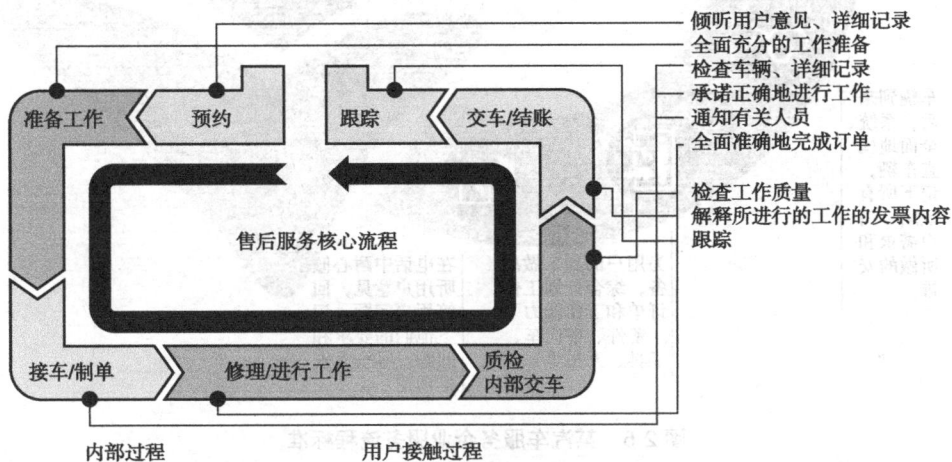

图 2-3　C 汽车服务企业的服务流程

图 2-4　D 汽车服务企业的服务流程

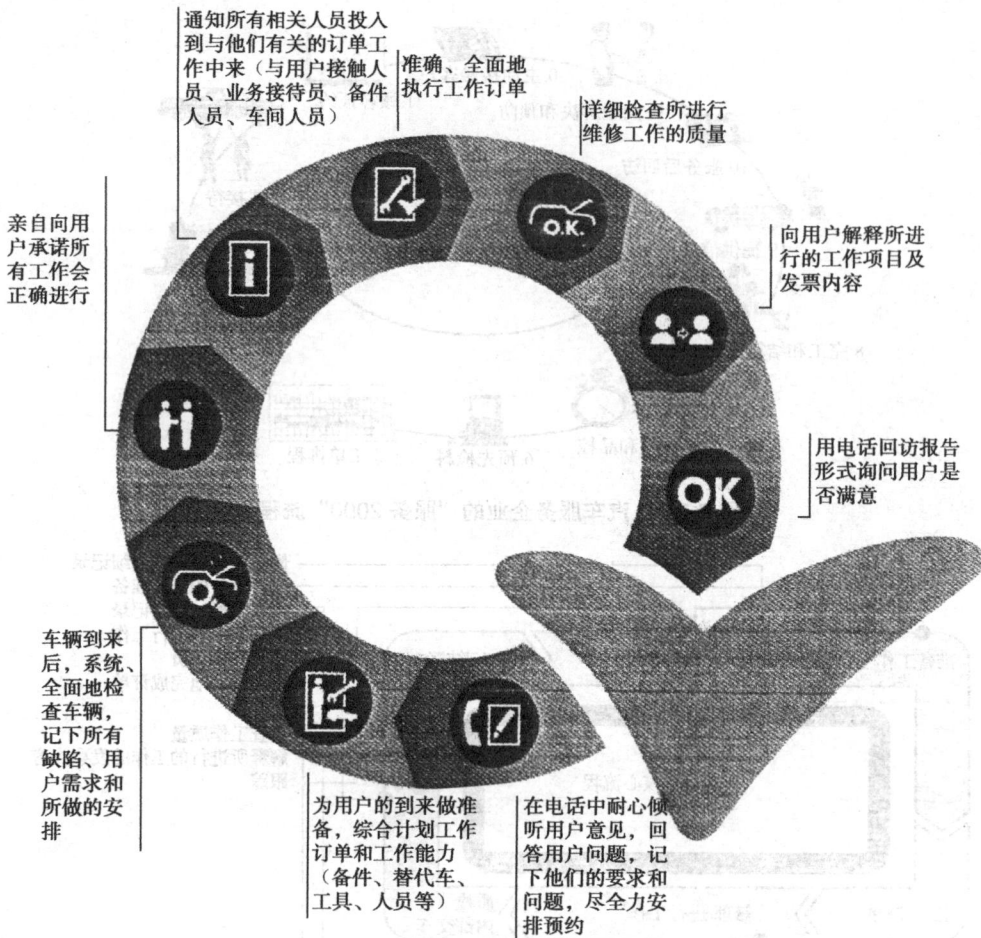

通知所有相关人员投入到与他们有关的订单工作中来（与用户接触人员、业务接待员、备件人员、车间人员）

准确、全面地执行工作订单

详细检查所进行维修工作的质量

亲自向用户承诺所有工作会正确进行

向用户解释所进行的工作项目及发票内容

用电话回访报告形式询问用户是否满意

车辆到来后，系统、全面地检查车辆，记下所有缺陷、用户需求和所做的安排

为用户的到来做准备，综合计划工作订单和工作能力（备件、替代车、工具、人员等）

在电话中耐心倾听用户意见，回答用户问题，记下他们的要求和问题，尽全力安排预约

图 2-5 某汽车服务企业服务流程标准

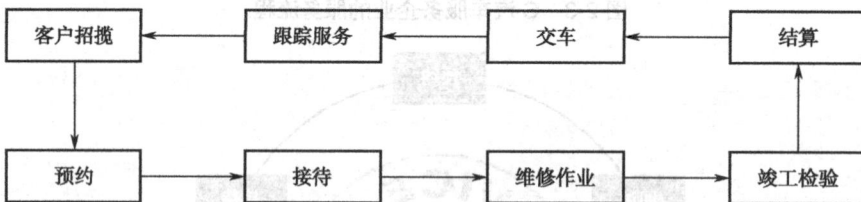

图 2-6 汽车维修服务一般流程

任务一 汽车维修的预约与接待

2.1.1 客户招揽

1. 招揽目的

① 提高汽车品牌和经销店的知名度。

② 提高顾客对汽车品牌和特约店的满意度。

③ 提高特约店的服务收益。

2. 招揽方法

① 采用广告宣传方式，如微博广告、电视广告、电台广告、报刊广告、户外广告、传单派发、网络宣传、巡演宣传等。

② 采用直接联络方式，如微信邀请、邀请信函、电话联络、短信提示、E-mail 服务、上门服务等。

③ 采用其他服务活动方式，如服务周/服务月、"五一服务周"、"空调节"、"麦当劳"式套餐服务、积分回报、会员制 VIP 服务等。

3. 招揽步骤

① 制作定期保养一览表。

● 选取定期保养对象或目标客户。

根据购车后一个月的回访客户车辆里程预估记录，制定首次保养邀约时间计划；依据购车后一个月回访时的里程，预估客户行驶 5000km 所需时间，提前一星期进行首次保养邀约；对于预估时间超过三个月的客户，在三个月的首次保养期限一星期前进行邀约；制定邀约名单，查阅首次保养记录，删除已进行首次保养的客户。

● 利用售后服务软件的提醒功能，掌握档案中客户下次保养的日期，或者推算档案中客户下次保养的日期。

根据客户用车习惯、来店保养的时间与里程数等状况，推算下次保养（30 000km）的日期，以表 2-1 为例。

表 2-1 推算下次保养的日期

来店日期	行驶里程（km）	保养作业项目（km）
2016.1.1	20 500	20 000
2016.2.24	24 500	25 000
		30 000

推算下次保养时间的方法：

距离下次保养的时间=（下次保养里程-行驶里程）÷日平均行驶里程

日平均行驶里程=上两次保养里程间隔÷间隔的时间

(30 000-24 500)÷[(24 500-20 500)÷53]=73（天）

由此估算出下次实施定期保养的日期为 2016 年 5 月 8 日，应该把用户登记到 5 月份的定期保养提醒名单中。

② 定期保养招揽的实施记录。

● 向客户发邀约信件，并记录时间。

● 向客户打邀约电话，并记录联络时间和预约结果。

按照客户希望的回访时间进行邀约；自我介绍并解释打电话的目的，询问客户是否便于接听电话；询问客户车辆行驶里程，解释首次保养的重要意义；解释预约的优点，询问客户是否接受预约；提示客户携带相关资料；感谢客户，礼貌挂断电话。

③ 核对保养实施车辆。

④ 招揽工作统计。

- 统计招揽成功率。
- 汇总没有来店客户的数量和原因。
- 制订改善客户招揽方案。

2.1.2 客户预约

维修生产企业在顾客来店高峰期常会出现停车位紧张、接待前台人满为患，客户因等待而显得焦虑或不高头，一些客户的服务要求被简化或被拒绝，服务过程中无法提供必要的附加服务，客户觉得服务工作敷衍了事等情况。因此，有必要对客户预约进行管理。

1. 预约的目的

预约是指双方就某事进行的预先约定，有效的预约可减少可能发生的意外情况，从而使双方的工作效率得到提高。

预约是汽车维修服务流程的一个重要环节，它提供了立即与客户建立良好关系的机会。预约是根据特约店自身的维修能力（人员和设备等），以及顾客对作业内容要求的约定完工时间，合理地分配维修工作。

预约服务对维修企业有什么好处呢？从现有维修企业车辆进厂情况来看，一般是上午来车较多，下午来车较少；平时来车少，周末来车多。这就意味着维修企业在客户集中时很忙碌，接待客户时的态度和维修质量有所下降；客户稀少时，接待和维修任务不饱满，能力闲置，资源浪费。为了确保维修企业的维修生产"均衡化"或"平整化"，保证客户有计划、有秩序地进厂维修，实施预约式维修服务是行之有效的一种方式。

采用维修预约系统的经销店一般以预约率 60% 为起点，逐步增加到最大，即 80% 的预约率。剩下 20% 留给遗留工作、返修车辆、未预约顾客、紧急维修和其他额外维修工作。

预约目的如下：

① 合理安排工作时间，提高企业生产效率。

② 均化每天工作量，避免人员和设备过度疲劳，或避免设备闲置、浪费。

③ 减少客户等待时间，提高客户满意度。

2. 预约的优点

① 能够避免维修高峰期的漫长等待。

② 通过提前告知故障，避免零部件准备不足而延误维修，缩短维修时间。

③ 服务企业能够在配件、工具、技术人员等方面提前准备，从而可保障维修和保养的服务质量，提高工作效率。

④ 希望获得服务企业针对预约提供的优惠折扣。

预约作业对汽车服务企业期望的好处如下：

① 通过客户预约，实现"削峰填谷"，提高工位利用率及服务产能。

② 减少由于维修服务的突然性而导致的非作业时间延长，提高生产效率。

③ 通过强化的预约活动，提高维修服务工作的计划性和规范化，达到提高服务水平的目的。

④ 通过预约活动的开展，达到降低维修生产成本，提高企业服务收益率的目的。

正是因为预约对双方都有益处，所以预约作业成为服务业是否成熟的标志性活动之一。

3．预约的分类

（1）主动预约

许多客户因时间、工作等各种原因不可能对自己的车辆时时关注，另外客户的汽车专业知识也不一定十分丰富，不一定了解车辆何时需要何种维护或修理，平时需要对汽车采取何种保养等，这就需要维修企业定期对客户进行电话访问，及时了解车辆的使用状况，提出合理的维修建议，根据客户的时间和维修企业的生产情况进行积极主动的合理安排，这种预约方式称为主动预约。主动预约不但可以体现维修企业对客户的关怀、增进与客户之间的感情交流，也是服务营销工作向客户展示维修企业的服务形象、介绍和推销维修企业的服务、增加维修企业的业务量、提高营业收入的需要。

（2）被动预约

有的客户感觉到自己的车辆需要维护或车辆发生故障需要修理时，也会给维修企业打电话进行预约，预订好时间、工位和配件，以便进厂之后迅速进行维修作业，节约自己的时间。这对维修企业而言是被动的，称为被动预约。当然也有许多客户时间观念不是很强，也没有预约意识，这就需要维修企业去引导客户，推销自己的预约服务。

4．预约的实施

（1）预约准备

预约工作一般由业务接待员或信息员来完成。在进行预约前必须完成以下两方面的准备。

① 熟悉客户信息和客户的车辆情况，如客户的姓名、性格、爱好、联系方式、车辆牌照号、车辆型号、行驶里程数、以往的维修情况、车辆需要做何种维护或有何种故障现象需要何种维修等。

② 了解本厂的维修生产情况和收费情况，如维修车间是否可以安排工位、维修工，专用工具、资料是否可用，相应的配件是否有现货或何时到货，以及相应维修项目的工时费和材料费等。

如果预约人员对以上两方面情况很清楚，那么与客户做预约就会得心应手，也显得非常专业，同客户的沟通交流也就很方便。如果预约人员当时不清楚情况，就需要及时了解清楚之后再与客户用电话确认。不要在情况不清时盲目预约，以免无法践约给客户造成时间损失，引起客户不满，影响维修企业信誉。

与客户的预约一般通过电话来实现，电话是一种有声的名片，代表着维修企业的形象。电话沟通交流技巧也是一门艺术，因此需要专门的电话培训。电话预约记录单见表2-2。

表2-2 电话预约记录单

1. 您好！****4S 店，我是前台（工种）　　　　　姓名，　　　　　请问您有什么事？

2. 客户陈述：

3. 客户姓名：＿＿＿＿＿＿＿＿＿ 车型：＿＿＿＿＿＿＿＿＿ 车牌号：＿＿＿＿＿＿＿＿＿

大致行驶里程：＿＿＿＿＿＿＿＿＿ 联系电话：＿＿＿＿＿＿＿＿＿。

4. 询问客户预约来店时间：＿＿＿＿＿＿＿＿＿，与客户确认此预约时间段来店是否合适＿＿＿＿＿＿＿＿＿（参考店内车间工作状况及零件供应状况）。如不合适，提供给客户本店合适时间段的选择＿＿＿＿＿＿＿＿＿。

5. 询问客户上次维修保养的时间：＿＿＿＿＿＿＿＿＿，里程：＿＿＿＿＿＿＿＿＿，大致项目：＿＿＿＿＿＿＿＿＿。

6. 再次确认客户预约的项目：＿＿＿＿＿＿＿＿＿。

所需零件项目：＿＿＿＿＿＿＿＿＿。

大致维修报价：＿＿＿＿＿＿＿＿＿。

再次确认预约来店时间：＿＿＿＿＿＿＿＿＿。

7. 非常感谢您的这次来电预约，我会为您做好相应的准备工作。我们会在第一时间优先安排您的车辆维修，同时您这次一般维修作业的工时费可打 8.5 折。谢谢，再见！

8. 等待客户挂断电话之后再挂断电话。

9. 跟踪确认客户来店预约状况。

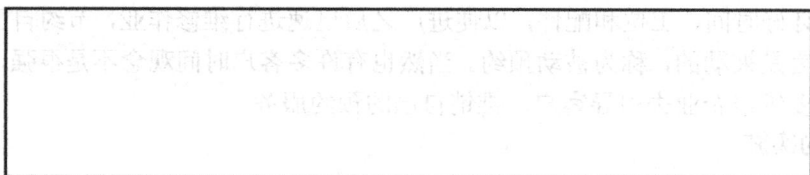

预约人员与客户做好预约之后应当及时做好记录汇总，以便有据可查（表 2-3 和表 2-4）。

若有必要，预约人员可在客户到来之前（如与客户约定修车前的 1 小时）对客户进行一次电话提醒，对预约进行进一步的确认，如果客户由于某些特殊原因不能来，还应与客户续约，确定下次来访时间。

（2）预约的实施规范

① 掌握自身企业的预约维修能力。

② 优先安排返修、召回、保修、紧急维修和特殊客户。

③ 预约的进厂时间应尽量方便客户。

④ 提醒服务可采用电话、短信等直接有效的方式，提醒后 2 小时内，客户关系员与客户进行电话联系，确认客户收到提醒。

⑤ 预约工作以预约登记表为依据，表中的内容应填写完整。

⑥ 若经销商处没有该客户的档案，在客户进行主动预约时应及时为客户建立档案；若已有该客户档案，则确认各项内容是否发生变更。

⑦ 业务接待必须将客户所描述的情况记录清楚，并通过适当的提问明确进厂原因。

⑧ 在记录要点时，必须进行必要的重复，以使客户知道经销商已经将车辆情况掌握清楚。

⑨ 业务接待向客户确认进厂时间时，应对进厂项目进行时间与价格的预估并向客户说明。

⑩ 由于配件无货而无法给客户安排预约时，应由业务接待向客户解释，并对客户说明可优先安排在配件到货后的预约计划中，若客户同意，则直接列入该目的预约计划。

⑪ 预约成功后，应提前做好人员、工具、设备及配件等准备工作。

⑫ 预约成功后，应预约看板的登记工作。向准时来店的预约客户传递服务意识，使预约客户产生被重视的感觉。

⑬ 从开始安排预约到向客户解释维修时间及报价，不应超过 2 小时。

⑭ 对于提醒服务，应在客户进厂前 3 小时进行追踪。

⑮ 若客户超过进厂时间半小时仍未到达，业务接待应及时与客户进行联系并确认到达的准确时间。

⑯ 若客户超过进厂时间 1 小时仍未到达，业务接待应与客户联系后取消本次预约，但可优先列入下一预约计划中。

⑰ 各部门交接必须及时、准确，以预约登记表为依据。

表 2-3　预约登记表

填表时间：＿＿＿年＿＿＿月＿＿＿日

车型：＿＿＿＿＿＿ 车号：＿＿＿＿＿ 车架号：＿＿＿＿＿ 发动机号码：＿＿＿＿＿						
车主：＿＿＿＿＿ 联系电话：＿＿＿＿＿ 接待员：＿＿＿＿＿ 预约时间：＿＿＿年＿＿＿月＿＿＿日						
故障陈述			维修项目		跟踪情况	
					客户签名	

说明：①此表用于客户预约服务的登记；②业务接待人员必须认真填写此表以作为客户跟踪的依据；③业务接待人员必须在预约到期的前 1～2 天提醒客户如期来公司维修保养；④如果由于跟踪不及时而导致客户流失，要追究业务接待人员的责任。

表 2-4　维修预约确认单

客户名称		联系人	
客户地址		客户住址	
客户电话		来厂时间	年　　月　　日　　时　　分
维修项目：			
预约进厂时间：			
预计出厂时间：			
客户其他要求：			
客户预交材料订金：		订金接收人签字盖章：	
接待员：		公司业务电话：	

5. 提高预约率的方法

要让预约客户享受到预约的待遇，要将预约客户与直接入厂维修客户严格区分开。这是决定此客户下次是否再次预约的关键因素。提高预约率的方法如下。

① 让客户知道预约服务的好处。

● 缩短客户非维修等待时间。

● 节省客户的宝贵时间。

● 有更多的时间咨询、沟通。

● 维修人员可以马上开始工作。

● 可免费享受一些维修项目。

② 在客户接待区和客户休息室放置告示牌，提醒客户预约。

③ 把当日预约客户的名单写在欢迎板上，让客户产生被重视的感觉。

④ 在跟踪回访客户时，宣传预约业务，让更多的客户了解预约的好处。

⑤ 经常向未经预约直接入厂的客户宣传预约的好处，增加预约维修量。

6. 预约的流程

预约的流程如图 2-7 所示。

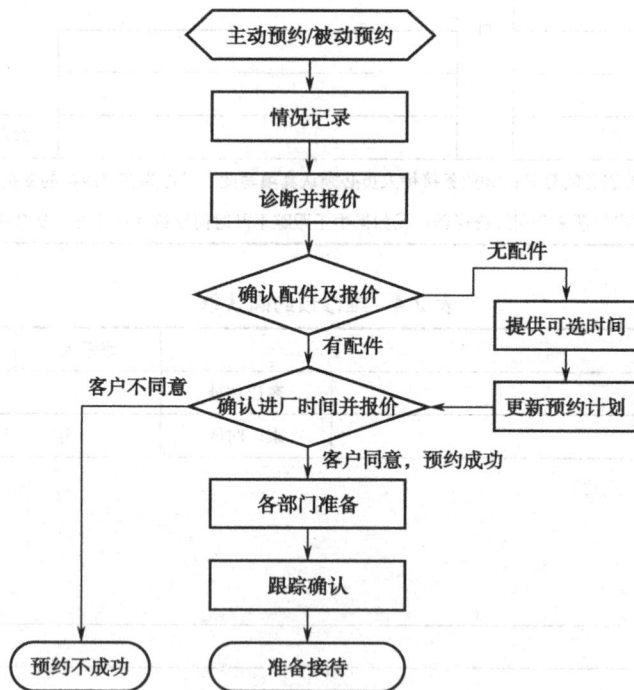

图 2-7　预约的流程

维修企业为了更好地推广预约工作，在预约维修推广开始时，除了大力宣传预约给客户带来的利益外，还要倡导"预约优先"的思想（如预约客户与非预约客户优先维修车辆的区别对待，让预约客户感到被重视），对能够准时预约的客户在维修费用上给予适当的优惠或赠送纪念品进行鼓励。

需要指出的是，在进行预约工作时，企业必须履行自己的承诺，所有预约内容必须到位，不能预约与不预约都一样，体现不出预约的好处，从而打击客户对预约的积极性，导致预约维修的推广困难。

2.1.3 客户接待

1. 客户接待的内容

客户如约前来维护或修理车辆，发现一切工作准备就绪，业务接待在等待着他的光临，肯定会有一个比较好的心情，而这些恰恰是客户又一次对维修企业建立信任的良好开端。因此业务接待应当具有良好的形象和礼仪，并善于与客户进行有效的沟通，体现出对客户的关注与尊重，体现出高水平的业务素质。接待属于服务流程中与客户接触的环节，在此环节中业务接待通过与客户的沟通交流，建立良好的互信平台。在客户入厂时，业务接待必须按规定整顿仪表着装，主动、迅速出迎，对来店客户进行礼貌的问候，给客户留下良好的第一印象。

在接车处理环节中最主要的两项工作是填写接车问诊表（接车检查单）和签订维修施工单（任务委托书或维修委托任务书）。

（1）接车问诊表

为避免客户提车时产生不必要的误会或纠纷，业务接待在车辆进入维修车间前必须与客户共同对车辆进行环车检查，并对车辆的使用情况与故障进行问诊，也即进厂检验。检验完成后，填写接车问诊表并经客户签字确认。

问诊的重要性如下：

- 服务顾问接车流程中的一项重要工作；
- 顾客所看重的正面真实一刻（Moment of Truth，MOT）之一；
- 若未能做好问诊，顾客可能会产生抗拒；
- 引导车间主管派工的方向；
- 正确引导维修工执行维修的方向；
- 掌握质检时所需确认的要领；
- 服务促销的重要启示。

如图 2-8 所示为准确问诊的重要性。

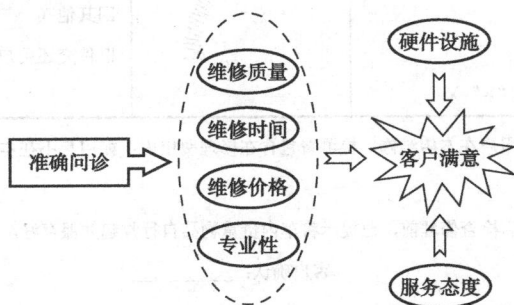

图 2-8　准确问诊的重要性

环车检查的内容主要有车辆外观是否有漆面损伤、车辆玻璃是否完好、内饰是否有脏污、仪表盘表面是否有损、随车工具附件是否齐全、车内和后备厢内是否有贵重物品等，环车检查的重点在于车辆外观状况确认。接车问诊表一般有两份，一份由车主保管，一份由企业保管，见表 2-5。

表2-5 接车问诊表

车牌号：_____ 行驶里程：_____（公里） 车架号（VIN）：_____	
用户名：_____ 电话：_____ 来店时间：___年___月___日___时___分	
用户陈述及故障发生时的状况：	
故障发生状况提示：行驶速度、发动机状态、发生频度、发生时间、部位、天气、路面状况、声音描述	
检测员检测确认建议：	
检测确认结果及主要故障零部件：	
检查确认者：	

外观确认：

（请在有缺陷部位打上标识"×"）

功能确认：（工作正常"√"，不正常"×"）

□音响系统　□门锁（防盗器）　□全车灯光

□工具　后视镜　□天窗　□座椅

□点烟器　□玻璃升降器　□玻璃

物品确认：（有"√"，无"×"）

F　　　E

□贵重物品提示

□工具　□备胎　□灭火器

□其他（　　　　　　）

旧件交还用户　□是　□否

检测费说明：本次检测的故障如用户在本店维修，检测费包含在修理费用内；如用户不在本店维修，请支付检测费。本次检测费：¥　　　元。

贵重物品提醒：在将车辆交给我店检查修理前，已提示将车内贵重物品自行收起并保存好，如有遗失恕不负责。

业务接待：_____　　　　客户确认：_____

接车问诊表的使用流程，如图2-9所示。

接车问诊表是客户与企业之间的重要文件，确立了企业与客户之间的契约关系。服务接待必须认真填写问诊表，完成后必须由服务接待与客户签字认可方为有效文件。

① 环车检查。

环车检查是从车左侧驾驶席位置开始，绕车顺时针检查一周。如果在检查的过程中发现问题，业务接待要立即为客户指出，并在接车问诊表、委托书中做好记录。如需要处理的话，业务接待要进行估价，以便让客户决定是否处置。环车检查的作业时间原则上控制在10分钟以内。

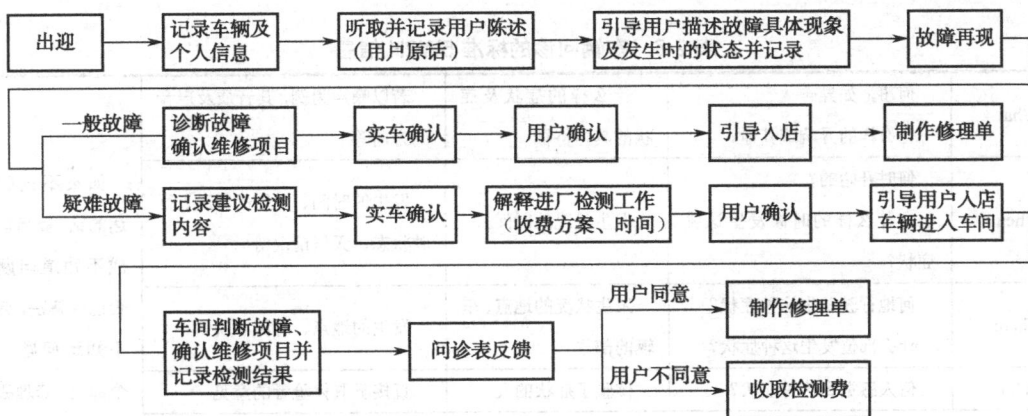

图 2-9　接车问诊表的使用流程

业务接待要对来店维护或维修的车辆，进行环车外观检查，其主要目的包括：

- 明确顾客的主要维修项目；
- 记录车辆以前的损伤情况；
- 记录所有已经遗失或损坏的部件；
- 发现额外需要完成的工作（顾客没有发现的问题）；
- 提醒顾客存放或带走遗留在车内的贵重物品；
- 有效减少后期交车时可能出现的争议，避免对企业不利的索赔。

② 填写接车问诊表。

接车问诊表的重要性主要表现在：

- 它记录了业务接待与客户之间的沟通情况，可以防止可能出现的误解；
- 它对客户的要求进行了详细而清楚的说明，可以有效地帮助维修技师提高修复率；
- 它记录了企业和客户在维修时间和预期费用方面达成的协议，有助于后期双方发生争议的解决；
- 有助于维修技师的工资确定；
- 可作为企业保修费用和零部件存货的审计依据。

接车问诊表的内容及注意事项如下：

- 车辆牌照号；
- 客户姓名及最新联系方式（电话号码）；
- 车辆识别号（VIN）；
- 行驶里程数：服务接待要认真记录客户行驶里程数，以免在交车时双方发生争议；
- 准确记录油表刻度位置；
- 受理日期及接受时间；
- 修理种类：要注明是保修还是维修，是收费还是内部收费，以免混淆；
- 故障描述：要记录客户的原话，以便维修技师进行故障确诊；
- 环车检查时要把车辆所有严重明显的损伤记录到接车问诊表中。

车辆问诊时，需要业务接待将客户的粗略信息，细化成车间人员希望得到的信息。可以采用 5W2H 方式进行信息细化，有利于准确判断车辆的故障，见表 2-6。

表 2-6　车辆问诊的标准 5W2H 信息

What	何事，如异响 什么样的异响或其他？	什么样的症状及症状的具体特征	若以噪声为例，其音质及声音的方向等	如果不正确传达的话，就可能造成不知道问题是否已经解决，或者不知道问题在哪个部位、修理哪个部分、怎么修理才好的情况
When	何时开始的？ 在什么样的时候发生这种症状？	发生状况的时间	发生的时间、发生的频度、行驶状态、天气情况等	
Where	何地行驶发生这种状况？ 什么部位发生这种状况？	发生状况的地点、车辆的部位	发生的地点、道路状况等	
Who	何人感觉到这种症状？	体验了症状的人	直接听取体验者的意见	
Why	为什么造成了这种症状？	出现症状的起因	比如进行某项操作后、非常规使用、修理史等	
How	怎么样操作会发生这种症状？	结果（包括程度）	比如确认后的多大程度、多少时间等	
How Much	程度多大？	多长时间等	—	—

（2）维修施工单

维修施工单（任务委托书或维修委托任务书）是客户委托维修企业进行车辆维修的合同文本。维修施工单的主要内容有客户信息、车辆信息、维修企业信息、维修作业信息、附加信息和客户签字。客户信息包括客户名称和联系方式等；车辆信息包括牌照号、车型、颜色、底盘号、发动机号、上牌日期、行驶里程和其他车辆信息等；维修企业信息包括企业名称、电话和业务接待姓名等，以便客户联系；维修作业信息包括进厂时间、预计完工时间、维修项目、工时费和预计配件材料费；附加信息是指客户是否自带配件（某些品牌的专营店不准自带配件）、客户是否委托企业处理换下的旧件等。上述内容都需要同客户做准确的约定，并得到客户的确认。客户签字意味着对维修项目、有关费用和时间的认可。维修施工单见表 2-7。

表 2-7　维修施工单

客户签字	业务接待签字

工单 NO：　　　　　　　　　　　　　　　　业务接待：

车牌号		VIN			
客户 ID		客户姓名			
邮政编码		地址			
电话 1		电话 2			
车型		SFX	外观色		内饰色
入厂履历					
上次行驶公里		入厂预定	卡号		
入厂日	维修内容	入厂日		维修内容	

续表

入厂日	维修内容	入厂日	维修内容

此次入厂情况			交车预定时间
此次行驶公里		下次入厂预定	

委托事项	维修内容	必要的零件

开始时间	完成的时间	主修签字	主任签字	检验员签字

注意事项:

1. 本施工单经双方确认后具有合同效力。可作为维修预检交接单使用,任务书为概算费用,结算时凭维修结算清单,按实际发生金额结算。结算方式及期限:_____。

2. 承修方在维修过程中增加维修项目或费用及延长维修期限时,承修方应及时通知托修方,并以书面等形式确认。使用的正副厂配件及质量担保期由双方约定,必要时,附材料清单作为任务书的附件。托修方自带配件,承修方应查验登记,由此产生的质量问题,承修方不负责任。

3. 承修方应妥善保管托修车辆。托修随车贵重物品随身带走,如遗失,承修方不承担责任。

4. 维修质量保证期:从竣工出厂之日起_____日或行驶里程_____公里,以先达到指标为准。

维修施工单一般为三联,其中一联交付客户,作为客户提车时的凭证,以证明客户曾经将该车交付维修企业维修,客户结算提车时收回。企业自用的两联可分别用于维修车间派工及维修人员领料。

进厂车辆如果进行一级维护,可以直接同客户签订维修施工单。进厂车辆如果要进行故障修理,业务接待应对客户车辆进行技术性检查和初步故障诊断,验证故障现象是否同预约中描述的一样,必要时应请技术人员和客户一起试车验证或用仪器检测和会诊。根据检测诊断结果,拟订维修方案,初步估算修理工时费、材料费及其他费用,预计完工时间,打印好任务委托书,并请客户签字确认。

业务接待同客户签订维修施工单时应向客户解释清楚维修施工单的内容,重点解释说明维修项目、估算修理工时费、材料费、其他费用和预计完工时间。

2. 接待的实施规范

① 客户车辆进入经销商待修车停车区,尚未接待客户的业务接待应主动出迎致意,出迎时携带接车单。

② 若客户是进厂维修客户,则业务接待直接在接车单上记录车辆外观情况和进厂原因,并进行情况描述简要记录;若客户不是进厂维修客户,则应带领客户至相关业务部门。

③ 遇到雨雪天气,若停车区与营业厅之间的通道没有雨棚,当客户车辆进入停车区时,任何一位工作人员在不影响正常业务流程的情况下都有义务主动打伞出迎并引领客户至相关业务部门。同时,在营业厅门口处也应准备好吸水性强的白毛巾,以便客户在进入营业厅时擦去身上的雨雪。

④ 若业务接待无法出迎,应在客户进入营业厅时主动向客户致意;若业务接待正在接待其他客户,也应及时对新到来的客户打招呼并请其稍等。

⑤ 接待台应备有饮水机，客户在接待台前坐下时应送上一杯水（冷天热水，热天根据客户喜好选择冷水或热水）。

⑥ 如果客户需要等候接待，则等待时间不得超过 5 分钟。如果客户等待时间超过 5 分钟或有几位客户同时等待，必须增加临时业务接待。

⑦ 预约过的客户到来后必须立即接待，禁止等待。接待后直接将接车单、委托单与车辆一起送至车间交给接受了预约的班组。

⑧ 禁止让返修客户等候接待，在委托单中须注明返修。

⑨ 对于保养客户，业务接待在进行保养项目记录的同时，应主动询问近期车况，并参考车辆的维修保养记录，以便及时发现隐含问题。接待时间应控制在 8 分钟以内。

⑩ 对于一般维修客户，倾听客户描述故障情况并进行需求分析的时间不得低于 6 分钟。

⑪ 在客户进行故障情况描述时，业务接待可以在适当的时候用引导性语言进行需求调查，但严格禁止打断客户的描述。

⑫ 对于客户描述的情况，在记录要点的同时应及时重复确认无误。

⑬ 对于客户描述的故障，可通过查看维修记录、试车、会诊、请求技术支持等一系列手段进行诊断（初诊），但必须保证快速、准确。如要试车，必须保证客户在场。

⑭ 根据客户描述情况确定进厂项目，若暂无配件，应主动向客户说明并向客户提供到货时间；若需要转包修理，应主动向客户说明并得到客户确认后才可以进行。

⑮ 打印维修施工单（委托单）前，应对提车时间及费用情况进行预估，按照客户描述的情况向客户逐项解释所需进行的项目及该项目所需时间与费用，并参考车间进度预估提车时间。得到客户确认后才可以打印，打印后由客户签字确认。

⑯ 维修施工单（委托单）至少三联，一联供客户提车用，一联用于前台保存备份，一联用于随车作业。

⑰ 若即将进行的项目中存在索赔项目，应及时向客户说明并解释清楚。

⑱ 预估准确。预估费用与实际发生费用相差不要大于 10%，预估时间与实际时间相差不要超过 30 分钟，但在作业过程中发现新问题时除外。

⑲ 如果客户到达经销商处时业务接待未出迎，则在从客户手中接过车钥匙前应随同客户一起进行环车外观检查、贵重物品确认，并在接车单上标明。

⑳ 如果客户要自己付费更换配件，则应先与客户确定旧件是否带走，并在接车单和委托单上注明。

㉑ 业务接待在从客户手中接过车钥匙后，应将标有客户车牌号及停车位号码的钥匙牌连在钥匙上，方便找到车辆。

㉒ 业务接待应在客户面前将护车套件（方向盘套、座椅套、脚垫，如果条件许可，还应包括换挡手柄、灯光雨刷控制手柄等维修工可能接触地方的保护套）安置好，并亲自将车辆送入车间。

㉓ 接车时，业务接待应尽量记住座椅、后视镜、反光镜等的位置及角度。

㉔ 业务接待将车辆送入车间时，应先建议客户去客户休息室休息，然后将车辆送入车间，将接车单与委托单交给车间主管，最后向客户确认车辆已经送入车间并再次说明预计交车时间，若客户要求直接离开，则在和客户确认预计的交车时间后送客户离开，并留给客户能够随时联络的联系方式，在客户离开后应随时保持联系。

㉕ 业务接待应善于利用车间进度看板、工时标准等辅助工具，随时掌握车间工作进度。

㉖ 在客户需要了解工作进度时，业务接待有义务为客户进行确认。

㉗ 当有客户投诉时，业务接待必须将客户引领至一个安静的环境（如业务洽谈室）进行处理，避免因环境嘈杂导致客户心烦而使其不满意情绪扩大化，避免不满意的客户影响到其他客户。

3. 接待的流程

接待的流程如图 2-10 所示。

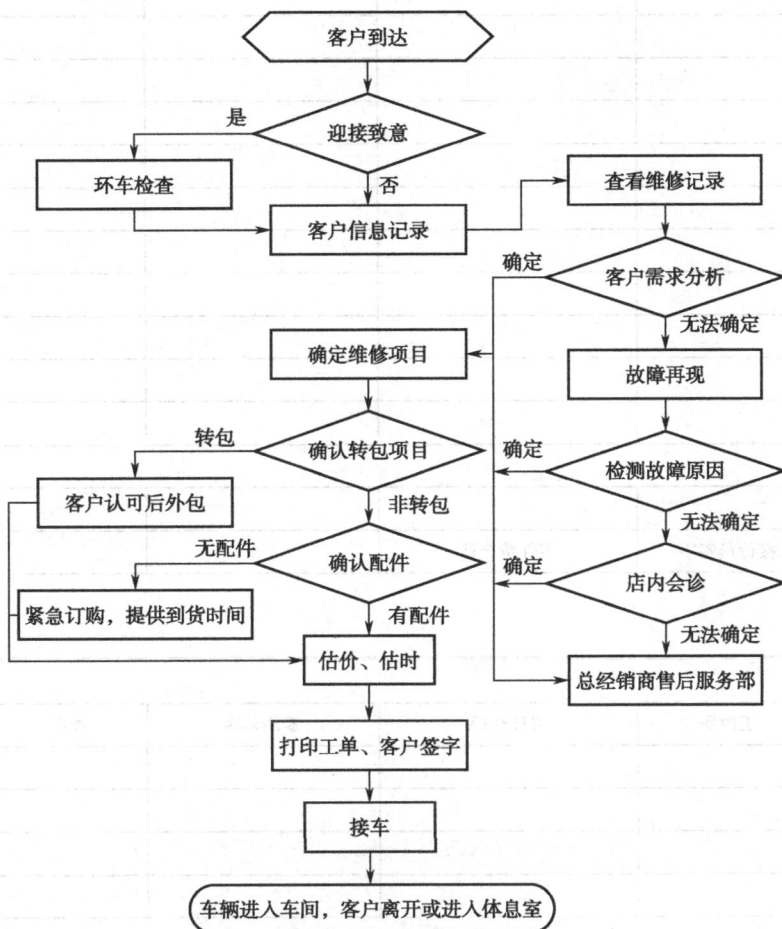

图 2-10 接待的流程

任务二 维修作业与增项处理

2.2.1 维修准备

1. 维修工单

根据由双方确认的接车问诊表，以及按要求选择的维修项目、工时费与作业时间等，在确认零件库存状况后制作维修工单，见表 2-8。

表 2-8　维修工单

客户：＿＿＿＿＿＿＿＿＿＿　车型：＿＿＿＿＿＿＿＿　VIN：＿＿＿＿＿＿＿＿　日期：＿＿＿＿＿

维修项目	工时费	零件代码	零件名称	数量	售价
工时费合计					
维修费用总计：					
客户签字	接待员签字	零件费合计			
备注：					

增补（追加）维修：

维修项目	工时费	零件代码	零件名称	数量	售价

增补（追加）维修：

维修项目	工时费	零件代码	零件名称	数量	售价
工时费合计					
维修费用总计：					
客户签字	接待员签字	零件费合计			
备注：					

根据业务接待提供的工单查看零件目录，并确认该零件有无库存。零件无库存时，将零件到货期及价格通知业务接待，由业务接待向客户确认修理是否进行；有库存时，制作零件出库表，见表2-9。

表2-9 零件出库表

工单 NO: _____ 班组: _____ 主修: _____

客户: _____ 车型: _____ 车牌: _____

序　　号	名　　称	型号、规格	单　位	数　量	售　价	备　注
1						
2						
3						
4						
5						
6						
7						
8						

日期: _____ 制表: _____ 审核: _____ 批准: _____

2. 项目说明、确认与派工

向客户出示维修工单及报价单，对客户进行修理项目、时间、预计金额、支付方法及交车时间的说明，并征求其同意。

① 客户同意维修作业，则请客户签字确认，并将施工单和零件出库表交给车间主任。

② 派工。将车移至车间，安排维修技工工作并将相关事项记入工作管理进度板。

③ 客户要求追加作业的情况。将追加作业内容通知配件员并委托其确认零件的库存，制作出库表，以便据此做出新的报价单。根据配件员做出的追加零件出库表制作新的报价单。按上述要求，向客户说明并征求其同意是非常重要的，然后再让客户在工单上追加签名。

必须向客户说明修理项目、预计费用与交车时间，并征求其同意，特别是追加修理的情况，一定不能忘记请客户签名确认。

3. 维修前说明的实施规范

① 在确定维修范围之后，告诉客户可能花费的工时费及材料费。如果客户对费用感到吃惊或不满，应对此表示理解，并为其仔细分析所要进行的每项工作，千万不要不理睬或讽刺挖苦。接待时对客户的解释，会换来客户的理解，否则会很容易惹恼客户。

如果只有在拆下零件或总成后才能准确地确定故障和与此相关的费用，则报价应当特别谨慎。在这种情况下，在费用预算上必须明确地用诸如以下的措辞来保护自己："以上是大修发动机的费用，维修离合器的费用核算不包括在本费用预算中，只有在发动机拆下后才能确定。"

② 分析维修项目，告诉客户可能出现的几种情况，并表示在进行处理之前会征求客户的意见。

例如，客户要求更换活塞环，业务接待员应提醒客户，可能会发现汽缸磨损。拆下缸盖后将检查结果告诉客户，征求其意见。

③ 业务接待员写出或打印出维修单，经与客户沟通确认能满足其要求后，请客户在维修

单上签名确认。

④ 提醒客户将车上的贵重物品拿走。

⑤ 最后请客户到客户休息区休息或与客户道别，并向客户说一声"谢谢"或"再见"。

4. 维修前说明的流程

维修前说明的流程，如图 2-11 所示。

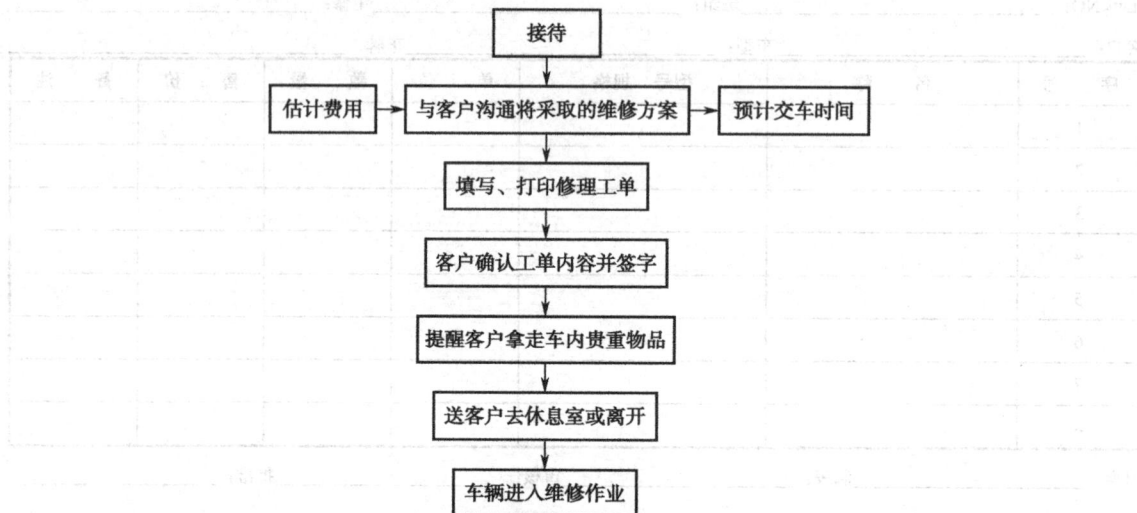

```
                        ┌──────────┐
                        │   接 待   │
                        └──────────┘
                             │
  ┌────────┐   ┌──────────────────────┐   ┌──────────┐
  │ 估计费用 │──│  与客户沟通将采取的维修方案  │──│ 预计交车时间 │
  └────────┘   └──────────────────────┘   └──────────┘
                             │
                  ┌──────────────────┐
                  │   填写、打印修理工单   │
                  └──────────────────┘
                             │
                  ┌──────────────────┐
                  │  客户确认工单内容并签字  │
                  └──────────────────┘
                             │
                  ┌──────────────────┐
                  │ 提醒客户拿走车内贵重物品  │
                  └──────────────────┘
                             │
                  ┌──────────────────┐
                  │  送客户去休息室或离开   │
                  └──────────────────┘
                             │
                  ┌──────────────────┐
                  │   车辆进入维修作业    │
                  └──────────────────┘
```

图 2-11　维修前说明的流程

2.2.2　维修作业

1. 维修作业的内容

当业务接待与客户签订好维修施工单和接车问诊单后，所承修的车辆的隶属关系由客户转为企业，企业负有委托保管和维修责任，维修作业也由此开始。

业务接待传递给维修车间的作业指令是通过维修施工单或派工单来实现的。比较简化的方式是业务接待将维修施工单随同承修车辆直接交由自己所带领的维修团队（维修人员的组合）进行维修，这一般称为团队式生产管理模式。比较精细化的方式是业务接待将维修施工单随同承修车辆直接交给车间主任或车间调度员，再由车间主任或车间调度员依据任务委托书的内容开具维修作业派工单，将派工单随同承修车辆交给维修人员进行维修，这是传统的生产管理模式。至于维修企业采用哪种模式，可根据企业实际情况自定。

维修作业环节属于维修企业内部环节，维修企业的经营业绩和车辆维修的质量主要由此环节决定，因此这个环节是维修企业管理的核心环节。为保证维修的效率和质量，应注意以下几方面工作。

① 维修人员接到维修施工单后，应当及时、全面、准确地完成维修项目，不应超出维修范围进行作业。如发现维修内容与车辆的实际情况不完全相符，需要增加、减少或调整维修项目，应及时通知业务接待，由业务接待估算相关维修费用、完工时间，取得客户同意后方可更改维修内容，并办理签字手续。

② 由于新车型、新技术不断出现，对维修人员的综合技术素质要求越来越高，维修人员应当具备比较丰富的汽车理论知识与实践经验，受过专业培训并取得维修资格后方可上岗。在

常规维护检查作业中，维修人员应当严格按照维护检查技术规范进行，更换、添加、检查、紧固等有关项目应做到仔细全面、准确到位，最后填写维护检查单。在故障修理作业中应当按照维修手册及有关操作程序进行检修，并使用相关监测仪器和专用工具，不能只凭老经验、土办法，走捷径，违规作业。

③ 维修人员在作业中应当爱惜客户的车辆，注意车辆的防护与清洁卫生。作业前需要给车辆加上翼子板护垫、座椅护套、方向盘护套、脚垫等防护用具。

④ 维修作业中应当注意文明生产、文明维修。做到零件、工具、油水"三不落地"，随时保持维修现场的整洁，保持维修企业的良好形象。

在每项维修作业完成后或需要更换工位时，维修作业的负责人或小组长必须对本次维修做一次全面检查，检查其是否符合相关要求。例如，一辆事故车在维修工位竣工后，要转到钣金工位时，负责维修工位的技术人员必须进行自检和互检，确认无误后方可转移工位，这样的检查也被称为过程检验。

2. 维修的服务规范

① 各工种作业必须保证及时、准确、诚信，保证作业的质量与速度。

② 维修施工单必须保证与车辆在一起。

③ 禁止在客户车内吃东西、喝水、吸烟，禁止接触、乱动与操作项目无关的地方。

④ 在各工位的操作过程中，必须使用保护装置。

⑤ 操作过程中一旦护车套件发生破损，必须及时更换。

⑥ 各操作步骤必须按照维修手册进行。

⑦ 更换下来的索赔旧件在该工位作业完成后应及时交给索赔员，由索赔员进行统一管理。

⑧ 对于客户已经声明不要的非索赔旧件，在更换下来后应按旧件管理规定进行处理。否则，应在包装后放在车辆后备厢内交还客户，如果无法放入后备厢，应妥善保存以便交给客户。

⑨ 车间主管依据维修施工单内容，按照工种、工作难度进行派工，如果是预约过的客户，必须直接交给已经确定的班组。

⑩ 对于返修车辆，车间主管应参考上次的维修记录，如果是由于技术水平原因造成的，则将工作安排给技术水平更高的班组。

⑪ 各工位班组长在接车时，应先对照维修施工单简单检查车辆外观、内饰有无损坏。

⑫ 所有物品的领用以委托单为依据，如配件、专用工具、电脑解码仪等。

⑬ 进行作业时如遇到难以解决的问题，应向技术总监或检验员求助。如果仍然解决不了，必须与品牌车辆售后服务部取得联系。

⑭ 工位作业完成后，应先进行自我质量检验，即"工位自检"。

● 检查作业项目有无漏项。

● 掌握橡胶件、易损件的磨损情况，并做好记录。

● 检查工具、资料有无遗失。

● 检查车上的收录机等电气设备是否复原为接车时的状况。

● 将换下的旧件包装好以便交给索赔员或业务接待，并在交车时交给客户。

● 班组长在维修施工单上记录下作业内容、完工时间及对车辆使用方面的意见并签名。

⑮ 某工位完成作业或维修进度发生变化时，须及时通知业务接待，以便业务接待更新车间进度看板或车间进度表，并向客户说明。

⑯ 在车辆转至下一工序进行交接时，由各班组长进行"工序互检"。

⑰ 在操作过程中，当出现维修施工单上没有涉及的项目时，必须及时通知业务接待。业务接待确认维修时间、配件及费用的情况后在委托单上记录，并向客户进行说明。客户同意，则进行追加操作；客户不同意，则维持原维修施工单内容。无论客户是否同意，均需要客户在发现的新项目、处理意见等后面签字（可在说明时或客户提车时签字）。

⑱ 对于一般小修及保养，应尽量保证在车辆进入车间后 2 小时内交车。

3. 维修作业的流程

维修作业的流程，如图 2-12 所示。

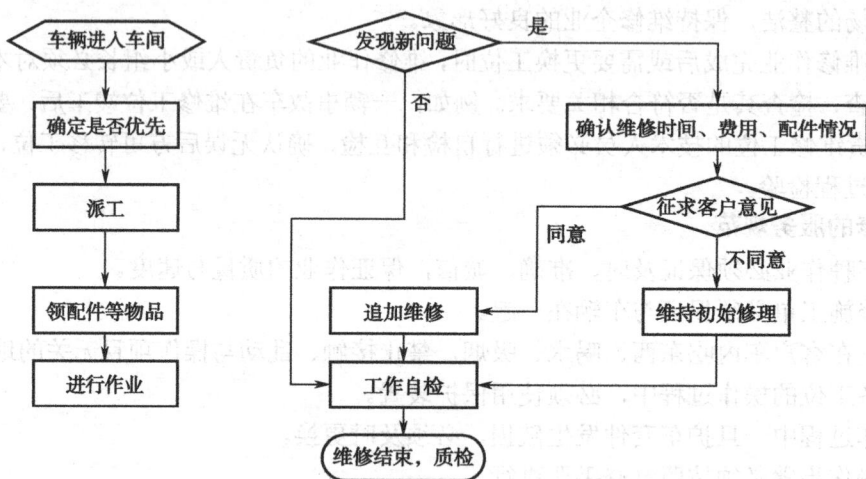

图 2-12　维修作业流程图

4. 工作进度监控

业务接待的主要职责之一是准确掌握维修作业状态，对维修进度进行监控，以保证维修作业能按时完成，如图 2-13 所示。要完成好维修进度监控，需要从以下三个方面着手。

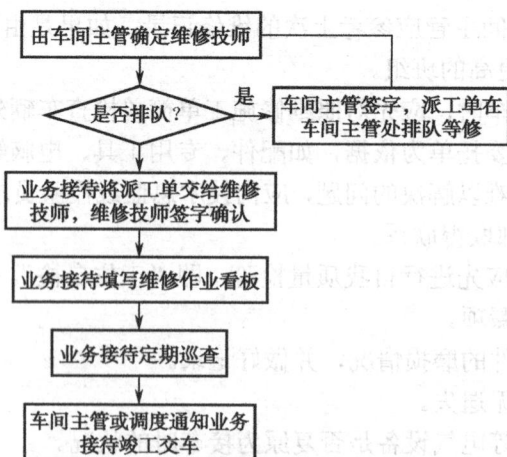

图 2-13　维修作业进度监控流程

（1）掌握和熟悉各类维修作业的工作流程

① 日常保养维修作业的跟踪。日常保养维修作业流程，如图 2-14 所示。跟踪作业时要注意以下三个时间段。

● 开工半小时左右业务接待要注意检查进度，因为维修技师检查出新的问题，或者备件供应出现意外均在这一时段。

● 预计时间过半时，要确认维修是否进入自检环节，观察并询问维修技师是否有意外情况发生。在这一时段就能够大概判断出是否能够按时交车。

● 接近预计时间要进行跟踪，因为此时多数车辆已进入竣工检验期，业务接待此时进行跟踪，有利于业务接待在接下来的交车环节中占据主动地位。

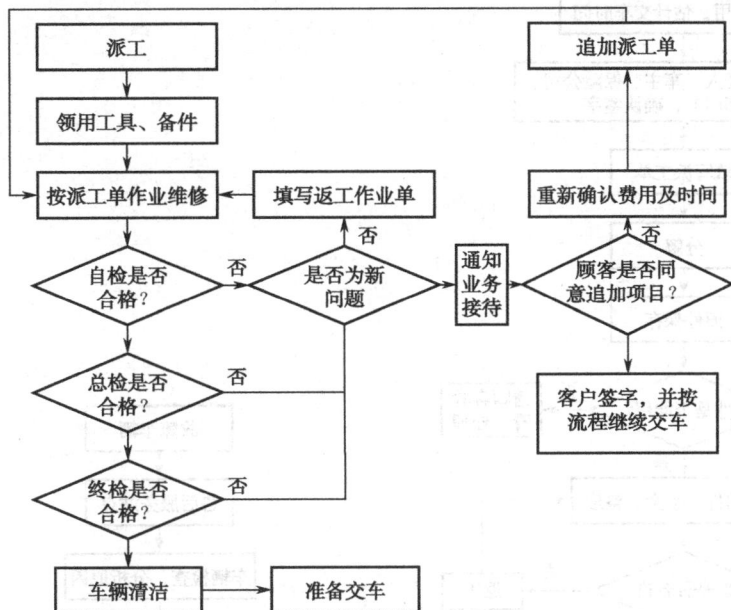

派工 → 领用工具、备件 → 按派工单作业维修 ← 填写返工作业单 ← 是否为新问题（否）；追加派工单 ← 重新确认费用及时间 ← 顾客是否同意追加项目？（否）；按派工单作业维修 → 自检是否合格？（否→是否为新问题）；自检是否合格？→ 总检是否合格？（否）→ 终检是否合格？（否）→ 车辆清洁 → 准备交车；是否为新问题 → 通知业务接待；顾客是否同意追加项目？ → 客户签字，并按流程继续交车

图 2-14 日常保养维修作业流程

② 事故车维修作业的跟踪。根据事故车维修作业流程（图 2-15），业务接待要与备件库沟通事故车的备件是否均已到位，关注维修过程进行到哪一阶段，钣金作业是否完成，是否开始进行复位，是否开始喷漆。每日观察维修进度不少于 4 次，并根据进度情况与维修技师沟通，了解可能的交工时间；完工后首先与保险公司确认作业完成，其次与交警部门联系该事故是否已经结案，最后在保险公司及交警部门确认后，方可通知客户作业完成。

③ 故障车的跟踪。故障车维修作业（图 2-16）的跟踪还需要考虑备件保修期内索赔件的鉴定。业务接待对可能出现索赔的故障件要进行维修过程的监督，要注意与索赔员沟通，了解索赔情况，并及时通知客户。

④ 紧急救援维修服务的跟踪。紧急救援维修服务（图 2-17）的控制节点在抢修作业的前期安排上，能否按照与客户约定的时间到达是服务的关键所在。

（2）有效利用维修作业管理看板

维修作业管理看板是企业现场管理的重要手段之一。多数采取现代化管理方式的维修服务企业都设有维修作业管理看板（表 2-10）。车间主管、维修技师、业务接待通过维修作业管理看板实现了可视化沟通，从而为减少可能出现的生产组织混乱提供了有效的解决方式。

① 业务接待在将车间派工单交给车间主管指定的维修小组后，随即将相关信息登记到维修作业管理看板上。

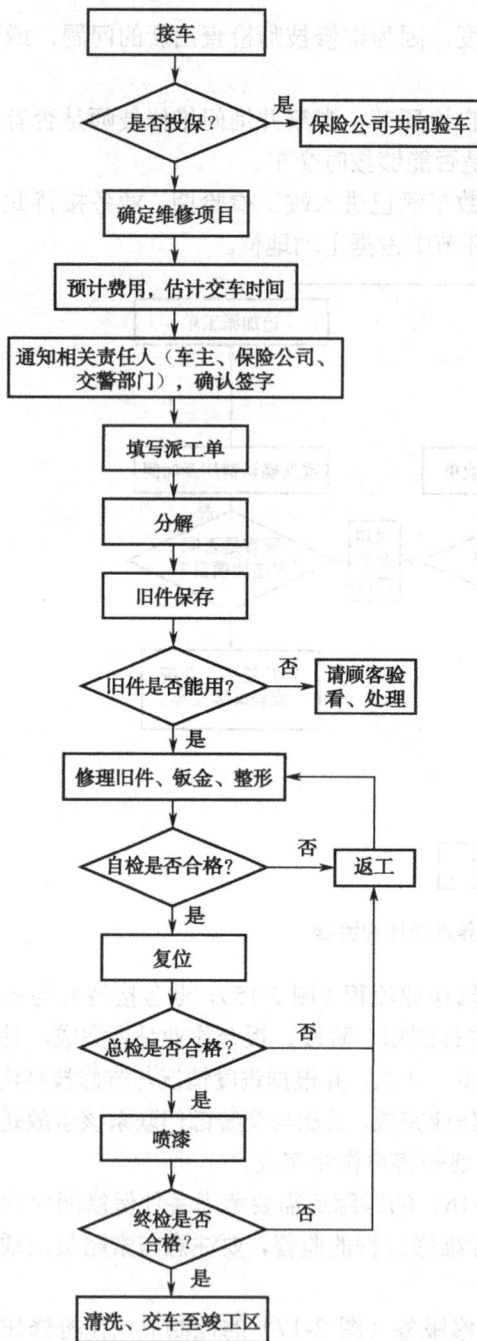

图 2-15　事故车维修作业流程

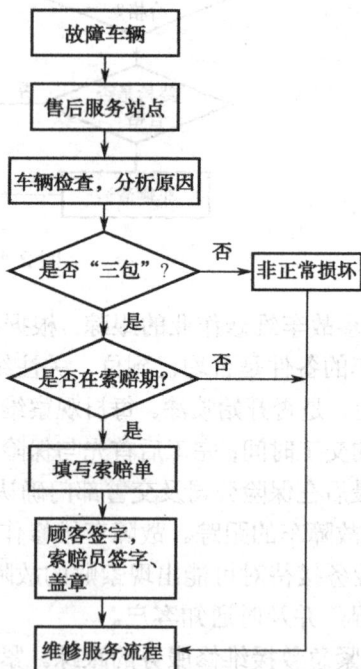

图 2-16　故障车维修作业流程

② 维修作业管理看板由业务接待填写，有条件的企业可以采用电子显示屏。

③ 维修作业管理看板的作用在于实时管理，因此，如果作业有变化，一定要及时予以更新。

④ 同一组跟进作业的衔接安排上要留有 15 分钟左右时间，以避免意外情况的发生。

⑤ 每位维修技师可安排一位排队待修的客户，如果有更多的客户需要排队，则要等到在修作业完成后方可填写到作业管理看板上。

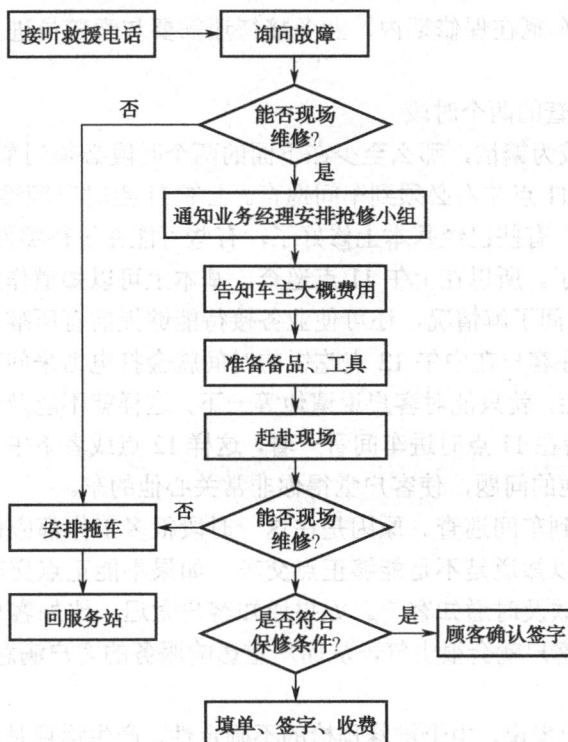

图2-17 紧急救援维修服务流程

⑥ 如果日维修台次达到40台左右，则企业需要设置专门的调度员进行作业安排和引导，并协助业务接待填写维修作业管理看板。

表2-10 维修作业管理看板

序号	维修技师	派工单编号	接车时间	车牌号	维修状态	预计交车时间	业务接待	备注

（3）定时巡查，及时与车间沟通

业务接待通过巡查的方式，了解维修进度，并主动与车间主管、维修技师和索赔员进行沟通。

① 定时巡查。

通常业务接待每隔一小时到车间巡查一次，巡查的主要目的有：

● 业务接待要到工位上去了解所派业务车辆维修进度如何。

● 业务接待要与维修技师沟通，了解故障排除情况及有没有增加的服务项目。

● 要与车间主管沟通，了解排队客户的派工情况，是不是还可以承受增加的维修任务等。

● 业务接待要及时将客户增加的服务项目告知维修技师，以免发生服务漏项。

● 业务接待在巡查过程中发现维修技师有不符合要求的维修操作方式，要及时反馈给车间主管，以免发生意外。

● 如果客户的故障车辆在保修期内，业务接待还需要与索赔员进行沟通，了解客户车辆的索赔情况。

② 业务接待必须巡查的两个时段

如果业务接待工作较为繁忙，那么至少在下面的两个时段必须到车间巡查。

● 业务接待在上午 11 点左右必须到车间巡查。上午 11 点时车辆维修情况比较明朗，早上进来维修的车辆，有些已经基本上修好了，有些可能在等待零件，这时候零件到没到，情况也已经明朗了。所以在上午 11 点巡查，基本上可以知道作业维修的情况。

在上午 11 点时进车间了解情况，还可使业务接待能够提前有所准备。比如，与客户约定下午 4 点取车，但是往往客户在中午 12 点吃饭的时间就会打电话来问车修得怎么样了。这时候如果没有事先准备的话，就只能对客户说请他等一下，这样就不能及时地给客户提供最新的信息。所以建议业务接待在 11 点时进车间看一看，这样 12 点或者下午 1 点客户打电话来问的时候，就可以马上回答他的问题，使客户觉得你非常关心他的车。

● 下午两三点必须到车间巡查。原因是在这一时段很多工作都应该完成了，这时候再跟车间沟通，就可以知道是不是能够正点交车。如果不能正点交车或者出现意外情况，也可以在这个时候及时通知客户。如果通知客户太迟，比如客户来取车时，才告诉他今天不能拿车，客户就会很生气，从而严重影响服务的客户满意度。

5. 增项处理

对于正常的维修作业来说，由于维修预检的不确定性，产生增项是很自然的事情。处理好增项服务是业务接待为客户提供优质服务过程中必不可少的环节之一。

所谓增项服务作业是指在业务接待制单完成后，针对客户需求追加的服务作业，或者经维修技师检查又发现新的问题而增加的维修项目。增项服务作业流程如图 2-18 所示。

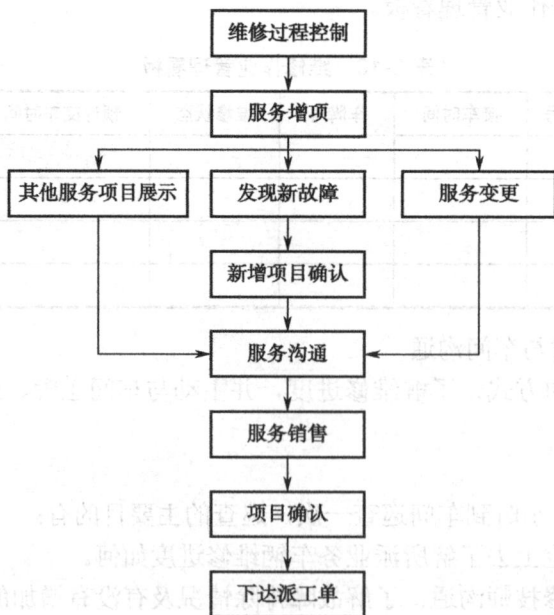

图 2-18 增项服务作业流程

① 维修过程控制。在维修服务过程中，业务接待要随时查看维修进度，了解客户需求，以便为客户提供相应的服务。

② 服务增项。客户等待期间，如果维修技师发现有新增的维修项目，或者客户在等待过程中有了新的需求或变化，相关人员要及时告知业务接待。

③ 新增项目确认。业务接待要对新增的维修服务项目或关联服务进行核实，如备件是否有货，维修时间是否变更，新增的项目是否必要，新增的维修费用有多少，关联服务是否能够准确提供，等等。只有经过相关问题的确认后，业务接待方可与客户沟通。

④ 服务沟通。业务接待要通过恰当的沟通技巧，将需要与客户沟通的信息传递给客户。

⑤ 服务销售。业务接待在服务沟通过程中，要准确把握客户的需求心理，告之推荐服务的必要性，以及将要增加的项目维修费用是多少，从而为实现销售奠定基础。

⑥ 项目确认。无论是哪一类维修项目，业务接待只能向客户推荐，而决定权在客户，服务项目只有经过客户的确认并签字后方可进行。

⑦ 下达派工单。当客户进行维修确认后，业务接待方可向相关服务提供部门下达派工单。

2.2.3 竣工检验

1. 竣工检验的内容

维修作业结束后，首先进行维修竣工检验，竣工检验合格后再进行一系列交车前的准备工作。

（1）质量检查

质量检查有助于发现维修过程中的失误和验证维修的效果。质量检查也可为维修人员的考核提供基础依据。质量检查是维修服务流程中的关键环节。在维修服务流程中，实行过程检验，必须落实"三检"制度。

维修人员将车辆维修完毕后，须由质检员进行检验并填写质量检查记录。如果涉及转向系统、制动系统、传动系统、悬挂系统等行车安全的维修项目和异响类的专项维修项目，必须交由试车员进行试车并填写试车记录。车辆在维修作业完成后，必须经过质量检验员检验合格后，才可真正称为竣工，这种检验又被称为竣工检验。竣工检验不合格的车辆不得出厂，否则出厂后因车辆技术状况引起的部分纠纷企业要承担相关责任。机动车维修经营者对机动车进行二级维护、总成修理、整车修理的，必须由承担机动车维修竣工质量检验的机动车维修企业或机动车综合性能检测机构实施竣工检测。竣工质量检验合格后，维修质量检验人员方可签发机动车维修竣工出厂合格证；未签发机动车维修竣工出厂合格证的机动车，不得交付使用，车主可以拒绝交费或接车。机动车维修竣工出厂合格证由省级道路运输管理机构统一印制和编号，县级道路运输管理机构按照规定发放和管理。

机动车维修实行竣工出厂质量保证期制度：

① 汽车大修的质量保证期为车辆行驶 20 000km 或 100 天；

② 二级维护的质量保证期为车辆行驶 5000km 或 30 天；

③ 一级维护、小修及专项修理的质量保证期为车辆行驶 2000km 或 10 天。

质量保证期中行驶里程和日期指标，以先达到者为准。机动车维修质量保证期，从维修竣工出厂之日起计算。企业承诺的质量保证期只能高于该规定期限和里程。

在质量保证期和承诺的质量保证期内，因维修质量原因造成机动车无法正常使用，且承修方在 3 日内不能或者无法提供因非维修原因而造成机动车无法使用的相关证据的，机动车维修经营者应当及时无偿返修，不得故意拖延或无理拒绝。在质量保证期内，机动车因同一故障或维修项目经两次修理仍不能正常使用的，机动车维修经营者应当负责联系其他机动车维修经营者，并承担相应修理费用。

（2）车辆清洁

客户的车辆维修完毕之后，应该进行必要的车内外清洁，以保证车辆交付给客户时维修完好、内外清洁、符合客户要求。

（3）整理旧件

如果委托书中显示客户需要将旧件带走，维修人员则应将旧件擦拭干净，包装好，放在车上或放在客户指定的位置，并通知业务接待。

（4）完工审查

承修车辆的所有维修项目结束并经过检验合格之后，业务接待进行完工审查。完工审查的主要工作是核对维修项目、工时费、配件材料数量、材料费是否与估算的相符，完工时间是否与预计相符，故障是否完全排除，车辆是否清洁，旧件是否整理好。审查合格后通知客户交车。

2. 竣工检验的实施规范

① 所有维护或维修的车辆出厂时，都必须由总检验员进行总检（专职检验），检验合格后，车辆方可出厂。

② 按照维修施工单中的项目逐项检查，确保所有项目均已进行。

③ 按照客户描述的情况进行检查，必要时进行路试，确保故障现象消除。

④ 依据维修施工单上关于车辆状况的记录，检查作业过程中外观、内饰、物品等有无损伤和遗失等。

⑤ 对于质检不合格车辆，在返修车管理表中进行记录。同时，专职检验员应在维修施工单上记录不合格情况，如当时可以采取措施纠正，则就地解决，解决后签名确认；否则签名后将维修施工单交给车间主管重新派工，计入内部返修车辆。

⑥ 对于由技术水平导致的内部返修车辆，车间主管应将工作安排给技术水平更高的班组。

⑦ 总检验员应将检验结果反馈给班组，以提高班组的技术水平，防止再次出现同样的问题。

⑧ 只有质检合格，总检验员在维修施工单上标注并签名后，车辆才可以驶出车间。

⑨ 返修车辆对客户满意度的负面影响非常大，因此经销商必须严格控制质检环节，一般将车辆返修率控制在5%以内。

3. 竣工检验的流程

竣工检验的流程，如图2-19所示。

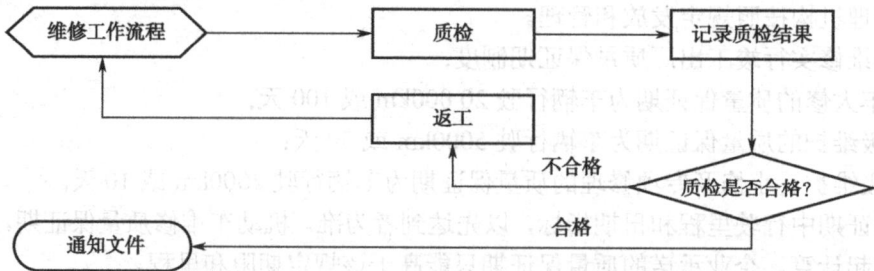

图 2-19　竣工检验的流程

任务三 结算与交车

2.3.1 结算/交车的内容

结算/交车环节是服务流程中与客户接触的环节，由业务接待完成或陪同完成。

客户到达交车工位后，不能让客户长时间等待，应及时做好车辆维修项目的确认。在得到客户认可后，方能打印结算单。

结算单是客户结算修理费用的依据，结算单中包括以下内容：客户信息、客户车辆信息、维修企业信息、维修项目及费用信息、附加信息和客户签字等。客户信息包括客户名称和联系方式等；车辆信息包括牌照号、车型、底盘号、发动机号、上牌日期和行驶里程等；维修企业信息包括企业名称、地址、邮编、开户银行、账号、税号和电话等信息，以便客户联系；维修项目及费用信息包括进厂时间、结算时间、维修项目及工时费，以及使用配件材料的配件号、名称、数量、单价和总价等。客户签字意味着客户对维修项目及费用的认可。

结算单一般一式两联，客户将一联带走，另一联由维修企业的财务部门留存，见表 2-11。财务人员负责办理收款、开发票、开出门证等手续。结算应该准确高效，避免耽搁客户过长的时间。

表 2-11 结算单

工号 NO: _____ 客户: _____ 车型: _____ 车牌号: _____

维修类别	班组	工时费	材料费	管理费	税费（%）	总额

序号	材料名称	单位	数量	单价	金额	备注
1						
2						
3						
4						
5						
6						
7						
8						
9						
总额	万 千 百 拾 元					￥

日期: _____ 制表: _____ 财务: _____ 复核: _____

办理结算/交车手续时应做好解释，即结算单内容解释和维修项目、维修过程解释，以尊重客户的知情权，消除客户的疑虑，让客户明白消费，提高客户满意度。

1. 结算单内容解释

业务接待应主动向客户解释清楚结算单上的有关内容，特别是维修项目工时费用和配件材料费用，让客户放心。如果实际费用与估算的费用有差异，须向客户说明原因，得到客户的认同。

交车是下次维修保养的开始，交给客户一辆洁净的汽车非常重要。尤其是一些细节，如烟灰盒里的烟灰必须倒掉，时钟要调准确，座椅位置要调正确。汽车外观保养占用的时间很少，却能得到事半功倍的效果。"额外的举手之劳"常常会在很大程度上提高客户的满意度。体现物超所值的服务，是交车工作必须重视的。

2. 维修项目与维修过程解释

如果是常规维护，业务接待应给客户一份维护记录单，告诉客户下次维护的时间或里程，以及需要更换的常规件和相应里程需要作业的常规项目，同时在车辆维护手册上做好记录。如果是故障维修，业务接待应告诉客户故障原因、维修项目、维修过程和有关注意事项。

在完成车辆离开的相关手续后，业务接待应亲自将客户送出门外，并提醒客户下次维护时间和车辆下次应该修理的内容。

2.3.2 结算/交车的实施规范

① 车间对通过质检的车辆进行外部清洗、内部吸尘，清洁过的车辆必须比送来时更干净。清洁时必须注意保护漆面，车门玻璃上的水应尽量擦干。

② 车辆清洗完毕后，车间将车辆开至竣工车停车位上，通知业务接待验车。必须注意车辆停放整齐，并保证车头面对通道或大门口，便于客户将车辆驶出。

③ 业务接待在验车时，将座椅、反光镜、后视镜等的位置及角度调回车辆进厂时的状态。

④ 交车准备工作包括检查进厂项目是否全部完成、车辆外观是否有损伤、车内物品是否有遗失等内容。

⑤ 交车准备完成后，业务接待与客户取得联系，确定客户方便的提车时间。

⑥ 如果客户无法及时来经销商处提车，在条件允许的情况下，业务接待应为客户送车。送车前先准备好结算单，并通过电话向客户解释作业项目及发生费用，最后在送车时陪同客户验车并进行结算工作。

⑦ 陪同客户验车时，业务接待应携带一条白毛巾及维修工单陪同客户一起验车，对没有安置护车套件且维修人员可能接触到的位置进行擦拭，并当着客户的面将护车套件取下。

⑧ 验车时如果需要进行旧件交接，业务接待应告诉客户更换下来的旧件放置的位置，并请客户当面核对。

⑨ 若客户需要试车，业务接待应坐在副驾驶的座位上（此时副驾驶的座椅套和脚垫不能取下）陪同试车，试车完毕下车后将接触过的地方用白毛巾进行擦拭。

⑩ 业务接待应针对客户进厂时描述的情况将结算单中所涉及的作业项目和发生的费用向客户进行解释。如果有新增项目，也要向客户再次解释。

⑪ 客户对于维修项目与维修费用无异议，则请客户在结算单上签字确认，并由业务接待陪同客户到财务部进行付款。

⑫ 结算完毕，业务接待将车钥匙、行驶证、出厂凭证、保养提示卡等准备好，交给客户。

⑬ 将车钥匙等物品交给客户时，业务接待应与客户约定回访时间，并向客户确认保养提示卡中注明的下次保养时间。如果向顾客提示当前的服务项目、新推出的项目和下次保养日期，一定会被很多顾客欣赏和接受，这是超值服务的一个体现。

⑭ 向顾客提出关怀性的建议。例如节油建议，后备厢内装了两箱矿泉水，额外的重量会使燃油消耗增加，若减少这些重量，估计百公里油耗会减少 1 升；轮胎气压不足会增加燃油消耗，因此应经常检查胎压。只有业务接待亲自将车辆交给顾客，良好的服务才算画上了圆满的

句号。这也向顾客展示了维修企业的维修服务能力。

⑮ 业务接待将准备好的客户满意度调查表提供给客户填写，请客户对本次服务进行评价，见表 2-12。

⑯ 业务接待应将客户送至车旁，为客户打开车门，并主动帮客户将保养提示卡置于不妨碍客户驾车且醒目的地方。

⑰ 与客户道别并感谢客户惠顾之后，业务接待应目送客户车辆离开，直到客户车辆顺利驶出大门后再回到接待区（接待室）。

⑱ 客户离开后，业务接待应在客户档案中进行备案。

⑲ 从通知客户交车到物品交接完毕，整个过程应尽量控制在 5 分钟以内。

表 2-12 客户满意度调查表

(存档期：一年)

客户姓名		联系电话		交车日期	
车辆型号		车牌号		维修单号	
进厂事由	首保□ 日常保养□ 一般维修□ 钣金喷漆□				

您是如何知道这个地方的？（可多选）

A. 报纸□ B. 杂志□ C. 电视□ D. 广播□ E. 网络□ F. 灯箱□ G. 朋友推荐□

H. 其他方式： □

请您对下面 16 个问题进行打分，只要在相应的分数上画圈即可，如果该内容没有涉及，请圈"无"

1. 如果您进行了预约，为您安排的预约时间	10	9	8	7	6	5	4	3	2	1	无
2. 接待时，服务顾问对故障的诊断能力	10	9	8	7	6	5	4	3	2	1	无
3. 打印委托单前，服务顾问对预计维修时间及费用的说明	10	9	8	7	6	5	4	3	2	1	无
4. 服务顾问在接待时的工作效率	10	9	8	7	6	5	4	3	2	1	无
5. 发现新问题时，服务顾问与您及时沟通并征得您的同意	10	9	8	7	6	5	4	3	2	1	无
6. 维修过程中对车辆的爱护	10	9	8	7	6	5	4	3	2	1	无
7. 维修质量	10	9	8	7	6	5	4	3	2	1	无
8. 车间人员的工作效率	10	9	8	7	6	5	4	3	2	1	无
9. 交车时车辆的清洁状况	10	9	8	7	6	5	4	3	2	1	无
10. 交车时服务顾问对进行项目及发生费用的解释	10	9	8	7	6	5	4	3	2	1	无
11. 费用的合理性	10	9	8	7	6	5	4	3	2	1	无
12. 服务顾问在交车时的工作效率	10	9	8	7	6	5	4	3	2	1	无
13. 在经销商处停留期间，您对工作人员衣着仪表的满意度	10	9	8	7	6	5	4	3	2	1	无

续表

	10	9	8	7	6	5	4	3	2	1	无
14．在经销商处停留期间，您对工作人员工作态度的满意度	10	9	8	7	6	5	4	3	2	1	无
15．在经销商处停留期间，环境设施带给您的舒适程度	10	9	8	7	6	5	4	3	2	1	无
16．对于本次服务，您的整体满意度	10	9	8	7	6	5	4	3	2	1	无

您对我们有什么意见与建议，欢迎您提出，谢谢！

客户签名：

经销商处理意见：

服务经理签名：

结算/交车工作流程，如图2-20所示。

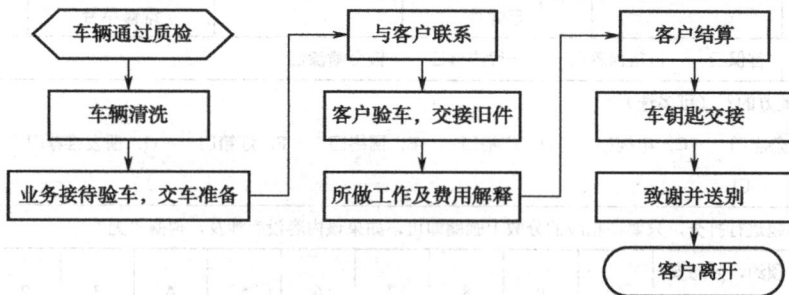

图 2-20　结算/交车工作流程

任务四　跟踪服务

跟踪服务是经销商商业活动中最有效的促销手段，是服务质量承诺的有机组成部分。完成交车作业、送客户离店并不代表服务的结束。

① 汽车维护服务属于频次消费，一次维修的结束并不代表服务的终止。业务接待通过回访，请客户评价企业的服务情况，表达企业对车主的关心，从而加深客户对企业的印象，增进业务接待与客户之间的关系。

② 企业可以通过回访，及时发现服务过程中存在的不足，及时了解客户不满意之处，消除分歧，避免客户将其不满传播或不再惠顾，提升客户对企业服务的满意度。

③ 企业可以通过回访，解答客户在车辆使用过程中的疑难问题，从而使企业的服务具有主动性，有利于企业培养稳定的忠诚客户群。

④ 企业通过回访，可以发现新的服务机会，进行新的服务预约，完成企业的闭环服务作业。

2.4.1　跟踪服务的内容

当客户提车离店后，维修企业应在 3 日之内进行跟踪回访。跟踪回访是维修服务流程中的最后一道环节，属于与客户的接触沟通和交流环节，一般通过电话回访的方式进行。在较大的维修企业中通常由专职的信息回访员来做这项工作，在较小的维修企业中可由业务接待兼职来做。

回访员严格按照电话礼仪的要求，正确问候及称呼对方，询问对方是否有时间接受回访，语言表达要清楚明了，并告知回访所需的大致时间。主要回访任务有以下几项。

1. 投诉事件处置

① 将客户投诉处理单登记编号后，当天提交给售后经理或总经理。

② 重大投诉事件第一时间通知总经理，由总经理召开会议，并由服务经理会同客户管理部门协作处置。重大事件通常包括：

- 涉及金额较大的投诉事件；
- 可能导致媒体报道或产生较大负面影响的事件。

③ 一般投诉由服务经理完成客户投诉处理单后，第二天交给回访员；对需要返工维修的车辆由回访员通知业务接待与客户联系，并填写返工通知单，由业务接待与客户进行优先预约，安排返工。

④ 回访员在处置后 3 日内进行一次回访，记录回访内容，需要上传厂家的，整理后上传厂家。

2. 一般回访

① 预约回访员将客户的预约信息进行记录，填写预约单，并通知业务接待接单。

② 回访员整理并修订客户资料，联系不上或资料发生变更的要及时告知业务接待。

3. 满意度调查

① 回访员请客户对企业的服务进行评价，包括整体服务情况、维修保养情况、业务接待的服务水平、客户休息区服务、维修价格等，并注意做好记录。

② 了解车辆使用情况，解答客户疑问，并善意引导客户。对不能解答的问题，要做好记录，并与客户约定反馈时间。某品牌汽车的完全满意回访单见表 2-13。

表 2-13 完全满意回访单

序 号	提 问	回 答	
		是	否
1	是否当面检查车辆？		
2	是否按约定时间交车？		
3	是否通知交车延误？		
4	所做工作与要求是否一致？		
5	是否因什么原因没有支付费用？		
6	是否预估了费用？		
7	是否认可预估费用？		
8	是否已解释工作内容？		
9	是否希望得到解释工作？		
10	是否提供车辆保养方面的建议？		
11	是否因为同一问题进行过返修？		
12	交车前车辆是否进行清洗？		

4. 投诉处理

回访员如果遇到客户投诉，首先要真诚地道歉，然后认真地将客户的投诉内容如实记录到投诉处理单上，并表示对客户的同情，告知客户会立即联系相关人员处理。

5. 主动邀约

① 回访员根据客户档案，对近期内需要保养的车主进行服务提醒，邀约客户来店保养。

② 如果企业近期内有促销活动，回访员可以根据客户档案对符合参加促销活动条件的车主进行主动邀约。

6. 关爱问候

回访员根据客户档案，在节假日或对客户而言很重要的日期（如生日、结婚纪念日等），对客户进行关爱问候，以体现公司对客户的重视及关爱。

回访员应做好回访记录，作为质量分析和客户满意度分析的依据，回访记录表见表 2-14。回访中如果发现客户有强烈抱怨和不满，应耐心地向客户说明原因并及时向服务经理汇报，在一天内调查清楚情况，给客户一个合理的答复，以平息客户抱怨，使客户满意，不可漠然处之。

表 2-14　回访记录表

日期：_____　　　　　　　　　　　　　　　　　　　　　　　　　　　　　　　　　　（保存期一年）

序号	客户姓名	车牌号	联系电话	维修单号	出厂时间	车辆使用情况	工作人员态度	工作人员效率	工作人员业务水平	满意度	意见与建议
1											
2											
3											
4											
5											
6											

2.4.2　跟踪服务的规范与流程

1. 跟踪服务的规范

① 跟踪可通过电话或信件进行，一般通过电话进行。通过电话回访顾客对维修工作的满意程度，应在顾客取车之后 1～3 天内进行。电话回访是一种行之有效的跟踪服务手段。

② 电话必须在客户方便的时间拨打，电话用语参考日常工作规范。

③ 如果电话回访无法联系到客户，应在第 4 天向客户发出信函进行回访。

④ 了解客户对车辆的使用状况是否满意。

⑤ 当客户不满意或出现投诉时，应将情况转交给服务主管，由服务主管分配给当时的业务接待处理，直至客户满意为止。

⑥ 对于满意的客户，在通话结束前，应向客户发出下次保养的邀请，并在下次保养前进行提醒服务。

⑦ 回访后，在客户档案中进行备案。

⑧ 每日的回访任务结束后，将当日的回访记录交给服务经理，并及时将跟踪结果向维修经理汇报。维修经理与顾客联系，属服务质量问题的将车开回进行维修，属服务态度问题的向顾客表示歉意，直至顾客满意。这样从客户招揽、预约开始到跟踪回访结束，形成了一个闭环控制。

2. 跟踪服务的流程

跟踪服务的流程，如图 2-21 所示。

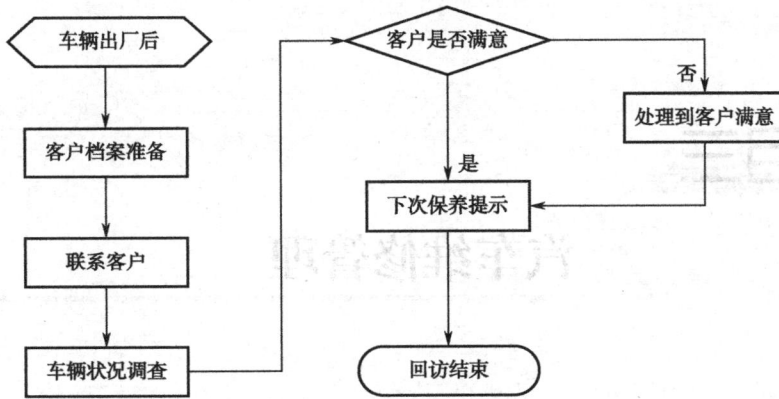

图 2-21　跟踪服务的流程

项目三

汽车维修管理

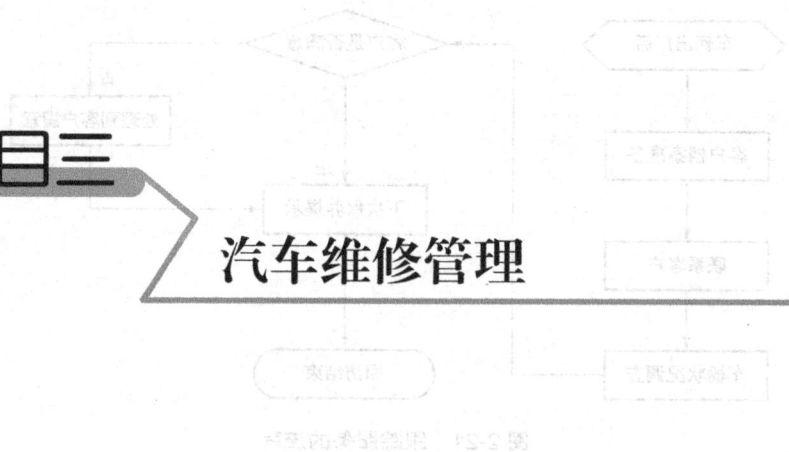

教学要求 ···

1. 掌握汽车维修制度；
2. 了解汽车各类维修保养的内容；
3. 了解汽车维修质量控制内容。

···

任务一　汽车维修制度

1990 年交通运输部发布了《汽车运输车辆技术管理规定》（交通部 13 号令），规定以汽车可靠性理论和零件磨损理论为依据，在总结经验的基础上不断吸收国外先进的维修管理理念，强调车辆技术管理，坚持以预防为主和技术与经济相结合的原则，对汽车的维修制度推行"定期检测，强制维护，视情修理"的方针。

① 定期检测。定期检测是指汽车必须按技术文件规定的运行间隔，在指定的专业检测站（点），对汽车、总成、零部件的技术状况进行检测，以确定汽车的技术状况或工作能力，并为汽车维护附加修理作业项目的确定提供依据。

② 强制维护。强制维护是指汽车行驶到交通运输主管部门规定的维护周期（行驶里程或间隔时间）时，必须进行维护，不得拖延，用不准上路等强制手段，保证维修制度的贯彻执行。

③ 视情修理。视情修理是通过检测诊断手段和技术鉴定的结果，视情安排不同作业范围和深度的修理作业。这样，既可防止拖延修理造成的恶化，又可避免提前修理造成的浪费。

汽车维修制度包括汽车维护与汽车修理两部分内容。

● 汽车维护。汽车维护是指定期对汽车的各部分进行检查、清洁、润滑、紧固、调整或更换某些零件的日常工作，目的在于保持车容整洁和消除故障隐患，防止车辆早期损坏。

● 汽车修理。汽车修理是为恢复汽车各部分规定的技术状况和工作能力所进行的活动的总称。修理是汽车有形损耗的补偿，它包括故障诊断、拆卸、鉴定、更换、修复、装配、磨合、试验等作业。

汽车维修制度是为实施汽车维修工作所采取的技术组织措施的规定。它包括维护的分级、周期、作业项目、技术规范和修理的分类、标志、作业内容及相应的技术标准。

3.1.1 汽车维修制度分级和作业范围

1. 汽车维护制度分级及周期

（1）汽车维护的目的

汽车维护（保养）的目的在于保持车容整洁，及时发现和消除故障隐患，防止车辆早期损坏，从而达到下列要求：

① 车辆处于良好的技术状况，随时可以出车；

② 在合理使用条件下，不会因机件损坏而影响行车安全；

③ 在运行过程中，降低燃料、润滑油及配件和轮胎的消耗；

④ 减少车辆噪声和排放污染物对环境的污染；

⑤ 各部总成的技术状况尽量保持均衡，以延长汽车大修间隔里程。

总之，进行汽车维护是确保车辆性能稳定的关键。定期对车辆系统进行检查是保证其正常工作的最佳方法，能够确保车辆获得最佳性能、增强车辆可靠性以及延长车辆使用寿命。

（2）汽车维护制度分级

汽车维护必须贯彻"定期检测，强制维护"的原则，我国目前执行的汽车维护制度分为日常维护、一级维护和二级维护 3 级，并在二级维护前强制进行检测诊断和技术评定，根据诊断评定结果视情维修，确定附加作业或小修项目。

强制维护是一种计划预防制度，就是在汽车行驶到规定的维护周期时，必须按期强制进行维护。汽车维护作业必须保证维护质量，但维护作业中不准对汽车主要总成进行大拆大卸，只有在发生故障需要解体时，才允许解体。

日常维护是以清洁、补给和安全检视为作业中心内容，由驾驶员负责执行的维护作业。

一级维护是除日常维护作业外，以清洁、润滑、紧固作业为中心内容，并检查有关制动、操纵等安全部件，由维修企业负责执行的车辆维护作业。

二级维护是除一级维护作业外，以检查、调整转向节、转向摇臂、制动蹄片、悬架等经过一定时间的使用容易磨损或变形的安全部件为主，并拆卸轮胎，进行轮胎换位，检查调整发动机工作状况和排气污染控制装置等，由维修企业负责执行的车辆维护作业。

（3）汽车维护周期

汽车维护周期是指汽车进行同级维护之间的间隔期（行驶里程或时间）。汽车维护周期和作业项目的确定，主要根据车辆结构性能、使用条件、故障规律、配件质量及经济效果等因素综合考虑。我国国家标准《汽车维护、检测、诊断技术规范》（GB/T 18344—2001）关于汽车维护周期的规定如下。

日常维护的周期为出车前、行驶中和收车后。汽车一、二级维护周期的确定，应以汽车的行驶里程为基本依据。

① 一级维护周期一般为 2000～3000km 或按车辆使用说明书的有关规定进行。

② 二级维护周期一般为 10 000～18 000km 或按车辆使用说明书的有关规定进行。

对于不便使用行驶里程统计、考核的汽车，用行驶时间间隔确定一、二级维护周期。其时间（天）间隔可依据汽车使用强度和条件，参照汽车一、二级维护里程周期确定。

汽车定期保养周期表见表 3-1。

表 3-1　汽车定期保养周期表

累计行驶里程（km）	常规例行保养项目（每间隔5000km或3个月）															
	更换机油及滤清器	更换空气滤清器	更换汽油滤清器	更换空调滤清器	更换火花塞	更换防冻液	更换刹车油	更换动力转向油	更换自动变速箱油	更换正时皮带	润滑系统清洗保养	燃油系统清洗保养	自动变速箱系统保养	转向系统清洗保养	冷却系统清洗保养	空调内循环系统消毒
5000	●										●					
10 000	●										●					●
15 000	●										●					
20 000	●	●	●	●							●	●				●
25 000											●					
30 000	●										●					
35 000											●					
40 000	●	●	●	●	●		●		●		●	●	●	●	●	●
45 000	●										●					
50 000	●										●					
55 000	●										●					
60 000	●	●	●								●					
65 000											●					
70 000	●										●					
75 000											●					
80 000	●	●	●	●	●		●		●		●	●	●		●	●
85 000											●					
90 000	●										●					
95 000											●					
100 000	●	●	●	●	●	●	●			●	●	●			●	●
●常规例行保养项目									备注：							

2. 我国汽车维护的作业范围

（1）日常维护

汽车日常维护是日常性作业，每日由驾驶员负责执行。作业的中心内容是清洁、润滑、补给和安全检查。日常维护包括出车前、行驶中和收车后的维护，具体作业项目如下。

① 对汽车外观、发动机外表进行清洁，保持车容整洁。

② 对各部润滑油（脂）、冷却液、制动液、其他工作介质、轮胎气压进行检视和补给。

③ 对汽车制动、转向、传动、悬架、灯光、信号等安全部位，以及发动机运转状态进行检视、校紧，确保行车安全。

（2）一级维护

一级维护指除日常维护作业外，以清洁、润滑、紧固为作业中心内容，并检查有关制动、操纵等安全部件，由维修企业负责执行的车辆维护作业。

从上述定义可以看出，一级维护作业的中心内容在日常维护的基础上增加了润滑、紧固和安全部件检查的要求，并明确指出汽车一级维护的执行应由维修企业负责，即应进厂维护。

在汽车使用过程中，随着行驶里程的增加，有些零部件可能会出现松脱，润滑部位可能会出现缺油和漏油等不良现象，影响汽车的操纵安全性。因此，定期对汽车进行一级维护是必要的。一级维护作业中零部件紧固、润滑油添加（或更换）和安全部件技术状况检查等属专业性维护作业，必须由专业技术工人利用相关设施（举升设备或地沟）和专用设备，按技术标准进行。因此，汽车一级维护的执行应由维修企业负责。

汽车一级维护由专业维修工负责执行。主要作业项目除日常维护作业外，其他具体作业项目如下。

① 清洗汽车及各总成的外部；清洗或更换发动机、空气压缩机及加油口的空气滤清器；转动机油粗滤器手柄，放出壳内沉淀物，检查离心式机油滤清器工作是否正常；清洗或更换燃油滤清器。

② 检查曲轴箱油面、化油器油面、冷却液液面、制动液液面高度。

③ 外观检查三元催化转换装置；检查校紧散热器、油底壳、发动机前后支架、水泵、空压机、进排气歧管、化油器、输油泵连接螺栓；检查风扇、空气压缩机、发电机及空调机皮带磨损、老化程度，调整皮带松紧度。

④ 检查转向器密封状况，润滑万向节十字轴、横直拉杆、球头销、转向节等部位；检查并调整离合器踏板自由行程及灵敏可靠性。

⑤ 检查变速器、差速器液面及密封状况；润滑传动轴万向节，校紧各部位连接螺栓，清洁各通气塞；检查并紧固各制动管路，检查并调整制动踏板自由行程。

⑥ 检查、紧固车架、车身及各附件的连接螺栓；检查悬架有无损坏，连接是否可靠；检查轮胎轮辋及压条挡圈，检查轮胎气压（包括备胎），并视情况补气。

⑦ 检查轮毂轴承间隙有无明显松旷；检查蓄电池液面并添加电解液，清洁、牢固电桩夹头；检查灯光、仪表、信号装置是否齐全、安装牢固。

⑧ 全车按规定部位加注润滑油脂；全车不漏油、不漏水、不漏气、不漏电，各种防尘罩齐全有效。

（3）二级维护

二级维护指除完成一级维护作业外，以检查、调整转向节、转向摇臂和悬架等经一定时间的使用容易磨损或变形的安全部件为主，并拆检轮胎，进行轮胎换位，检查调整发动机工况和排气污染控制装置等，由维修企业负责执行的车辆维护作业。

从作业深度上看，二级维护要求在维护前进行不解体检测诊断以确定附加作业项目，并强调对安全部件检查（或拆检）、调整的要求，尤其强调了二级维护"检查调整发动机工况和排气污染控制装置"的要求。这不仅充分体现了汽车二级维护是全面实施汽车维护作业，对汽车技术性能进行定期检测，对有关部件视情修理的原则，而且体现了汽车技术和汽车检测维修技术的发展，以及对大气环境污染治理方面日益强化的要求。

汽车二级维护作业的技术性和专业性要求更高，必须严格按要求到维修企业进行。在技术人员的指导下，由专业汽车维护技工来完成。

汽车二级维护时首先要进行检测，汽车进厂后，根据汽车技术档案的记录资料（包括车辆运行记录、维修记录、总成修理记录等）和驾驶员反映的车辆使用技术状况（包括汽车动力性、转向、制动及燃、润料消耗等）确定所需检测项目。然后依据检测结果及车辆实际技术状况进行故障诊断，从而确定附加项目。确定附加项目后，再与基本项目一并进行二级维护作业。

二级维护过程中要进行过程检验。过程检验项目的技术要求应满足有关的技术标准或规范。二级维护作业完成后，应经维修企业进行竣工检验，由维修企业填写《汽车维护竣工出厂合格证》后，方可出厂。

汽车二级维护检测项目的技术要求，应参照国家有关技术标准或原厂要求。汽车二级维护检测包括如下项目。

① 发动机功率、汽缸压力、汽车排气污染物、三元催化转换装置的作用。

② 电控燃油喷射系统，柴油机供油提前角、供油间隙角和喷油泵供油压力。

③ 制动性能，检查制动力；转向轮定位，主要检查前轮定位角和转向盘自由转动量；车轮动平衡；前照灯。

④ 操纵稳定性，有无跑偏、发抖、摆头现象；变速器有无泄漏、异响、松脱、裂纹等现象，换挡是否轻便灵活；离合器有无打滑、发抖现象，是否分离彻底、接合平稳。

⑤ 传动轴有无泄漏、异响、松脱、裂纹等现象；后桥主减速器有无泄漏、异响、松脱、裂纹等现象。

汽车二级维护作业内容包含一级维护作业内容，其基本项目如下。

① 检查发动机油及机油滤清器；检查转向器、变速器、主减速器等润滑油规格和油面高度，按要求补给。

② 清洁空气滤清器；检查燃油箱及油管、燃油滤清器、燃油泵；检查、清洁燃油蒸发控制装置；检查、清洁曲轴箱通风装置；检查散热器、膨胀箱、节温器、百叶窗、水泵及其传动皮带。

③ 检查、紧固汽缸垫、进排气歧管、消声器、排气管；检查、清洁增压器、中冷器；检查、紧固发动机支架、化油器及联动机构；检查喷油器和喷油泵。

④ 清洁、检查分电器、高压线和火花塞；检查、调整气门间隙；检查、调整离合器；检查、调整前轮制动、后轮制动；检查、调整转向器及转向传动机构。

⑤ 调整前束及转向角；检查变速器及差速器密封状况、操纵机构及通气孔；检查传动轴、传动轴支架及中间轴承。

⑥ 清洁、校紧空气压缩机、储气筒、安全阀；检查制动阀、制动管路、制动踏板工作状况。

⑦ 检查驻车制动性能；检查（视情补焊、校正）、紧固悬架；检查轮胎（包括备胎），并进行紧固、补气、轮胎换位；清洁、润滑发电机、调节器、起动机。

⑧ 检查、清洁、补给蓄电池；检查、调整、视情修理或更换前照灯、仪表、喇叭、刮水器、全车电气线路；检查、紧固车架、车身、安全带及内装饰。

⑨ 检查空调系统工作、密封状况；全车按规定部位加注润滑油脂。

此外，在春、秋季末应结合二级维护进行季节性维护。主要任务是装卸冬季保温装置，检查百叶窗、节温器、风扇离合器工作情况，调整火花塞间隙和分电器触点间隙，调整排气歧管上的预热阀，更换润滑油，调整蓄电池电解液密度和发电机电压等。

（4）汽车维护的技术要求

① 清洁：汽车在维护前应清洗干净。清洗后，发动机、底盘、车身各部位应无油污、泥污，车厢内不积水，有条件时应进行烘干。零部件清洗后，应无积炭、结胶、锈斑、油垢和污迹，油、水管道应畅通无阻。

② 润滑：维护汽车时，应按润滑图表和规定的周期，选用规定牌号的润滑油（脂），各油

嘴、油杯通气塞必须配齐，并保持通畅。发动机、变速器、分动器、驱动桥、转向器、轮毂等应按规定补给、更换润滑油（脂）。

③ 紧固：维护中对各部螺栓、螺母和锁紧装置应按规定规格、质量和顺序装配并拧紧，不得短缺、松动和损坏。有规定转矩的螺栓、螺母应按规定转矩拧紧。

④ 调整试验：维护中，应按规定对总成各部件和电气设备等进行调整和必要的试验，使其性能符合要求。汽车在维护竣工后，应按技术条件认真做好竣工检验，以保证维护质量。

汽车保养周期与项目，如图 3-1 所示。

福克斯全系保养周期与项目（福特原厂标准）								
保养里程 （km）	机油机滤	空气滤清器	空调滤清器	汽油滤清器	变速箱油	方向机油	制动液	火花塞
5000	●	—	—	—	○	○		—
15 000	●	—	○	●	○	○		—
25 000	●	●	○	—	○	○		—
35 000	●	—	○	●	○	○	每两年	●
45 000	●	—	○	—	○	○		—
55 000	●	—	○	●	○	○		—
（●表示更换，○表示检查、清洁或添加，—表示无此项目）								

福克斯全系的首保里程为 5000km。
厂家规定的保养间隔为半年/10 000km。
空气滤清器首次更换为 25 000km，之后每隔 30 000km 更换一次。
空调滤清器每 10 000km 检查一次，按需更换。
汽油滤清器首次更换为 15 000km，之后每隔 20 000km 更换一次。
手动/自动变速箱油每 10 000km 检查一次，按需添加或更换。
制动液更换周期为 2 年。
冷却液每 10 000km 检查一次，按需添加或更换。
方向机油每 10 000km 检查一次，按需添加或更换。
火花塞更换周期为 35 000km。

图 3-1　汽车保养周期与项目

3.1.2　汽车维修类别和大修标志

汽车修理是为恢复车辆完好的技术状况、工作能力或寿命而进行的作业，通常是修理或更换零件或总成。汽车修理应贯彻"视情修理"的原则。

1. 汽车修理的类别及内容

根据作业范围和技术状况恢复程度的不同，汽车修理可分为汽车大修、总成大修、汽车小修和零件修理 4 类。

① 汽车大修。它是新车或经过大修后的汽车，在行驶一定里程（或时间）后，经过检测诊断和技术鉴定，用修理或更换汽车任何零部件的方法，恢复汽车完好的技术状况和工作能力，完全或接近完全恢复汽车寿命的恢复性修理。其目的在于恢复车辆的动力性、经济性和可靠性，配齐原有装备，使车辆的技术状况和使用性能达到规定的技术条件。

② 总成大修。它是汽车的总成经过一定使用里程（或时间）后，用修理或更换总成任何零部件（包括基础件）的方法，恢复其完好技术状况和寿命的恢复性修理。

③ 汽车小修。它是用修理或更换个别零件的方法，保证或恢复汽车的工作性能的运行性修理。其目的主要是消除在运行过程或维护作业过程中发生或发现的故障或隐患。

④ 零件修理。它是对因磨损、变形、腐蚀等而不能继续使用的零件进行的恢复性修理，目的在于恢复零件性能和寿命。目前，主要还是采用"换件修理"方式。

2. 汽车和总成的大修标志

在确定汽车及其总成是否需要大修时，除必须经过检测诊断和技术鉴定外，还必须掌握汽车和总成大修的送修标志。

① 汽车大修送修标志。客车以车厢为主，结合发动机总成的送修标志；货车以发动机总成为主，结合车架总成或其他两个总成的送修标志。

② 挂车大修送修标志。挂车车架（包括转盘）和货厢符合大修条件；定车牵引的挂车（即牵引车和挂车不摘挂）和衔接式大客车，按照汽车大修的标志与牵引车同时进厂大修。

③ 总成大修送修标志。

● 发动机总成：汽缸磨损，圆柱度达到 0.175~0.25mm 或圆度已达 0.05~0.06mm（以其中磨损量最大的一个汽缸为准）；最大功率或汽缸压力较标准降低 25%以上；燃料和润滑油消耗量显著增加。

● 车架总成：车架断裂、锈蚀、弯曲、扭曲变形逾限，大部分铆钉松动或铆钉孔磨损，必须拆卸其他总成后才能校正、修理或重铆修复车架。

● 变速器（分动器）总成：壳体变形，轴承承孔磨损逾限，变速轴及齿轮恶性磨损、损坏，需要彻底修复。

● 后桥（驱动桥、中桥）总成：桥壳破裂、变形，半轴套管承孔磨损逾限，主减速器齿轮恶性磨损，需要校正或彻底修复。

● 前桥总成：前轴裂纹、变形，主销承孔磨损逾限，需要校正或彻底修复。

● 客车车身总成：车厢骨架断裂、锈蚀、变形严重，蒙皮破损面积较大，需要彻底修复。

● 货车车身总成：驾驶室锈蚀、变形严重、破裂，或者货厢纵、横梁腐朽，底板、栏板破损面积较大，需要彻底修复。

3. 汽车和总成的送修规定

① 在汽车和总成送修时，承修单位与送修单位应签订合同，商定送修要求、修理车日和质量保证等有关问题。合同一经签订，必须严格执行。

② 车辆送修时，应具备行驶功能，装备齐全，不得拆换。

③ 总成送修时，应装配完整，附件、零件均不得拆损和短缺。

④ 肇事车辆和因特殊原因不能行驶或短缺零部件的车辆，在签订合同时，应做出相应的规定和必要说明。

⑤ 车辆和总成送修时，应将车辆和总成的有关技术档案一起送承修单位。

4. 修竣汽车和总成的出厂规定

送修汽车和总成修竣后，按国家有关技术标准进行检验，合格后承修单位应签发出厂合格证，并将技术档案、修理技术资料和合格证移交送修单位。

送修汽车和总成修竣出厂时，不论送修时的装置（附件）状况如何，均应按照有关部门规定配备齐全。发动机应装限速装置。接车人员应根据合同规定，进行车辆或总成的技术状况和装备情况的验收，如发现不符合竣工要求，承修单位应立即查明，及时处理。

送修单位必须严格执行车辆走合期的规定，在保证期内因修理质量发生故障或提前损坏时，承修单位应优先安排，及时排除，免费修理。如发生纠纷，由维修管理部门组织技术分析，进行仲裁。

3.1.3 汽车维修工种

汽车维修主要工种有汽车维修工（汽车发动机维修工、汽车底盘维修工）、汽车维修电工、汽车维修钣金工、汽车维修漆工。

1. 汽车维修工

汽车维修工是从事汽车发动机、底盘系统的维护、修理和调试工作的工种，其工作内容包括了汽车维护、修理的最重要的工作，并对汽车主要的技术状况和安全性提供保障，具有极其重要的作用。

汽车维修工应当熟悉汽车发动机、底盘的构造和工作原理及其修理标准和工艺规程，能正确使用常用维修设备、机具、仪表，独立完成汽车维护作业和总成修理作业，排除汽车故障。

随着汽车新技术的快速发展，以及电控装置的广泛使用，在汽车某些系统如电子控制燃油喷射系统，自动变速器中机械装置和电子装置相互交融、相互作用，使得汽车维修工与汽车维修电工的界限越来越模糊。因此，尽快掌握现代汽车维修技术，是我国汽车维修工面临的一项艰巨而紧迫的任务。

2. 汽车维修电工

电气设备是汽车的四大组成部分之一，主要包括蓄电池、点火系、灯光信号线路、辅助电器等。辅助电器最早只有电喇叭，目前汽车上已具备电子仪表、电动刮水器、电热除霜器、电洗窗机、电动门窗玻璃升降机、点烟器、电动门锁、暖风机、电风扇和车用空气调节器（冷风）、带预选电台的收音机和带调频波段的立体声收放机（高级的有磁带自动翻面、计算机选曲功能）、电动伸缩天线和电动调节后视镜等设备，有的还装有车用彩电、高级 CD 机和 DVD 机等。

随着汽车技术的高速发展，以及计算机技术在汽车上的应用，越来越多的轿车装备了汽油机电子喷射系统（EFI）、防抱死制动系统（ABS）、安全气囊系统（SRS）、自动变速器控制系统（ECT）和巡航系统等。

汽车维修电工主要从事汽车电气设备的维护、修理和调试工作。一个熟练的汽车维修电工，必须具备汽车电气理论和电子学知识，掌握汽车电气装置的结构原理，有汽车电气、线路故障的判断和修理能力。此外，计算机等高新技术在现代轿车上的应用对汽车维修电工提出了新的更高的要求。

3. 汽车维修钣金工

汽车在使用过程中，由于交通事故、磨损、撞击或使用维护不当，往往会造成部分金属构件（如水箱罩、翼子板、驾驶室、排气管、客车车身、发动机罩、脚踏板、挡泥板和消声器等）歪扭、断裂、锈蚀等损伤。钣金工的任务就是通过修补、整形和更新，恢复这些部分的尺寸、形状和使用性能。

汽车驾驶室、客车车身的修理作业，不仅工作量大，而且质量要求高，其修理质量将在一定程度上影响汽车使用寿命和性能，将关系到驾驶员的劳动条件和安全生产，关系到汽车的外观质量。为此，要求钣金工应当具有较高的操作技能以满足汽车修理工作的需要。

很多制件的加工往往钣金工序不能独立完成，还须经过机械加工、热处理等工序。因此，作为一个合格的钣金工，不仅要熟练地掌握本工种的技术理论和操作技能，还必须对相关工种如冲压工、铆工、焊工的作业范围、工作内容和操作特点有所了解。目前，在现代轿车的修理中使用了先进的自动化车身修复整形设备，这又对钣金工的素质提出了更高的要求。

熟练的钣金工还需要对汽车各金属构件的特点、性能及工作条件有足够的了解。汽车各金属构件按其不同的用途具有不同的要求，如汽车覆盖件为满足密封的要求，其外形轮廓尺寸要求较严格；为使其外形精致美观，还应力求做到表面光滑平整。因此，只有了解各金属构件的不同作用和要求，才能选择合理的工艺手段，从而保质保量地完成修理任务。

4. 汽车维修漆工

汽车维修漆工是从事汽车车身、车架、总成件涂漆工作的工种。

制造汽车的大部分材料是钢铁，其防蚀性能较差，容易被氧化或被其他介质所腐蚀。而且，由于受日晒、雨淋、风沙、冰雪、严寒、酷暑这些多变环境条件的影响，车身更容易锈蚀。为了保护汽车基体不受腐蚀，通常使用相应的涂料将其与外界的腐蚀性介质隔开，从而延长材料的使用寿命。

在保护汽车不受腐蚀的基础上，需要对汽车表面进行装饰美化。目前，汽车车容装饰美观已经被当做车辆年检中的技术要求项目之一。为了满足各种汽车的装饰要求，汽车的装饰涂装必须具有品种齐全、颜色丰富、色彩鲜艳的特点。可用光泽度计检测汽车涂装的光泽度。汽车高级装饰性的涂装，要求涂膜外观光滑平整、花纹清晰、光亮如镜，光泽度不低于90%；中级装饰性的涂装，要求涂装外观光滑平整、花纹清晰，允许有轻微"橘皮"，光泽度不低于80%。根据汽车的类型和涂装部位的不同，汽车涂装的要求也是各不相同的，如轿车车身对涂料的装饰性、耐久性、保护性、保光性要求很高；而载重汽车车身对涂漆的装饰性、耐久性、保护性的要求就比较全面；汽车底盘的涂装，主要要求耐久性、耐化学腐蚀性及防锈性；油箱内壁的涂装，要求箱体能经受汽油的长期浸泡，涂料的耐汽油腐蚀性是主要的考虑因素。

因施工对象的差异，对涂装工艺要求也会有所不同。对要求不高的漆工作业，如载货汽车车厢小面积补漆，可采用刷涂法；对要求较高或施工面积较大的漆工作业，通常采用喷涂法。喷涂工艺一般需要经过清理表面、涂刷防锈漆、刮涂腻子、打磨腻子、喷底漆、喷漆前准备、喷面漆、最后清理等工序。中高档汽车的喷漆作业，还需要在烤漆房中进行烤漆。

3.1.4 汽车维修工艺

现代电子技术在汽车上的广泛应用，使机械技术、电子技术和信息处理技术融为一体，汽车的"机电液一体化"程度越来越高。现代汽车由于在总体结构、工作原理方面与传统汽车差别甚大，使汽车修理工艺也发生了根本性的变化，具体表现在以下几个方面。

① 传统的汽车修理特别重视零件修复，不管什么零件，能修则修。现代汽车的修理，除一些价格昂贵的机械零件和汽车制造厂设计可修复的零件外，一般都采取"换件修理"。这样做的原因是现代汽车对零件机械性能要求高，常采用专用材料和特殊工艺制造，通常的零件修复方法不能满足设计的要求，若勉强修复，经济上也不合算。

② 传统的汽车修理以检验、修复为中心，检验使用通用、简单的量具和仪器设备，凭经验鉴定车辆技术状况，故障诊断方法遵循"观察现象+检查分析+凭经验判断"的套路。现代汽车修理则以检测、诊断为中心，使用先进的专用检测诊断设备检测车辆技术状态，如制动检测台、侧滑试验台、发动机综合检测仪、四轮定位检测仪和废气分析仪等。故障诊断方法是利用车上设置的电脑自诊断系统输出故障信息和运行数据，或者使用专用电脑诊断仪进行分析诊断。

③ 传统汽车修理从工种上划分有发动机修理工、底盘修理工、汽车钣金工、汽车电工、汽车空调工、检验工、喷漆工和轮胎工等。现代汽车修理由于以检测诊断为中心，汽车的许多

机构和装置共用一些数据信息，这些机构和装置能否正常工作不仅取决于本身的技术状况，也取决于相关的机构和装置的技术状况，所以现代汽车修理工种划分已打破了传统工种的界限，逐步形成"机电液一体化"的局面。

汽车维修工艺是指利用生产工具按一定要求进行汽车维护和修理的方法，是在维修汽车的过程中积累起来并经过总结的操作技术经验。汽车修理可分成许多工艺作业，按预定顺序完成这些作业的过程称为工艺过程。一般汽车修理作业工艺过程，如图 3-2 所示。

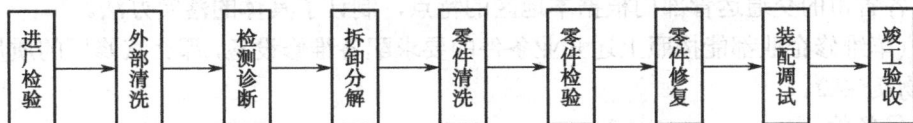

图 3-2　一般汽车修理作业工艺过程

① 进厂检验：承修的汽车进厂必须经过检验，以便了解车型、修理项目及其技术状况，同时也为估算修理工时和修理费用提供必要的依据。进厂检验由汽车修理厂的专业人员负责进行。检验时，通过对汽车使用情况的调查和外部检测、测试，来了解汽车的技术状况。另外，还应核对车辆的装备状况。

② 外部清洗：进厂修理的汽车在施工前视情况需要进行外部清洗，以便于拆卸修复工作的顺利进行。汽车外部清洗一般采用以下 3 种方法：在固定的外部清洗台上清洗，用可移动的清洗机喷射高压水清洗，或者用自来水清洗。

③ 检测诊断：根据车主所述故障情况，运用先进的专用检测诊断设备对故障进行分析、判断，以检测车辆的技术状态。

④ 拆卸分解：把汽车需要修理部位的总成、组件拆卸下来再分解成零件。拆卸分解是汽车修理施工的首道工序，具有一定的工艺和技术要求。拆卸分解不当会增加工作难度，贻误工期，损坏零件。

⑤ 零件清洗：把拆下的零件集中，用适当的方法清洗除去零件上的污垢，包括旧漆、油污、积炭、水垢、磨损物和其他杂物，为保证零件的检验质量、修理质量和装配质量做准备。

⑥ 零件检验：对所有拆洗过的零件进行检验鉴定，根据它们的技术状况分为可用零件、待修零件和报废零件 3 类。可用零件指零件符合使用标准，可以继续使用；待修零件指零件已不符合使用标准，通过修复才可以继续使用；报废零件指既不符合使用标准，又无法修复或无修复价值的零件。

⑦ 零件修复：对于有修复价值的零件进行修复，无法修复的零件或无修复价值的零件，目前一般采用更换零件的"换件修理"方法。

⑧ 装配调试：把可用零件、修复好的零件和更换的新零件再次清洗干净，按照规定的技术标准和工艺规程进行装配、调整和试验。

⑨ 竣工验收：最后由专职检验人员负责竣工验收。若发现有不合乎技术要求的地方，由修理工负责返修。

任务二　汽车维修质量控制

质量是企业的生命，质量控制是向顾客提供满意服务的前提。在近年的消费者投诉中，汽车维修的服务质量一直是热点之一，原因就在于很多汽修厂的质量控制和保障措施不得力。

3.2.1 汽车维修质量控制的基本条件

1. 设备条件

我国交通部颁布的《汽车整车维修企业开业条件》（GB/T 16739—2004）中对一类、二类、三类汽车维修企业，都规定了具体的设备条件。为了更好地贯彻和执行《汽车整车维修企业开业条件》，各省市的交通运管部门根据本地区的特点，制订了具体的落实办法。

如果汽车维修企业都能按照上述开业条件的要求配备维修设备，那么汽修厂的质量控制就有了基础物质保障。

2. 人员条件

有了合格的设备，还要有合格的使用人员。由于汽车的保有量增长十分迅速，人才特别是高级技能人才的需求依然是阻碍行业发展的瓶颈。

对于资金雄厚的 4S 服务站和待遇优厚的大型合资企业，人才问题比较容易解决。对于资金比较紧张的中小型企业，可以通过以下方法来解决。

① 优化组织，人尽其才。

② 调整制度，奖优罚劣。

③ 加强培训，内部提拔。

3. 工艺规范

汽车是很复杂的工业产品，其装配、维修、养护都有一定的技术要求和生产规范。

有人说："有不少好车，不是被开坏的，而是被修坏的！"当然，也有人可能会说："现在的汽车有那么多的品种，我们怎么可能弄懂所有的工艺规范呢？"是的，这个问题看起来有点困难，其实还是有解决办法的。应该将常见车型的常用工艺进行整理，至于同类车型或相似项目，可以在现有工艺的基础上，参考相关的技术文件进行。

4. 组织结构

在一个具有一定规模的汽车服务企业中，应该有正规的质量保障体系，在这个体系中，各个部门和人员应该承担起与质量有关的质量保障工作和责任。例如，前台在接车时，就应该进行汽车的初步检查；车间维修工在每个项目完工之后应该自检；而总检员则应承担修车完工之后的检验等工作。质量体系中的组织结构，是质量控制的基础。

5. 质量控制制度与执行

建立了质量体系的组织结构，还要有一套与之配套的质量控制制度，当然这些制度的效果，最终还是取决于企业的执行力。

在合理的组织结构之上，制订一套可行的质量控制制度，并严格执行，才可能有良好的质量效果。一般应解决以下问题。

① 制度制订得不合理。因为很多汽修厂的制度都是仿照现成的文本，而不是根据企业自身的情况制订的。

② 组织结构、人员配备与制度脱节，如部门设置和人员分工已经调整，但是制度却还是几年前的版本。

③ 与质量相关的奖罚不够严明。

3.2.2 质量控制的工作内容

在汽修厂中，质量控制的工作内容很多，在这里主要讲两个方面：材料质量控制和维修流程质量控制。

1. 材料质量控制

材料质量控制包括入库质量控制、库存质量控制和出库质量控制。材料，主要是指汽车配件，也包含其他辅助性用料，如砂纸和手套等。

（1）入库质量控制

入库质量控制指的是在采购入库过程中，控制材料的质量。入库质量控制是材料质量控制中最初也是最重要的部分，其内容包括采购前、采购中和采购后的质量控制。采购前的质量控制包括对供应商的调查、样品的采集检测、对采购材料的质量评估等。采购中的质量控制，主要内容是对入库材料的检验（全检或者抽检），包括对包装的检验，对外观的检验，对生产日期、有效日期和生产批次的确认，对产品功能、性能和成分的检验等。具体内容可以根据企业的具体制度和采购的材料不同而定。采购后的质量控制，主要指的是根据库存质量控制和出库质量控制获得的信息，对采购行为和供应商进行评估和选择。

（2）库存质量控制

库存质量控制指的是在材料的保管过程中，观察并记录其外观和内在质量的变化，并做出反馈，还包括对库存材料的定期和不定期检查。

（3）出库质量控制

出库质量控制指的是，对材料出库状况的检测、记录和在使用过程中质量状况的跟踪，包括在维修、检验、出厂后及返修情况的跟踪。

2. 维修流程质量控制

汽车维修流程中的质量控制主要通过接车检验、维修过程检验、试车、总检、回访跟踪和返修管理来进行。

按汽车维修工艺可以分为进厂检验、维修过程检验和出厂竣工检验三级，即"三级检验"制度。

按检验职责可以分为工位自检、工序互检和专职检验。

（1）进厂检验

① 汽车进厂后业务接待接车时，向车主询问维修记录并在计算机系统中查询其维修记录。

② 业务接待和检验人员负责对送修车辆进行预检，按规范填写有关单据中的检验记录。

③ 车辆预检后，根据驾驶员的反映及该车技术档案和维修档案，通过检测、测试或检查（初诊），确定基本作业内容，告知车主并签字确认。

④ 把应该作业的内容进行记录。

（2）维修过程检验

① 过程检验必须落实"三级检验"制度。

② 检验内容分为汽车或总成解体，清洗过程中的检验，主要零部件的检验，各总成组装、调试的检验。

③ 各检验人员根据分工，严格依据检验标准、检验方法认真检验，做好检验记录。

④ 经检验不合格的作业项目，须重新作业，不得进入下一道工序。

⑤ 对于新购总成件，必须依据标准检验，杜绝假冒伪劣配件。

⑥ 对于影响安全行车的零部件，尤其要严格控制使用标准。对不符合要求的零部件必须进行维修或更换，同时要及时通知前台，并协助前台向车主做好说明工作。

（3）出厂竣工检验

① 所有维修的车辆，在结算前必须由专职总检验员进行检验（专职检验）。

② 在总检之前，各个项目必须完成自检。

③ 总检的范围根据维修的分类而定。大修的车必须进行全车检查，按照交通运输部的标准执行；普通保养则按照各个车型制造厂的标准进行；小修则按照车间规定进行。

④ 检验员必须在检验单上签名，对自己的检验结果负责。

⑤ 对于检验不合格的车辆，一律不得结算出厂。将总检设计成一个必要的环节，没有经过总检的车辆是不能结算出厂的。

⑥ 如果出厂以后车主发现不合格现象，返工责任由检验员与项目维修人员承担。

任务三　汽车维修术语

业务接待员应该了解和掌握有关汽车维修术语及其定义，了解和掌握的内容越多、越深刻，业务接待员的专业功底越扎实，在与客户打交道时业务接待员就会显得越专业。

由国家标准规定的汽车维修学科和生产中专用或常用的主要术语及其定义，归纳起来大体分为 5 个方面。

① 汽车维修：汽车维修是汽车维护和修理的泛称。

② 汽车维护：汽车维护是指为维持汽车完好技术状况或工作能力而进行的作业。

③ 汽车修理：汽车修理是指为恢复汽车完好技术状况或工作能力和寿命而进行的作业。

④ 汽车维修制度：汽车维修制度是指为实施汽车维修工作所采取的技术组织措施的规定。

⑤ 汽车维修性：汽车维修性是指汽车对按照技术文件规定所进行的维修的适应能力。

3.3.1　汽车技术状况变化技术术语

1. 汽车技术状况

汽车技术状况是指定量测得的表征某一时刻汽车外观和性能的参数值的总和。

① 汽车完好技术状况：汽车完好技术状况是指汽车完全符合技术文件规定要求的状况。

② 汽车不良技术状况：汽车不良技术状况是指汽车不符合技术文件规定的任一要求的状况。

③ 汽车工作能力：汽车工作能力是指汽车按照技术文件规定的使用性能指标，执行规定功能的能力。

④ 汽车技术状况参数：汽车技术状况参数是指评价汽车使用性能的物理量和化学量。

⑤ 汽车极限技术状况：汽车极限技术状况是指汽车技术状况参数达到了技术文件规定的极限值的状况。

⑥ 汽车技术状况变化规律：汽车技术状况变化规律是指汽车技术状况与行驶里程或时间的关系。

2. 汽车耗损

汽车耗损是汽车各种损坏和磨损现象的总称。

① 汽车零件磨损：汽车零件磨损是指汽车零件工作表面的物质由于相对运动而不断损耗

的现象。

② 磨损过程：磨损过程是指相对运动零件的表面物质不断损耗的过程。

③ 正常磨损：正常磨损是指汽车零件磨损率在设计允许或技术文件规定的范围内。

④ 极限磨损：极限磨损是指导致配合副进入极限状况，又不能保持技术文件规定的工作能力的汽车零件磨损量。

⑤ 允许磨损：允许磨损是指小于极限磨损，尚能保持技术文件规定的工作能力，并受经济因素制约的汽车零件磨损量。

⑥ 磨损率：磨损率是指磨损量与产生磨损的行程或时间之比。

⑦ 擦伤：擦伤是指摩擦表面沿滑动方向形成细小擦痕的现象。

⑧ 刮伤：刮伤是指摩擦表面沿滑动方向形成宽而深的刮痕的现象。

⑨ 点蚀：点蚀是指摩擦表面材料由于疲劳脱落在摩擦表面形成凹坑的现象。

⑩ 粘附：粘附是指两摩擦表面由于分子作用导致局部吸附的现象。

⑪ 老化：老化是指汽车零件材料的性能随使用时间的增长而逐渐衰退的现象。

⑫ 疲劳：疲劳是指汽车零件在较长时间内由于交变载荷的作用而导致其性能变坏，甚至发生断裂现象。

⑬ 变形：变形是指汽车零件在使用过程中零件要素的形状和位置发生变化不能自行恢复的现象。

⑭ 缺陷：缺陷是指汽车零件任一参数不符合技术文件要求的状况。

⑮ 损伤：损伤是指在超过技术文件规定的外因作用下，使汽车或其零件的完好技术状况遭到破坏的现象。

3. 汽车故障

汽车故障是指汽车部分或完全丧失工作能力的现象。

① 完全故障：完全故障是指导致汽车完全丧失工作能力，不能行驶的故障。

② 局部故障：局部故障是指导致汽车部分丧失工作能力，即降低了其使用性能的故障。

③ 致命故障：致命故障是指导致汽车、总成重大损坏的故障。

④ 严重故障：严重故障是指汽车运行中无法排除的完全故障。

⑤ 一般故障：一般故障是指汽车运行中能及时排除的故障，或不能排除的局部故障。

⑥ 汽车故障现象：汽车故障现象是汽车故障的具体表现。

⑦ 异响：异响是指汽车总成或机构在工作中产生的超过技术文件规定的不正常响声。

⑧ 泄漏：泄漏是指汽车上有密封要求部位的漏气（液）量超过技术文件规定的现象。

⑨ 过热：过热是指汽车总成或机构的工作温度超过技术文件规定的现象。

⑩ 失控：失控是指汽车、总成或机构工作时出现操纵失灵而无法控制的现象。

⑪ 乏力：乏力是指汽车运行过程中动力明显不足的现象。

⑫ 污染超限：污染超限是指汽车运行过程中产生的有害排放物和噪声超过技术文件规定的现象。

⑬ 费油：费油是指汽车燃料、润滑油消耗超过技术文件规定的现象。

⑭ 振抖：振抖是指汽车在工作中产生技术文件所不允许的自身抖动的现象。

⑮ 故障树：故障树是表示故障因果关系的分析图。

3.3.2 汽车维修工艺技术术语

1. 汽车维护类别

汽车维护类别是指汽车维护按汽车运行间隔期、维护作业内容或运行条件等划分的不同类别或等级。间隔期是指汽车运行的行程间隔或时间间隔。

① 定期维护：定期维护是指按技术文件规定的运行间隔期实施的汽车维护。

② 季节性维护：季节性维护是指为使汽车适应季节变化而实施的维护。

③ 走合维护：走合维护是指汽车在走合期实施的维护。

2. 汽车修理类别

汽车修理类别是指汽车修理按修理对象、修理深度、执行作业的计划性或组织形式等划分的不同类别或等级。

① 汽车大修：汽车大修是指用修理或更换汽车任何零部件（包括基础件）的方法，恢复汽车的完好技术状况和完全（或接近完全）恢复汽车寿命的恢复性修理。

② 汽车中修：汽车中修是指用更换或修理有限数目零部件的方法，恢复汽车的完好技术状况和维持汽车寿命的平衡性修理。

③ 汽车小修：汽车小修是指用更换或修理个别零件的方法，保证或恢复汽车工作能力的运行性修理。

④ 总成修理：总成修理是指为恢复汽车总成完好技术状况、工作能力和寿命而进行的作业。

⑤ 零件修理：零件修理是指恢复汽车零件性能和寿命的作业。

⑥ 计划修理：计划修理是指按照技术文件规定预先安排的修理。

⑦ 定期修理：定期修理是指按照规定的间隔期和等级进行的修理。

⑧ 视情修理：视情修理是指按照技术文件规定对汽车技术状况进行诊断或检测后，决定修理内容和实施时间的修理。

⑨ 非计划修理：非计划修理是指非预先安排的修理。

3. 汽车维护工艺

汽车维护工艺是指利用生产工具按照一定要求维护汽车的方法，是维护汽车中积累起来并经过总结的操作技术经验。

① 汽车维护作业：汽车维护作业是指汽车维护工艺中的技术操作。

② 汽车维护工艺过程：汽车维护工艺过程是指汽车维护的各种作业按照一定方式组合，顺序、协调进行的过程。

③ 汽车维护规范：汽车维护规范是对汽车维护作业技术要求的规定。

4. 汽车修理工艺

汽车修理工艺是指利用生产工具按照一定要求修理汽车的方法，是修理汽车中积累起来并经过总结的操作技术经验。

① 汽车修理工艺过程：汽车修理工艺过程是指汽车修理的各种作业按照一定方式组合，顺序、协调进行的过程。

② 技术检验：技术检验是指按照规定的技术要求确定汽车、总成、零部件技术状况所实施的检查。

③ 检视：检视是指主要凭借感官认知或使用简单的检查工具对汽车、总成、零部件技术

状况所实施的检查。

④ 零件检验分类：零件检验分类是指根据修理技术条件，按照零件技术状况的不同将零件分为可用、可修和不可修的检验。

⑤ 走合：走合是指汽车运行初期，改善零件摩擦表面几何形状和表层物理、机械性能的过程。

⑥ 磨合：磨合是指汽车总成或机构组装后，改善零件摩擦表面几何形状和表层物理、机械性能的运转过程。

⑦ 冷磨合：冷磨合是指由外部动力驱动总成或机构的磨合。

⑧ 热磨合：热磨合是指发动机自行运转的磨合。

⑨ 修理尺寸：修理尺寸是指零件磨损表面通过修理形成符合技术文件规定的大于或小于原设计基本尺寸的基本尺寸。

⑩ 极限间隙：极限间隙是指配合副达到技术文件规定的极限状况时的间隙值。

⑪ 允许间隙：允许间隙是指小于极限间隙，尚能保持技术文件规定的工作能力，并受经济因素制约的配合副间隙。

⑫ 汽车维修工艺设备：汽车维修工艺设备是指在汽车维修工艺过程中完成一定作业的设施和机械。

⑬ 汽车维修工具：汽车维修工具是指汽车维修作业的手工器具。

⑭ 汽车修理技术标准：汽车修理技术标准是指对汽车修理全过程的技术要求、检验规则所做的统一规定。

5. 汽车诊断

汽车诊断是指在汽车不解体（或仅拆卸个别小件）的条件下，确定汽车技术状况，查明故障部位及原因的检查。

① 汽车检测：汽车检测是指确定汽车技术状况或工作能力的检查。

② 诊断参数：诊断参数是指供诊断用的，表征汽车、总成及机构技术状况的参数。

③ 诊断规范：诊断规范是指对汽车诊断作业技术要求的规定。

3.3.3 汽车维修管理技术术语

1. 汽车维护方法

汽车维护方法是指进行汽车维护作业的工艺和组织规则的总和。

① 汽车维护流水作业法：汽车维护流水作业法是指汽车在生产线的各个工位上，按照确定的工艺顺序和节拍进行维护的方法。

② 汽车维护定位作业法：汽车维护定位作业法是指汽车在一个全能工位上进行维护作业的方法。

2. 汽车修理方法

汽车修理方法是指进行汽车修理作业的工艺和组织规则的总和。

① 汽车修理流水作业法：汽车修理流水作业法是指汽车在生产线的各个工位上，按照确定的工艺顺序和节拍进行修理的方法。

② 汽车修理定位作业法：汽车修理定位作业法是指汽车在固定工位上进行修理作业的方法。

③ 总成互换修理法：总成互换修理法是指用储备的完好总成替换汽车上不可用总成的修

理方法。

④ 周转总成法：周转总成法是指预先储备汽车总成以替换维修中不可用总成的修理方法。

⑤ 混装修理法：混装修理法是指进行修理作业时，不要求被修复零件和总成装回原车的修理方法。

⑥ 就车修理法：就车修理法是指进行修理作业时要求被修复的主要零件和总成装回原车的修理方法。

3. 汽车维修指标

汽车维修指标是指评价汽车维修作业的量标。

① 汽车维护生产纲领：汽车维护生产纲领是指汽车维护企业的年设计生产能力。

② 汽车修理生产纲领：汽车修理生产纲领是指汽车修理企业的年设计生产能力。

③ 汽车维护周期：汽车维护周期是指汽车进行同级维护的间隔期。

④ 汽车诊断周期：汽车诊断周期是指汽车进行诊断的间隔期。

⑤ 汽车维修竣工辆次：汽车维修竣工辆次是指在报告期内进行维护或修理竣工出厂的车辆数。

⑥ 汽车大修平均在厂车日：汽车大修平均在厂车日是指在报告期内汽车进厂大修到竣工出厂的平均天数。

⑦ 汽车大修平均在修车日：汽车大修平均在修车日是指在报告期内汽车大修从开工到竣工检验合格平均所占用的天数。

⑧ 汽车维修平均工时：汽车维修平均工时是指在报告期内，汽车某类维修作业所耗工时的平均值。

⑨ 汽车维修平均费用：汽车维修平均费用是指在报告期内，汽车某类维修作业所耗费用的平均值。

⑩ 汽车大修返修率：汽车大修返修率是指在报告期内，大修汽车回厂返修辆次与大修出厂汽车总数的比值。

⑪ 汽车小修频率：汽车小修频率是指在报告期内，单位行程汽车小修的辆次。

⑫ 汽车大修间隔里程：汽车大修间隔里程是指新汽车或大修修竣汽车，从投入使用到再次大修时的行驶里程。

⑬ 汽车修理工人实物劳动生产率：汽车修理工人实物劳动生产率是指在报告期内，修竣出厂的折合标准大修车辆数与直接从事汽车大修工人数的比值。

4. 汽车维修企业

汽车维修企业是指从事汽车维护和修理生产的经济实体。

① 汽车维修场（站）：汽车维修场（站）是指从事汽车维护和小修的企业。

② 汽车停车场（库）：汽车停车场（库）是指从事保管汽车并可能进行加油、充气、清洁等作业的场所。

③ 汽车修理厂：汽车修理厂是指从事汽车、总成修理生产的企业。

④ 汽车总成修理厂：汽车总成修理厂是从事汽车总成修理生产的企业。

⑤ 汽车诊断站：汽车诊断站是指从事汽车诊断的企业。

⑥ 汽车检测站：汽车检测站是指从事汽车检测的企业。

⑦ 汽车维修网点：汽车维修网点是指汽车维修企业的实际分布情况。

3.3.4 其他术语

1. 怠速工况

当发动机运转，离合器处于接合位置，加速踏板与手油门处于松开位置，变速器处于空挡位置，采用化油器的供油系统且其阻风门处于全开位置时，即为怠速工况。

2. 一氧化碳（CO）、碳氢化合物（HC）的容积浓度

排气中一氧化碳（CO）的容积百分数即为一氧化碳（CO）的容积浓度，以 10^{-2}（%）表示。

排气中碳氢化合物（HC）的容积百万分数，即为碳氢化合物（HC）的容积浓度，以 10^{-6}（ppm）表示。

3. 额定转速

额定转速是指发动机发出额定功率时的转速。

4. 汽车整车大修质量检查评定

汽车整车大修质量检查评定是指对汽车整车大修竣工质量和汽车整车大修基本检验技术文件完善程度的综合评价。

5. 汽车整车大修竣工质量

汽车整车大修竣工质量是指汽车整车大修竣工后恢复其完好技术状况和寿命的程度。

6. 汽车大修基本检验技术文件

汽车大修基本检验技术文件是指在汽车大修过程中，为保证汽车修理质量，汽车修理企业所填制的必要的修理检验单和合格证。该文件主要包括汽车（或总成）大修进厂检验单、汽车（或总成）大修工艺过程检验、汽车（或总成）大修竣工检验单、汽车（或总成）大修合格证（简称"三单一证"）。

① 汽车大修进厂检验单：汽车大修进厂检验单是指大修汽车进厂时，由汽车维修检验技术人员对送修车辆技术状况和装备齐全状况进行技术鉴定的记录。

② 汽车大修工艺过程检验单：汽车大修工艺过程检验单是指汽车在大修过程中，由汽车维修检验技术人员对总成及零部件，按其修理过程中工艺顺序进行技术鉴定的记录。

③ 汽车大修竣工检验单：汽车大修竣工检验单是指汽车大修竣工后，由汽车维修检验技术人员对修竣车辆技术状况进行技术鉴定的记录。

④ 汽车大修合格证：汽车大修合格证是指承修单位对大修竣工后经过技术鉴定并符合相应标准的车辆所开具的质量凭证。

7. 车辆载荷状况

① 空载车辆：空载车辆是指无驾驶人、乘务员、乘客或载荷，但带有充足的燃料、备用车轮和常用工具的车辆。

② 装载车辆：装载车辆是指装载着制造厂确定的技术上允许的最大质量，并且其装载状况按照规定分布在车轴上的车辆。

③ 在用汽车：在用汽车是指上牌照以后的汽车。

8. 汽车分类

根据最新国家标准 GB/T 15089—2001《机动车辆及挂车分类》的相关规定，机动车辆和挂车分为 L 类、M 类、N 类、O 类和 G 类。

（1）L 类

L 类是指两轮或三轮机动车辆，又分为 L_1 类、L_2 类、L_3 类、L_4 类和 L_5 类。

（2）M 类

M 类是指至少有 4 个车轮并且用于载客的机动车辆。

① M_1 类：M_1 类是指包括驾驶人座位在内，座位数不超过 9 座的载客车辆。

② M_2 类：M_2 类是指包括驾驶人座位在内，座位数不超过 9 座，且最大设计总质量不超过 5000kg 的载客车辆。

③ M_3 类：M_3 类是指包括驾驶人座位在内，座位数超过 9 座，且最大设计总质量超过 5000kg 的载客车辆。

（3）N 类

N 类是指至少有 4 个车轮且用于载货的机动车辆。

① N_1 类：N_1 类是指最大设计总质量不超过 3500kg 的载货车辆。

② N_2 类：N_2 类是指最大设计总质量超过 3500kg，但不超过 12 000kg 的载货车辆。

③ N_3 类：N_3 类是指最大设计总质量超过 12 000kg 的载货车辆。

（4）O 类

O 类是指挂车（包括半挂车）。

① O_1 类：O_1 类是指最大设计总质量不超过 750kg 的挂车。

② O_2 类：O_2 类是指最大设计总质量超过 750kg，但不超过 3500kg 的挂车。

③ O_3 类：O_3 类是指最大设计总质量超过 3500kg，但不超过 10 000kg 的挂车。

④ O_4 类：O_4 类是指最大设计总质量超过 10 000kg 的挂车。

（5）G 类

G 类是指根据一定的检测条件以及接近角、离去角、纵向通过角和离地间隙的定义和图示，并满足相关要求的 M 类、N 类的越野车。

项目四 汽车维修业务接待员基本专业知识

教学要求

1. 了解汽车构造的基础知识，可对常见故障进行判断；
2. 能按照汽车维修服务接待员的工作流程对故障车进行问诊、估价、派工、监控及交车；
3. 能运用汽车故障的预诊断技巧，获取客户车辆故障信息，判断故障的可能原因；
4. 能运用汽车保修手册，判断出现的故障是否在保修范围内，能够估算出维修费用，并详细向客户说明；
5. 掌握汽车保修原则、范围及索赔流程。

任务一 汽车的分类和车辆识别

4.1.1 汽车的分类

随着我国汽车工业的发展以及与国外汽车企业的合资合作与交流日益增多，我国重新制定了有关汽车分类的新标准。汽车分类的两个新标准 GB/T 3730.1—2001《汽车和挂车类型的术语和定义》、GB/T 15089—2001《机动车辆及挂车分类》已于 2002 年 3 月 1 日正式实施。

新颁布的两个国家标准在用途划分的基础上，建立了乘用车和商用车概念，尤其是在轿车的划分上改革较大，解决了管理和分类的矛盾，是和国际接轨的标准。

1. 按国家标准分类

根据国家标准中的规定，汽车分为乘用车和商用车两大类。

1）乘用车

乘用车是指在设计和技术特性上主要用于载运乘客及其随身行李或临时物品的汽车，包括驾驶人座位在内最多不超过 9 个座位。它也可以牵引一辆挂车。

乘用车按照车身、车顶、座位、车门、车窗结构或数量的不同分为 11 类，如图 4-1 所示。

（1）普通乘用车

普通乘用车的车身为封闭式，侧窗中柱可有可无；车顶（顶盖）为固定式，属于硬顶，有的顶盖一部分可以开启；座位为 4 个或 4 个以上，至少为两排；后座椅可折叠或移动，以形成装载空间；车门为 2 个或 4 个侧门，可有 1 个后开启门。例如，大众桑塔纳、松花江、昌河、奇瑞 QQ、现代伊兰特、日产天籁和奥迪等都属于普通乘用车。

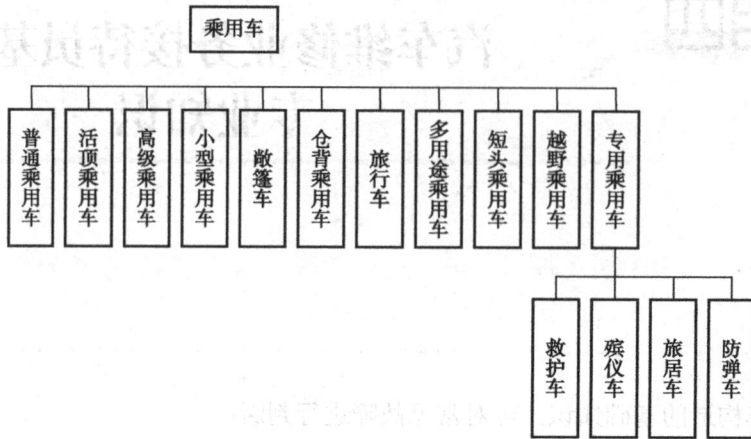

图 4-1　乘用车的分类

（2）活顶乘用车

活顶乘用车的车身为具有固定侧围框架的可开启式车身；车顶（顶盖）为硬顶或软顶，至少有 3 个位置：封闭、开启或拆除；可开启式车身可以通过使用一个或数个硬顶部件和/或合拢软顶将开启的车身关闭；座位为 4 个或 4 个以上，至少为 2 排；车门为 2 个或 4 个侧门；车窗为 4 个或 4 个以上侧窗。例如，大众甲壳虫敞篷跑车、陆虎 TF、奔驰 SLK、宝马 Z3/Z4、马自达和保时捷等都属于活顶乘用车。

（3）高级乘用车

高级乘用车的车身为封闭式，前、后座之间可以设有隔板；车顶（顶盖）为固定式，属于硬顶，有的顶盖一部分可以开启；座位为 4 个或 4 个以上，至少为 2 排，后排座椅前可安装折叠式座椅；车门为 4 个或 6 个侧门，也可有 1 个后开启门；车窗为 6 个或 6 个以上侧窗。例如，大众辉腾、奔驰 S350、捷豹 XJ8、劳斯莱斯、迈巴赫等都属于高级乘用车。

（4）小型乘用车

小型乘用车的车身为封闭式，通常后部空间较小；车顶（顶盖）为固定式，属于硬顶，有的顶盖一部分可以开启；座位为 2 个或 2 个以上，至少为 1 排；车门为 2 个侧门，也可有 1 个后开启门；车窗为 2 个或 2 个侧窗。

（5）敞篷车

敞篷车的车身为可开启式。车顶（顶盖）可为软顶或硬顶，至少有两个位置：第一个位置遮覆车身，第二个位置车顶卷收或可拆除。座位为 2 个或 2 个以上，至少为 1 排。车门为 2 个或 2 个以上侧门。例如，大众甲壳虫敞篷跑车、陆虎 TF、奔驰 SLK、宝马 Z3/Z4、马自达和保时捷等都属于敞篷车。

（6）仓背乘用车

仓背乘用车的车身为封闭式，侧窗中柱可有可无；车顶（顶盖）为固定式，属于硬顶，有的顶盖一部分可以开启；座位为 4 个或 4 个以上，至少为 2 排，后座椅可折叠或移动，以形成装载空间；车门为 2 个或 4 个侧门，车身后部有一仓门。例如，大众高尔/高尔夫

/POLO、通用别克、富康、奥拓和本田飞度（两厢）等都属于仓背乘用车。

（7）旅行车

旅行车的车身为封闭式，车尾外形按可提供较大的内部空间设计；车顶（顶盖）为固定式，属于硬顶，有的顶盖一部分可以开启；座位有 4 个或 4 个以上，至少为 2 排，座椅的一排或多排可拆除，或装有向前翻倒的座椅靠背，以提供装载平台；车门为 2 个或 4 个侧门，并有 1 个后开启门；车窗为 4 个或 4 个以上侧窗。例如，大众桑塔纳 LX、宝马 Touting（3 系/5 系）、奥迪 Avant（A4/A6）和别克赛欧 SCX 等都属于旅行车。

（8）多用途乘用车

上述 7 种车辆以外，只有单一车室载运乘客及其行李或物品的乘用车称为多用途乘用车。例如，通用别克 GL8、奔驰 VIANO、大众途安、东南菱绅、起亚嘉华、本田奥德赛等都属于多用途乘用车。

如果这种车辆同时满足下列两个条件，则不属于乘用车而属于货车。

① 除驾驶人座位以外的座位数不超过 6 个。只要车辆具有可使用的座椅安装点，就应算做座位存在。

② $P-(M+N\times68)>N\times68$

式中，P 为最大设计总质量，单位为 kg；M 为整车整备质量与 1 位驾驶人质量之和，单位为 kg；N 为除驾驶人座位以外的座位数。

当车辆的实际总质量大于最大设计总质量 P 时，即可认为该车辆不属于乘用车，而属于货车。

（9）短头乘用车

短头乘用车也是乘用车的一种，其发动机长度一半以上的部分位于车辆前风窗玻璃最前点以后，并且转向盘的中心位于车辆总长的前 1/4 部分内。

（10）越野乘用车

越野乘用车是指在设计上所有车轮同时驱动（包括一个驱动轴可以脱开的车辆），或其几何特性（接地角、离去角、纵向通过角、最小离地间隙）、技术特性（驱动轴数、差速锁止机构或其他形式机构）及其性能（爬坡度）允许其在非道路条件下行驶的一种乘用车。例如，大切诺基、宝马 X3/X5、悍马 H2、三菱欧蓝德、本田 CR-V、路虎揽胜、长城皮卡和丰田皮卡等都属于越野乘用车。

（11）专用乘用车

专用乘用车是指运载乘员或物品并完成特定功能的乘用车，它具备完全特定功能所需的特殊车身和/或装备。例如，旅居车、防弹车、救护车、殡仪车等都属于专用乘用车。

普通乘用车、活顶乘用车、高级乘用车、小型乘用车、敞篷车和仓背乘用车这几种车型在新标准中属于俗称的"轿车"。

2）商用车

商用车是指在设计和特性上用于运送人员和货物的车辆，并且可以牵引挂车。商用车按照用途的不同分为客车、半挂牵引车和货车三大类，其详细分类如图 4-2 所示。

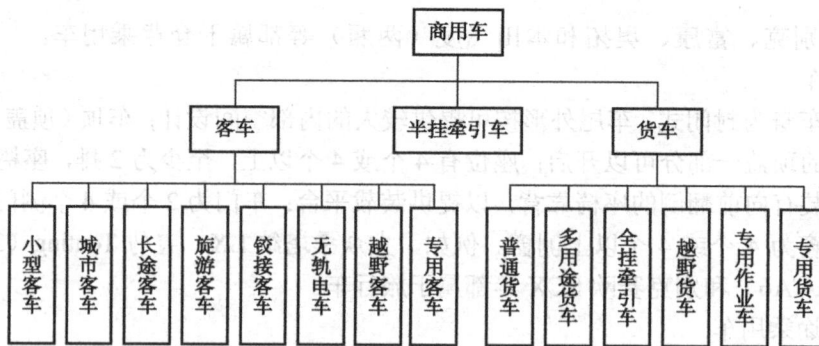

图4-2 商用车的分类

各类商用车的定义见表4-1。

表4-1 各类商用车的定义

分　类	定　义
客车	在设计和技术特性上用于载运乘客及其随身行李的商用车辆，包括驾驶人座位在内座位数超过9个。客车有单层的或双层的，也可牵引一个挂车
小型客车	用于载运乘客，除驾驶人座位外，座位数不超过16个的客车
城市客车	一种为城市内运输而设计和装备的客车。这种车辆设有座椅及站立乘客的位置，并有足够的空间供频繁停站时乘客上、下车走动用
长途客车	一种为城市间运输而设计和装备的客车。这种车辆未设有专供乘客站立的位置，但在其通道内可载运短途站立的乘客
旅游客车	一种为旅游而设计和装备的客车。这种车辆的布置要确保乘客的乘坐舒适性，不载运站立的乘客
铰接客车	一种由两节刚性车厢铰接组成的客车。这种车辆可以按照城市客车、长途客车和旅行客车的标准进行装备。在这种车辆上，两节车厢是相通的，乘客可通过铰接部分在两节车厢之间自由走动。两节刚性车厢永久连接，只有在工厂车间使用专用的设施才能将其拆开
无轨电车	一种经架线由电力驱动的客车。这种电车可有多种用途，并可以按照城市客车、长途客车和铰接客车的标准进行装备
越野客车	在设计上所有车轮同时驱动（包括一个驱动轴可以脱开的车辆），或其几何特征（接近角、离去角、纵向通过角、最小离地间隙）、技术特性（驱动轴数、差速锁止机构或其他形式机构）及其性能（爬坡度）允许其在非道路条件下行驶的一种客车
专用客车	在其设计和技术特性上须经特殊布置和安排后才能载运人员的车辆
半挂牵引车	装备有特殊装置用于牵引半挂车的商用车辆
货车	一种主要为载运货物而设计和装备的商用车辆，也可牵引一个挂车
普通货车	一种在敞开（平板式）或封闭（厢式）载货空间内载运货物的货车
多用途货车	在其设计和结构上主要用于载运货物，但在驾驶人座椅后带有固定或折叠式座椅，可运载3个以上乘客的货车
全挂牵引车	一种牵引杆式挂车的货车。它本身可在附属的载运平台上运载货物
越野货车	在设计上所有车轮同时驱动（包括一个驱动轴可以脱开的车辆），或其几何特性（接近角、离去角、纵向通过角、最小离地间隙）、技术特性（驱动轴数、差速锁止机构或其他形式的机构）及其性能（爬坡度）允许其在非道路条件下行驶的一种货车

续表

分　类	定　义
专用作业车	在其设计和技术特性上用于特殊工作的货车，如消防车、救险车、垃圾车、应急车、街道清洗车、扫雪车、清洁车等
专用货车	在其设计和技术特性上用于运输特殊物品的货车，如罐式车、乘用车运输车、集装箱运输车

2．按用途分类

（1）轿车

乘坐 1～5 人（包括驾驶人）的小型载客汽车称为轿车。

按照发动机排量的不同，轿车可分为 5 个等级。

① 微型轿车。微型轿车是指发动机排量不大于 1.0L 的轿车，如天津夏利、长安奥拓等。

② 普通轿车。普通轿车是指发动机排量为 1.0～1.6L 的轿车，如富康、捷达等。

③ 中级轿车。中级轿车是指发动机排量为 1.6～2.5L 的轿车，如上海桑塔纳、小红旗等。

④ 中高级轿车。中高级轿车是指发动机排量为 2.5～4.0L 的轿车，如大红旗、丰田皇冠等。

⑤ 高级轿车。高级轿车是指发动机排量在 4.0L 以上的轿车，如美国凯迪拉克等。

（2）客车

乘坐 6 人（不包括驾驶人）以上的载客汽车称为客车。

客车按照总长度的不同可分为表 4-2 中的类型。

表 4-2　客车类型

类型	微型客车	轻型客车	中型客车	大型客车	铰接式客车	双层客车
总长度（m）	≤3.5	3.5～7	7～10	10～12	>14	10～12

（3）载货汽车

载货汽车是指用于运载各种货物的车辆，在其驾驶室内可容纳 2～6 名乘员。

载货汽车按照其总质量的不同分为 4 个等级。

① 微型载货汽车。微型载货汽车的总质量小于 1.8t，如吉林 JL1010、长安 SC110、松花江 WJ110 等。

② 轻型载货汽车。轻型载货汽车的总质量为 1.8～6.0t，如跃进 NJ1061、江铃 JX1030DS 等。

③ 中型载货汽车。中型载货汽车的总质量为 6.0～14.0t，如解放 CA1091、东风 EQ1090 等。

④ 重型载货汽车。重型载货汽车的总质量大于 14.0t，如黄河 JN181C13、斯太尔重型货车等。

（4）专用（特种）汽车

专用（特种）汽车是指在汽车上安装了特殊设备进行特种作业的车辆。

① 专用轿车。检阅车、指挥车、婚庆专用车、运动车和由轿车改装的车辆属于专用轿车。

② 专用客车。囚车、监察车、抢险车、救护车等属于专用客车。

③ 专用载货车。自卸车和保温冷藏车等属于专用载货车。

④ 特种作业车。消防车、洒水车、油罐车、搅拌车等属于特种作业车。

（5）越野汽车

越野汽车是指（四轮）全轮驱动，主要用于在坏路或无路的条件下运载乘员或货物的汽车。

按总质量的不同，越野汽车可分为三种类型。

① 轻型越野汽车。轻型越野汽车的总质量小于 5t，如北京 BJ2020。

② 中型越野汽车。中型越野汽车的总质量为 5～13t，如东风 EQ2080。

③ 重型越野汽车。重型越野汽车的总质量大于 13t，如悍马重型越野汽车。

（6）工矿自卸汽车

工矿自卸汽车是指用于工地、矿区运输并能自卸的汽车。按照总质量的不同，工矿自卸汽车可分为三种类型。

① 轻型自卸汽车。轻型自卸汽车的总质量小于 6t。

② 中型自卸汽车。中型自卸汽车的总质量为 6～14t。

③ 重型自卸汽车。重型自卸汽车的总质量大于 14t。

（7）农用汽车

农用汽车是指用于农村运输、总质量在 1.0t 以下、$v_{max} \leq 50km/h$ 的车辆。

（8）牵引汽车和汽车列车

牵引汽车和汽车列车是指专用于牵引（拖拉）各种挂车的车辆。

3. 按发动机和驱动桥在汽车上的位置进行分类

按发动机和驱动桥在汽车上位置的不同，汽车可分为 5 种类型。、

（1）发动机前置后轮驱动方式

这种方式一般在中、高级轿车上使用得较多。它的优点有：前、后桥承载的负荷基本相同；动力性强，牵引力大；发动机操作及冷却简易；传动系统各机件独立，检修容易。它的缺点有：几个总成分开布置，占据空间较大，很难使汽车小型化；传动轴过长，不利于汽车的高速化。前置发动机后轮驱动型汽车如图 4-3 所示。

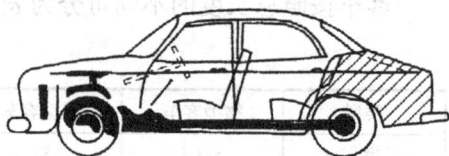

图 4-3　前置发动机后轮驱动型汽车

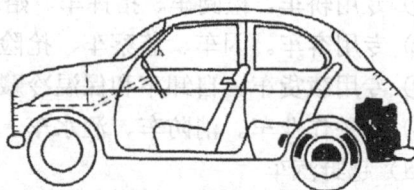

（2）发动机前置前轮驱动方式

这种方式一般在中、小型汽车上使用得较多。它的优点有：省去了传动轴，地板平坦，传动系统结构紧凑；地板降低，重心下降；行驶安全性较后轮驱动方式为佳。它的缺点有：前轮同时兼负转向和驱动的任务，使其构造趋于复杂化；上坡时重心后移，前桥负荷减轻，或在较滑的路面上前桥质量不够，都会造成牵引力不足；下坡时前桥负荷过重，因此采用这种传动方式的汽车不宜在上、下坡的山区使用。前置发动机前轮驱动型汽车，如图 4-4 所示。

（3）发动机后置后轮驱动方式

这种方式的车辆将发动机与驱动后轮的各机构装在一起。它的优点有：省去了传动轴，附着力大，牵引力也大；车身降低，地板下没有排气管，发动机废气、噪声不污染车厢；爬坡性能佳。它的缺点有：后桥负荷大，转弯易侧滑；操作系统太长；结构复杂，尤其是冷却系统；行李厢太小；调整检修较为困难。后置发动机后轮驱动型汽车，如图 4-5 所示。

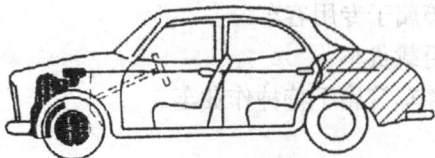

图 4-4　前置发动机前轮驱动型汽车　　　　图 4-5　后置发动机后轮驱动型汽车

（4）发动机前置全轮驱动方式

这种方式的优点有：前、后轮都有驱动力，牵引力大，通过性强，附着力大，稳定性好，车身和传动系统的钢板比轿车厚，安全系数高，适于越野。其缺点是重量大，节油性差。前置发动机全轮驱动型汽车，如图 4-6 所示。

（5）发动机中置后轮驱动方式

这种方式的车辆将其发动机安装在前、后车轴的中间。它的优点是前、后轮分配有相同的载荷，提高了转向能力；车身容积增加，可乘坐较多的乘员。它的缺点是调整和检修较为困难。中置发动机后轮驱动型汽车，如图 4-7 所示。

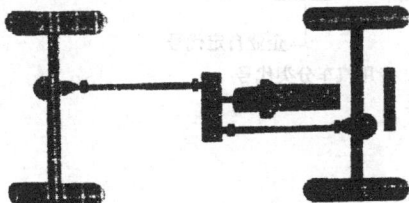

图 4-6　前置发动机全轮驱动型汽车　　图 4-7　中置发动机后轮驱动型汽车

4．国外汽车分类

（1）德系汽车分类标准

德国汽车分为 AOO、AO、A、B、C、D 等级别。其中 A 级（包括 AO、AOO 级）车指小型轿车，B 级车指中档轿车，C 级车指高档轿车，而 D 级车指豪华轿车。德系汽车的等级划分主要依据轴距、发动机排量、整车整备质量等参数。字母顺序越靠后，该级别车的轴距越长，发动机排量和整车整备质量越大，轿车的豪华程度也越高。

① AOO 级轿车。AOO 级轿车的轴距为 2～2.2m，发动机排量小于 1L。

② AO 级轿车。AO 级轿车的轴距为 2.2～2.3m，发动机排量为 1～1.3L。

③ A 级轿车。A 级轿车的轴距为 2.3～2.4m，发动机排量为 1.3～1.6L。

④ B 级轿车。B 级轿车的轴距为 2.45～2.6m，发动机排量为 1.6～2.4L。

⑤ C 级轿车。C 级轿车的轴距为 2.6～2.8m，发动机排量为 2.3～3.0L。

⑥ D 级豪华轿车。D 级豪华轿车大多外形气派，车内空间极为宽敞，发动机动力也非常强劲，其轴距一般均大于 2.8m，发动机排量基本都在 3.0L 以上。

（2）美系汽车分类标准

以通用汽车公司分类标准为例，该公司综合考虑了车型尺寸、排量、装备和售价之后，将轿车分为以下 6 级。

① Mini 级。Mini 级一般指 1.0L 以下轿车，相当于我国的微型轿车。

② Small 级。Small 级一般指 1.0～1.3L 轿车，相当于我国普通轿车级别的低端车型。

③ Low-med 级。Low-med 级一般指 1.3～1.6L 轿车，可以看出，国内所谓的中级车，更像是美国的 Low-med 级车。

④ Inter-med 级。Inter-med 级和德国 B 级的低端车型基本吻合。

⑤ Up-med 级。Up-med 级涵盖了德国 B 级轿车的高端车型和 C 级轿车的低端车型，在我国相当于近几年涌现最多、销售最快的奥迪、别克、雅阁等新型车。

⑥ Large/Lu 级。Large/Lu 级和国内的高级轿车相对应，涵盖了德国 C 级轿车的高端车型和 D 级轿车。

4.1.2　车辆识别代号与编号规则

1．汽车编号规则

为了在生产、管理、使用和维修中便于识别不同的国产汽车，我国对国产汽车规定了统一的型号编制规则，即国家标准 GB/T 9417—1988《汽车产品型号编制规则》[①]，该标准于 1988 年颁布并于 1989 年正式实施。

国产汽车基本型号由两位汉语拼音字母和 4～5 位数字组成，如图 4-8 所示。

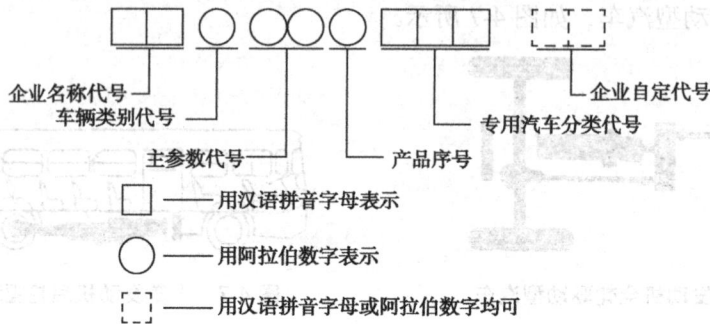

图 4-8　国产汽车基本型号

（1）企业名称代号

企业名称代号是产品型号的第一部分，用两位或三位汉语拼音字母表示，如 CA 表示第一汽车制造厂，EQ 表示第二汽车制造厂，BJ 表示北京汽车制造厂，TJ 表示天津汽车制造厂，SH 表示上海汽车制造厂等。

（2）车辆类别代号

车辆类别代号是产品型号的第二部分，用一位阿拉伯数字表示。各阿拉伯数字的含义如下。

1——表示载货汽车。

2——表示越野汽车。

3——表示自卸汽车。

4——表示牵引汽车。

5——表示专用汽车。

6——表示客车。

7——表示轿车。

8——表示半挂车及专用半挂车。

（3）主参数代号

各类汽车的主参数代号是产品型号的第三部分，用两位阿拉伯数字表示。

① 1～5 类及 8 类汽车以汽车的总质量（t）作为主参数代号；总质量在 100t 以上时，允许用三位主参数代号表示。

② 客车以汽车总长（m）作为主参数代号。

③ 轿车以发动机排量（L）作为主参数代号，精确到小数点后 1 位，以其值的 10 倍数表示。

[①] 该标准目前已废除，但未出台新的标准进行替换，本书以旧标准为准。

（4）产品序号

各类汽车的产品序号是产品型号的第四部分，用阿拉伯数字表示，从 0 开始依次使用，如 0 表示第一代产品，1 表示第二代产品等。

（5）企业自定代号

企业自定代号是产品型号的最后部分，可用汉语拼音字母或阿拉伯数字表示，位数由企业自定，在同一种汽车结构稍有变化而需要区别时采用，如汽油机与柴油机、单排座与双排座、长轴距与短轴距等。

普通汽车型号的构成，如图 4-9 所示。

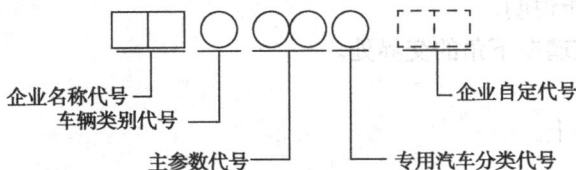

图 4-9 普通汽车型号的构成

示例 1：BJ1041。

BJ 表示生产企业名称为北京轻型车有限公司，第一个 1 表示汽车类型为载货汽车，后面的 04 表示主参数为总质量 4t，最后的 1 表示产品序号为 1。

示例 2：TJ6481。

TJ 表示生产企业名称为天津客车制造厂，第一个 6 表示汽车类型为客车，后面的 48 表示主参数为总长 4.8m，最后的 1 表示产品序号为 1。

示例 3：EQ1141。

EQ 表示生产企业名称为中国第二汽车制造厂，第一个 1 表示汽车类型为载货汽车，后面的 14 表示主参数为总质量 14t，最后的 1 表示产品序号为 1。

（6）专用汽车分类代号

专用汽车产品型号同前，只增加专用汽车分类代号，位于产品序号与企业自定代号之间，用反映车辆结构和用途特征的 3 个汉语拼音字母表示。车辆的结构特征代号具体含义如下。

X——厢式汽车。

T——特种结构汽车。

G——罐式汽车。

J——起重举升汽车。

Z——专用自卸车。

C——仓栅式汽车。

车辆的用途特征代号另行规定。

2. 车辆识别代号

车辆识别代号（Vehicle Identification Numbers，VIN），也称 17 位编码，是国际上通行的标识机动车辆的代码，是制造厂给每一辆车指定的一组字码，一车一码，具有法律效力，30 年内不会重号。

为了与国际标准接轨，我国于 1997 年 8 月 1 日颁布了国家标准 GB/T 16736—1997《道路

车辆 识别代号（VIN）内容与构成》，于 1999 年 1 月 1 日正式成为我国汽车生产的强制性标准，即在每一辆出厂的汽车上必须标有车辆识别代号。后将上述标准替换为 GB 16735—2004《道路车辆 车辆识别代号（VIN）》，于 2004 年 6 月 21 日发布，自同年 10 月 1 日起开始强制执行。有了车辆识别代号，就可以使用计算机对车辆进行检索管理，在处理交通事故和开展交通事故保险赔偿、破获被盗车辆等方面发挥重要作用。目前，采用这套车辆识别系统的国家已有 30 多个。

（1）车辆识别代号所在位置

车辆识别代号应位于易于看到并且能防止磨损或替换的部位，所选择的部位应在《用户手册》或此类出版物上给予说明。

① 仪表与前风窗玻璃左下角的交界处。

② 发动机前横梁上。

③ 左前门边或立柱上。

④ 驾驶人左腿前方。

⑤ 前排左座椅下部。

⑥ 前风窗玻璃下车身处等。

（2）车辆识别代号的组成

车辆识别代号是正确识别汽车必不可少的信息参数。通过车辆识别代号，人们可以识别汽车的产地、制造厂商、种类形式、品牌系列、装载质量、轴距、驱动方式、生产日期、出厂日期，车身及驾驶室的种类、结构、形式，发动机种类、型号及排量，变速器种类、型号，以及汽车生产出厂顺序号码等。

车辆识别代号的组成如图 4-10 所示。

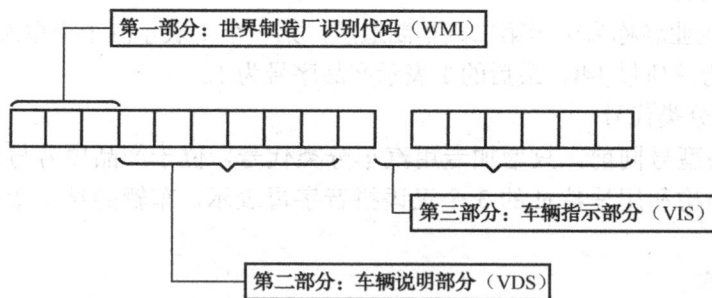

图 4-10　车辆识别代号的组成

① 世界制造厂识别代码（WMI）。

车辆识别代号的第一部分为世界制造厂识别代码（WMI），它由第 1～3 位字码组成，并由制造厂以外的组织预先指定，用于代表生产国、厂家、车型类别。

第 1 位字码代表生产国，为国际汽车厂通用，由 ISO 统一分配的亚洲地区代码为 J～R，中国定为 L。其他如：1——美国；2——加拿大；3——墨西哥；4——美国（钻石星）；J——日本；M——泰国；Z——意大利等。又如：JHM——日本本田技研；WDB——德国奔驰；LFV——中国一汽大众；WBA——德国宝马；KMH——韩国现代等。

第 2 位字码代表生产厂家，由 ISO 统一分配的中国代码为 0～9 和 A～Z，如 G——通用汽车公司等。

第 3 位字码代表车型类别，如 N——雪佛兰生产的多功能车。

② 车辆说明部分（VDS）。

车辆识别代号的第二部分为车辆说明部分（VDS），它由第 4～9 位字码组成，用以说明和反映车辆的一般特征，如品牌、种类、系列、车身类型、底盘类型、发动机类型、约束系统、制动系统和额定总质量等。

第 4～8 位这 5 个字码由各企业自行规定，但不允许空位或缺位。如有空位或缺位，则应由车辆制造厂填入选定的字母或数字占位。

车辆说明部分（VDS）的最后一位（即 VIN 的第 9 位字码）为检验位。检验位可为阿拉伯数字 0～9 中任一数字或 X，用以核对车辆识别代号记录的准确性，其计算方法参照标准附录 A 的规定。

③ 车辆指示部分（VIS）。

车辆识别代号的第三部分为车辆指示部分（VIS），它是车辆识别代号的最后部分，用来表示车辆的个性特征，由第 10～17 位 8 个字码组成。

第 10 位字码——年份代号。

第 11 位字码——装配厂代号。

第 12～17 位字码——出厂顺序号代码，即某年份某装配厂生产的产品顺序号。第 12 位为日历年的末位数字，如 1997 年第 12 位为 7，2008 年第 12 位为 8 等；第 13～17 位按照每个日历年的生产顺序从 00001 至 99999 依次编排。

车辆识别代号在解释时会遇到某一位字码的解释有多种选择的情况，这就要从其他字码的解释内容中进行比较分析，最终才能准确地确定该字码代表的实际内容。下面举例进行介绍。

● 示例 1：原中国北京吉普汽车有限公司（BJC）[①]汽车 VIN 如下所示。

L	E	4	E	J	6	8	W	A	V	5	7	0	0	3	2	1
(1)	(2)	(3)	(4)	(5)	(6)	(7)	(8)	(9)	(10)	(11)	(12)	(13)	(14)	(15)	(16)	(17)

第（1）位：生产地区代码。

由 ISO 统一分配的亚洲地区代码为 A～R，中国定为 L。

第（2）位：生产厂家代码。

由 ISO 统一分配的中国代码为 0～9 和 A～Z，BJC（原北京吉普汽车有限公司）使用 E。

第（3）位：生产厂被批准备案的车型类别代码。

N——BJ2020 和 BJ2022 系列。

4——BJ2021 系列。

第（4）位：厂定最大总质量分级代码。

D——1360kg。

E——1360～1814kg。

F——1815～2267kg。

J——3176～3628kg。

第（5）位：（按驱动车轮和转向盘位置的）车型种类代码。

J——4×4 左置转向盘。

[①] 北京吉普汽车有限公司（BJC）于 2005 年 8 月 8 日正式更名为北京奔驰·戴姆勒·克莱斯勒汽车有限公司（BBDC）。

T——4×2右置转向盘。

第（6）位：对BJ2020和BJ2022系列的装配类型代码。

1——装配线上装配。

2——非装配线上装配。

或者对BJ2021系列的车型系列代码。

2——经济型。

6——中档型。

7——高档型。

第（7）位：车身类型代码。

1——两门软顶。

2——两门玻璃钢硬顶。

3——两门金属硬顶。

6——4门软顶。

7——4门玻璃钢硬顶。

8——4门金属硬顶。

第（8）位：发动机类型代码。

A——2.2L四缸化油器式汽油机。

W——2.5L四缸化油器式汽油机。

H——2.5L四缸多点燃油喷射式汽油机。　.

D——2.7L四缸化油器式汽油机。

V——4L六缸多点燃油喷射式汽油机。

F——2.8 L柴油机。

第（9）位：（对BJ2020和BJ2022系列的）工厂检验代码。

以下是BJ2021系列的包装代码。

5——BJ2021E：普通4缸电喷切诺基。

A——BJ2021EL：4缸电喷长轴距切诺基。

6——BJ2021E6Y：普通6缸电喷切诺基。

B——BJ2021E6L：6缸电喷长轴距切诺基。

8——BJ7250：普通两轮驱动化油器发动机切诺基。

C——BJ7250L：两轮驱动化油器发动机长轴距切诺基。

9——BJ2021A6：普通自动变速6缸化油器发动机切诺基。

D——BJ2021A6L：自动变速6缸电喷长轴距切诺基。

0——BJ7250E：普通两轮驱动电喷切诺基。

Z——BJ7250EL：两轮驱动4缸电喷长轴距切诺基。

第（10）位：车辆年度型（年款）代码。

V——1997；W——1998；X——1999；Y——2000；1——2001；2——2002；3——2003；4——2004；5——2005；6——2006；7——2007；8——2008；9——2009；A——2010；B——2011；C——2012；D——2013等。

第（11）位：装配工厂代码。

5——BJC（北京吉普汽车有限公司）总装厂。

第（12）～（17）位：出厂顺序号代码。

第（12）位：日历年的末位数字，7——1997 年。

第（13）～（17）位：产品按顺序编号，该编号可由所在装配车间控制。

● 示例 2：美国通用公司轿车类的 VIN，如图 4-11 所示。

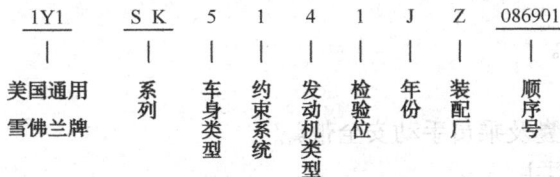

图 4-11 美国通用公司轿车类的 VIN

说明：美国通用雪佛兰牌 4 门轿车，配置有手动安全带，发动机排量为 1.6L，1998 年 Fremont 厂装配的第 86901 辆车。

● 示例 3：山西汽车工业集团有限责任公司汽车类的 VIN，如图 4-12 所示。

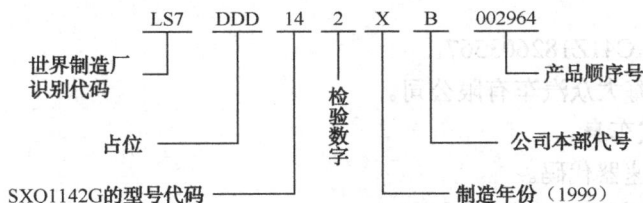

图 4-12 山西汽车工业集团有限责任公司汽车类的 VIN

说明：山西汽车工业集团有限责任公司本部 1999 年装配生产的第 2964 辆车，该车型号是 SXQ1142G。

● 示例 4：KMHJG32M7TU000001A。

K——韩国。

MH——现代汽车公司。

J——ELANTRA LANTRA。

G——双门 COUPE。

3——超豪华（GLS）。

2——载客轿车。

M——1.8L。

7——检验码。

T——1996 年款。

● 示例 5：JT8UF11E8L0009438。

J——日本。

T——丰田汽车公司。

8——载客轿车。

U——4.0V8。

F——LS400，UCF10 型。

1——LS400。

1——LS400/SC300。

E——4 门。

8——VIN 检验码。

L——1990 年款。

● 示例 6：1C3XL52T4PB243157。

1——美国。

C——克莱斯勒公司。

3——载人小汽车。

X——驾驶人安全气囊及乘员手动安全带。

L——CONCORDE 君主。

5——高级。

2——双门特硬顶。

T——1.8L990-93。

4——VIN 检验码。

P——1993 年款。

● 示例 7：LSVAC41Z182603567。

LSV——中国上海大众汽车有限公司。

A——4 门折背式车身。

C——发动机/变速器代码。

4——安全气囊（驾驶人和前排乘员）。

1Z——车辆等级代码。

1——校验码。

8——2008 年款。

最后需要说明两点：

① 在 VIN 中仅能采用的阿拉伯数字和大写的罗马字母为 0、1、2、3、4、5、6、7、8、9 和 A、B、C、D、E、F、G、H、J、K、L、M、N、P、R、S、T、U、V、W、X、Y、Z。I、O、Q 这 3 个字母不可以使用。

② VIN 中第 10 位字码代表年份，世界统一，详见表 4-3。

表 4-3　表示年份的字码

年份	代码	年份	代码	年份	代码	年份	代码
2001	1	2011	B	2021	M	2031	1
2002	2	2012	C	2022	N	2032	2
2003	3	2013	D	2023	P	2033	3
2004	4	2014	E	2024	R	2034	4
2005	5	2015	F	2025	S	2035	5
2006	6	2016	G	2026	T	2036	6
2007	7	2017	H	2027	V	2037	7
2008	8	2018	J	2028	W	2038	8
2009	9	2019	K	2029	X	2039	9
2010	A	2020	L	2030	Y	2040	A

任务二 汽车的主要技术参数

4.2.1 整车技术参数

1. 汽车主要尺寸参数

汽车的主要尺寸参数包括轴距、轮距、总长、总宽、总高、前悬、后悬、接近角、离去角和最小离地间隙等。

（1）轴距

轴距是指当汽车处于直线行驶位置时，同侧相邻两轴的车轮落地中心点到车辆纵向对称平面的两条垂线间的距离。

① 轿车的轴距与其类型、用途和总长有密切关系。微型及普通级轿车要求制造成本低、使用经济性好和机动灵活，因此该类车型应轻而短，故轴距应小一些；中、高级轿车对乘坐舒适性、行驶平顺性和操纵稳定性要求高，故轴距应大一些。轿车的轴距约为总长的54%~60%。

② 大客车的轴距范围一般为4~7.2m。总长为11~12m的城市大客车，其轴距多为5.5~6.3m；而总长在10m以内的大客车，其轴距多为4.5~5m。

（2）轮距

在支承平面上，同轴左、右车轮两轨迹中心间的距离称为轮距；当轴两端为双轮时，左、右两端双轨迹中线间的距离称为轮距。汽车的轮距必须与汽车的总宽相匹配，以减小滚动阻力，提高通过性。

表4-4给出了大客车及轿车轴距和轮距的选择范围，以供参考。

表4-4 大客车及轿车轴距和轮距的选择范围

车　型	类　别	轴距 L（m）	轮距 B（m）
大客车	城市大客车（单车）	4.50~5.00	1.74~2.05
	长途大客车（单车）	5.00~6.50	1.74~2.05
轿车	微型	1.65~2.40	1.10~1.27
	普通型	2.12~2.54	1.15~1.50
	中级	2.50~2.86	1.30~1.50
	中高级	2.85~3.40	1.40~1.58
	高级	3.40~3.90	1.56~1.62

（3）外廓尺寸

汽车的外廓尺寸包括总长、总宽和总高，这些尺寸应根据汽车的类型、用途、承载量、道路条件、结构选型与布置，以及有关标准、法规限制等因素来确定。在满足使用要求的前提下，应力求减小汽车的外廓尺寸，以减小汽车的质量，降低汽车的制造成本，提高汽车的动力性、经济性和机动性。

各国对公路运输车辆的外廓尺寸都有法规限制，以使其适应驶经公路、桥梁、涵洞和铁路运输的有关标准，保证行驶安全及交通畅通。我国对公路车辆的尺寸限制要求如下。

① 总高。总高是指车辆最高点与车辆支承平面之间的距离。车高应不大于4m。

② 总宽。总宽是指平行于车辆纵向对称平面并分别抵靠车辆两侧最外刚性固定突出部位

（除后视镜、侧面标志灯、方位灯、转向指示灯等）的两平面间的距离。

③ 总长。总长是指垂直于车辆纵向对称平面并分别抵靠在汽车前、后最外突出部位的两垂面间的距离。一般，大客车总长不大于 12m，总宽为 2.45~2.5m，总高为 2.9~3.1m。

（4）前悬

前悬是指当汽车处于直线行驶位置时，汽车前端刚性固定件的最前点到通过两前轮轴线的垂面间的距离。

（5）后悬

后悬是指当汽车处于直线行驶位置时，汽车后端刚性固定件的最后点到通过最后车轮轴线的垂面间的距离。

（6）接近角

接近角是指汽车前端突出点向前轮引的切线与地平面间的夹角 α（°）。

（7）离去角

离去角是指汽车后端突出点向后轮引的切线与地平面间的夹角 β（°）。

（8）最小离地间隙

最小离地间隙是指满载时，车辆支承平面与车辆最低点之间的距离。

2. 汽车质量参数

（1）整车整备质量

整车整备质量是指汽车经整备后在完备状态下的自身质量，具体是指汽车在加满燃料、润滑油、工作油液及发动机冷却液，并且装备（随车工具及备胎等）齐全后但未载客、货时的质量。

（2）汽车装载质量

轿车的装载质量即为载客量，是指轿车最多乘坐的人数，以座位数表示。微型和普通级轿车一般有 2~4 座；中级以上轿车多为 5 座，少数为 7 座。

（3）汽车的总质量

汽车的总质量是指已整备完好、装备齐全并按规定载满客、货时的汽车质量。

3. 转弯直径

转弯直径是指转弯时，外转向轮（转向盘转到极限位置）的中心平面在车辆支承平面上的轨迹圆直径。

4. 最高车速

最高车速是指汽车在平坦公路上行驶时能达到的最高速度（km/h）。

5. 最大爬坡度

最大爬坡度是指汽车满载时的最大爬坡能力 [（°）或%]。

6. 平均燃料消耗量

平均燃料消耗量是指汽车在公路上行驶时平均消耗的燃料量（L/100km）。

4.2.2 发动机技术参数

发动机的基本性能在很大程度上决定了整车的基本性能。发动机的基本性能可用发动机技术参数来评价。

发动机的主要技术指标包括有效转矩、最大转矩、最大功率、有效功率和耗油率等。

1. 有效转矩

有效转矩是指发动机通过飞轮向外输出的转矩，单位为 N·m。它表示发动机所能带动工作机械的阻力大小，但不表示做功的多少。

2. 有效功率

有效功率是指发动机通过飞轮输出的功率，单位为 kW。它表示发动机在单位时间内所做的功。

3. 最大转矩

最大转矩表示发动机能够克服最大阻力的能力，它是有效转矩的最大值。

4. 最大功率

最大功率表示发动机最大的工作能力，它是有效功率的最大值。

5. 耗油率

耗油率是指发动机发出 1kW 功率、运转 1h 所消耗的燃油量，单位为 g/（kW·h）。它是衡量发动机燃油经济性的重要指标，另外汽车燃油经济性也可用一定运行工况下汽车行驶 100km 的燃油消耗量或一定燃油量能使汽车行驶的里程来衡量。

4.2.3 汽车的主要性能指标

汽车的主要性能指标包括动力性、燃油经济性、制动性、操纵稳定性、行驶平顺性、排放污染物及噪声。

1. 汽车的动力性

（1）汽车的最高车速

汽车的最高车速是指在平直良好的路面（水泥混凝土路面和沥青混凝土路面）上汽车所能达到的最高行驶速度。

（2）汽车的加速能力

汽车的加速能力是指汽车在行驶中迅速增加行驶速度的能力。

（3）汽车的爬坡能力

汽车的爬坡能力是指汽车满载时在良好的路面上以前进挡的最低挡位行驶时所能爬行的最大坡度。

2. 汽车的燃油经济性

汽车的燃油经济性常用一定运行工况下汽车行驶 100km 的燃油消耗量或一定燃油量能使汽车行驶的里程来衡量。

3. 汽车的制动性

汽车的制动性主要从制动效能、制动抗热衰退性和制动时汽车的方向稳定性三个方面来评价。

（1）制动效能

制动效能是指汽车迅速降低行驶速度直至停车的能力。制动效能是制动性能最基本的评价指标，它用汽车在一定初速度下的制动距离、制动减速度和制动时间来评定。

（2）制动抗热衰退性

汽车的制动抗热衰退性是指汽车高速制动、短时间多次重复制动或下长坡连续制动时制动效能的热稳定性。

（3）制动时汽车的方向稳定性

制动时汽车的方向稳定性是指汽车在制动时按指定轨迹行驶（即不发生跑偏、侧滑或失去转向）的能力。

4. 汽车的操纵稳定性

汽车的操纵稳定性包含着互相联系的两部分内容：一个是操纵性，另一个是稳定性。操纵性是指汽车能够及时而准确地执行驾驶人的转向指令的能力；稳定性是指汽车受到外界扰动（路面扰动或突然阵风扰动）后，能自行尽快恢复正常行驶状态和方向而不发生失控以及抵抗倾覆、侧滑的能力。

5. 汽车的行驶平顺性

汽车的行驶平顺性是指汽车在行驶时，对路面不平度的隔振特性。

6. 汽车的排放污染物

汽车的排放污染物主要有三个来源：一是由发动机排气管排出的发动机燃烧废气，其主要成分是一氧化碳（CO）、碳氢化合物（HC）、氮氧化合物（NO_x）；二是曲轴箱排放物，它由发动机在压缩及燃烧过程中产生的未燃碳氢化合物经燃烧室漏向曲轴箱再排向大气而形成，主要成分是碳氢化合物；三是燃料蒸发排放物，它由发动机供油系统的化油器和燃油箱的燃料蒸发而形成。

近年来我国对轻型汽车、重型汽车、摩托车以及农用车相继发布了一系列新车排放标准，控制因素包括排气污染物、燃油蒸发、曲轴箱通风、排气可见污染物、烟度和噪声等。这些标准对于防止机动车空气污染起到了非常重要的作用。

7. 汽车的噪声

各种调查和测量结果表明，城市交通噪声是目前城市环境中最主要的噪声源。因此，在汽车设计和使用中，不仅要追求汽车的动力性和燃油经济性等性能，更要把噪声作为一个重要指标纳入考虑范围。

任务三　汽车构造

4.3.1　汽车总体构造

汽车通常由发动机、底盘、车身、电气设备四部分组成，轿车的基本构造如图 4-13 所示。

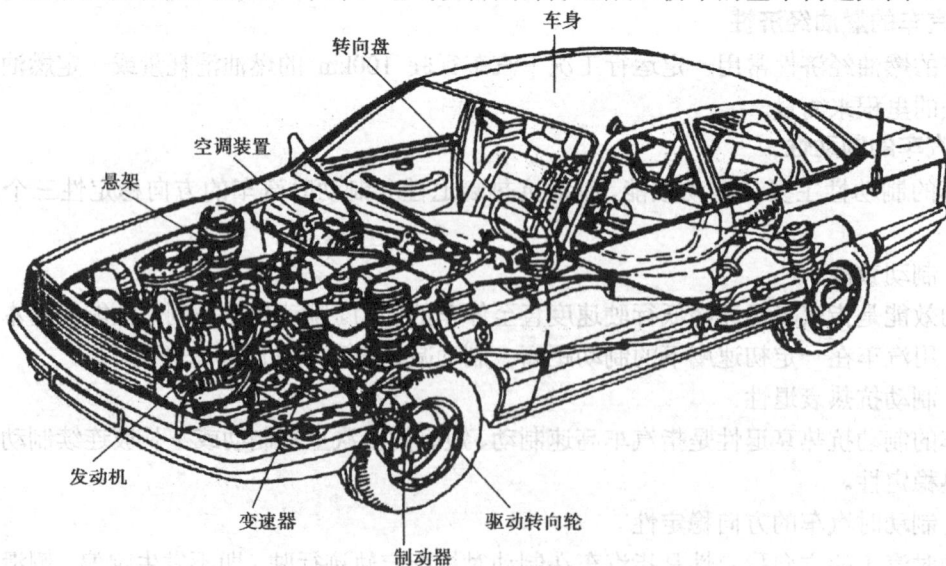

图 4-13　轿车的基本构造

4.3.2 发动机

发动机的作用是使进入其内部的燃料燃烧而发出动力，其燃料主要为柴油和汽油。大多数汽车都采用往复活塞式内燃机，它一般由曲柄连杆机构、配气机构、燃油供给系统、冷却系统、润滑系统、点火系统（汽油机使用）、起动系统等部分组成，桑塔纳2000GSi型轿车AJR型发动机如图4-14所示。

1. 曲柄连杆机构

① 功用：曲柄连杆机构是发动机实现能量转换的主要机构，它把燃气作用在活塞上的力转变为曲轴的转矩，以带动工作机械做功。

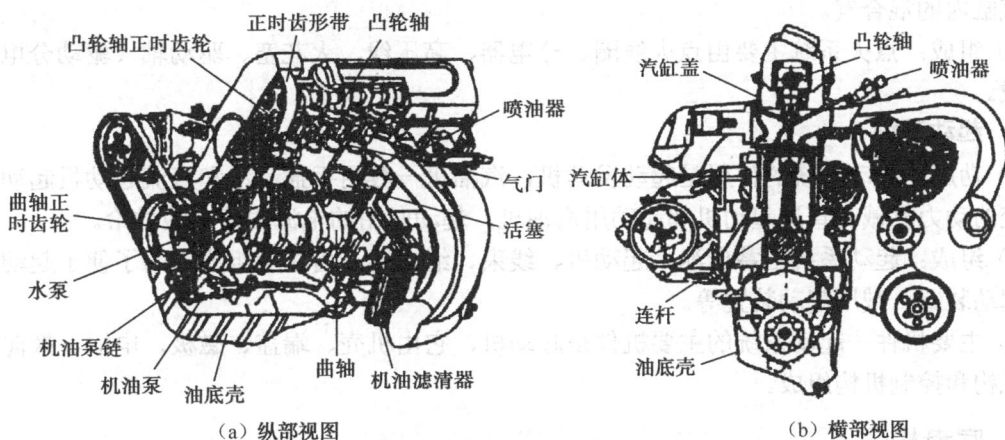

（a）纵部视图　　　　　　　　　　　　　（b）横部视图

图 4-14　桑塔纳 2000GSi 型轿车 AJR 型发动机

② 组成：曲柄连杆机构基本由汽缸体曲轴箱组、活塞连杆组和曲轴飞轮组三部分组成。

③ 主要机件：曲柄连杆机构的主要机件有活塞、连杆、曲轴、活塞环、轴瓦、缸体、飞轮等。

2. 配气机构

① 功用：配气机构的作用是按照汽缸中所进行的工作过程，适时地开闭进、排气门，完成换气过程。

② 组成：配气机构由气门组和气门传动组组成。

③ 主要机件：配气机构的主要机件有凸轮轴，进、排气门，摇臂机构，缸盖等。

3. 燃油供给系统

① 功用：发动机燃油供给系统的作用是根据发动机不同工况的需要，提供不同成分的可燃混合气分送至各汽缸，然后将燃烧后的废气集中导出汽缸，排入大气。

② 组成：燃油供给系统由汽油供给装置、空气供给装置、制备可燃混合气的装置，以及进、排气装置等组成。

③ 主要机件：燃油供给系统包括汽油泵、滤芯、管路、油箱、喷油器、燃油导轨等。

4. 冷却系统

① 功用：发动机正常工作时冷却液的温度在 80～90℃，冷却系统的作用就是保证发动机在最佳温度下工作。

② 组成：水冷却系统一般由水泵、散热器、百叶窗、风扇、配水管、节温器、冷却液温度表及感应器等组成。

③ 主要机件：冷却系统的主要机件有水泵、散热器、膨胀罐和节温器。

5. 润滑系统

① 功用：润滑系统的作用是向各运动零件表面提供润滑油，减少运动阻力和磨损，延长机件寿命。由于机油的循环流动，润滑系统还具有对摩擦面清洁、冷却和密封的作用。

② 组成：润滑系统由机油泵、机油滤清器、限压阀、机油散热器、机油压力表、油尺、管路等组成。

③ 主要机件：润滑系统的主要机件有机油泵、限压阀、机油滤清器和机油压力表。

6. 点火系统

① 功用：点火系统的作用是将蓄电池或发电机输出的低压电流，经点火线圈变为高压电流，通过分电器按照发动机各缸的点火顺序，在一定时间内轮流配送给各火花塞，产生跳火，点燃汽缸内的混合气。

② 组成：点火系统主要由点火线圈、分电器、高压线、火花塞、驱动轴（驱动分电器）等组成。

7. 起动系统

① 功用：起动系统的作用是起动发动机，汽油机一般用手摇起动和直流起动机起动。起动系统的动力机械有直流起动机和起动用汽油机，起动时用的电流由蓄电池供给。

② 组成：起动系统由蓄电池、起动机、线束、继电器、齿圈等组成，为了便于起动还有预热起动装置、减压起动装置等。

③ 主要机件：起动系统的主要机件是起动机，它由机壳、端盖、磁极、电枢、换向器、传动机构和控制机构组成。

4.3.3 底盘构造

底盘是汽车的基础，用来支撑车身，传递、承受发动机产生的动力，使汽车能够正常地行驶。底盘由下列部分组成。

1. 传动系统

传动系统基本由离合器、变速器、万向节、传动轴、驱动桥、主减速器、差速器、半轴等总成组成。它将发动机的动力平稳、可靠地传给驱动车轮，使汽车前进或后退；根据汽车行驶的道路（坡道、路面等级）、交通流量、车辆载荷以及行驶速度等要求，按照驾驶人的操作，改变汽车行驶速度和驱动力。

2. 转向系统

转向系统由转向器和万向传动装置等组成。它的作用是改变汽车行驶的方向和保持汽车稳定地直线行驶。

3. 行驶系统

行驶系统由车架、车桥、车轮和悬架等组成。行驶系统的作用有：承受汽车的总质量；承受并传递作用在车轮和路面间的力和力矩；缓和不平路面对汽车的冲击；减小汽车行驶时的振动，保证汽车行驶的稳定性。

4. 制动系统

制动系统的作用是使行驶中的汽车减速甚至停车，使下坡时的车速保持稳定，以及在坡道上驻车时使已停驶的汽车保持不动。制动系统由产生制动作用的制动器和操纵制动器的传动机构组成。一般汽车制动系统包括两套独立的制动装置：一套是驾驶人用脚踏操纵的脚制动装置，主要用于汽车行驶中控制车速和保证安全行车；另一套是驾驶人用手拉操纵的驻车制动装置，主要用于停车后防止汽车滑溜。

4.3.4 车身构造

1. 作用

汽车车身是驾驶人的工作场所，也是容纳乘员和货物的场所，它不仅要满足乘坐舒适性和安全性，还要做到外形精致，给人以美的感受。

2. 车身结构及其类型

（1）按车身承受负荷的方式分类

车身结构可分为非承载式、承载式和半承载式三种类型。

① 非承载式车身又称车架式车身，是车身本体悬置在车架上的车身结构形式。车身本体悬置时用弹性元件进行连接，基本上不承受行驶时道路对汽车的外加载荷。大客车、货车多采用非承载式车身。

② 承载式车身又称无车架式车身，是车身和车架共同组成车身本体的刚性空间结构，承受全部载荷，轿车多采用这种结构形式。

③ 半承载式车身又称底架承载车身，车身本体与底架用焊接或螺栓进行刚性连接，使车身与底架成为一体而承受载荷。

（2）按用途分类

车身可分为货车车身、轿车车身和客车车身三种类型。

① 货车车身由驾驶室和车厢两部分组成，属于非承载式车身。

② 轿车车身一般由车前、车底、侧围、顶盖和后围等部分组成，属于承载式车身，如图4-15～图4-20所示。

③ 目前客车车身均采用骨架式结构的厢式车身，车身本体由车身骨架和车身蒙皮等构件组成。客车车身按部位的不同分为前围、后围、侧围、顶盖及地板等部分。

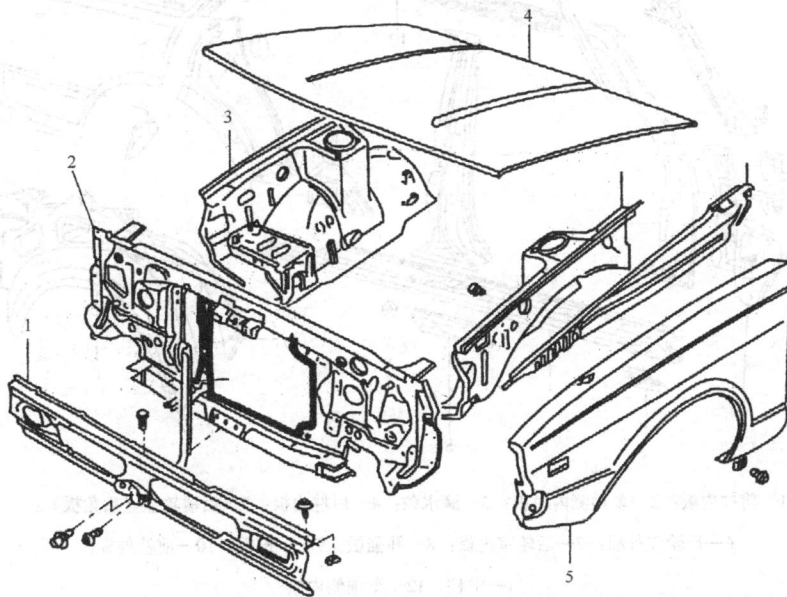

1—前护板；2—散热器固定板；3—发动机盖座；4—发动机盖；5—前覆轮盖

图 4-15　前部车身的构成零件

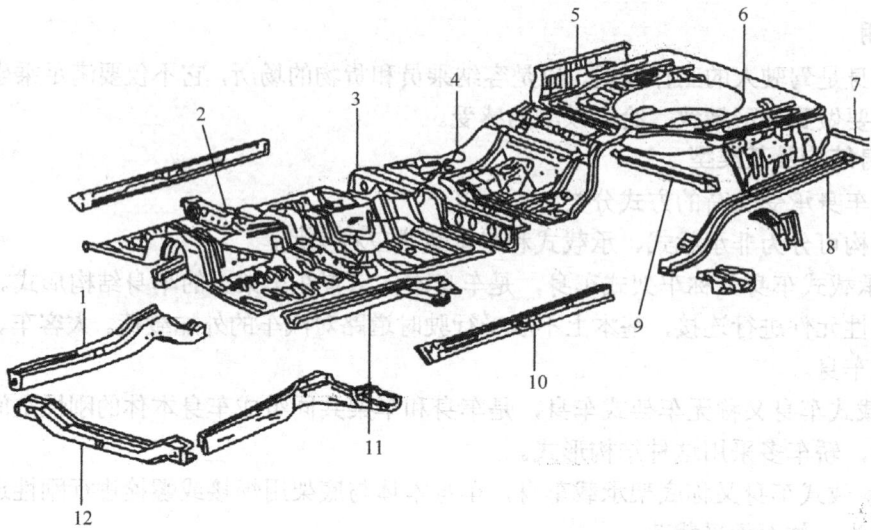

1—前侧梁；2—前底板；3—中底板（前）；4—中底板（后）；5—后侧板；6—后底板；7—后底板横梁；

8—后侧梁；9—后底板侧梁；10—侧梁护板；11—中段侧梁；12—前横梁

图 4-16 车身底板的构成零件

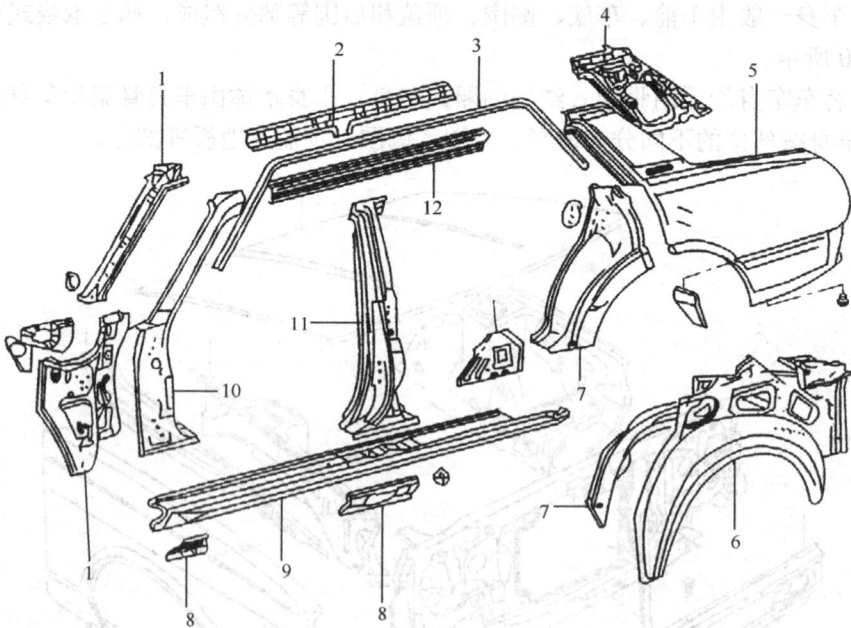

1—前柱内板；2—车顶侧内衬板；3—滴水条；4—后柱内板；5—后覆轮盖（后角板）；

6—后轮室外板；7—后轮室内板；8—补强板；9—下护板；10—前柱外板；

11—中柱；12—车顶侧内板

图 4-17 侧车身的构成零件

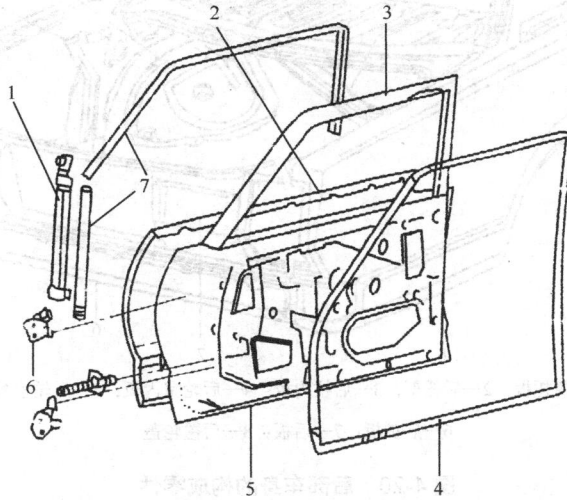

1—玻璃框；2—车门外板；3—车门骨架；4—防水橡胶条；5—车门内板；6—铰链；7—玻璃槽

图 4-18 车门的构成零件

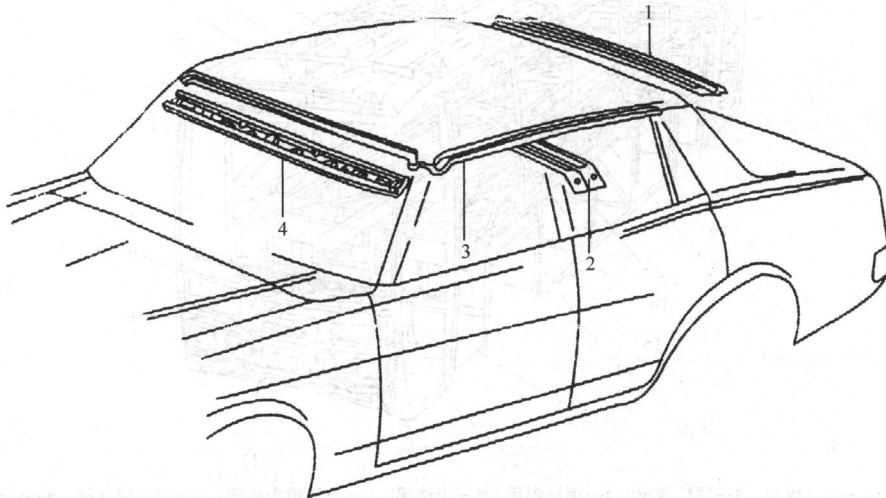

1—车顶后部骨架；2—车顶加肋板；3—车顶板；4—车顶前部骨架

图 4-19 车顶部分的构成零件

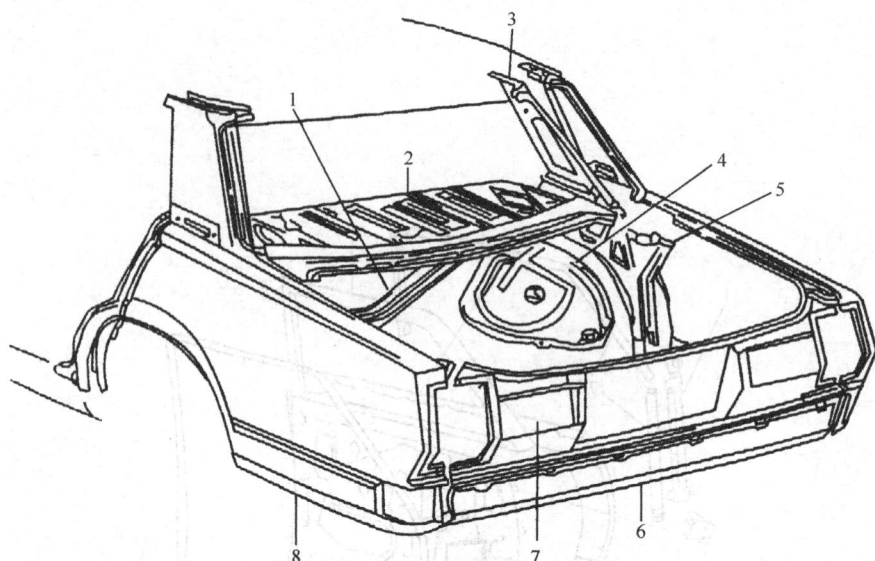

1—后座椅托板；2—后托架；3—后柱内板；4—后轮室内板；5—后轮室外板；

6—后护板；7—后板；8—后覆轮盖

图 4-20 后部车身的构成零件

如图 4-21 所示为客车车身骨架结构示意图，图 4-22 为各种车门形式，图 4-23 为车门及其附件，图 4-24 为气动折叠式车门示意图。

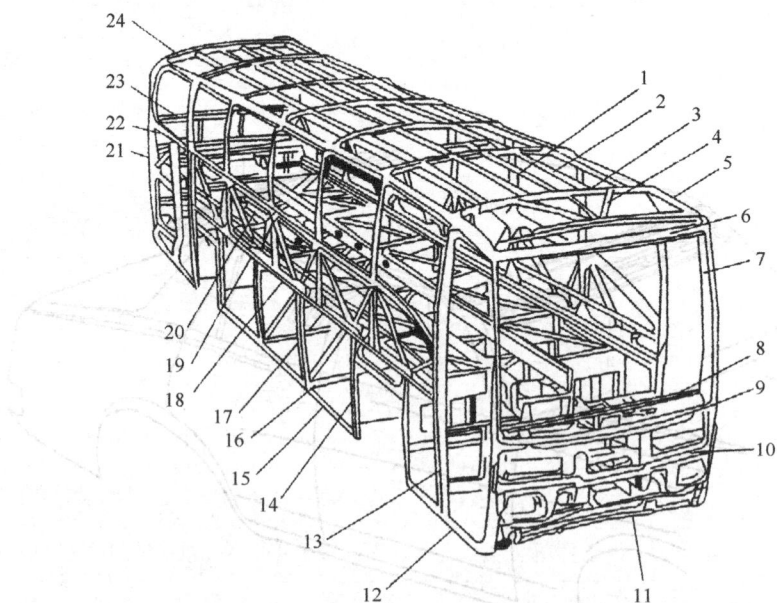

1—侧窗立柱；2—顶杆纵梁；3—顶杆横梁；4—顶杆斜撑；5—上边梁；6—前风窗上横梁；7—前风窗立柱；8—仪表板横梁；

9—前风窗下横梁；10—前围掬梁；11—底架纵格栅；12—门槛；13—门立柱；14—裙立柱；15—侧围裙边梁；

16—底架横格栅；17—斜撑；18—侧围掬梁；19—角板；20—腰梁；21—后围立柱；22—后围加强横梁；

23—后风窗下横梁；24—后风窗上横梁

图 4-21 客车车身骨架结构示意图

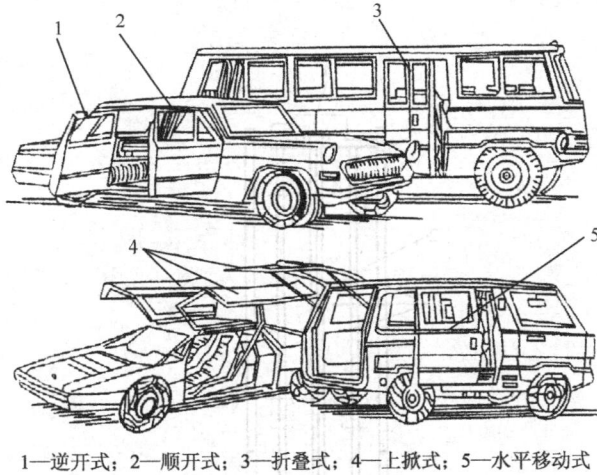

1—逆开式；2—顺开式；3—折叠式；4—上掀式；5—水平移动式

图 4-22　车门形式

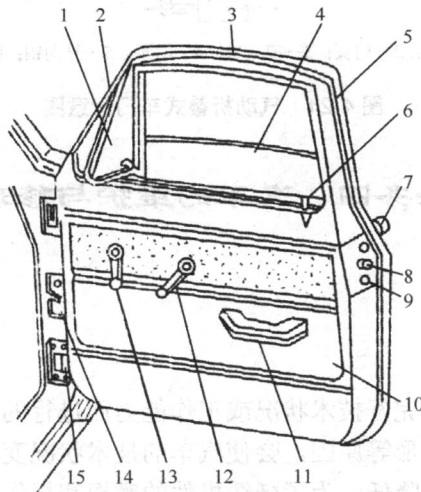

1—三角通风窗；2—门内框；3—门外框；4—升降玻璃；5—密封条；6—内部锁止按钮；7—门锁外手柄；8—门锁；

9—定位榫舌；10—门内框覆饰；11—扶手；12—门锁内手柄；13—玻璃升降器手柄；14—车门开度限位器；

15—门铰链

图 4-23　车门及其附件

3. 车身附件

凡在车身中具有独立功能并成为一个总成的机构都可称为车身附件。车身附件按其功能的不同可分为四类。

第一类：提供行驶安全性的车身附件，如风窗刮水器、风窗洗涤器、后视镜、门锁、行李厢锁、除霜器、玻璃升降器、安全带等。

第二类：提供舒适性的车身附件，如空调装置、暖风装置、冷气装置、座椅、头枕、脚蹬、扶手等。

第三类：提供娱乐性的车身附件，如无线电收录音机、杆式天线、电视机、立体音响装置等。

第四类：提供方便性的车身附件，如点烟器、烟灰盒、无线电话机、小型电冰箱等。

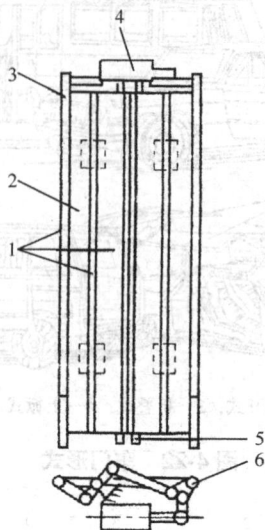

1—密封条；2—门页；3—前立轴；4—门泵；5—导向销；6—后立轴

图4-24 气动折叠式车门示意图

任务四 汽车的维护与修理

4.4.1 汽车维护

1. 目的

汽车维护是为了维持汽车完好技术状况或工作能力而进行的作业。汽车在使用过程中，由于各零部件的磨损、损伤和变形等原因，会使汽车的技术状况变坏，导致汽车的动力性下降，燃油经济性变差，安全可靠性降低。为了延缓机件的磨损和损伤，延长汽车的大修间隔里程，降低运输成本，保证行车安全，应根据各零部件的客观磨损规律，制订和实施汽车维护制度，对各零部件定时、定期地进行清洁、润滑、检查、调整和修理作业。

实践证明，对汽车进行预防性的各种维护作业，是延长机件使用寿命、防止早期损坏的行之有效的方法。

2. 分类

车辆的维护可分为日常维护、一级维护、二级维护三类。

3. 各类维护的作业范围

（1）日常维护

日常维护是日常性作业，由驾驶人负责执行，其作业中心内容是清洁、补给和安全检视。

（2）一级维护

一级维护由专业维修工负责执行，间隔里程周期一般为1000～2000km，其作业中心内容除完成日常维护作业外，以清洗、润滑、紧固为主，并检查有关制动、操纵等安全部件。按规定力矩紧固汽车外露部分螺栓和螺母，按各厂牌车辆润滑表加注润滑油（脂），检查各总成的润滑油面，清洗各滤清器，以维持汽车的完好技术状况和工作能力，改善汽车的运行条件，确保行车安全。

（3）二级维护

二级维护由专业维修工负责执行，间隔里程周期一般为 10 000～15 000km，其作业中心内容除完成一级维护作业外，以检查、调整为主，并拆检轮胎，进行轮胎换位。在检查中，应通过维护作业前的不解体检测来确定车辆的附加修理项目，结合小修或总成大修对有故障的总成进行解体、清洁、润滑、检查和调整等作业，以达到改善润滑条件、减少机件磨损的目的，保证汽车的技术状况良好，防止事故发生。

4. 维护的要求

（1）基本精神

车辆维护应贯彻预防为主、强制维护的原则，保持车容整洁，及时发现和消除故障隐患，防止车辆早期损坏。

（2）维护前的规定

车辆二级维护前应进行检测、诊断和技术评定，根据结果确定附加作业或小修项目，这些项目与二级维护一并进行。

（3）维护要求

车辆的维护必须遵照交通运输管理部门规定的行驶里程或间隔时间，按期强制执行。各级维护作业项目和周期，必须根据车辆结构、性能、使用条件、故障规律、配件质量及经济效果等情况综合考虑。随着运行条件的变化，新工艺、以及新技术的采用，维护项目和周期经交通运输管理部门同意后可及时进行调整。

4.4.2 汽车修理

1. 目的

汽车修理的目的是及时排除故障，恢复车辆技术性能，节约运行消耗，延长汽车的使用寿命。

2. 分类

汽车修理可按照修理对象及作业深度的不同分为汽车大修、总成大修、汽车小修和零件修理四类。

3. 各类修理的作业范围

（1）汽车大修

汽车大修是指新车或经过大修后的车辆，在行驶一定里程（或时间）后，经过检测、诊断和技术鉴定，用维修或更换车辆任何零部件的方法，恢复车辆的完好技术状况，完全或接近完全恢复车辆使用寿命的恢复性维修。

（2）总成大修

总成大修是指车辆的总成经过一定使用里程（或时间）后，用维修或更换总成任何零部件（包括基础件）的方法，恢复其完好技术状况和使用寿命的恢复性维修。

（3）汽车小修

汽车小修是指用维修或更换个别零件的方法，保证或恢复车辆工作能力的运行性维修，它主要是为了消除车辆在运行过程或维护作业过程中，发生或发现的故障或隐患。

（4）零件修理

零件修理是指对因磨损、变形、损伤等而不能继续使用的零件进行维修。

4. 汽车维修制度

《汽车运输业车辆技术管理规定》中指出：车辆维修应贯彻视情修理的原则，即根据车辆检测、诊断和技术鉴定的结果，视情按不同作业范围和深度进行，既要防止拖延修理造成车况恶化，又要防止提前维修造成浪费；车辆维修必须根据国家和交通部发布的有关规定和维修技术标准进行，以确保维修质量。

4.4.3 汽车维修主要工种特点

汽车维修主要工种有汽车维修工（汽车发动机维修工和汽车底盘维修工）、汽车维修电工、汽车维修钣金工和汽车维修漆工。

1. 汽车维修工

汽车维修工主要是指从事汽车发动机、底盘的维护、修理和调试工作的工种，它包括了汽车维护和修理的最重要的工作。汽车维修工的工作为汽车主要的技术状况和安全性提供保障，具有极其重要的作用。

汽车维修工应当熟悉汽车发动机、底盘的结构和工作原理及其修理标准和工艺规程，能正确使用维修设备、机具、仪表，独立完成汽车维护作业和总成修理作业，排除汽车故障。

随着汽车新技术的快速发展、电控装置的广泛使用，在汽车某些系统（如电子控制燃油喷射系统、自动变速器）中，机械装置和电子装置相互交融，相互作用，使汽车维修工与汽车维修电工的界限越来越模糊。因此，尽快掌握现代汽车维修技术，是我国汽车维修工的一项艰巨而迫在眉睫的任务。

2. 汽车维修电工

电气设备是汽车的四大组成部分之一，如果把发动机比作内脏，底盘比作骨骼，车身比作皮肉，那么电气设备就是神经。

汽车电气设备主要有蓄电池、点火系统、灯光信号线路、辅助电器等。汽车上的辅助电器最早只有电喇叭，目前逐步发展到电子仪表、电动刮水器、电热除霜器、电洗窗机、电动门窗玻璃升降机、吸烟点火器、电动门锁、暖风机、电风扇和车用空气调节器（冷风）、带预选电台的收音机和带调频波段的立体声收音机（高级的有磁带自动翻面、计算机选曲功能）、电动伸缩天线、电动调节后视镜，有的还装有车用彩电、高级 CD 机、VCD 机等。

随着汽车技术的高速发展，计算机技术在汽车上的应用越来越广泛，越来越多的进口和国产轿车安装了汽油机电子喷射系统、防抱死制动系统（ABS）、安全气囊系统（SRS）、自动变速器控制系统（ECT）、巡航控制系统等。

汽车如果发生了电气、电路故障，一般由汽车维修电工进行修理作业。汽车维修电工是从事汽车电气设备的维护、修理和调试的工种。一个熟练的汽车维修电工，须具备汽车电气理论和电子学知识，掌握汽车电气装置的结构和工作原理，有汽车电气、线路故障的判断和修理能力。另外，高新技术在现代轿车上的应用对汽车维修电工又提出了新的要求。

3. 汽车维修钣金工

汽车在使用过程中，由于磨损、撞击或使用维护不当，往往会造成部分金属构件（如散热器罩、翼子板、驾驶室、排气管、车身、发动机罩、脚踏板、挡泥板和消声器等）歪扭、断裂、锈蚀等损伤，尤其是由于汽车交通事故而损坏的车辆。在汽车维修过程中，钣金工的任务就是通过修补、整形和更新，恢复汽车损伤部分的尺寸、形状和使用性能。汽车维修钣金工是汽车修理作业中一个不可缺少的组成部分，同其他工种配合，共同完成汽车修理作业。

汽车维修钣金工在汽车维修中占有重要的位置,如驾驶室、客车车身的修理作业,不仅工作量大,而且质量要求高,这些零部件的修理质量将在一定程度上影响汽车使用寿命和使用性能,将关系到驾驶人的劳动条件和安全生产,关系到汽车的外观质量,钣金工的修理作业直接关系到整个维修作业的效果。为此,要求钣金工应当具有较高的操作技能以满足汽车修理工作的需要。

一个熟练的汽车维修钣金工应当兼有冲压工、铆工、焊工的技能。很多制件的维修,往往不能由钣金工独立完成,还需要经过机械加工、热处理等工序才能完成修理作业。因此,作为一个合格的钣金工,不仅要熟练掌握本工种的技术理论和操作技能,而且必须对相关工种的作业范围、工作内容和操作特点有所了解。目前,在现代轿车的修理中使用了先进的自动化车身修复整形设备,这对钣金工的素质又提出了更高的要求。

为了适应修理工作的需要,一个熟练的钣金工还需要对汽车各金属构件的特点、性能及工作条件有足够的了解,因为汽车各金属构件根据其用途的不同具有不同的要求。如汽车覆盖件,为满足密封的要求,其外形轮廓尺寸要求严格;为使其外形精致美观,还应力求做到表面光滑平整。因此,只有了解各金属构件的不同作用和要求,才能选择合理的工艺手段,保质、保量地完成修理任务。

4. 汽车维修漆工

汽车维修漆工是指在汽车维修中从事汽车车身、车架和总成件的涂装工作的工种。

汽车是人们熟悉的交通工具,它主要由金属制成,而且大部分是钢铁。钢铁本身的耐蚀性很差,容易被空气中的氧和其他介质所腐蚀;另外,汽车长年累月行驶在自然环境中,受到日晒雨淋、风沙、冰雪、严寒、酷暑等多变环境条件的影响,再加上行驶中经常接触化学药品(如酸、碱、盐等腐蚀性介质),更容易使金属锈蚀、腐烂。为了保护汽车基体不受腐蚀,通常使用相应的涂料来保护汽车上的各种材料,在其表面形成一层保护层,起到一种屏蔽作用,将基体与外界的腐蚀性介质隔开,从而延长材料的使用寿命。

同时,汽车本身也是一件工业艺术品,它不但要造型美观,而且要装饰漂亮。在保护汽车不受腐蚀的基础上对汽车表面进行装饰美化,还能起到美化环境、调节人们精神面貌的作用。因此,汽车车容装饰美观也成为汽车产品的一项技术指标,被当做车辆年检中技术要求项目之一。汽车的装饰性涂装必须具有品种齐全、颜色丰富、色彩鲜艳的特点,以满足各种汽车的装饰要求。汽车高级装饰性的涂装,要求涂装外观光滑平整、花纹清晰、光亮如镜,光泽度不低于90%;中级装饰性的涂装,要求涂装外观光滑平整、花纹清晰,允许有轻微"橘皮",光泽度不低于80%。不同类型的汽车、不同的部位对涂装的要求也是各不相同,各有侧重。例如,轿车车身对涂料的装饰性、耐久性、保护性、保光性要求很高;而载货汽车车身对涂漆的装饰性、耐久性、保护性的要求就比较全面;对汽车底盘的涂装,则主要要求耐久、耐化学腐蚀及防锈;对油箱内壁的涂装,则要求能经受汽油的长期浸泡,涂料的耐汽油性是主要考虑的因素。

因施工对象的不同,对涂装的工艺要求也会有所不同。对要求不高的漆工作业,如载货汽车车厢小面积补漆,可采用刷涂法;对要求较高或施工面积较大的漆工作业,通常采用喷涂法。喷涂工艺一般需要经过清理表面、涂刷防锈漆、刮涂腻子、打磨腻子、喷底漆、喷漆前准备、喷面漆、最后清理等工序;对于中、高档汽车的喷漆作业,还需要在烤漆房中进行烤漆。

4.4.4 汽车修理的基本方法和作业方式

1. 汽车修理的基本方法

(1)就车修理法

就车修理法是指在汽车修理过程中,从车上拆下的总成、组合件及零件等,凡能修复的仍全部装回原车，不进行互换。采用这种修理法，由于各个总成、组合件和零件的修理装配所需的时间不同，经常影响汽车总装的连续性，不能及时完成总装工作，拖延汽车出厂时间，因此会影响运输运力的周转。但对于产量不大、承修车型种类较多的修理企业，一般采用就车修理法比较合适。

就车修理法的大修工艺过程，如图 4-25 所示。

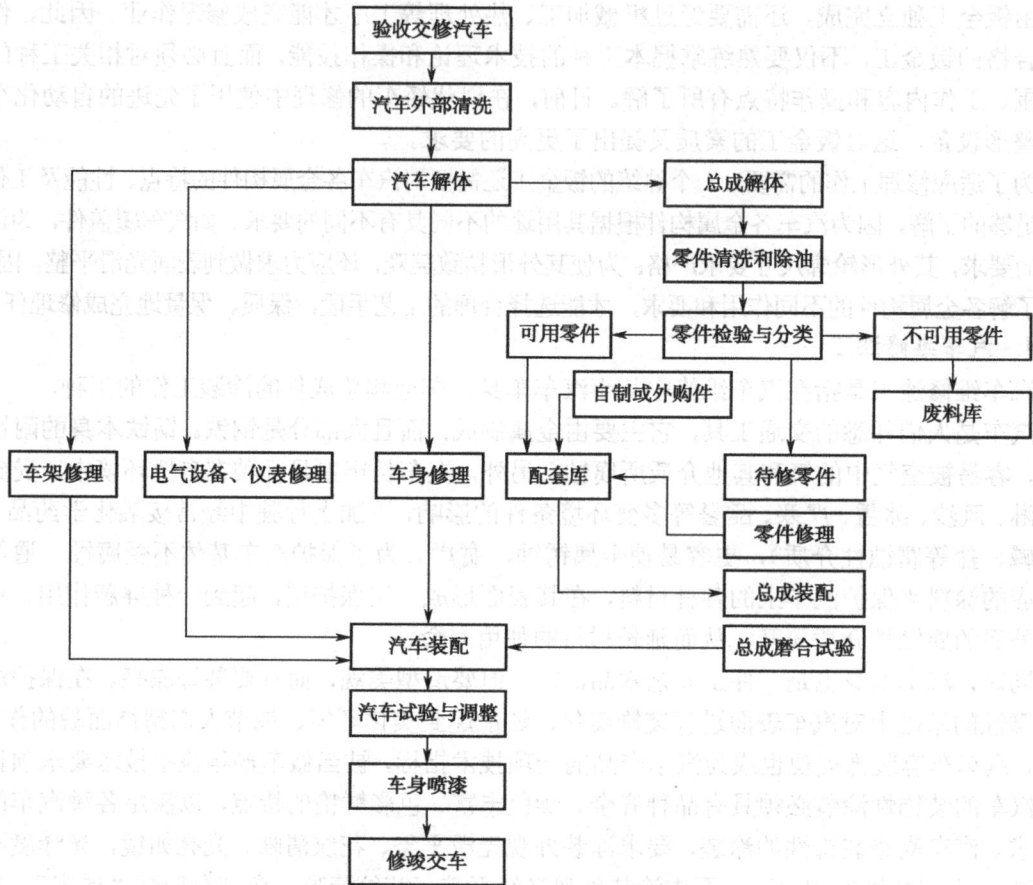

图 4-25　就车修理法的大修工艺过程

（2）总成互换修理法

总成互换修理法是指汽车在修理过程中，除车架和车身外，其他总成、组合件及零件都可以换装备用库已经修好的备用品。

这种修理法由于利用了备用的总成、组合件及零件，在汽车进厂后，主要是进行换装、调整、检查及试车等工作，可以组织适当的流水作业，大大缩短了汽车停厂修理的时间。此外，由于对预先修理备用的总成、组合件及零件的结构形式要求不宜太多，因此修理工艺可以适当地定型，从而可以安排较细的专业分工，以提高生产的质量与数量。

总成互换修理法具有很大的优越性，是今后发展的方向，但仍存在一些问题，如需要一定数量的备用周转总成，要求承修车型的种类少，生产量要大，工艺要完善。

采用总成互换修理法时，大修工艺过程如图 4-26 所示。汽车大修时将验收并经外部清洗的汽车拆成总成，修理汽车的车架，然后用备用总成库的周转总成、组合件及零件装配成汽车，而拆下的总成经拆分、检查和分类修理后，进行总成装配和试验，合格的修竣总成交备用总成库，以备其他车辆修理时使用。

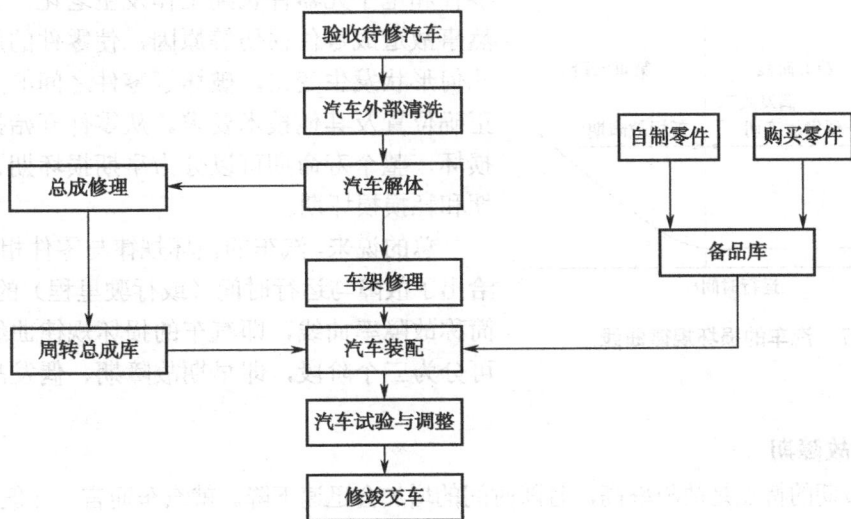

图 4-26 总成互换修理法的大修工艺过程

2. 汽车修理的作业方式

汽车修理的作业方式一般分为定位作业法和流水作业法。

（1）定位作业法

定位作业法是指将汽车的拆散和装配作业固定在一定工作位置（即车架不移动位置）来完成，而拆散后的修理作业，则仍分散在各专业工组进行。

这种作业法的优点是占地面积小，所需设备简单，拆装作业不受连续性限制，生产的调度和调整比较方便；其缺点是总成或笨重零件需要来回搬运，修理工劳动强度大。该法一般适用于规模不大或承修车型种类较复杂的修理厂。

（2）流水作业法

流水作业法是指将汽车的拆散和装配作业沿着流水线顺序，分别在各个专业工组或工位上逐步完成全部拆装和修理作业。对于不能在流水线上完成的作业，必须分散在各专业工组进行时，应设法配合流水作业连续性的要求，避免出现过多窝工现象。

任务五 汽车零配件的专业知识

4.5.1 汽车零件的耗损规律

一辆汽车由成千上万个零件组成，例如，东风 EQ1019 型载货汽车初期产品有 34 个系统、130 个总成、404 个部件和 6000 多个零件。结构复杂的汽车，其零部件要超过万件。

对零件有材料、尺寸精度、几何精度或表面质量等要求，对部件、总成有配合特性、位置误差或技术特性等要求。这样，汽车才能具有规定的使用性能。

汽车在使用过程中，由于相对运动零件间的磨损，有害物对零件的腐蚀，零件因长期承受交变载荷作用而产生疲劳，零件在外载荷、温度、残余内应力作用下发生变形，橡胶等非金属零件和电子元器件长期工作发生老化，使用中因偶然事故造成零件损伤等原因，使零件的原有尺寸、几何形状发生变化，破坏了零件之间的配合特性、正确位置及其他技术要求。从零件开始投入使用到损坏，整个寿命期可以分为早期损坏期、随机损坏期和耗损损坏期。

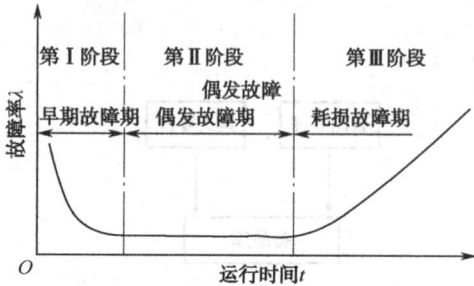

图 4-27 汽车的损坏规律曲线

总的说来，汽车的损坏规律与零件相似。图 4-27 给出了故障与运行时间（或行驶里程）的关系曲线，简称故障率曲线，即汽车的损坏规律曲线。该曲线可分为三个阶段，即早期故障期、偶发故障期和耗损故障期。

1. 早期故障期

早期故障期的特点是故障率高，且随时间的增加会迅速下降。就汽车而言，一般是由设计、制造或修理质量不良引起的。例如，新车或大修车在刚投入使用时，有一个走合过程，在此过程中，某些设计、制造及装配上的缺陷就会暴露出来，一般该时期的故障与零配件的使用寿命无关。

2. 偶发故障期

偶发故障是由设计不合理、材料缺陷等偶然因素引起的。偶发故障期是汽车的正常工作期，汽车使用性能保持在正常水平，该时期的故障率低而且稳定，其长短标志着汽车的有效寿命。因此，应采取各种措施来维持汽车在这一时期内正常运行。

3. 耗损故障期

耗损故障期是汽车使用的后期，在此期间某些零部件已经出现老化耗损，故障率随时间增加迅速上升。耗损故障的出现将使汽车丧失使用性能，所以为延长汽车的使用寿命，在耗损故障期到来之前应及时进行维修。

4.5.2 汽车配件分类

汽车配件是汽车零部件、汽车标准件和汽车材料三种产品的统称。

1. 汽车零部件

汽车零部件的常用分类方法有两种：按照性能分类和按照统一规定的配（备）件目录分类。

（1）按性能分类

① 易耗件。易耗件是指在汽车大修间隔里程中，对汽车进行维护作业、大修或中修时，经常损坏而导致消耗量大的零部件。

② 标准件。标准件是指按照国家标准设计和制造，并具有通用互换性的零部件。

③ 车身覆盖件。车身覆盖件是指使乘员及部分重要总成不受外界环境的干扰，并具有一定的气动力学特征的构成汽车表面的板件。

④ 保安件。保安件是指汽车上不易损坏的零部件。

（2）按照统一规定的配（备）件目录分类

① 零件。零件是指汽车的基本制造单元，是不可再拆卸的整体，如活塞、气门、行星齿轮、万向节、保险杠护罩、保险杠支架等。

② 合件。合件是指由两个或两个以上的零件组装,起到单一零件作用的组合体,如带盖的连杆、成对的轴瓦、带气门导管的缸盖等。合件常以其主要零件命名,如带盖的连杆命名为连杆。

③ 组合件。组合件是指由几个零件或合件组装,但不能单独完成某一机构作用的组合体,如离合器压板及离合器盖、变速器等。有时也将组合件称为半总成。

④ 总成体。总成体是指由若干零件、合件、组合件装成一体,能单独起到某一机构作用的组合体,如发动机总成、离合器总成、变速器总成、前桥总成、后桥总成等。

⑤ 车身覆盖件。车身覆盖件是指通常由冷轧钢板经冲压、点焊形成,主要起到分割车身空间作用的零部件,如发动机罩、行李厢罩、前翼子板、车门等。

⑥ 车身结构件。现代汽车中的乘用车大多采用承载式车身,其车身中梁、柱及部分挡板是保证汽车定位尺寸的结构件,称为车身结构件,通常用高强度钢板制成。由于车身结构件的材料物理化学性能与车身覆盖件有较大差异,所以必须注意不可混淆。

2. 汽车标准件

按照国家标准设计和制造,对同一种零件统一形状、尺寸及技术要求,能在各种机器和设备上通用,并具有互换性的零件称为标准件,如螺栓、垫圈、键、销、标准轴承等。其中,适用于汽车的标准件称为汽车标准件。

3. 汽车材料

汽车材料是指汽车运行材料,如各种油料、冷却液、制冷剂、轮胎、蓄电池等。汽车标准件和汽车材料大多由非汽车生产企业生产,供汽车行业使用,它们通常不编入各车型相应的配(备)件目录,其中汽车材料还常被称为汽车的横向产品。

4.5.3 汽车配件编号规则

1. 国产汽车配件编号规则

国家汽车工业联合会于 1999 年 1 月 1 日颁布实施的 QC/T 265—1999《汽车产品零部件编号规则》目前已替换为 QC/T 265—2004《汽车零部件编号规则》,该标准于 2004 年 8 月 1 日正式实施,对汽车零部件编号进行了统一规定,具体方法如下。

（1）汽车零部件编号

汽车零部件编号由企业名称代号、组号、分组号、源码、零部件顺序号和变更代号组成,如图 4-28 所示。

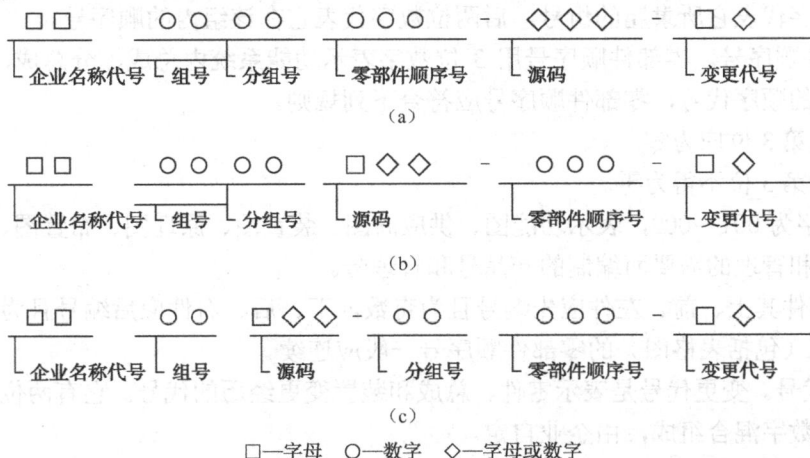

图 4-28 汽车零部件编号的组成

零件变化不大，或总成通过增加或减少某些零部件构成新的零件和总成后，在不影响其分类和功能的情况下，其编号一般在原编号的基础上仅改变源码。

（2）汽车组合模块编号

汽车组合模块编号由企业名称代号、组合功能码、零件顺序号、源码、变更代号组成，如图 4-29 所示。

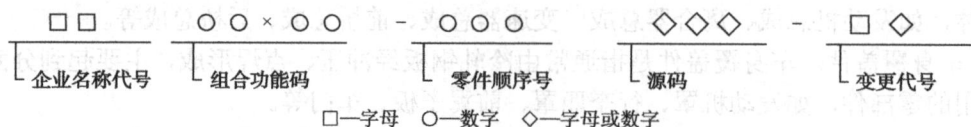

□—字母 ○—数字 ◇—字母或数字

图 4-29 汽车组合模块编号的组成

汽车组合模块组合功能码由组号组成，前两位组号描述模块的主要功能特征，后两位组号描述模块的辅助功能特征。例如，10×16 表示发动机带离合器组合模块，17×35 表示变速器带手动制动器组合模块。

2. 关于国产汽车配件编号规则的说明

（1）标准的主题内容及适用范围

① 规定了各类汽车和半挂车的总成和装置及零件编号的基本规则和方法。

② 适用于各类汽车和半挂车的零件、总成和总成装置图的编号，但不包括专用汽车和专用半挂车的专用装置部分的零件、总成和装置的编号及汽车标准件和轴承的编号。

（2）标准编号组成部分的含义

① 企业名称代号。当汽车零部件图样使用涉及知识产权或产品研发过程中需要标注企业名称代号时，可在最前面标注经有关部门批准的企业名称代号。一般在企业内部使用时，允许省略。企业名称代号由两位或 3 位字母表示。

② 源码。源码用 3 位字母、数字或字母与数字混合表示，由企业自定。

● 描述设计来源。专指设计管理部门或设计系列代码，由 3 位数字组成。

● 描述车型中的构成。专指车型代号或车型系列代号，由 3 位字母与数字混合组成。

● 描述产品系列。专指大总成系列代号，由 3 位字母组成。

③ 组号。组号用两位数字表示汽车各功能系统的分类代号，按顺序排列。

④ 分组号。分组号用 4 位数字表示汽车各功能系统内分系统的分类顺序代号，按顺序排列，前两位数字代表它所隶属的组号，后两位数字代表它在该组内的顺序号。

⑤ 零部件顺序号。零部件顺序号用 3 位数字表示功能系统内总成、分总成、子总成、单元体、零件等的顺序代号，零部件顺序号应符合下列规则。

● 总成的第 3 位应为零。

● 零件的第 3 位不得为零。

● 3 位数字为 001～009，表示功能图、供应商图、装置图、原理图、布置图、系统图等为了技术、制造和管理的需要而编制的产品号和管理号。

● 对称零件其上、前、左件应先编号且为奇数，下、后、右件应后编号且为偶数。

● 共用图（包括表格图）的零部件顺序号一般应连续。

⑥ 变更代号。变更代号是表示零件、总成和装置变更经历的代号。它有两位，可由字母、数字或字母与数字混合组成，由企业自定。

（3）汽车零部件编号中组号和分组号的编制

国产汽车零部件编号共有 64 个组号、1028 个分组号。其分组情况如下。

① 组 10。组 10 表示发动机，共 28 个分组，分组号为 1000～1030（不包括 1027～1029）。

② 组 11。组 11 表示供给系统，共 50 个分组，分组号为 1100～1156（不包括 1013、1014、1135、1137、1138、1139、1155）。

③ 组 12。组 12 表示排气系统，共 10 个分组，分组号为 1200～1209。

④ 组 13。组 13 表示冷却系统，共 15 个分组，分组号为 1300～1314。

⑤ 组 15。组 15 表示自动变速器，共 9 个分组，分组号为 1500～1508。

⑥ 组 16。组 16 表示离合器，共 10 个分组，分组号为 1600～1609。

⑦ 组 17。组 17 表示变速器，共 15 个分组，分组号为 1700～1722（不包括 1713～1719）。

⑧ 组 18。组 18 表示分动器，共 8 个分组，分组号为 1800～1807。

⑨ 组 20。组 20 表示超速器，共 5 个分组，分组号为 2000～2004。

⑩ 组 21。组 21 表示电动汽车驱动系统，共 38 个分组，分组号为 2100～2151（不包括 2112～2119、2125、2130、2135、2140、2145、2150）。

⑪ 组 22。组 22 表示传动轴，共 14 个分组，分组号为 2100～2241（不包括 2213～2240）。

⑫ 组 23。组 23 表示前桥，共 12 个分组，分组号为 2300～2311。

⑬ 组 24。组 24 表示后桥，共 10 个分组，分组号为 2400～2409。

⑭ 组 25。组 25 表示中桥，共 11 个分组，分组号为 2500～2513（不包括 2504、2508、2509）。

⑮ 组 27。组 27 表示支撑连接装置，共 19 个分组，分组号为 2700～2741（不包括 2708～2719、2726、2727、2729、2732～2739）。

⑯ 组 28。组 28 表示车架，共 11 个分组，分组号为 2800～2810。

⑰ 组 29。组 29 表示悬架，共 35 个分组，分组号为 2900～2965（不包括 2907、2910、2927～2929、2931～2934、2936～2939、2943、2944、2946～2949、2951～2954、2956～2959、2961～2964）。

⑱ 组 30。组 30 表示前轴，共 5 个分组，分组号为 3000、3001、3003、3010、3011。

⑲ 组 31。组 31 表示车轮及轮毂，共 12 个分组，分组号为 3100～3107、3109、3117、3112、3113。

⑳ 组 32。组 32 表示前轴，共 4 个分组，分组号为 3200～3203。

㉑ 组 33。组 33 表示后轴，共 3 个分组，分组号为 3300、3301、3303。

㉒ 组 34。组 34 表示转向系统，共 16 个分组，分组号为 3400～3409、3411～3413。

㉓ 组 35。组 35 表示制动系统，共 45 个分组，分组号为 3500～3568（不包括 3503、3528、3531、3532、3535～3539、3542～3547、3552～3554、3557～3560、3563、3564、3566）。

㉔ 组 36。组 36 表示电子设备，共 27 个分组，分组号为 3600～3607、3610～3616、3621、3623、3624、3629～3631、3634～3636、3658、3665、3682。

㉕ 组 37。组 37 表示电气设备，共 68 个分组，分组号为 3700～3710、3719、3721～3723、3725、3728、3730、3735～3737，3740～3755、3757～3759、3761、3763～3770、3774～3792。

㉖ 组 38。组 38 表示仪器仪表，共 33 个分组，分组号为 3800～3872（不包括 3805、3817、3821、3823、3829～3831、3835～3839、3851、3852、3854～3864、3866～3870）。

㉗ 组 39。组 39 表示随车工具及组件，共 24 个分组，分组号为 3900～3926（不包括 3802、3906、3925）。

㉘ 组 40。组 40 表示电线束，共 14 个分组，分组号为 4000～4018（不包括 4005、4007～

4009、4015）。

㉙ 组 41。组 41 表示汽车灯具，共 30 个分组，分组号为 4100～4136（不包括 4105、4110、4115、4120、4125、4130、4132）。

㉚ 组 42。组 42 表示特种设备，共 18 个分组，分组号为 4200～4260（不包括 4204、4206、4208、4213～4220、4226～4239、4241～4249、4251～4259）。

㉛ 组 43。组 43 表示绞盘，共 10 个分组，分组号为 4500～4509。

㉜ 组 50。组 50 表示车身，共 9 个分组，分组号为 5000～5014（不包括 5003、5007～5009、5013）。

㉝ 组 51。组 51 表示车身地板，共 27 个分组，分组号为 5100～5174（不包括 5103～5106、5113～5119、5125～5129、5137～5139、5141～5149、5151～5159、5161～5171）。

㉞ 组 52。组 52 表示风窗，共 8 个分组，分组号为 5200～5207。

㉟ 组 53。组 53 表示前围，共 9 个分组，分组号为 5300～5315（不包括 5307～5309、5311～5314）。

㊱ 组 54。组 54 表示侧围，共 10 个分组，分组号为 5400～5411（不包括 5407、5408）。

㊲ 组 55。组 55 表示车身装饰件，共 27 个分组，分组号为 5500～5532（不包括 5505、5510、5515、5520、5525、5530）。

㊳ 组 56。组 56 表示后围，共 13 个分组，分组号为 5600～5614（不包括 5607、5609）。

㊴ 组 57。组 57 表示顶盖，共 9 个分组，分组号为 5700～5713（不包括 5705～5708、5712）。

㊵ 组 58。组 58 表示乘员安全约束装置，共 18 个分组，分组号为 5800～5834（不包括 5802～5809、5815～5819、5827～5829）。

㊶ 组 59。组 59 表示客车舱体与舱门，共 13 个分组，分组号为 5901～5920（不包括 5905、5906、5911～5914、5917）。

㊷ 组 60。组 60 表示车篷及侧围，共 6 个分组，分组号为 6000～6005。

㊸ 组 61。组 61 表示前侧围车门，共 13 个分组，分组号为 6100～6112。

㊹ 组 62。组 62 表示后侧围车门，共 13 个分组，分组号为 6200～6212。

㊺ 组 63。组 63 表示后车门，共 13 个分组，分组号为 6300～6312。

㊻ 组 64。组 64 表示驾驶人车门，共 10 个分组，分组号为 6400～6409。

㊼ 组 65。组 65 表示安全门，共 7 个分组，分组号为 6600～6608（不包括 6603、6604）。

㊽ 组 67。组 67 表示中侧面车门总成，共 13 个分组，分组号为 6700～6712。

㊾ 组 68。组 68 表示驾驶人座，共 10 个分组，分组号为 6800～6809。

㊿ 组 69。组 69 表示前座，共 10 个分组，分组号为 6900～6930（不包括 6909～6929）。

(51) 组 70。组 70 表示后座，共 9 个分组，分组号为 7000～7008。

(52) 组 71。组 71 表示乘客单人座，共 10 个分组，分组号为 7100～7109。

(53) 组 72。组 72 表示乘客双人座，共 10 个分组，分组号为 7200～7209。

(54) 组 73。组 73 表示乘客三人座，共 9 个分组，分组号为 7300～7308。

(55) 组 74。组 74 表示乘客多人座，共 9 个分组，分组号为 7400～7408。

(56) 组 75。组 75 表示折合座，共 8 个分组，分组号为 7500～7507。

(57) 组 76。组 76 表示卧铺，共 11 个分组，分组号为 7600～7611（不包括 7610）。

(58) 组 78。组 78 表示中间隔墙，共 6 个分组，分组号为 7800～7805。

(59) 组 79。组 79 表示车用信息通信与声像设备，共 19 个分组，分组号为 7900～7930（不包括 7909、7915、7916、7918～7920、7923、7924、7926～7929）。

⑩ 组 81。组 81 表示空气调节系统，共 23 个分组，分组号为 8100～8123（不包括 8120）。

⑪ 组 82。组 82 表示附件，共 31 个分组，分组号为 8200～8240（不包括 8210～8211、8216、8217、8229、8236～8239）。

⑫ 组 84。组 84 表示车前、后钣金件，共 6 个分组，分组号为 8400～8405。

⑬ 组 85。组 85 表示车厢，共 14 个分组，分组号为 8500～8516（不包括 8510、8512、8513）。

⑭ 组 86。组 86 表示车厢倾斜机构，共 16 个分组，分组号为 8600～8617（不包括 8609、8612）。

3. 奥迪汽车配件编号规则

国外各大品牌汽车的配件编号都不尽相同，没有严格的规律可循，现简单介绍奥迪汽车配件编号规则。

奥迪汽车配件编号一般由 10 位阿拉伯数字和英文字母组成，如图 4-30 所示。

图 4-30 奥迪汽车配件编号

例如，C3100 前翼子板的编号为 443821105（左侧），443821106（右侧）。

主组 1——发动机。

主组 2——油箱、油管、排气系统、制冷系统。

主组 3——变速器。

主组 4——前轴、差速器、转向器。

主组 5——后桥。

主组 6——车轮、制动系统。

主组 7——手操纵系统、脚踏板系统。

主组 8——车身。

主组 9——电气。

主组 0——附件。

大众汽车配件编号与其几乎相同。

4. 日产汽车配件编号规则

① 日产汽车配件编号一般由 10 位阿拉伯数字或英文字母组成，如图 4-31 所示。

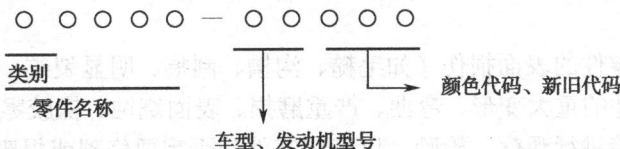

图 4-31 日产汽车配件编号

② 日产汽车配件分组代码见表 4-5。

表4-5　日产汽车配件分组代码表

序号	代码	分组名称		序号	代码	分组名称	
1	—	发动机部分			62		前杠
2	26	灯具		6	—	前幅	中网
	27	冷气			63		叶子板
	—	电气			65		头盖
3	31、32	油箱		7	78	后幅	后叶子板
	37	传动系统			801、802		前、后门
	38	半轴		8	84	中部、尾部	后盖
4、5	40、44	底盘	前、后轮		85		后杠
	54、55		前、后悬架	9	—	气囊+其他附件	
	49	转向系统					

4.5.4　汽车配件质量鉴别方法

1. 假冒配件的鉴别方法

假冒配件大多是一些三无产品，有的是从旧车报废件上拆下来的，以次充好。例如，有的车灯卡子是用再生塑料制作而成的，用手轻轻一掰就坏；有的制动用油含有大量水分；有的部件是经过翻新处理的旧件。假冒配件不只限于易耗件，就连对汽车性能和安全有重要影响的零部件，诸如制动蹄片、离合器、转向拉杆等也有假冒的。假冒配件的可靠性差，使用寿命短，安全系数低，危害性极大。

识别假冒配件应掌握的原则如下。

① 看标识。选择配件时一定要看包装上的商标、厂址、等级和防伪标识是否真实，许多假冒配件为手工作坊制成，无厂名、厂址、合格证等标识。

② 看中文说明。许多假冒配件都没有中文说明，包装上的外文语法不通，甚至写错单词，很容易看出漏洞。

③ 看配件质量。假冒配件在做工上粗制滥造，加工工艺简单，偷工减料，有的甚至改变内部结构，造成安全隐患。

④ 看价格。假冒配件在材料生产、税收等方面成本较低，因而其价格较正品便宜，有的与正品价格悬殊巨大，人们在日常消费中经常运用的"便宜没好货"的价格指导原则指的就是这种情况。

2. 几种简单的鉴别汽车配件质量的方法

（1）目视法

目视法是指对于零件的表面损伤（如毛糙、沟槽、刮痕、明显裂纹、剥落、折断、缺口或洞孔等损伤）以及零件的重大变形、弯曲、严重磨损、表面烧蚀、橡胶零件材料变质等，可以通过眼看或借助放大镜进行观察、检验，以确定零件是否需要修理或报废的方法。

（2）敲击法

① 在判定车上部分壳体及盘形零件是否有不明显的裂纹，用铆钉连接的零件有无松动，轴承合金与钢片的接合情况时，可用小锤轻轻敲击并听其响声。如果发出的金属声音清脆，则说明零件的状况良好；如果发出的声音沙哑，则可以判定零件有裂纹、松动或接合不良。

② 浸油锤击是一种探测零件隐蔽裂纹的最简便的方法。检验时，先将零件浸入煤油或柴油中片刻，取出后将零件表面擦干，撒上一层白粉（滑石粉或石灰），然后用小锤轻轻敲击零件的非工作面。如果零件有裂纹，则可通过振动使浸入裂纹的油渍溢出，此时裂纹处的白粉呈现黄色浅迹，由此便可看出裂纹所在。

（3）比较法

用标准零件与被检验的零件做比较，从对比中鉴别被检验零件的技术状况。

4.5.5 配件的修复与更换原则

1. 修复原则

修复原则是指在使用中引起变形的零件，经过修复能完全恢复其功能，应继续使用。

2. 更换原则

更换原则是指当损伤的配件已无修复价值，或者修复费用近于新件价格时，就应考虑更换新件。

3. 通用与互换原则

汽车在保养和修理过程中，经常需要更换零部件。对于某一种零件，其中任何一个在装配时都可以互相调换，而不需要补充加工和修配就能达到汽车所要求的质量，满足使用要求。零件具有的这种性质称为互换性。

一般情况下，同一汽车生产厂家生产的同一系列车型上的许多零部件都通用。许多不同厂家生产的同类汽车上，有很多零部件具有互换性，如一汽大众捷达轿车和上海大众桑塔纳轿车发动机的活塞、活塞环、汽缸垫、前制动盘等零部件就可互换。

在汽车配件通用互换时应注意以下 5 点。

① 某一零件具有互换性的条件是零件的材料、结构形状、尺寸及尺寸公差等级、表面粗糙度、几何公差、物理机械性能（热膨胀系数、强度、硬度等）及其他技术条件都相同。

② 同一系列车型的主要零部件，特别是易耗件，通常具有互换性，如活塞销等许多零件可以互换。

③ 个别零件虽然材料、结构形状有所差异，但仍具有互换性，如解放 CA10B 汽车发动机活塞，就有正圆活塞和椭圆活塞两种，它们的结构形状虽有差别，但性能相同，装配时的配合间隙一样，可以互换（但须成组互换）。

④ 有些汽车配件的外形很相近，但没有互换性。这是因为虽然配件的外形相近，但其他条件并不相同，因此在选用时一定要仔细分辨其细微差异或标记，切勿混淆。

⑤ 要查阅汽车配件通用互换资料。

项目五

汽车维修收入与维修合同

教学要求

1. 熟练掌握汽车维修合同的内容和填写方法；
2. 了解一般的财务知识；
3. 能够熟练进行汽车维修后的价格结算。

任务一　汽车维修工时定额

所谓定额，就是人们根据各种不同的需要，对某一事物所规定的数量标准。

在汽车维修施工中，定额就是在一定的作业条件下，利用科学的方法制定出来的完成质量合格的单位作业量，所需要消耗的人力、物力、机械台班或资金的数量标准。

汽车维修工时定额是汽车维修诸多技术经济定额中的一种，是在一定生产条件下，进行维修作业所消耗的劳动时间标准，是汽车维修业进行经济核算的重要依据，是企业内部搞好生产自治、充分调动职工工作积极性的主要因素，是管理部门考核企业经营水平的重要依据。

5.1.1　工时定额的种类

工时定额包括汽车大修工时定额、汽车总成大修工时定额、汽车维护工时定额、汽车小修工时定额、摩托车维修工时定额。

1. 汽车大修工时定额

汽车大修工时定额是指对一部汽车完成大修作业所需要的工时限额。汽车大修工时定额应分别按车辆类别、车辆型号，并参考车辆厂牌制定。

2. 汽车总成大修工时定额

汽车总成大修工时定额是指对汽车某一总成完成大修作业所需要的工时限额。汽车总成大修工时定额应分别按车辆类别、车辆型号，并参考车辆厂牌的总成制定。

3. 汽车维护工时定额

汽车维护工时定额是指对一部汽车完成维护作业所需要的工时限额。汽车维护工时定额应分别按车辆类别、车辆型号，并参考车辆厂牌的维护级别制定。

4. 汽车小修工时定额

汽车小修工时定额是指对汽车进行每项小修作业所需要的工时限额。汽车小修工时定额应分别按车辆类别、车辆型号，并参考车辆厂牌的每项具体作业制定。

5. 摩托车维修工时定额

摩托车维修属于汽车维修行业范畴，摩托车维修工时定额是指对摩托车进行大修作业、总成大修作业、小修作业分别所需要的工时数量。摩托车维修工时定额应分别按摩托车类别、摩托车型号，并参考车辆厂牌制定。

5.1.2 工时定额的制定方法

根据区域行业发展情况和企业的生产特点、生产技术条件、生产类型的不同，必须选择适合本区域或本企业特点的工时定额制定方法。

工时定额的制定方法一般有经验估计（估工）法、统计分析法、技术测定法、类推比较法、典型定额法、幅度控制法。

1. 经验估计（估工）法

经验估计（估工）法是由定额员、生产工人（老工人）、技术人员根据自己的生产实际，经过对维修项目、工艺规程、生产条件（如设备、工具）以及现场实际情况等方面的分析，并结合过去完成同种维修作业或类似维修作业的实际经验，用估计的方法来确定工序的时间定额。

经验估计法的优点是简便易行，易于掌握，工作量小，便于定额的及时制定和修改。其主要适用于作业量小、工序较多或临时性作业。这种方法的缺点是对构成定额的各种因素缺乏仔细的分析和计算，技术依据不足，并容易受到估工人员的主观因素影响，因而定额的准确性一般比较差。所以，使用这种方法确定工时定额时，应注意选择生产经验丰富、技术水平较高、事业心强的估工人员，并仔细客观地分析各种技术资料，同时建立估工登记制度，以便相互比较，尽可能达到提高定额准确性的目的。

2. 统计分析法

统计分析法是根据过去同类维修项目的实际工时消耗的统计资料，进行认真的分析整理，剔除其中不正常的数据，并考虑当前维修项目施工的组织技术和生产条件来制定工时定额的方法。

统计分析法的优点是以较多的统计资料为依据，比经验估计法多了较多的资料依据，且这种方法也比较简单易行，工作量比较小，在统计制度比较健全、资料数据比较准确的条件下，运用这种方法制定的定额是较为准确的。此方法的缺点是，当维修工艺较复杂及工序的数量较多时，实际消耗工时的统计工作十分繁重，从而影响到资料的准确性。

由此可知，运用统计分析法所制定的工时定额，其准确性基本上是由统计资料的可靠程度所决定的。因此，为了保证定额具有较高的准确性，一定要健全原始记录，加强统计工作，建立和健全业务核算，尽可能积累比较全面和真实的工时消耗统计资料。同时，在制定工时定额时，一定要仔细对比过去与当前的施工生产技术组织条件，如人员结构、工艺要求、工作量大小、配件材料有什么不同，以及新技术、新设备的运用等。

3. 技术测定法

技术测定法就是根据对生产技术条件和组织条件的分析研究，再通过技术测定和计算，确定合理的维修工艺程序、操作方法和工时消耗，然后在充分挖掘生产潜力的基础上，制定相应的技术措施和组织措施，从而制定出维修工时定额。

采用技术测定法，需要进行工序分析、设备情况分析、劳动组织分析、技术工人分析、维修操作分析等工作。也就是要分析维修工序的结构、维修操作的工序、生产工人的操作是否合理，找出不必要的操作和交叉作业的可能性，分析工艺规程和维修项目要求是否合理、设备的性能是否得到充分的发挥，分析劳动分工和维修现场布置是否合理、对工人作业有无影响等，通过分析确定工作内容。

采用这种方法来制定时间定额，一般是按照单一工序时间的各个组成部分，分别确定它们的定额时间。根据确定时间所用的方法不同，可分为分析研究法和分析计算法两种。分析研究法是采用工作日写时和测时的方法来确定时间定额各个组成部分的时间；分析计算法是通过测时、写时和其他调查统计方法，利用长期积累起来的具有一定规律的资料来计算确定时间定额。

技术测定法的优点是分析维修技术条件和组织条件的内容比较全面、系统，有比较充分的技术依据，所以是一种比较科学而细致的制定定额的方法，准确性比其他方法都要高。缺点是方法细致复杂，制定定额费时费工，需要有系统的资料积累，故不易做到及时。

4. 类推比较法

类推比较法是将现有维修项目的定额作为依据，经过对比分析，推算出另一种车型同一部位维修项目的维修工时定额的方法。用来对比的必须是两个不同车型同一部位的维修项目。

其优点是简便易行，结果对比分析细致，也能保证定额水平。其缺点是这种方法受到同一部位维修项目的可比性限制，故不能普遍应用。

5. 典型定额法

典型定额法是根据每一维修项目的同类作业挑选出具有代表性的车型作为"标兵"，首先为典型车型制定定额（采用上述任何一种方法均可），其他同类的维修项目便可根据其相同作业部位构造繁简、作业难易程度等情况，与典型车型的定额相比较来确定定额。

6. 幅度控制法

幅度控制法是由部门或企业参照历史资料和先进企业同类车型，或同类作业工位的维修定额，结合提高生产率的可能性，充分估计现有潜力，结合实际情况提出工时定额的方法。

上述制定工时定额的6种方法各有长短，在使用上各有其局限性，在工时定额的制定过程中，应根据企业的生产类型、地域的生产环境，考虑到经济上的合理性和客观上的可能性。实际工作中，通常是交叉采用各种方法，以弥补某种方法的片面性和不足，充分发挥各种方法的优越性和特点。

7. 汽车维修工时定额的修订

汽车维修工时定额应保持一定的稳定性。但是，工时定额的合理性是相对的、暂时的。随着生产力的发展，汽车维修行业技术的进步，人员素质、劳动熟练程度和操作技术水平的提高，维修设备的日臻先进，汽车检测诊断技术的广泛应用，在用车型的不断变化，原来先进合理的工时定额会变成落后、不合理的定额。因此，汽车维修工时定额应定期或及时修订。

汽车维修工时定额的修订包括整体修订和临时局部修改。实际工作中常常遇到维修工时定额临时性的局部修改。

（1）工时定额的临时性局部修改

工时定额的临时性局部修改是指未到修改期，而在执行过程中遇到某些情况、对维修工作安排有较大影响时，对工时定额及时进行局部调整或修改。

（2）影响工时定额局部修改的因素

① 工艺规程改变。

② 车型结构改变。

③ 设备、工艺装备和工具改变。

④ 劳动组织改变。

⑤ 对工时定额有重大影响的其他因素。

制定汽车维修工时定额是劳动管理中一项十分重要的工作,所以工时定额必须具有相对的稳定性,不能经常变动,尤其是修改不能过于频繁。

任务二 汽车维修收入

5.2.1 汽车维修企业的营业收入

汽车维修企业的营业收入是指企业在生产经营中通过销售汽车零配件、提供汽车维修劳务等所取得的收入。一般分为主营业务收入(即汽车维修收入)和副营业务收入(即其他业务收入)。

1. 汽车维修收入(主营业务收入)

汽车维修企业的汽车维修收入是指企业提供汽车维修劳务等所取得的营业收入。它可以根据规定的工时定额、材料消耗总额和其他收入计算确定,即汽车维修收入由汽车维修工时收入、材料配件收入和其他收入三个部分组成。

2. 其他业务收入(副营业务收入)

汽车维修企业的其他业务收入是指各类主营业务以外的不独立核算的副营业务所取得的收入,如从事汽车配件零售与批发等副营业务活动所取得的营业收入。

5.2.2 汽车维修收费标准及计算方法

1. 收费标准的制定

(1)工时费用

工时费用是工时单价与维修项目的定额工时两个参数之乘积。工时定额一般由交通主管部门会同物价管理部门联合制定。工时单价的制定方法是对汽车维修涉及的各工种的工时成本分别进行统计和计算。其具体方法是按各工种计算工时的平均比例,采用加权平均法算出汽车维修的平均成本,再根据平均工时成本确定合适的工时单价。

(2)材料费用

材料费用是指维修过程中合理消耗的材料费用,包括汽车维修生产中消耗的材料、零配件以及辅助材料费用等,计费标准应遵照交通主管部门和物价管理部门的规定。

(3)其他费用

其他费用包括厂外加工费和材料管理费等。

2. 维修收费计算方法

(1)维修工时费的计算

① 维修作业范围。

● 全车大修作业范围包括发动机总成、前桥总成、后桥总成、车架总成、变速器总成、客车车身总成、货车车身总成的解体、拆卸、清洗、分类检验、备料、换件、零件修复、装配、组装调试、竣工验收等全部工作过程。

● 发动机总成大修作业范围包括发动机的解体、清洗、分类检验、换件、零件修复、总成装配调试、竣工验收的全部工作过程，装卸发动机总成、镗磨汽缸体、磨曲轴的工时另计。

发动机大修的工艺标志是镗磨汽缸体和磨曲轴，当维修发动机需要镗磨汽缸体和磨曲轴时，可以按发动机总成大修的工时定额计算，并按其工艺规范和技术标准进行修理工作。

● 前桥总成大修、后桥总成大修、变速器总成大修作业范围包括该总成零部件解体、清洗、分类检验、换件、修复、装配、调试及竣工验收的工作过程。

总成大修的工艺标志是壳体发生变形、断裂，基孔磨损严重需要机械加工，焊、镶套校正或换新桥体，这时可按总成大修的工时计算。从汽车上拆卸与安装总成的工时和机械加工壳体的工时另计。

● 如果车架出现断裂、弯曲、扭曲、铆钉松动，必须拆卸其他总成后才能修复，则为车架总成大修，在工时计算中，拆装其他总成的工时另计。

● 客车车身和货车车身（驾驶室、车厢）总成大修作业范围包括彻底修复横直梁、骨架断裂、霉烂、变形。

● 汽车小修作业项目包括个别零部件的修理、更换、润滑、故障排除、调整试车、竣工验收的过程。

小修是指在基础件，如壳体、缸体、梁体不用修复和更换的情况下发生的各种零部件修理过程，或在总成装卸过程中拆卸附带零部件。其工时计算具有单项性，可直接在工时定额标准表内查阅。

● 在交通行业标准 JT/T 201—95《汽车维护工艺规范》中已明确规定了汽车一级维护、二级维护作业范围和具体工艺内容，凡维护作业范围之外的修理都属于附加项目，可附加计算收费。

● 对于汽车不解体的单项性能检测项目，在进厂检测诊断中发生的检测项目可附加计算收费。

② 维修工时费的计算方法。

汽车维修工时费收入是汽车维修取得的劳务收入，其按照汽车维修的结算工时定额和结算工时单价确定。其计算公式为

$$汽车维修工时费收入=结算工时单价×结算工时定额$$

（2）维修材料费的计算

① 汽车维修材料费范围

汽车维修材料费收入是为了补偿汽车维修所耗材料配件而取得的营业收入。其包括外购配件费收入、自制配件费收入、修旧零件费收入和辅助材料费收入等。

② 维修材料费的计算方法。

● 外购配件费收入。按实际购进和不含税价计算。

● 自制配件费收入。按实际制造成本价计算。

● 修旧零件费收入。这里的零件是指经修复后符合质量标准的基础件、总成件和零部件（不含就车修理加工的零部件）。修旧零件费收入一般按不超过现行市场价的 50%计算。

● 辅助材料费收入。汽车维修辅助材料是指在汽车维修过程中，被共同消耗的一些其他材料，或者难以在各维修作业之间划分的材料。一般按照材料消耗定额进行计算，也可用维修作业的工时定额乘以每定额小时辅助材料费用加以确定。

各工种在维修作业时领用的低值易耗品或通用紧固件和工具等应包含在维修工时内,不另收费,比如砂布、锯条、钻头、开口销、通用螺钉、螺母、电工胶布等。

(3)其他费用的计算

① 其他费用范围。

其他费用收入包括厂外加工费收入和材料管理费收入。

② 其他费用的计算方法。

- 厂外加工费收入是指汽车维修企业由于进行厂外加工而向客户收取的营业收入。在汽车维修过程中,由于汽车维修企业的设备、技术等条件所限,有一些作业项目需要到厂外进行加工,从而发生厂外加工费(不含税),此项费用由企业事先垫付,然后向客户收取。

计算时应注意,凡是包含托修方报修的维修类别范围之内的厂外加工项目,应按照相应的标准定额工时计算收取厂外加工费的,不应再按厂外加工费进行重复收费。

- 材料管理费由材料的采购、装卸、运输、保管、损耗等费用组成。一般按一定的管理费率进行计算,具体标准各地交通主管部门、物价管理部门都有明确规定。如果在制定工时单价时,未考虑收取管理费的因素,还应按规定收取用工管理费用。

(4)汽车维修总收入的计算

汽车维修总收入由汽车维修工时费收入、汽车维修材料费收入和其他收入三部分组成,其计算公式为

$$汽车维修总收入=工时费收入+材料费收入+其他收入$$

3. 汽车维修收入的折扣与折让

汽车维修企业在生产经营活动中经常发生维修折扣与折让。按照企业财务通则和《企业会计准则》的规定,应该冲减当期的汽车维修收入。

汽车维修收入折让是指在汽车维修过程中,由于质量等问题,客户要求对汽车配件的价格或汽车维修工时费给予一定的折让。折让额视具体情况与托修方协商确定,以双方均能接受为原则。

汽车维修收入折扣是指企业为了鼓励客户及时付款所规定的信用期限和一定的折扣率。只要客户能在规定的期限内支付款项即可享受一定的现金折扣。折扣额取决于信用期限和折扣率。

汽车维修收入折扣的核算通常采用两种方法:一种是总额法,即汽车维修收入按照全额反映,实际发生的现金折扣单独反映,汽车维修的全额收入减去现金折扣之后得到汽车维修净收入;另一种是净额法,即汽车维修收入直接按照净收入进行反映,不单独核算现金折扣,汽车维修收入扣除折扣再进行收入核算。

5.2.3 汽车维修中的几项重要统计指标

1. 汽车维修辆次和修竣辆次

(1)维修辆次

在报告期内,已送到维修企业的维修车辆数称为维修辆次。

(2)修竣辆次

修竣辆次是指在报告期结束当天,最后一班内竣工并经技术检验合格出厂的车辆数,包括在报告期前进厂修理、在报告期内竣工、经检验合格出厂的车辆数。

2. 返修辆次、返修率和返工率

（1）返修辆次

返修辆次是指统计期内竣工出厂的车辆，在一定里程内由于维修工艺责任或材料配件质量不合要求等原因，回厂再次进行修理的车辆数。一辆车返修一次，即为一个返修辆次。但在保证里程和保证作业范围内，返修时间累计大修车不超过 4 年（包括 4 年），二级维护不超过 2 年，一级维护不超过 1 年时，能按规定修复出厂的不算做返修。

（2）返修率

返修率又称回修率，是指修竣出厂的车辆中，回厂返修车辆所占的比例，计算公式为

$$返修率 = \frac{返修辆次}{修竣辆次} \times 100\%$$

（3）返工率

返工是指在车辆修理过程中或修竣车辆出厂检验时发现有不符合质量标准的作业，必须重新修理或调整。返工率可按返工工时计算，也可按返工费用或返工车日（时）计算，即

① $返工率 = \dfrac{返工工时}{实际工时} \times 100\%$

② $返工率 = \dfrac{返工费用}{实际总费用} \times 100\%$

③ $返工率 = \dfrac{返工车日（时）}{实际总车日（时）} \times 100\%$

3. 汽车大修在厂车日

汽车大修在厂车日是指送修车辆自厂方验收之日起至修竣时的日历日数，按惯例"算出不算进"，即车辆送厂当日不计在厂车日，修竣出厂当日计为在厂车日。

汽车大修在厂车日是考核汽车修理企业作业效率的一项重要指标，直接影响车辆完好率的高低。为了不断提高大修作业效率，规定有大修在厂车日的定额，汽车维修企业应力争达到或缩短大修在厂车日。

为了反映维修企业的平均作业水平，常采用"平均在厂车日"指标进行考核，其计算公式为

$$平均在厂车日 = \frac{在厂总车日}{修竣车数}$$

4. 汽车维修工时

车辆小修、维护工时包括车辆进厂后的清洗、解体、检验、装合、润滑、调试等全部作业工时及返工工时，但不包括技术规范规定的作业项目以外的附加作业工时。

（1）平均维修工时

平均维修工时是指修竣车辆平均耗用的工时数，其计算公式为

$$平均维修（维护）工时 = \frac{修理（维护）总工时}{修竣车辆总数}$$

（2）平均小修工时

$$平均小修工时（工时/千车公里） = \frac{营运车辆小修总工时}{总车公里数/1000}$$

任务三　相关财务知识

汽车维修企业收入的主要来源是工时费用和维修材料费用。企业取得好的经济效益，与业务接待员良好的接待技巧及丰富的业务相关知识有着直接关系。掌握一定的财务知识，无疑会提高业务接待员的业务接待能力，保护客户和企业的经济利益。

业务接待员应掌握支票、银行汇票、票据、税收、财务结算、现金及支票真伪识别等财务知识。

5.3.1　支票

1. 支票的含义

支票是由出票人签发，委托办理支票存款业务的银行在见票时无条件支付确定金额给收款人或持票人的票据，支票无金额起点。

2. 支票的种类

支票按支付方式，可分为现金支票和转账支票。

① 现金支票。支票上印有"现金"字样，它只能用于支取现金。

② 转账支票。支票上印有"转账"字样，它只能用于转账，不能支取现金。

3. 支票的适用范围

支票适用于单位、个体工商户和个人在同城或票据交换地区内的商品交易、劳务供应和其他款项的结算。现金支票只能在国家现金管理规定的范围内取现金。

4. 填写支票的方法

（1）填写要求

① 为了防止涂改支票，必须做到标准化、规范化、要素齐全、数字正确和字迹清晰。

② 签发支票应使用墨汁或碳素墨水填写。

③ 为了防止编造票据，出票日期必须用中文大写。

（2）日期

① 在填写月、日时，月为壹、贰和壹拾的，日为壹至玖和壹拾、贰拾、叁拾的，应在其前加"零"。

② 日为拾壹至拾玖的，应在其前加"壹"。

例如，2月18日应写成：零贰月壹拾捌日。10月30日应写成：零壹拾月零叁拾日。

③ 填写日期时填写位置要规范，不得出现错位、挤压现象，否则就是无效支票。

（3）金额

① 大写。用正楷或行书填写，大写填写时应紧接"人民币"字样填写，不得留有空白。数字到"元"为止的，在"元"之后必须加"整"；数字到"角"、"分"为止的，"角"、"分"后可以不加"整"。

② 小写。使用阿拉伯数字填写时，均应在小写数字前填写人民币符号"￥"。

5. 支票的有效期

自出票日起10日内有效，超出有效期的支票为无效支票，银行不予受理。

6. 有效支票

出票日期、收款人名称和出票金额，这三项记载缺一不可，否则就是无效支票，银行不予受理。

7. 禁止单位签发的支票

① 签发支票的金额不得超过付款人实有的存款金额（空头支票）。

② 支票的出票人预留银行签章是银行审核支票付款的依据。因此，出票人不得签发与其预留银行签章不符的支票。

③ 银行还可以审核与出票人约定的使用支付密码，出票人不得签发密码错误的支票。

以上三种情况，即签发空头支票、印鉴不符和密码错误，根据中国人民银行的规定，银行应予以退票，并按票面金额处以 5%但不低于 1000 元的罚款。

8. 支票的背书

① 持票人向其开户行提示付款的，不需要做委托收款背书（又称主动付款，出票人主动到自己的开户行送交支票，付款给收款人）。

② 委托收款背书。

● 被背书人栏填写收款人开户银行的名称。

● 签章栏填写"委托收款"字样并签章。

③ 支票转让背书。背书应当连续，即在转让中，转让支票的背书人与受让支票的被背书人在支票上的签章应依次前后衔接。

9. 支票的挂失

① 丢失支票之后，可以依据《中华人民共和国票据法》的规定，及时通知付款人或代理付款人挂失止付。

② 挂失支票的条件是支票的各项要素齐全。

③ 在挂失时应填写挂失止付通知书并签章。填写内容包括：

● 支票丢失的时间和事由。

● 支票的种类、号码、金额、出票日期、付款日期、付款人名称和收款人名称。

● 挂失止付人的名称、营业场所、住所以及联系方法。

④ 根据银行规定交纳挂失手续费。

⑤ 立即到人民法院办理挂失止付。银行暂停止付权限为 12 日，在这 12 日内银行没有收到人民法院的止付通知书，自第 13 日起，挂失止付通知书失效。

⑥ 在失票人到银行办理挂失止付之前，此支票已经依法向持票人付款的，就不再办理挂失止付。

10. 交存支票

① 收款人交存支票填写二联进账单。

② 出票人交存支票填写三联进账单。

③ 收款人和出票人在同一银行开户的，收款和付款都是当时入账。

④ 出票人主动付款的，付款金额当时入账；收款人交存他行支票，在过了退票期没有退票的情况下入账。

5.3.2 银行汇票

1. 银行汇票的含义

银行汇票是出票银行签发，由其在见票时按照实际结算金额无条件支付给收款人或者持票人的票据。银行汇票的出票银行为银行汇票的付款人。单位和个人各种款项的结算，均可使用银行汇票。银行汇票可以用于转账，填明"现金"字样的银行汇票也可以用于支取现金。

2. 银行汇票的要素

① 标明"银行汇票"字样。

② 出票金额。

③ 付款人名称。

④ 收款人名称。

⑤ 出票日期。

⑥ 出票人签章。

⑦ 无条件支付的承诺。

欠缺诸要素之一的银行汇票无效。

3. 银行汇票的有效期

银行汇票的有效期为自出票日起一个月。持票人超过付款期限提示付款的，代理付款人不予受理。

4. 如何办理银行汇票

① 申请人使用银行汇票，应向出票银行填写"银行汇票申请书"，填明收款人名称、汇票金额、申请人名称、申请日期等项目并签章，要预留银行的签章。

② 申请人和收款人均为个人，需要使用银行汇票向代理付款人（兑付行）支取现金的，申请人须在"银行汇票申请书"上注明代理付款人名称，在"汇票金额"栏先填写"现金"字样，后填写汇票金额。

③ 申请人或收款人为单位的，不得办理"现金"汇票。

④ 签发转账银行汇票，不得填写代理付款人（兑付行）名称；签发现金银行汇票，申请人和收款人必须均为个人，在银行汇票"出票金额"栏先填写"现金"字样，后填写出票金额，并填写代理付款人名称。

5. 解付银行汇票

① 收款人收到银行汇票之后，应在出票金额以内，将实际结算金额和多余金额准确、清晰地填入银行汇票和解讫通知的有关栏内。未填写实际结算金额和多余金额或实际结算金额超出票面金额的银行汇票，银行不予受理。

② 银行汇票实际结算金额不得更改，更改实际结算金额的银行汇票无效。

③ 持票人向银行提示付款时，必须同时提交银行汇票和解讫通知，缺少任何一联，银行不予受理。

④ 持票人向银行提示付款时，应在汇票的背面"持票人向银行提示付款签章"处签章，签章须与预留银行签章相同，并将银行汇票、解讫通知和进账单一同送交银行。

⑤ 持票人是未在银行开立账户的个人，可以向所选择的任何一家银行提示付款。提示付款时，应在汇票的背面"持票人向银行提示付款签章"处签章，并填写本人身份证名称、号码及发证机关，由其本人向银行提交本人身份证及其复印件。

⑥ 银行汇票的实际结算金额低于出票金额，即有多余金额的，其多余金额由出票银行退交申请人。

⑦ 申请人因银行汇票超过付款提示期限或因其他原因要求退款时，应将银行汇票和解讫通知同时提交到出票银行，做未用退回处理。申请人为单位的，应出具该单位的证明；申请人为个人的，应出具本人身份证件。此证明或证件也同时提交给出票银行。

⑧ 银行汇票的背书和挂失与支票相同。

5.3.3　票据

1. 发票

发票是单位和个人在购销商品、提供或者接受服务以及从事其他经营活动时，开具或取得的收付款凭证。发票根据其作用、内容及使用范围的不同，可以分为普通发票和增值税专用发票两大类。

（1）普通发票

普通发票作为在购销商品、提供或者接受服务以及从事其他经营活动时，开具或收取的收付款凭证，只是一种商事凭证，只开具交易数量、价格等内容，不开具税金，使用范围比较广泛。其基本联次为三联：第一联为存根联，开票方留存备查；第二联为发票联，收执方作为付款原始凭证，填开后的发票联要加盖发票专用章；第三联为记账联，开票方作为记账原始凭证。

国家税务局负责征收管理的税收所要使用的普通发票，由国家税务局负责印制、发放和管理；地方税务局负责征收管理的税收所要使用的普通发票，由地方税务局印制、发放和管理。发票防伪专用品的生产和发票防伪措施的采用，以及全国统一发票监制章，由国家税务总局确定。

从事生产经营并依法办理税务登记的单位和个人，在领取税务登记证后，都有资格向主管税务机关申请领购发票。

销售商品、提供劳务以及从事其他经营活动的单位和个人，对外发生经营业务收取款项，收款方应向付款方开具发票；特殊情况下，由付款方向收款方开具发票。这是发票使用的关键环节，直接决定着发票使用的合法性、正确性和真实性，税务机关对此制定了严格的监管规定。

① 开具发票的一般规定。

- 发票限于领购单位和个人自己填用，不准买卖、转借、转让、代开。向消费者个人零售小额商品，也可以不开发票，如果消费者索要发票则不得拒开。
- 开具发票要按照规定的时限、顺序、逐栏、全部联次一次性如实开具，并加盖发票专用章，不得拆本使用发票。
- 填开发票的单位和个人必须在发生经营业务确认经营收入时开具发票，未发生经营业务一律不准开具发票。发票只能在工商行政管理部门发放的营业执照上核准的经营业务范围内填开，不得自行扩大专业发票使用范围。填开发票时，不得按照付款方的要求变更商品名称、金额。
- 开具发票应当使用中文。民族自治地方可以同时使用当地通用的一种民族文字，外商投资企业和外国企业可以同时使用一种外国文字。

② 开具发票的特殊规定。

- 用票单位和个人在整本发票使用前，要认真检查有无缺页、错号、发票联无发票监制章或印刷不清楚等现象，如发现问题应报税务机关处理，不得使用。整本发票开始使用后，应做到按号顺序填写，填写项目齐全，内容真实，字迹清楚，填开的发票不得涂改、挖补、撕毁，如发生错开，应将发票各联完整保留，书写或加盖"作废"字样。
- 开具发票后，发生销货退回的，在收回原发票并注明"作废"字样，或取得对方有效证明后，可以填开红字发票；发生销售折让的，在收回原发票并注明"作废"字样后，重新开具销售发票，或取得对方有效证明后开具红字发票。
- 使用计算机开具发票，须经主管税务机关批准，并使用税务机关统一监制的机打发票，开具后的存根联要按照顺序号装订成册。

③ 跨地区使用发票和发票流动的规定。

● 发票限于领购单位和个人在本省、自治区、直辖市内开具。省级税务机关可以规定跨市、县开具发票的办法。

● 根据税收管理需要，须跨省、自治区、直辖市开具发票的，由国家税务总局确定。省际毗邻市县之间是否允许跨省、自治区、直辖市开具发票，由有关省级税务机关确定。

● 未经税务机关批准，任何单位和个人不得跨规定的使用区域携带、邮寄、运输空白发票。

● 禁止携带、邮寄或者运输空白发票出入境。

④ 普通发票使用登记、缴销和保管的制度。

● 为了便于加强发票使用的管理，开具发票的单位和个人应建立发票使用登记制度，设置发票登记簿，并定期向主管税务机关报告发票使用情况。

● 开具发票的单位和个人，发生转业、改组、分设、合并、联营、迁移、破产、歇业以及改变主管税务机关的情况，在办理变更或注销税务登记的同时，要办理发票和发票领购簿的变更、缴销手续。对原领购未用的发票要进行清理，报主管税务机关缴销或更换，不得自行处理。

● 开具发票的单位和个人都应建立健全发票保管制度，设专人负责，专柜存放，防止丢失损毁，定期进行盘点，保证账实相符。对已填用的发票存根要和空白发票一样妥善保管，不得擅自销毁。已经开具的发票存根联和发票登记簿，应保存5年。保存期满，报经税务机关查验后方可销毁。

● 实行"验旧换新"制度的用票单位和个人，其发票的缴销与领用是相衔接的，即领购新发票时，要向税务机关缴销已经填用完毕的发票存根。

● 用票单位或个人丢失发票，应于丢失当日书面报告主管税务机关，并在报刊和电视等传播媒介上公开声明作废。

（2）增值税专用发票

增值税专用发票，是为加强增值税的征收管理，根据增值税的特点而设计的，专供增值税一般纳税人销售货物或应税劳务使用的一种特殊发票。增值税专用发票只限于经税务机关认定的增值税一般纳税人领购使用。一般纳税人销售货物或者应税劳务，应当向购买方开具增值税专用发票。但以下情形不得开具增值税专用发票：向消费者个人销售货物或者应税劳务，销售免税货物，销售报关出口的货物，在境外销售应税劳务，将货物用于非应税项目，提供非应税劳务（应当征收增值税的除外），转让无形资产或销售不动产等。

一般纳税人向小规模纳税人销售应税项目，可以不开具增值税专用发票。增值税小规模纳税人原则上不能使用增值税专用发票，但能够认真履行纳税义务的小规模企业，销售货物或提供应税劳务需要填开增值税专用发票的，经县（市）税务机关批准，可由税务所代开增值税专用发票。

增值税专用发票，统一由国家税务总局委托中国人民银行印钞造币总公司印制，其他任何单位和个人都不得私制专用发票的样式，或印制专用发票。

增值税专用发票只限于增值税一般纳税人领购使用。增值税纳税人只有在办理一般纳税人的认定手续之后，才有资格申请领购增值税专用发票。

纳税人在申请领购增值税专用发票时，应提供经办人身份证明、盖有"增值税一般纳税人"确认章的税务登记证副本、发票专用章的印模，经主管税务机关审查后，核发"发票领购簿"。

纳税人可以凭"发票领购簿"，按核准的数量、购票方式领购增值税专用发票。

一般纳税人临时到本省、自治区、直辖市以外从事增值税应税项目的经营活动，必须向经营地增值税征收机关出示"外出经营活动税收管理证明"，回原地纳税，需要向购货方开具增值税专用发票的，亦回原地补开。

对未核发"发票领购簿"的单位和个人，一律不售给增值税专用发票。

① 增值税一般纳税人填开增值税专用发票时的要求。

● 使用国家税务总局统一印制的增值税专用发票，不得开具伪造的增值税专用发票。

● 按规定的使用范围、时限填开。

● 字迹清楚，项目填写齐全，内容正确无误。

● 不得涂改。如果填写有误，应另行开具增值税专用发票，并在填写错误的增值税专用发票上注明"误填作废"四字。增值税专用发票填开后因购货方不索取而成为废票的，也应按填写有误办理。

● 一份发票一次填开完毕，各联内容、金额完全一致。

● 发票联、抵扣联加盖开票单位的发票专用章。

● 不得拆本使用增值税专用发票。

② 开具增值税专用发票的具体要求。

● "销货单位"和"购货单位"栏要写全称，"纳税人识别号"栏必须填写购销双方新15位登记号码，否则不得作为扣税凭证。

● "计量单位"栏应按国家规定的统一计量单位填写，"数量"栏按销售货物的实际数量填写，"单价"栏必须填写不含税单价，纳税人如果采用销售额和增值税额合并定价方法，应折算成不含税价。

● "金额"栏的数字应按不含税单价和数量相乘的结果填写。计算公式为

$$\text{"金额"栏数字} = \text{不含税单价} \times \text{数量}$$

● "税率"栏除税法另有规定外，都必须按税法统一规定的货物的适用税率填写。

● "税额"栏应按"金额"栏和"税率"栏数字相乘结果填写。计算公式为

$$\text{"税额"栏数字} = \text{金额} \times \text{税率}，或\text{"税额"栏数字} = \text{单价} \times \text{数量} \times \text{税率}$$

● 税务所为小规模企业代开增值税专用发票，应在增值税专用发票"单价"栏和"金额"栏分别填写不含其本身应纳税额的单价和销售额；"税率"栏填写增值税征收率；"税额"栏填写其本身应纳的税额，即按销售额依照征收率计算的增值税额。

③ 增值税专用发票开具时限的规定。

● 采用预收货款、托收承付、委托银行收款结算方式销售货物的，增值税专用发票的开具时间为货物发出的当天。

● 采用交款提货结算方式销售货物的，增值税专用发票的开具时间为收到货款的当天。

● 采取赊销、分期付款结算方式销售货物的，增值税专用发票开具时间为合同约定收款日期的当天。

● 采取其他方式销售货物、应税劳务或按税法规定其他视同销售货物的行为应当开具增值税专用发票的，应于货物出库、移送或劳务提供的当天填开增值税专用发票。

④ 纳税人销售货物并向购货方开具增值税专用发票以后，发生退货或销售折让时的处理方法。

● 购货方尚未付款，并且未做账务处理。在这种情况下发生退货，销货方应收回原填开

的增值税专用发票的发票联和抵扣联，在各联上都注明"作废"字样，作为扣减当期销项税额的凭证。

- 购货方尚未付款，并且未做账务处理。在这种情况下发生销售折让，销售方应收回原填开的增值税专用发票，按折让后的货款重新填开增值税专用发票。
- 购货方已付货款，或者货款未付但已做账务处理。在这种情况下发生退货或销售折让，发票联及抵扣联无法退还，这时购买方必须取得主管税务机关出具的"开具红字增值税专用发票通知单"，送交销货方作为其开具红字增值税专用发票的依据。红字增值税专用发票的存根联、记账联作为销货方扣减退货当期销项税额的凭证，发票联和抵扣联作为购货方扣减进项税额的凭证。

2. 税票

税票是税务机关征收税款时所用的各种专用凭证。

税票是一种可以无偿收取货币资金的凭证，税票填用后成为征纳双方会计核算的原始凭证，税票是纳税人履行纳税义务的唯一合法凭证。

1998 年国家税务总局制定了全国统一的税收票证式样 23 种。按税票的征款方式不同，又可分为以下三大类。

① 税收缴款书类。包括税收通用缴款书、出口货物税收专用缴款书、固定资产投资方向调节税专用缴款书、税收汇总专用缴款书。

② 税收完税证类。包括税收通用完税证、税收定额完税证、税收转账专用完税证、代扣代收税款凭证、印花税票共 5 种。

③ 纳入票证管理的其他票证类。包括税收罚款收据、当场处罚罚款收据、税收收入退还书、小额税款退税凭证、出口货物完税分割单、固定资产投资方向调节税零税率项目凭证、税票调换证、纳税保证金收据、印花税票销售凭证、税收票证监制章、征税专用章、退库专用章、印花税收讫专用章、车船税完税和免税标志。

填写税票，应先了解各种票证的内容、用途及填写规定，然后逐项逐栏如实填写。

5.3.4 税收

1. 税务登记

税务登记是税务机关依法对纳税人与履行纳税义务有关的生产经营情况及其税源变化情况进行的登记管理活动。

（1）税务登记的范围和时间

凡经国家工商行政管理部门批准，从事生产、经营的纳税人，都属于税务登记的范围，均应按规定向当地税务机关申报，办理税务登记。

不从事生产、经营活动，但是依照法律、行政法规规定负有纳税义务的单位和个人，除临时取得应税收入或发生应税行为以及只缴纳个人所得税、车船税的外，也应按规定向税务机关办理税务登记。

税务登记的时间如下：

① 凡从事生产、经营，实行独立核算，并经工商行政管理机关批准开业和发给营业执照的，应自领取营业执照之日起 30 日内，向当地税务机关申报办理税务登记。

② 其他应办理税务登记的纳税人，应当自有关部门批准之日起或在按税法规定成为法定纳税人之日起 30 日内，向当地税务机关申报办理税务登记。

③ 纳税人所属跨地区的非独立核算的分支机构，除由其总机构申报办理税务登记外，也应自设立之日起 30 日内向所在地税务机关申报办理税务登记。

（2）税务登记的内容

① 开业税务登记。

从事生产、经营的纳税人，应当在规定的时间内向税务机关书面申报办理税务登记。

② 变更或注销税务登记。

税务登记内容发生变化时，纳税人在工商行政管理机关办理变更登记的，应当自工商行政管理机关办理变更登记之日起 30 日内，持有关证件向原税务机关申报办理变更税务登记；纳税人不需要在工商行政管理机关办理变更登记的，应当自有关机关批准或者宣布变更之日起 30 日内，持有关证件向原税务机关申报办理变更税务登记。

纳税人发生解散、破产、撤销以及其他情形，依法终止纳税义务的，应当在向工商行政管理机关办理注销登记前，持有关证件向原税务机关申报办理注销税务登记；按照规定不需要在工商行政管理机关办理注销登记的，应当自有关机关批准或宣告终止之日起 15 日内，持有关证件向原税务登记机关申报办理注销税务登记。

纳税人被工商行政管理机关吊销营业执照的，应当自营业执照被吊销之日起 15 日内，向原税务登记机关申报办理注销税务登记。

2. 纳税申报

（1）办理纳税申报的对象

办理纳税申报的对象包括：负有纳税义务的单位和个人，临时取得应税收入或发生应税行为的纳税人，扣缴义务人，享受减税、免税待遇的纳税人。

（2）纳税申报的内容

纳税人办理纳税申报时，应当如实填写纳税申报表，并根据不同情况相应报送下列有关证件、资料。

① 会计报表及其说明材料。

② 与纳税有关的合同、协议书。

③ 外出经营活动税收管理证明。

④ 境内或境外公证机构出具的有关证明文件。

⑤ 税务机关规定应当报送的其他有关证件、资料。

（3）纳税申报的时间和期限

纳税人申报时间和扣缴义务人申报、结报、代扣代缴、代收代缴税款的时间，由县（市）税务机关按照税法规定和纳税人、扣缴义务人的具体情况确定。

纳税人到税务机关办理纳税申报有困难的，经税务机关批准，可以邮寄申报，邮寄申报以寄出地的邮戳日期为实际申报日期。

3. 适用税种与税率

我国现行适用的税种有：增值税、消费税、营业税、资源税、企业所得税、城市维护建设税、城镇土地使用税、房产税、车船税、印花税、土地增值税、契税、关税等。

税率是应纳税额与征税对象之间的比例，是计算税额的尺度，反映了征税的深度。在征税对象数额已定的情况下，税率的高低决定了税额的多少。我国税率分为三种，即比例税率、累进税率和定额税率。

① 比例税率是对同一征税对象，不论数额多少，按照所需税目，都按同一比例征税。这

种税率在税额和征税对象之间的比例是固定的。

②　累进税率是按照征税对象的数额大小或比率高低，划分为若干等级，每个等级由低到高规定相应的税率。税率与征税对象数额或比率成正比，征税对象数额大、比率高，税率就高；反之，税率就低。

③　定额税率是按征税对象的一定计量单位直接规定一定数量的税额，而不是征收比例。定额税率一般只适用于从量计征的某些税种。

4．税收年检

税务机关有权进行下列税务检查。

①　检查纳税人的账簿、记账凭证、报表和有关资料，检查扣缴义务人代扣代缴、代收代缴税款账簿、记账凭证和有关资料。

②　到纳税人的生产、经营场所和货物存放地（不包括生活区和机关）检查纳税人应纳税的商品、货物或其他财产，检查扣缴义务人代扣代缴、代收代缴税款有关经营情况。

③　责成纳税人、扣缴义务人提供与纳税或代扣代缴、代收代缴税款有关的文件、证明材料和有关资料。

④　询问纳税人、扣缴义务人与纳税或代扣代缴、代收代缴税款有关的问题和情况。

⑤　到车站、码头、机场、邮政企业及其分支机构检查纳税人托运、邮寄应纳税商品、货物或其他财产的有关单据、凭证和有关资料。

⑥　经县以上税务局（分局）局长批准，凭全国统一格式的检查存款账户许可证明，查核从事生产、经营的纳税人、扣缴义务人在银行或其他金融机构的存款账户；查核从事生产、经营的纳税人的储蓄存款，须经银行县、市支行或市分行的区办事处核对，指定所属储蓄所提供材料。

⑦　税务机关在行使"查核"这一职权时，应当指定专人负责，凭全国统一格式的检查存款账户许可证明进行，并有责任为被检查人保守秘密。税务机关派出的人员进行税务检查时，应当出示税务检查证。无税务检查证的，纳税人、扣缴义务人及其他当事人有权拒绝检查。

5.3.5　财务结算

1．同城结算与异地结算

国内转账结算按交易双方所处的地理位置分为同城结算和异地结算两种。

①　同城结算，是指同一城镇内各单位之间发生经济往来而要求办理的转账结算。同城结算有支票结算、委托付款结算和同城托收承付结算等，其中支票结算是最常用的同城结算手段。

②　异地结算，是指不同城镇的各单位之间发生经济往来而要求办理的转账结算。异地结算的基本方式有异地托收承付结算、信用证结算、委托收款结算、汇兑结算、银行汇票结算、商业汇票结算、银行本票结算和异地限额结算等。其中，异地托收承付结算、银行汇票结算、商业汇票结算、银行本票结算和汇兑结算是最常用的异地结算手段。

2．现金结算与转账结算

货币结算按其支付方式的不同，可分为现金结算和转账结算两种。

①　现金结算，是发生经济行为的关系人直接使用现金结清应收应付款项的行为。

②　转账结算，是发生经济行为的关系人使用银行规定的票据和结算凭证，通过银行划账方式，将款项从付款单位账户划到收款单位账户，以结清债权债务的行为。转账结算是货币结算的主要方式。转账结算的主要信用工具有支票、汇兑、委托收款、银行汇票、商业汇票、银

行本票和信用卡 7 种。支票结算是最常用的同城结算方式。

3. 支票结算流程

① 开立账户办理支票结算。

② 付款人根据商品交易、劳务供应或其他经济往来向收款人签发支票。

③ 收款人将商品发运给付款人，或向付款人提供劳务服务。有时，根据实际情况，收款人在未接到支票的情况下，先提供商品或劳务服务，后收取支票。

④ 收款人将支票送交开户银行入账。

⑤ 收款人开户银行向付款人开户银行提出清算。

⑥ 付款人开户银行根据有关规定划转货款或劳务服务款。

⑦ 收款人开户银行给收款人收妥款项后，通知收款人入账。

⑧ 付款人与开户银行定期对账。

5.3.6 现金、支票真伪识别

1. 新版面值 100 元券的大众防伪特征

新版（第五套）人民币 100 元券大众防伪特征主要有以下 10 个方面。

① 固定人像水印。在新版 100 元券正面左侧空白处，通过迎光透视，可以看见与主景人像相同，并且层次丰富、立体感很强的毛泽东头像水印。

② 红、蓝彩色纤维。从新版 100 元券票面空白处可以清晰地看到纸张中有红蓝两色的短纤维。这些纤维不规则地分布在纸张中，与纸张很好地结合在一起。

③ 磁性微文字安全线。迎光观察可见，在新版 100 元券正面中间偏左有一条带有缩微文字"RMB100"字样的磁性安全线。

④ 手工雕刻头像。正面主景毛泽东头像，采用具有中国传统特色的手工雕刻技术，形象逼真、传神，层次丰富，凹凸感强，具有较强的立体感和独特的艺术效果。

⑤ 隐性面额数字。在新版 100 元券正面右上方有一椭圆形图案，将钞票置于与眼睛近于平行的位置，面对光源做平面旋转 45°或 90°，即可看到面额数字"100"字样，而垂直于纸面观察则看不到数字。

⑥ 光变油墨面额数字。在新版 100 元券正面左下方用新型油墨印刷了面额数字"100"，从与票面垂直角度观察其为绿色，而倾斜一定角度则变为蓝色。

⑦ 阴阳互补对印图案。在票面正面左下角和背面右下角各有一圆形局部图案，透光观察，正、背面图案组合成一个完整的古钱币图案。

⑧ 雕刻凹版印刷。票面正面毛泽东头像、行名、额字、盲文标记及背面主景人民大会堂、汉语拼音行名、少数民族文字等均采用雕刻凹版印刷，用手指触摸有明显的凹凸感。

⑨ 横竖双号码。新版 100 元券正面印有横竖双号码（均为两位冠字、八位号码），其中横号码为黑色，竖号码为蓝色。

⑩ 胶印缩微文字。票面正面上方椭圆形图案中，多处印有"RMB"和"RMB100"的缩微文字字样。

2. 现金真伪识别

（1）观察法

这是识别现金真伪最简便的方法，即用眼观察现金的颜色、图案，检查是否有印鉴（水印）；用手摸现金的质感、厚薄；用耳听抖动现金的声音。业务接待员可凭借观察力、判断力和丰富的经验来识别现金真伪。

（2）用点钞机识别

点钞机的使用步骤如下：

① 接通计数显示开关，看计数器显示数码管的读数是否为"0"，数码管是否亮。

② 接通电动机开关，使整机运转，运转时应无金属撞击声。

③ 移动拨杆，按清点钞票的面积调整接钞台的幅度。

④ 将清点的钞票散开一点（特别是库房票券更应散开），然后放进滑钞板内并注意平正，不要紧靠一边，以便钞票分张。

⑤ 清点时，要让钞票自动下滑，切不可用手往下压挤钞票，以防止下双张，注意力要放在输送带上，以监视不同券别混杂，发现时即关机捡出。

⑥ 滑钞板内的钞票清点完毕后，看显示器读数。然后把接钞台的钞票取出捆扎。

点钞机日常维护注意事项如下：

① 开箱时，先把随机配件取出，然后平稳取出机器，检查可见部件有无变形损坏，之后接通电源，试机数分钟，机器应运行稳定、噪声小、试点钞票准确。

② 使用时必须安装良好的接地线，以确保计数显示和人身安全。这种机器一般装用的熔丝电流额定值为 1A，不应过大。

③ 每周要在六个润滑点加注轻质润滑油少许（底板下四个滑杆支柱的滑动孔和连杆两端的滑动孔），轴承及全机应每年清洗换油一次。

④ 每日营业终止，应拔掉电源插头，用毛刷清扫机器，然后把防尘罩盖上。遇有故障，应请维修人员检查修复。

⑤ 开关机间隔时间，应大于 3s。

3. 支票真伪识别

现行常用支票有转账支票和现金支票两种。填写支票时，要提高警惕，防止坏人用盗取的支票或伪造的支票进行诈骗，所以业务接待员要注意识别支票真伪。

要准确识别支票真伪，必须注意以下几点。

① 检查支票号码，确认是不是丢失单位挂失的支票（业务接待员应随时注意当地报纸有关挂失的声明）。

② 检查支票是否有效，要防止购货单位填写空头支票、过期支票或借入支票等。使用大额支票最好由购货单位到所在银行办理签字手续。

③ 了解购货用途是否正常。

④ 检查支票上的印鉴是否齐全、清晰。检查转账支票上开户行、账号、印章、签字和号码是否清晰齐全，是否有涂改，凡有涂改均作废。

⑤ 必要时，可要求购货单位的经办人出具身份证、介绍信等。

⑥ 填写支票必须字迹清晰、端正，日期准确，大小写金额相符，用途明确。对支票上的各栏目都要按要求填写齐全，并填写清楚。

任务四 汽车维修合同

5.4.1 汽车维修合同的特征和主要内容

1. 汽车维修合同的特征与作用

（1）汽车维修合同的概念

汽车维修合同是一种契约，它是承修、托修双方当事人之间设定、变更、终止民事法律关系的契约，是为了达到按规定标准和约定条件维修汽车的目的而协商签订的相互制约的法律性协定。

（2）汽车维修合同的特征

汽车维修合同是一种法律文书，其目的在于明确承修、托修双方设定、变更、终止权利与义务的一种法律关系。通过合同条款来确定当事人之间的权利与义务，而所发生的法律后果，是当事人所要求的。同时签订汽车维修合同是承修、托修双方意思表示一致的法律行为。"意思表示一致"是合同成立的条件，意思表示不一致，则合同不成立。在合同关系中，承修、托修双方当事人的地位是独立的、平等的、有偿的、互利的。

（3）汽车维修合同的作用

① 维护汽车维修市场秩序。合同明确了承修、托修双方的权利与义务，可以保障当事人的权益。依法订立的合同受法律保护，可使当事人维修活动行为进入法制轨道，使合法的维修活动受到法律保护，并防止或制裁不法维修活动，从而维护维修市场的正常秩序。

② 促进汽车维修企业向专业化、联合化方向发展。实行合同制，使各部门、各环节、各单位通过合同明确各自的权利、义务和责任，便于相互监督、相互协作，从而有利于企业发挥优势，实行专业化，促进横向经济联合。

③ 有利于汽车维修企业改进经营管理。实行合同制，企业要按照合同要求来组织生产经营活动，企业的生产经营状况与合同的订立和履行情况紧密联系在一起。企业只有改进经营管理，努力提高维修质量，才能保证履行合同。只有这样企业才能有信用，也才能有市场，不断改善经营条件，才能获得更好的经济效益和社会效益。

2. 汽车维修合同的主要内容

① 承修、托修双方的名称及签字。

② 签订日期及地点。

③ 合同编号。

④ 送修车辆的车种车型、牌照号、发动机型号（编号）、底盘号。

⑤ 维修类别及项目。

⑥ 送修日期、地点、方式。

⑦ 交车日期、地点、方式。

⑧ 预计维修费用。

⑨ 托修方所提供材料的规格、数量、质量及费用结算原则。

⑩ 质量保证期。

⑪ 验收标准和方式。

⑫ 结算方式和期限。

⑬ 违约责任和金额。

⑭ 解决合同纠纷的方式。

⑮ 双方商定的其他条款。

5.4.2 汽车维修合同的使用

1. 汽车维修合同的签订

（1）合同签订的原则

汽车维修合同必须按照平等互利、协商一致、等价有偿的原则依法签订，承修、托修双方签章后生效。

（2）合同签订的范围

凡属下列汽车维修作业范围，承修、托修双方必须签订维修合同。

① 汽车大修。

② 汽车总成大修。

③ 汽车二级维护。

④ 维修预算费用在 1000 元以上的作业项目。

（3）合同签订的形式

汽车维修合同的签订形式分两种：第一种是长期合同，即最长在一年之内使用的合同；第二种是即时合同，即一次使用的合同。承修、托修双方根据需要也可签订单车或成批车辆的维修合同，还可签订一定期限的包修合同。如果是代签合同，则必须有委托单位的证明，根据授权范围，以委托单位的名义签订，对委托单位直接产生权利和义务。

2. 汽车维修合同的履行

汽车维修合同的履行是指承修、托修双方按照合同的规定内容全面完成各自承担的义务，实现合同规定的权利。

汽车维修合同的履行是双方的法律行为。但是，若双方当事人中有一方没有履行自己的义务在前，另一方有权拒绝履行其义务。

（1）托修方的义务

① 按合同规定的时间送修车辆和接收竣工车辆。

② 提供送修车辆的有关情况（包括送修车辆的基础技术资料、技术档案等）。

③ 如果提供原材料，必须是质量合格的原材料。

④ 按合同规定的方式和期限交纳维修费用。

（2）承修方的义务

① 按合同规定的时间交付修竣车辆。

② 按照有关汽车修理技术标准（条件）修理车辆，保证维修质量，向托修方提供竣工出厂合格证，在保证期内应尽保修义务。

③ 建立承修车辆维修技术档案，并向托修方提供维修车辆的有关资料及使用的注意事项。

④ 按规定收取维修费用，并向托修方提供票据及维修工时、材料明细表。

3. 汽车维修合同的变更和解除

（1）变更和解除的含义

① 变更是指合同未履行或完全履行之前，由双方当事人依照法律规定的条件和程序，对原合同条款进行修改或补充。

② 解除是指合同在没有履行或没有完全履行之前，当事人依照法律规定的条件和程序，

解除合同确定的权利与义务关系，终止合同的法律效力。

（2）合同变更、解除的条件

① 双方协定变更、解除维修合同的条件。

● 必须双方当事人协商同意。

● 必须不因此损害国家或集体利益，或影响国家指令性计划的执行。

② 单方协定变更、解除维修合同的条件。

● 发生不可抗力。

● 企业关闭、停业、转产、破产。

● 严重违约。

除双方协商和单方决定变更、解除合同的法定条件之外，任何一方不得擅自变更或解除合同。发生承办人或法定代表人的变动，当事人一方发生合并或分立，均不得变更或解除维修合同。

（3）变更、解除维修合同的程序及法律后果

汽车维修合同签订后，当事人一方要求变更或解除维修合同时，应及时以书面形式通知对方，提出变更或解除合同的建议，并取得对方的答复，同时协商签订变更或解除合同的协议。

因一方未按程序变更或解除合同，使另一方遭受损失的，除依法可以免除责任外，责任方应负责赔偿。

4. 汽车维修合同的担保

汽车维修合同的担保是合同双方当事人为保证合同切实履行，经协商一致采取的具有法律效力的保证措施。其目的在于保证当事人在未受损失之前即可保障其权利的实现。

汽车维修合同一般采取的是定金担保形式。它是一方当事人在合同未履行前，先行支付给对方一定数额的货币，这种形式是在没有第三方参加的情况下，由合同双方当事人采取的保证合同履行的措施。定金是合同成立的证明。托修方预付定金违约后，无权要求返还定金；接受定金的承修方违约则应加倍返还定金。定金的制裁作用，可以补偿因不履行合同而造成的损失，促使双方为避免制裁而认真履行合同。

汽车维修合同的担保也可以另立担保书作为维修合同的附本。其内容包括抵押担保、名义担保和留置担保等。

不履行或不完全履行合同义务的结果是承担违约责任。承修、托修双方中任一方不履行或不完全履行义务时就发生了违约责任问题，对违约责任问题的处理方式一般为支付违约金和赔偿金两种。

5.4.3 汽车维修合同的鉴证及仲裁

1. 汽车维修合同的鉴证

鉴证是汽车维修合同管理的一项主要内容。通过鉴证，可以证明维修合同的真实性，使合同的内容和形式都符合法律要求；可以增强合同的严肃性，有利于承修、托修双方当事人认真履行；便于合同管理机关监督检查。

汽车维修合同鉴证实行自愿原则。在承修、托修双方当事人请求鉴证的情况下，约定鉴证的合同只有经过鉴证程序，才能成立。

经审查符合鉴证要求的，国家工商行政管理机关予以鉴证，鉴证应制作维修合同鉴证书。

2. 汽车维修合同纠纷的调解

汽车维修合同发生纠纷，承修、托修双方当事人应及时协商解决。协商不成，可向当地交通运输部门申请调解。由主诉方填写申请书，交通运输部门通过调查取证，出具调解意见书，并监督双方当事人执行。当事人一方或双方对调解不服的，可向国家工商行政管理部门及国家规定的仲裁委员会申请调解或仲裁，也可直接向人民法院起诉。纠纷费用原则上由责任方负担，应根据承修、托修双方责任的大小分别负担。

3. 汽车维修合同纠纷的仲裁

当发生了合同纠纷且调解失败后，当事人可采用仲裁方式解决纠纷。双方当事人应当自愿达成仲裁协议。仲裁协议包括合同订立的条款和以其他书面方式在纠纷发生前或者纠纷发生后达到的请求。没有书面仲裁协议，一方申请，仲裁委员会不予受理。如果达成仲裁协议后，一方向人民法院提出起诉，人民法院将不予受理，但仲裁协议无效的除外。

仲裁委员会应当由当事人协议选定。仲裁委员会应根据事实，符合法律规定，公平合理地解决纠纷。

仲裁不实行级别和地域管辖。仲裁依法独立进行，不受行政机关、社会团体和个人的干涉。

仲裁实行一裁终局的制度。裁决作出后，当事人就同一纠纷再申请仲裁或向人民法院起诉的，仲裁委员会或者人民法院不予受理。裁决被人民法院依法裁定撤销或者不予执行的，当事人就该纠纷可以根据双方重新达成的仲裁协议申请仲裁，也可以向人民法院起诉。

当事人对仲裁协议的效力有异议的，可以请求仲裁委员会作出决定或者请求人民法院作出裁定。一方请求仲裁委员会作出决定，另一方请求人民法院作出裁定的，由人民法院裁定。

仲裁委员会对维修问题认为需要鉴定的，可以交由当事人约定的鉴定部门鉴定，也可以由仲裁庭指定的鉴定部门鉴定。

经仲裁委员会仲裁后，仲裁委员会应向双方当事人下达裁决书。

已经裁决当事人申请撤销裁决的，应当自收到裁决书之日起6个月内提出。人民法院应当在受理撤销裁决申请之日起2个月内作出撤销裁决或者驳回申请的裁决。

当事人应当履行裁决。一方当事人不履行的，另一方当事人可以依照《中华人民共和国民事诉讼法》的有关规定向人民法院申请执行，受申请的人民法院应当强制执行。

仲裁费用原则上由败诉方承担，但在实践中考虑各种因素可由当事人分摊仲裁费用。

项目六

汽车车辆保险和保险理赔

教学要求

1. 掌握常用的汽车保险种类；
2. 能运用汽车保险知识判断事故车是否在赔付范围内，掌握事故车代赔流程；
3. 能根据出险处理流程进行报案、定损；
4. 能根据所买保险、出险情况、责任划定进行理赔。

任务一　保险的要素与基本原则

6.1.1　风险的概念与分类

1. 风险的概念

风险是指人们在生产、生活或对某一事物做出决策的过程中，未来结果的不确定性，包括正面效应和负面效应的不确定性。从经济角度而言，前者为收益，后者为损失。

风险是一种客观存在，是不以人的意志为转移的，它的存在与客观环境及一定的时空条件有关，并伴随着人类活动的开展而存在，没有人类的活动，也就不存在风险。

2. 风险的组成要素

风险的组成要素包括风险因素、风险事故和损失。

（1）风险因素

风险因素是指引起或增加风险事故的机会或扩大损失幅度的原因和条件，是风险事故发生的潜在原因，是造成损失的内在或间接原因。风险因素按其性质可分为物质风险因素、道德风险因素和心理风险因素。

① 物质风险因素。物质风险因素是指能直接影响事物物理功能的有形的因素，即某一标的本身所具有的足以引起或增加损失机会和损失幅度的客观原因和条件。

② 道德风险因素。道德风险因素是与人的品德修养有关的无形的因素，即由于个人不诚实、不正直或不轨企图促使风险事故发生，以致引起社会财富损毁或人身伤亡的原因和条件。

③ 心理风险因素。心理风险因素是与人的心理状态有关的无形的因素，即由于人的不注意、不关心、侥幸或存在依赖保险的心理，以致增加风险事故发生的概率和损失幅度的因素。

（2）风险事故

风险事故是指造成生命、财产损害的偶发事件，是造成损害的外在和直接原因，损失都是由风险事故造成的。对于某一事件，在一定条件下，可能是造成损失的直接原因，则它便是风险事故；而在其他条件下，可能是造成损失的间接原因，则它便是风险因素。

（3）损失

损失是指非故意的、非预期的和非计划的经济价值的减少。

风险是由风险因素、风险事故和损失三者构成的统一体，它们之间存在着一种因果关系，如图6-1所示。

风险因素 ——增加或产生→ 风险事故 —— 引起 → 损失

图6-1　风险因素、风险事故和损失三者之间的关系

3. 风险的特点

① 风险存在的客观性。地震、台风、洪水、瘟疫、意外事故等都不以人的意志为转移，它们是独立于人的意识之外的客观存在。

②风险存在的普遍性。自从人类出现后，就面临着各种各样的风险，风险渗入社会、企业、个人生活的方方面面，无时无处不存在。

③ 某一风险发生的偶然性。虽然风险是客观存在的，但就某一具体风险而言，它的发生是偶然的，是一种随机现象。

④ 大量风险发生的必然性。个别风险事故的发生是偶然的，而对大量风险事故的观察发现，其往往呈现出明显的规律性。

⑤ 风险的可变性。风险在一定条件下是可以转化的，这种转化包括：

● 风险量的变化；

● 某些风险在一定的空间和时间范围内被消除；

● 新的风险产生。

4. 风险的分类

① 按风险损害的对象分类，风险可划分为财产风险、人身风险、责任风险和信用风险。

② 按风险的性质分类，风险可划分为纯粹风险和投机风险。

③ 按损失的原因分类，风险可划分为自然风险、社会风险、经济风险、技术风险、政治风险、法律风险。

④ 按风险涉及的范围分类，风险可划分为特定风险和基本风险。

6.1.2　保险的要素与特征

1. 保险的含义

① 从经济角度来看，保险是分摊意外事故损失的一种财务安排。通过保险，少数不幸的被保险人的损失由包括受损者在内的所有被保险人分摊，是一种非常有效的财务安排。

② 从法律角度来看，保险是一种合同行为，是一方同意补偿另一方损失的一种合同安排，提供损失赔偿的一方是保险人，接受损失赔偿的另一方是被保险人。投保人通过履行缴付保险费的义务，换取保险人为其提供保险经济保障的权利，体现了民事法律关系主体之间的权利和义务关系。

③ 从社会角度来看，保险是社会经济保障制度的重要组成部分，是社会生产和社会生活"精巧的稳定器"。

④ 从风险管理角度来看，保险是风险管理的一种方法，通过保险，可以起到分散风险、消化损失的作用。

⑤ 《中华人民共和国保险法》（以下简称《保险法》）将保险定义为："保险，是指投保人根据合同约定，向保险人支付保险费，保险人对于合同约定的可能发生的事故因其发生所造成的财产损失承担赔偿保险金责任，或者当被保险人死亡、伤残、疾病或者达到合同约定的年龄、期限等条件时承担给付保险金责任的商业保险行为。"

2. 保险的要素

保险的要素是指进行保险经济活动所应具备的条件。现代商业保险的要素一般包括以下几项。

（1）可保风险的存在

可保风险是指符合保险人承保条件的特定风险。理想的可保风险应具备以下 6 个条件。

① 风险必须是纯粹的风险。

② 风险必须具有不确定性。

③ 风险必须使大量标的均有遭受损失的可能。

④ 风险必须有导致重大损失的可能。

⑤ 风险不能使大多数保险对象同时遭受损失。

⑥ 风险必须具有现实的可测性。

汽车风险是典型的可保风险。

（2）大量同质风险的集合与分散

保险的经济补偿活动的过程，既是风险的集合过程，又是风险的分散过程。保险人通过保险将众多投保人所面临的分散性风险集合起来，当发生保险责任范围内的损失时，又将少数人发生的风险损失分摊给全体投保人，即通过保险的补偿或给付行为分摊损失或保证经营稳定。保险风险的集合与分散应具备两个前提条件：一是大量风险集合体的互助性，二是同质风险集合体的形成。汽车具备大量同质风险。

（3）保险费率的厘定

保险在形式上是一种经济保障活动，而实质上是一种商品交换行为。在这里，制定保险商品的价格，即厘定保险费率，便成为保险的一个基本要素。保险费率的厘定必须遵循的基本原则是适度性原则、合理性原则和公平性原则。

（4）保险基金的建立

保险的分摊损失与补偿功能是建立在具有一定规模的保险基金基础之上的。保险基金是用以补偿或给付因自然灾害、意外事故和人体自然规律所致的经济损失、人体损害及收入损失，并由保险公司筹集、建立起来的专项货币基金。它主要来源于开业资金和保险费，其中保险费是保险基金的主要来源。由于保险性质和经营上的特殊性，保险基金具有来源的分散性和广泛性、总体上的返还性、使用上的专项性、赔付责任的长期性和运用上的增值性等特点。

（5）保险合同的订立

保险是投保人与保险人之间的商品交换关系，这种经济关系需要有关法律关系对其进行保护和约束，即通过一定的法律形式固定下来，这种法律形式就是保险合同。保险合同的订立，保证了保险人与投保人在确定的法律或契约关系约束下履行各自的权利和义务。

3. 保险的特征

① 经济性。保险是一种经济保障活动。而实现保障的手段，最终都必须采取支付货币的形式进行补偿或给付，这有利于经济的发展。

② 商品性。在商品经济条件下，保险是一种特殊的劳务商品，保险业属于国民经济第三产业，体现了一种等价交换的经济关系，直接表现为个别保险人与个别投保人之间的交换关系。

③ 互助性。保险具有"一人为众，众为一人"的互助特性。保险在一定条件下分担了个别单位和个人所不能承担的风险，从而形成了一种经济互助关系。

④ 法律性。从法律角度看，保险是一种合同行为。保险是依法按照合同的形式体现其存在的。

⑤ 科学性。保险是以科学的方法处理风险的有效措施。现代保险经营、保险费率的厘定、保险准备的提存等都是以概率论和大数法则等科学的数理理论及数理计算为依据的。

6.1.3 保险业务的种类

现代保险可分为财产保险、人身保险、责任保险和信用保证保险4种不同范畴的保险。

1. 财产保险

财产保险是指以财产及相关利益为保险标的，因保险事故发生导致财产利益损失，保险人以保险赔款进行补偿的一种保险。

2. 人身保险

人身保险是指以人的身体或生命为保险标的的一种保险。当被保险人在保险期内因保险事故的发生而伤残、死亡或生存到保险期满时，按合同约定的条件，保险人给付保险金。根据保障范围的不同，人身保险又可分为人寿保险、意外伤害保险和健康保险等。

3. 责任保险

责任保险是指以被保险人依法应负的民事赔偿责任或经过特别约定的合同责任为保险标的的一种保险。责任保险的种类包括机动车商业第三者责任保险（以下简称第三者责任险）、公众责任保险、产品责任保障、职业责任保险以及雇主责任保险等。

4. 信用保证保险

信用保证保险是指以信用关系为保险标的的一种保险，它是一种担保性质的保险。按担保对象的不同，信用保证保险可分为信用保险和保证保险两种。信用保险是指权利人向保险人投保债务人的信用风险的保险。保证保险是指被保险人（债务人）根据权利人（债权人）的要求，请求保险人担保自己信用的保险。

6.1.4 保险合同

1. 保险合同的概念及特征

（1）保险合同的概念

保险合同是投保人与保险人之间约定保险权利和义务的协议。

投保人是指根据与保险人约定的保险合同向保险人支付保险费的人。这种支付是投保人的义务，但同时又是按保险合同的约定从保险人那里获取保险保障的权利。

保险人是指与投保人订立保险合同，并在约定的保险事故发生或在约定的保险事件出现或者期限届满时有履行赔偿责任或者给付保险金义务的保险公司。

（2）保险合同的特征

由于保险业是一种特殊行业，保险合同既具有合同的一般特征，同时又具有其自身特征。

① 保险合同是双方有偿合同。在投保人和保险人订立保险合同时，投保人必须按约定向保险人支付保险费；而保险人在收取投保人的保险费后，就必须承担保险合同约定和法律规定的保险责任。

② 保险合同是附和合同。一般的商议合同的条款是签约双方通过互相协商来制定的。而保险合同是附和合同，保险合同的基本条款及费率是保险人根据国家的有关法律和科学计算制定出来的，投保人对保险合同的条款没有商议的余地，如果投保人同意投保，就必须接受保险合同的基本条款。

③ 保险合同是射幸合同。投保人与保险人订立保险合同后，投保人不一定从保险人那里获得保险合同所订立的条款中的权益，如果保险事件没有出现，那么投保人的保险费就全部送给保险人，自己得不到一分钱的回报。但一旦保险事件发生，投保人可以从保险人那里获得数倍于保险金的回报。

④ 保险合同是最大的诚信合同。投保人在投保时，必须如实告知保险人有关投保标的的情况和回答保险人的提问，而保险人也必须向投保人说明保险合同的主要内容，否则保险合同无效。

⑤ 保险合同具有法定性。一般来说，签订保险合同建立在投保人自愿的基础上，保险人无权干涉或强制投保人购买保险。但有些保险是国家法定保险，如汽车保险中的机动车交通事故责任强制保险就是法定保险，所有车辆都必须购买此险种。对于没有购买机动车交通事故责任强制保险的机动车，公安机关交通管理部门将拒绝给予年审。

2. 保险合同的种类

（1）按保险标的的内涵分类

① 财产保险合同。财产保险合同是指投保人以财产及相关利益为保险标的，当保险事件发生导致其财产损失时，保险人以货币或实物进行赔偿的一种保险合同。财产保险合同又可分为火灾保险合同、海上保险合同、汽车保险合同、货物运输保险合同、航空保险合同、工程保险合同以及农业保险合同等。

② 责任保险合同。责任保险合同是指投保人以依法应负有的民事赔偿责任或经过特别约定的合同责任为保险标的的一种保险合同。

③ 人身保险合同。人身保险合同是指以人的身体或生命为保险标的的保险合同，又可分为人寿保险合同、意外伤害保险合同和健康保险合同。

④ 信用保证保险合同。信用保证保险合同是指以信用关系为保险标的的一种保险合同。信用保证保险合同是一种担保性的保险合同，根据担保对象的不同，可分为信用保险合同和保证保险合同。

（2）按保险标的的价值分类

① 定值保险合同。定值保险合同是指投保人以保险标的的实际价值或估计价值作为保险价值，并在合同上注明了保险金额的保险合同。

② 不定值保险合同。不定值保险合同是指合同双方当事人在订立保险合同时，不预先确定保险标的、保险价值，而是按照保险事故发生时保险标的的实际价值确定保险价值的保险合同。

③ 足额保险合同。足额保险合同是指在出险时约定的保险金额与保险标的的实际价值相

等的保险合同。必须指出，保险金额不能大于出险时保险标的的实际价值，保险人只能按实际价值赔偿。

④ 不足额保险合同。不足额保险合同是指约定的保险金额小于保险标的出险时实际价值的保险合同。签订不足额保险合同的投保人在保险事件发生时，只能获得保险标的的部分赔偿。

⑤ 超额保险合同。超额保险合同是指约定的保险金额大于保险标的出险时的实际价值的保险合同。造成超额保险合同的主要原因有：

● 投保人想获得超过保险价值的赔偿；
● 投保人在投保时高估了保险标的的实际价值；
● 保险标的的市场价格下跌了。

无论出于什么原因，保险金额都不能超过保险价值。超过保险价值的，超过的部分无效。

（3）按保险人承保的方式分类

① 原保险合同。原保险合同是指投保人与保险人直接签订的保险合同。大部分保险合同都属于原保险合同。

② 再保险合同。再保险合同是指保险人为减少承保风险，在签订原保险合同之后，保险人再与其他保险人签订的保险合同。再保险合同的保障对象是原保险合同的保险人。

3．保险合同的主体

把所有与保险合同有关系的人视为一个集合体，这个集合体就称为保险合同的主体。保险合同的主体是由投保人一方和保险人一方共同组成的。

（1）投保人一方

① 投保人。投保人是指与保险人订立保险合同，并按照保险合同负有支付保险费义务的人。投保人既可以是具有民事行为能力的自然人，也可以是具有民事权利能力的企业法人等。

② 被保险人。被保险人是指其财产或人身受保险合同保障、享有保险金请求权的人。被保险人是在保险事件发生时，实际受损的人。在财产保险合同中，对被保险人一般没有特殊的资格限制，基本上与对投保人的要求一致，因此投保人与被保险人往往是同一个人，只是在合同订立时与履行时由于其权利与地位不同而产生了不同的称呼。但个别情况下投保人与被保险人分属两人。

③ 受益人。受益人是指人身保险合同中由被保险人或投保人指定的享有保险金请求权的人。在财产保险合同中，由于领受保险金的一般是被保险人自己，所以没有受益人的规定。只有在人身保险合同中才会出现受益人。

（2）保险人一方

① 保险人。保险人是指与投保人订立保险合同，并承担赔偿或者给付保险金责任的保险公司。保险人与投保人订立保险合同时，享有从投保人那里收取保险费的权利，一旦保险事件发生，必须承担赔偿保险金的义务和责任。

② 保险代理人。保险代理人是指根据保险人委托，向保险人收取代理手续费，并在保险人授权范围内办理保险业务的单位或者个人。保险人必须与保险代理人签订代理合同或授权书确定其代理权限。保险代理人在进行业务活动时，以保险人的名义办理保险业务，保险人对其代理权限范围内的业务或活动承担法律责任。

4．保险合同的客体

保险合同的主体由投保人一方和保险人一方共同组成。而保险合同的客体，就是保险标的。保险合同的种类不同，保险标的也不同。财产保险合同的客体是财产及相关利益。而人身保险合同的客体是人的寿命或身体。

5. 保险合同的内容

保险合同的基本内容是投保人一方和保险人一方之间的权利与义务,用条款的方式写进保险合同中,当保险合同生效后,双方都必须遵守保险合同中的内容。保险合同的内容可分为基本内容和约定内容两种。

(1)保险合同的基本内容

① 保险合同主体的名称和住所。

名称是代表单位或个人主体的符号,住所是指法律确认的自然人的生活住所或法人的主要办事机构所在地。

② 保险标的。

保险标的是保险合同的客体,是当事人双方的权利和义务共同所指的对象。

③ 保险责任。

保险责任是指保险人依据保险合同约定的必须承担赔偿或给付保险金责任的风险项目。保险责任通常由保险人制定,保险人根据不同的险种和相应的风险制定出保险责任条款并载明于保险合同中。

④ 责任免除。

责任免除是指保险合同约定的保险人不承担赔偿或给付保险金责任的风险项目。责任免除的风险通常有损失巨大而且无法计算或预见的风险项目、道德风险等。

⑤ 保险期间和保险责任开始时间。

保险期间是保险合同所持续的有效时间,在保险期间内,保险人必须按保险合同约定的保险条款为被保险人提供保险保障。保险期间的确定方式一般有两种,一种是保险合同上约定的时间期限就是保险期间,可以按自然日期计算,如保险合同从×年×月×日开始生效到×年×月×日结束,在这段时间内保险人必须为被保险人提供保险保障,这段时间就称为保险期间。另一种是按保险事件从开始到终止的时间来确定,保险责任开始时间是一个运行期、工程期或者生长期的开始时间,开始与终止时间可以精确到小时,如保险合同从×年×月×日起开始生效,于×年×月×日零时期满。

⑥ 保险价值和保险金额。

保险价值是保险合同订立时保险标的的实际价值或在保险事故发生时保险标的所具有的实际价值。保险价值是确定保险金额的依据,保险价值一般以投保时保险标的的市场价格为基本依据。当保险标的无市场参考价格时,保险人和投保人在签订保险合同时共同商定其价值。

保险金额是投保人对保险标的实际投保的金额,也是保险人承担给付保险金的最高限额。对于财产保险合同,如有保险标的的市场参考价值,保险金额不得超出保险标的的实际价值;若保险金额超出保险标的的实际价值,保险人在理赔时只按保险标的的实际价值赔偿,超出部分无效。对于人身保险,其保险金额一般根据被保险人或受益人的实际需要和投保人交付保险费的能力来确定。保险金额是计算保险费的基础,是保险人承担保险责任的最高限额。在签订保险合同时,必须有明确的约定。

⑦ 保险费。

保险费是投保人为使保险人承担保险责任而向保险人支付的费用,是建立保险基金的资金来源。保险费一般由基本保险费、附加保险费以及异常风险附加保险费这三部分组成。基本保险费是保险人准备在保险事故发生时给付被保险人或受益人的保险金部分,保险人必须把这部分保险费储存起来,随时准备承担赔付责任。附加保险费是保险人经营保险业所需要的各项费用,包括工资、场地租金、税金及利润等。异常风险附加保险费是保险人为了应付危险事故超常发生时所需要增加的费用,等于在基本保险费的基础上再加上一个安全系数。

保险合同中的保险费是根据保险金额和保险费率计算出来的,保险费率是保险人根据不同的险种确定的。计算公式如下:

$$保险费=保险金额×保险费率$$
$$保险费率=保险费/保险金额$$

⑧ 保险金赔偿或给付办法。

财产保险合同中的保险金称为保险金赔偿,人身保险合同中的保险金称为保险金给付。只有在保险事故发生或保险合同约定的给付保险金条件具备时,被保险人或受益人才有权请求保险人依保险合同的约定赔偿或给付保险金。

⑨ 违约责任和争议处理。

违约责任是指保险合同当事人一方违反保险合同的约定,必须向另一方当事人承担相应的违约责任。保险合同一经生效就具有法律效力,当事人违约就必须承担相应的法律责任。

争议处理是指保险合同发生争议时的解决方法,主要有协商、仲裁和诉讼。保险合同发生争议时,当事人双方应首先通过协商解决;协商不能解决的,可向有关仲裁机构提出仲裁;未约定仲裁机构或争议发生后未达成仲裁协议的,则向法院提出诉讼。

⑩ 订立保险合同的时间。

订立保险合同的时间是指保险人同意承保后,在投保单上签字盖章的同时所注明的时间。

保险合同的订立时间对于认定保险合同的订立日、判断保险利益的存在和保险危险发生的先后有着十分重要的意义。

(2)保险合同的约定内容

当保险合同的基本内容不能完全表达当事人双方的意愿时,当事人双方通过协商约定的内容或条款,称为保险合同的约定内容。但在订立保险合同的约定内容时,保险合同的约定内容不得与其他法律、法规相抵触,也不得违背最大诚信原则。

6. 保险合同的形式

保险合同的形式主要有投保单、保险单、保险凭证、暂保单和批单5种。

(1)投保单

投保单是投保人向保险人申请订立保险合同的书面文件,是合同要约。内容一般包括投保人、被保险人或受益人的地址,保险标的,坐落地址,投保险别,保险金额,保险期间以及保险费率等。投保单是保险人承保的依据,投保人必须如实填写。

(2)保险单

保险单是保险人和投保人之间订立保险合同的正式书面形式。一般由保险人签发给投保人。保险单的内容包括保险项目、保险责任、责任免除及附注条件等。

保险单将保险合同的全部内容详尽列明,包括双方当事人的权利与义务和保险人应承担的保险责任。

(3)保险凭证

保险凭证是保险人签发给投保人来证明保险合同已经订立的书面文件,又称小保单或保险卡。保险凭证是一种简化的保险单,与保险单具有同等的法律效力。

（4）暂保单

暂保单是保险人或保险代理人向投保人出具保险单或保险凭证之前签发的临时保险凭证。它的作用是证明保险人同意投保人投保。暂保单的内容主要是当事人双方约定的重要项目，如保险标的、保险金额、保险费率、承保险种、被保险人姓名以及当事人双方的权利与义务等。暂保单具有与保险单或保险凭证同等的法律效力，有效期限通常只有 30 天。一旦出具保险单或保险凭证，暂保单自行失效。

（5）批单

批单是保险人应投保人或被保险人的要求出具的修改或更改保险单内容的证明文件。批单的形式有两种：一种是在原保险单或保险凭证上批注，另一种是变更保险合同内容的附贴便条。

7. 保险合同的订立、变更、解除与终止

（1）保险合同的订立

保险合同的订立是指投保人和保险人在意愿表示一致时双方订立保险合同的行为。保险合同是当事人就保险事件达成的协议，在协议中分别载明了自己的义务和权利。保险合同订立时，首先投保人必须有投保意愿，并向保险人提出保险要求即合同要约。然后保险人表示承担投保人提出的保险要求即承约。所以，保险合同的订立，必须经过投保人的要约和保险人的承约两个阶段。

① 要约阶段。绝大多数保险合同是要约式合同。要约阶段是投保人向保险人提出保险要求的意愿表示。投保人的要约是保险合同订立的必要和首要程序，投保人的要约是书面要约形式，即投保单。投保单是保险人事先制定的，其内容包括保险合同的基本条款和承保项目。投保人按照投保单所列内容逐一如实填写，并严格履行如实告知义务；保险人应当向投保人说明保险合同条款内容，并就保险标的或者被保险人的有关情况提出询问。

② 承约阶段。承约阶段是保险人同意投保人提出的保险要求的意愿表示，即保险人认可和接受了投保人在投保单上提出的所有条件，并同意在双方合意的条件下承担保险责任。

保险合同在订立过程中，投保人是要约人，保险人是承约人。从投保人填写投保单，到保险人出具保险单，就完成了合同订立的一个要约与承约的过程。这时，投保人与保险人就保险合同条款达成了协议，保险合同对当事人双方产生约束力，保险合同就成立了。

（2）保险合同的变更

保险合同的变更是指在保险合同有效期内，投保人与保险人通过协商，在不违反有关法律、法规的情况下，变更保险合同的内容。保险合同的变更方式主要有如下几种。

① 保险合同主体的变更。

● 保险人变更。一般情况下，保险人变更是不可能的。但当出现保险人破产、被责令停业、被撤销经营保险业许可证以及保险公司的合并或分立等情况时，会导致保险人变更。

● 被保险人的变更。被保险人的变更通常出现在财产保险合同中。例如，因继承或转让等保险标的的所有权或经营权发生转移，原被保险人已失去对保险标的的保险利益，以及被保险企业合并或分立、被保险家庭分家等，都可能导致被保险人的变更。

● 投保人的变更。投保人的变更一般出现在人身保险合同中，因为人身保险合同保险期限长，还可分期付款。在保险合同有效期内，可能出现投保人死亡或投保人因婚变而不愿继续缴费等情况，为使保险合同继续有效，就要变更投保人。

● 受益人的变更。在人身保险合同中，被保险人可以变更为受益人，投保人在被保险人

同意下也可变更为受益人。被保险人与受益人的相互变更是一种单方民事行为，无须经保险人认可或同意，但应书面通知保险人。

② 保险合同客体的变更。

保险标的是客体，而客体是不可能变更的。保险合同客体的变更是指在有效期内，投保人与保险人通过协商，只在保险标的的保险范围内发生部分变更，如保险标的出现种类变化、数量增减、用途改变、危险程度增加、保险价值明显增加或减少等情况时，被保险人可以向保险人提出保险合同客体变更的申请。

③ 保险合同内容的变更。

保险合同内容的变更是指当事人双方权利和义务的合同条款的变更，当保险合同客体变更时，往往会引起保险合同内容的变更。

保险合同变更的程序一般是：投保人或被保险人向保险人提出变更保险合同的书面申请；保险人审核变更请求后，做出相应决定，投保人或被保险人完善各种变更手续、补缴保险费等，保险人则与投保人或被保险人算清保险费、签发批单，保险合同变更生效。

（3）保险合同的解除

保险合同的解除是指在保险合同有效期内，当事人双方依法根据保险合同的约定解除保险合同的行为。保险合同的解除分为投保人解除和保险人解除两种情况。

① 投保人解除保险合同。

保险合同是合意合同，只要不是《保险法》规定的不得解除合同的险种，投保人在保险合同有效期内就可以随时解除保险合同。

② 保险人解除保险合同。

为保证被保险人或受益人的权利，《保险法》有明确的规定，保险人不得随意解除保险合同。只有在投保人、被保险人或受益人有违约或违法行为时，保险人才能解除保险合同。《保险法》规定的保险人可以解除保险合同的情况有如下几种。

- 投保人不履行如实告知义务。只要投保人存在不履行如实告知义务，不管是故意还是过失，都有可能导致保险人解除保险合同。保险人对故意不履行和过失不履行两种情况有不同的解除保险合同处理方法。投保人故意不履行如实告知义务的，保险人对于保险合同解除前发生的保险事故，不承担赔偿或者给付保险金的责任，也不退还保险费。投保人因过失未履行如实告知义务，对保险事故的发生有严重影响的，保险人对于保险合同解除前发生的保险事故，不承担赔偿或者给付保险金的责任，但应当退还保险费。

- 被保险人或受益人谎称发生保险事故骗保。被保险人或受益人在没有发生保险事故的情况下，谎称发生了保险事故，向保险人提出赔偿或者给付保险金请求的，保险人有权解除保险合同，并且不退还保险费。保险人解除保险合同应同时具备两个条件：一是谎称发生了保险事故，二是提出了索赔。这两个条件缺一不可，否则保险人不得解除保险合同。

- 投保方故意制造保险事故。投保人、被保险人或受益人故意制造保险事故的，保险人有权解除保险合同。只要投保方有故意制造保险事故的事实，不管其是否进一步提出索赔请求，保险人即可解除保险合同。

- 投保方不履行安全责任。投保人或被保险人未按照约定履行其对保险标的的安全应尽的责任的，保险人有权要求增加保险费或解除保险合同。投保人或被保险人对保障保险标的的安全有明确责任条款的，如果不履行这些责任条款，保险人当然有权要求增加保险费，甚至可以解除保险合同。

● 保险标的的危险程度增加。在合同有效期内，保险标的的危险程度增加的，被保险人按照合同约定应当及时通知保险人，保险人有权要求增加保险费或解除合同。

③ 保险合同解除的程序。

保险合同解除的程序是：先由解约方向对方发出解约通知书，然后经双方协商一致后解除合同，如果协商不一致，可通过仲裁或诉讼解决。

（4）保险合同的终止

保险合同的终止是指保险合同双方当事人消灭保险合同确定的权利和义务的行为。当合同终止后，保险合同的法律效力也随之终止，当事人双方失去其享有的权利且不用履行应承担的责任。

保险合同的终止有以下几种不同形式。

① 自然终止。保险合同的自然终止是指保险合同届满而即刻终止。保险期间未发生任何保险事故，期满后保险合同自然终止；保险期间发生保险事故，保险人赔付保险金（但不是全部保险金额）后，合同将继续有效，直至保险期满而自然终止。

② 义务履行而终止。义务履行而终止是指保险事故发生后，保险人履行了赔付保险金的全部责任，导致合同终止。

③ 当事人行使终止权而终止。当事人行使终止权是指保险标的发生部分受损，在保险人赔偿后，双方当事人都可以终止合同。如果是投保人终止合同，则必须在保险人赔偿后30天内提出。保险人亦可终止合同，但应当提前15天通知被保险人，并将保险标的未损部分的保费，在扣除已经给予保障期间的应收部分后，退还给投保人。

④ 解除合同而终止。保险合同的解除就是提前终止合同，合同双方当事人失去保险合同约定的权利和义务。

8. 保险合同的履行

在保险合同的有效期内，当事人双方都必须履行自己在保险合同中约定的义务，以保证对方行使自己的权利。保险合同的履行可分为投保人义务的履行和保险人义务的履行两种。

（1）投保人义务的履行

① 履行缴纳保险费义务。向保险人缴纳保险费是投保人最基本的义务。投保人必须按照保险合同约定的缴费期限、保险费数额、缴纳方式履行自己的缴费义务。投保人未能履行缴纳保险费义务时，保险人可以中止甚至终止保险合同。

② 履行维护保险标的的安全的义务。保险合同生效后，投保人或被保险人必须切实履行根据法律、合同约定的维护保险标的的义务。同时在合同有效期内，还要随时接受保险人对保险标的的检查，对保险人提出的安全建议必须采取有效的整改措施。如果投保人或被保险人未履行上述义务，保险人有权要求增加保险费或解除合同。

③ 履行保险标的危险增加通知保险人义务。保险标的危险增加是指在保险合同有效期内，保险标的出现了订立保险合同时双方当事人未曾估计到的危险情况。当保险标的危险增加后，投保人或被保险人应及时通知保险人，这是投保人或被保险人的义务。

④ 履行出险通知义务。出险通知是指在保险合同约定的保险事故发生后，被保险人应及时通知保险人。如果投保人或被保险人未能履行出险通知义务，或超过了期限，由此造成损失扩大，保险人将不承担扩大部分的保险责任。

⑤ 履行积极施救义务。当保险事故发生后，被保险人应尽可能积极采取施救措施，防止危险事故扩大，尽量减少损失。否则，由此而扩大的保险标的损失，保险人有权拒绝承担赔付责任。

（2）保险人义务的履行

① 履行赔付保险金义务。履行赔付保险金义务是保险人在保险合同中最基本的义务，也是保险最基本的目的。保险合同既是特殊的有偿合同，又是射幸合同。投保人支付保险费，向保险人购买保险，目的就是一旦保险事故发生，被保险人或受益人可从保险人那里获得数倍保险费的赔偿。而保险人应该及时、迅速、准确、合理地履行赔付保险金义务。否则，由此造成被保险人或受益人损失的，保险人除赔付保险金外，还要承担违约责任。

② 履行承担施救及其他合理费用的义务。当保险事故发生后，为降低事故损失，减少保险人的赔付保险金额，投保人采取施救措施，是投保人的义务；但承担在施救过程中的费用及其他费用是保险人必须履行的义务。这些费用包括：

- 施救过程中的费用；
- 保险事故发生后支出的费用；
- 核定事故性质和评估保险标的损失的费用；
- 仲裁或诉讼等其他费用。

9. 保险合同的解释和争议的处理

（1）保险合同的解释

保险合同的解释是对保险合同约定的条款的理解和说明。保险合同生效后，在双方当事人履行自己的权利和义务时，对保险合同的不同解释，往往会影响双方当事人各自的权利和义务，从而造成保险纠纷。又由于保险是一项扶弱扶困的具有公益性的事业，对保险合同的不同理解和解释，还有可能导致社会的不稳定。所以必须规范对保险合同的解释。保险合同的解释原则有以下几项。

① 文义解释。文义解释就是对保险合同中条款的文字按照通用的、一般的含义来解释。具体的方法是，保险合同中的用词应按通用文字含义并结合上下文来解释，保险合同的专业术语应按该行业通用的文字含义解释，同一合同中出现的同一词的含义应一致。

② 意图解释。当保险合同的某些条款文义不清、用词混乱或含糊时，必须采用意图解释，即以当时订立保险合同的真实意图来解释合同。在实际操作中，应尽量避免意图解释，防止意图解释过程中可能出现的主观性和片面性。

③ 有利于被保险人或受益人的解释。由于保险合同中的条款通常是由保险人事先制定的，保险人在制定保险合同条款时，会充分考虑其自身利益，投保人在订立保险合同时，只能同意或不同意接受保险条款，而一般不能修改合同条款。所以当保险合同某些条款出现模棱两可、语义含混不清或一词多义的情况时，必须用有利于被保险人或受益人的原则来解释保险合同。这样也有利于保护弱势群体。

④ 尊重保险惯例。保险业是一个特殊的、专业性很强的行业，在长期的业务经营活动中，保险业产生了许多专业用语和行业习惯用语，这些用语已为世界各国保险经营者所承认和接受，所以在解释保险合同中的这些用语时，不仅要考虑其一般含义，而且要考虑其在保险合同中的特别含义，即按尊重保险惯例的原则来解释保险合同。

（2）保险合同争议的处理

当投保人、被保险人或受益人和保险人对保险合同出现了各自的解释，而又无法达成妥协时，便产生了保险合同争议。保险合同争议的处理方法通常有两种：一是仲裁，二是诉讼。仲裁机构或人民法院应当用有利于被保险人或受益人的原则来解释保险合同，并作出公正的裁决或判决。

6.1.5 保险的基本原则

1. 保险利益原则

1）什么是保险利益

保险利益是指投保人对保险标的所具有的法律上承认的利益，它实际上体现了投保人或被保险人与保险标的之间存在的利害关系。如果保险标的安全，投保人或被保险人可以从中获益；而一旦保险标的受损，被保险人必然会蒙受损失。被保险人对保险标的应当具有保险利益，这种保险利益正是保险合同成立的必要条件之一。

2）保险利益成立的条件

保险利益是保险合同得以成立的前提，保险利益必须符合下列条件。

（1）必须为法律上所认可的利益

法律上所认可的利益又称适法利益，即法律上承认的利益。得到法律认可和保护的利益受到损害才能构成保险利益。不法利益，不论当事人是何种意图，均不能构成保险利益，所签订的保险合同均无效。法律上不予承认或不予保护的利益不构成保险利益。

（2）必须为经济上的利益

经济上的利益是可以用货币计算和估算的利益，又称金钱上的利益。如果被保险人遭受的损失不是经济上的，就不能构成保险利益。

（3）必须是确定的利益

确定的利益是指已确定或可以确定的利益。其包括两层含义：

① 是能够用货币估价的；

② 是事实上或客观上的利益，而不是当事人主观估计的利益。

这种事实上的利益包括现有利益和期待利益，现有利益比较容易确定，期待利益就容易引起争议。随着保险技术的发展与完善，期待利益也可以准确地计算出来。如利益损失保险就是直接以期待利益作为保险标的的保险。

3）保险利益原则存在的意义

投保人对保险标的具有的法律上承认的利益，使其保险利益在法律上得到承认和保证，否则保险合同无效。坚持保险利益原则的意义在于以下几方面。

（1）避免赌博行为的发生

保险与赌博均具有射幸性，但保险与侥幸图利的赌博有着本质的区别。保险利益决定了保险人不可能额外获利。因保险基金通过大数法则由广大投保人分担，即使没有得到赔款，也不会导致投保人负担很重。这就可以有效地避免保险成为赌博和类似赌博的行为。

（2）防止道德风险

这是指被保险人为了索取保险人的赔偿而违反道德，故意促使保险事故发生，或者在发生保险事故时放任损失的扩大。如果投保人对保险标的不具有保险利益而与保险人订立保险合同，就极容易发生道德风险。反之，即使保险标的因保险事故受损，被保险人最多也只是获得原有的利益。因此，保险利益原则可有效地防止发生道德风险。

（3）有效地限制保险补偿的程度

财产保险以损害补偿为目的，当保险事故发生时，被保险人所能获得的赔偿额度以保险利益为最高限度。投保人或被保险人对超过保险标的实际价值的部分，不具有保险利益。因此，保险利益原则可以有效地限制保险补偿的程度。

4）保险利益的转移与消灭

（1）保险利益的转移

保险利益的转移是指在保险合同的有效期内，投保人将保险利益转移给受让人，而保险合同仍然有效。一般保险利益转移有继承、让与和破产三种原因。

① 继承：财产保险中的被保险人死亡，其继承人可以自动获得保险利益，即继承人的保险利益在保险合同中继续存在。

② 让与：在我国，对于保险标的让与后保险利益是否转移，没有明确的法律规定。但在保险业务实践中，对某些险种，如海上货物运输保险，承认保险标的让与后，保险合同继续有效。

③ 破产：在财产保险中，被保险人破产，保险利益转移给破产债权人和管理人，但通常规定一个有效的期限。在期限内，保险合同继续有效。发生保险事故后，破产债权人和管理人享有请求权。

（2）保险利益的消灭

对于财产保险，一旦保险标的灭失，保险利益就消失。

5）保险利益的时效

在财产保险中，一般要求从保险合同订立到合同终止，始终都存在保险利益。如果投保时具有保险利益，发生损失时已丧失保险利益，则保险合同无效，被保险人无权获得赔偿。为了适应国际贸易惯例，有的险种在时效上具有一定的灵活性，规定在投保时可以不具有保险利益，但索赔时被保险人对保险标的必须具有保险利益。

2. 最大诚信原则

1）最大诚信原则的含义及内容

（1）什么是最大诚信原则

最大诚信是指诚实可靠、坚守信誉，这是制定各种合同的基础。所谓最大诚信原则，是指保险合同双方当事人对于与保险标的有关的重要事实，应本着最大诚信的态度如实告知，不得有任何隐瞒、虚报、漏报或欺诈。这是任何当事人在保险合同有效期内，履行自己的义务所应遵循的基本原则之一。

（2）最大诚信原则的内容

最大诚信原则的内容主要有告知、保证、弃权与禁止反言。

① 告知。

告知分为狭义的告知和广义的告知两种。狭义的告知仅指合同双方当事人在订约前与订约时，互相据实申报与陈述。广义的告知是指合同订立前、订立时与合同有效期内，投保人应对已知的或应知的和保险标的有关的实质性重要事实，向保险人做口头的或书面的申报，保险人也应将与投保人利益直接相关的实质性重要事实据实通告投保人。最大诚信原则所指的告知是广义的告知。对于保险人来说，通常称为据实说明义务；对于投保人或被保险人来说，通常称为如实告知义务。这种告知虽不是保险合同的组成部分，但对保险合同的签订与履行至关重要。

告知的内容包括如下几点。

● 合同订立时，保险人应主动向投保人说明保险合同条款内容，以及费率和其他可能会影响投保人做出投保决定的事实。

- 合同订立时，根据询问，投保人或被保险人对于已知的与保险标的及其危险有关的重要事实做如实回答。
- 保险合同订立后，如果保险标的的危险增加，被保险人应当及时通知保险人。
- 保险事故发生后，被保险人应及时通知保险人。
- 重复保险的投保人，应将重复保险的相关情况通知保险人。
- 保险标的转让时，投保人应及时通知保险人，经保险人同意继续承保后，方可变更合同。

保险人的告知形式包括明确列明和明确说明两种。明确列明是指保险人只要将保险的主要内容明确列明在保险合同中，即视为已告知被保险人；明确说明是指保险人在明确列明的基础上，还需要对投保人进行明确的提示和正确的解释。

投保人的告知形式有无限告知和询问回答告知两种。《保险法》规定采用询问回答告知形式。保险人应对保险标的或者被保险人的有关情况提出询问，投保人应当如实告知。

② 保证。

投保人或被保险人在保险期内，担保对某一投保事项的作为和不作为，或担保某一事项的真实性。投保人或被保险人违反保证条款，无论是否给保险人造成损害，保险人均有权解除合同，并不承担赔偿或给付保险金的责任。

保证分为明示保证和默示保证。明示保证是以语言、文字和其他习惯方法在保险合同内说明的保证。为慎重起见，保险人会在保险合同里安排一个固定格式，让投保人承认保险单上的保证条款，这是保险单的一部分，投保人必须遵守。默示保证是指在保险单中，虽没有文字明确列出，但在习惯上已经被社会公认为是投保人或被保险人应该遵守的事项。

③ 弃权与禁止反言。

弃权是指保险人放弃其在保险合同中可以主张的某些权利。禁止反言是指保险人已放弃某种权利，明确日后不得再向被保险人主张这种权利。

2）违反最大诚信原则的处理

① 违反告知义务，可以视情况决定是否从违约开始废止保险合同，也可以对某一个索赔案拒绝赔付。违反告知义务主要表现为遗漏、隐瞒、伪报、欺诈等行为。受害方有如下权利。

- 废除保险合同。
- 如果涉及欺诈行为，除了可以废除保险合同外，还可以向对方索赔损失。
- 可以放弃上述两种权利，保险合同继续生效。

② 受害方必须在发现违反最大诚信原则的合理时间内选择上述权利，否则，被认为自动放弃。《保险法》中对违反最大诚信原则有如下具体规定。

- 投保人故意隐瞒事实，不履行如实告知义务的，或者因过失未履行如实告知义务，足以影响保险人决定是否同意承保或者提高保险费率的，保险人有权解除保险合同。
- 投保人故意不履行如实告知义务的，保险人对于保险合同解除前发生的保险事故，不承担赔偿或者给付保险金的责任，并不退还保险费。
- 投保人因过失未履行如实告知义务，对保险事故的发生有严重影响的，保险人对于保险合同解除前发生的保险事故，不承担赔偿或者给付保险金的责任，但应当退还保险费。

3. 近因原则

1）近因原则的含义

保险的基本职能就是对被保险人的经济损失进行充分而及时的补偿，近因原则是确定保险损失赔偿责任的一项基本原则。

保险关系上的近因，并非是指在时间上或空间上与损失最接近的原因，而是指造成损失的最直接、最有效、起主导作用或支配性作用的原因。保险事故的发生有很多原因同时在起作用，近因就是其中决定性的原因。

近因原则是指危险事故的发生与损失结果的形成有直接的因果关系，保险人才对发生的损失负赔偿责任。

2）保险事故中近因的判定

根据保险实践，事故损失可分为单一原因造成的损失、多种原因相关联造成的损失和原因不明的损失三种类型。

（1）判定单一原因造成损失的近因

单一原因造成损失的近因只有一个，不是属于保险责任，就是属于除外责任，保险人只负责赔偿由于承保风险造成的损失。

（2）判定多种原因相关联造成损失的近因

在保险业务中经常会遇到某一事故损失是由几种原因同时造成的，其中有保险单上列明的保险责任，有除外责任，也有未列明的其他原因。如果能分清各种原因对损失的影响程度，保险人就可以对其应负担的损失给予赔偿。但有时分不清主次原因，应按照下列方法判定损失近因。

① 保险合同上未列明的其他原因所造成的损失，一般属于保险责任，应给予赔偿。

② 由除外责任导致保险责任发生所造成的损失，一般不属于保险责任，不予赔偿。

③ 由保险责任导致的除外责任所造成的损失，一般应给予赔偿。

（3）判定原因不明损失的近因

一般要根据客观事实进行推断。首先要广泛收集造成损失的各种资料，为判定近因做好准备；然后根据所掌握的资料，科学地分析造成损失的主要原因，从而正确确定近因。

3）判定保险事故近因的原则

保险责任近因的判定，应从事故的起因对事件的作用大小来考虑，而不是从时间的先后顺序上考虑。保险责任近因的判定，一般应遵循以下原则。

① 如果事故是由保险责任和其他未指明的原因导致的，保险责任为近因。

② 如果事故是由保险责任与除外责任同时导致的，除外责任为近因。

③ 如果事件有连续性，最初的事件为近因。

④ 如果发生损失的各因素可以分开，保险人仅负责保险责任，除外责任及保险责任以外的风险不予负责；如果发生损失的各因素不能区分开，保险人负全部损失的赔偿责任。

4. 损害补偿原则

1）损害补偿原则的含义

损害补偿是指保险标的发生保险责任范围内的损失时，保险人给予被保险人的补偿。损害补偿只能使被保险人在经济上恢复到受损前的状态，而不允许被保险人通过额外索赔获得经济利益。由此可得出以下损害补偿原则的含义。

① 投保人与保险人订立保险合同后，一旦发生保险责任范围内的损失，被保险人就有权

获得全面而充分的赔偿，以补偿保险标的的损失。

② 保险人对被保险人的赔偿，恰好能使保险标的恢复到保险标的发生损失以前的状况，保险赔偿不能高于实际损失。

2）损害补偿原则的限制条件

① 以实际损失为限。在补偿性保险合同中，保险标的遭受损失后，保险赔偿以被保险人所遭受的实际损失为限，全部损失全部赔偿，部分损失部分赔偿。

② 以保险金额为限。保险金额是指保险人承担赔偿或者给付保险金责任的最高限额。赔偿金额只能低于或等于保险金额而不能高于保险金额。

③ 以保险利益为限。保险人的赔偿以被保险人所具有的保险利益为前提条件和最高限额。被保险人所得的赔偿以其对受损保险标的的保险利益为最高限额。

3）损害补偿的派生原则

（1）代位原则

代位原则是损害补偿原则的派生原则。保险的代位，指的是保险人取代被保险人的求偿权和对标的的所有权。代位原则是指保险人依照法律或保险合同的约定，对被保险人遭受的损失进行赔偿后，依法取得向对损失负有责任的第三者进行追偿的权利，或取得被保险人对保险标的的所有权。代位原则只在财产保险中适用，并不适合于人寿保险合同。

代位原则由代位追偿和物上代位两部分组成。

① 代位追偿的概念。

代位追偿又称权利代位，是指在财产保险中，由于第三者的过错致使保险标的发生保险责任范围内的损失，保险人按照保险合同的约定给付了保险金后，有权将自己置于被保险人的地位，获得被保险人有关该项损失的一切权利和补偿。

保险合同中的代位追偿，实际上是保险损害补偿原则的延伸和派生。

② 代位追偿权产生的条件。

代位追偿权是保险人取得被保险人作为受害人的地位，行使向致害人（侵权者）进行民事侵权索赔的权利。

代位追偿权的产生应具备以下条件。

● 保险标的的损失必须是由第三者造成的。

● 保险标的的损失是保险责任范围内的损失。

● 代位追偿权的产生必须在保险人给付保险金之后。

具备以上三个条件，保险人才能取代被保险人的地位与第三者产生债务债权关系。

③ 代位追偿权的行使。

代位追偿的对象是负民事赔偿责任的第三者，既可以是法人、自然人，也可以是其他经济组织。由于被保险人近亲属的过失行为造成的被保险财产损失，不适用代位追偿的规定。

代位追偿权的行使应按如下规定进行。

● 保险事故发生后，保险人未赔偿保险金之前，被保险人放弃对第三方请求赔偿权利的，保险人不承担赔偿责任。

● 保险人向被保险人赔偿后，被保险人未经保险人同意放弃对第三方请求赔偿权利的，该行为无效。

● 由于被保险人的过错致使保险人不能或不能充分行使代位请求赔偿权利的，保险人可以相应扣减保险赔偿金。

④ 物上代位。

物上代位是指保险标的在发生保险责任事故遭受损失后，在履行了对被保险人的赔偿义务后，保险人就代位取得对受损的保险标的的所有权。

（2）分摊原则

这是损害补偿原则的又一个派生原则。分摊原则是指投保人对同一标的、同一保险利益、同一保险事故分别与两个以上保险人订立保险合同的，构成重复保险，其保险金额的总和往往超过保险标的的实际价值。

发生事故时，按照损害补偿原则，应由几个保险人根据不同比例分摊赔偿金额。

① 损失分摊的条件：必须是同样的保险利益，同一保险标的，相同的风险及同一保险期内。

② 损失分摊的方式：保险人之间的赔款分摊方式有比例责任制、责任限额制和优先赔偿制等。

任务二　机动车辆保险的基本险

机动车辆保险（汽车保险）是运输工具保险的主要险别。

机动车辆保险是以机动车辆本身及其相关经济利益为保险标的的不定值财产保险。机动车辆保险一般包括基本险和附加险两部分。基本险又分为机动车辆损失险、第三者责任险和机动车交通事故责任强制保险（以下简称交强险）。机动车辆损失险和第三者责任险两个险种的条款相互交叉在一起，包括保险责任，责任免除，保险金额和责任限额，保险期限，赔偿处理，保险人、投保人和被保险人的义务，保险费调整七个部分。

6.2.1　机动车辆损失险

机动车辆损失险（车身险）是指被保险车辆遭受保险责任范围内的自然灾害或意外事故，造成被保险车辆本身损失，保险人依照保险合同的规定给予赔偿。

1. 保险责任

被保险人或其允许的驾驶人在使用被保险车辆过程中因保险条款中列明的原因造成被保险车辆的损失，保险人负责赔偿。

被保险人或其允许的驾驶人，应同时具备两个条件：第一，被保险人或其允许的驾驶人是指被保险人本人，以及经被保险人委派、雇佣或认可的驾驶被保险车辆的人员。第二，驾驶人必须持有效驾驶证，并且所驾车辆与驾驶证规定的准驾车型相符；驾驶出租汽车或营业性客车的驾驶员还必须具备交通运输管理部门核发的许可证书或其他必备证书，否则仍应认定为不合格。

机动车辆保险条款的保险责任采用列明式，未列明的不属于保险责任。条款中列明的意外事故或自然灾害造成被保险车辆的直接损失，保险人负责赔偿。机动车辆损失险条款中约定的灾害事故包括以下几类。

（1）碰撞、倾覆、坠落

① 碰撞。碰撞是指被保险车辆与外界静止的或运动中的物体意外撞击。这里的碰撞包括三种情况：一是被保险车辆与外界物体的意外撞击造成本车损失；二是被保险车辆按《中华人民共和国道路交通安全法实施条例》关于车辆装载的规定载运货物（当车辆装载货物不符合装载规定时，须报请公安机关交通管理部门批准，并按指定时间、路线、时速行驶），车与货即

视为一体，所装货物与外界物体的意外撞击造成本车损失；三是被保险车辆与外界直接接触。

② 倾覆。倾覆是指被保险车辆由于自然灾害或意外事故，造成本车翻倒，车体触地，使其失去正常状态和行驶能力，不经施救不能恢复行驶。

③ 坠落。坠落是指被保险车辆在行驶中发生意外事故，整车腾空（包括翻转360°以上）后，仍四轮着地所产生的损失。

（2）火灾、爆炸

① 火灾。火灾是指在时间或空间上失去控制的燃烧所造成的灾害。这里指车辆本身以外的火源及基本险的机动车辆损失险所列的灾害事故造成的燃烧，导致被保险车辆的损失。

② 爆炸。爆炸仅指化学性爆炸，即物体在瞬间分解或燃烧时放出大量的热和气体，并以很大的压力向四周扩散，形成破坏力的现象。发动机因其内部原因发生爆炸或爆裂、轮胎爆炸等，不属本保险责任。

（3）外界物体坠落、倒塌

① 外界物体坠落。陨石或飞行器等空中掉落物体所致的被保险车辆受损，属本保险责任。起重机的吊物脱落以及吊钩或吊臂的断落等，造成被保险车辆的损失，也属本保险责任。但吊车本身在操作时由于吊钩、吊臂上下起落砸坏被保险车辆的损失，不属本保险责任。

② 外界物体倒塌。被保险车辆自身以外，由物质构成并占有一定空间的个体倒下或陷下，造成被保险车辆的损失，如地上或地下建筑物坍塌、树木倾倒致使被保险车辆受损，都属本保险责任。

（4）暴风、龙卷风

① 暴风。风力速度在28.5m/s（相当于11级大风）以上。在掌握上，只要风力速度达17.2m/s（相当于8级风），造成被保险车辆的损失，即构成本保险责任。

② 龙卷风。龙卷风是指一种范围小而时间短的猛烈旋风，平均最大风速一般在79～103m/s，极端最大风速一般在100m/s以上。

（5）雷击、雹灾、暴雨、洪水、海啸

① 雷击。由于雷电直接击中被保险车辆或通过其他物体引起被保险车辆的损失，均属本保险责任。

② 雹灾。由于冰雹降落造成的灾害，属本保险责任。

③ 暴雨。降雨量达16mm/h以上，或连续12h降雨量达30mm以上，或连续24h降雨量达50mm以上。

④ 洪水。凡江河泛滥，山洪暴发，潮水上岸及倒灌，致使被保险车辆遭受浸泡、淹没的损失，都属本保险责任。

⑤ 海啸。海啸是由于地震或风暴而造成的海面巨大涨落现象，按成因分为地震海啸和风暴海啸。由于海啸导致海水上岸泡损、淹没、冲失被保险车辆都属本保险责任。

（6）地陷、冰陷、崖崩、雪崩、泥石流、滑坡

① 地陷。地表突然下陷造成被保险车辆的损失，属本保险责任。

② 冰陷。在公安机关交通管理部门允许车辆行驶的冰面上，被保险车辆通过时，冰面突然下陷造成被保险车辆的损失，属本保险责任。

③ 崖崩。石崖、土崖因自然风化、雨蚀而崩裂下塌，或山上岩石滚落，或雨水使山上沙土透湿而崩塌，致使被保险车辆遭受的损失，属本保险责任。

④ 雪崩。雪崩是指大量积雪突然崩落的现象。

⑤ 泥石流。泥石流是指山地突然暴发饱含大量泥沙、石块的洪流。

⑥ 滑坡。滑坡是指斜坡上不稳的岩石或土体在重力作用下突然整体向下滑动。

（7）载运被保险车辆的渡船遭受自然灾害（只限于有驾驶人随车照料者）

被保险车辆在行驶途中，因需要跨过江河、湖泊、海峡才能恢复道路行驶而过渡，驾驶人把车辆开上渡船，并随车照料到对岸，在此期间因遭受自然灾害，致使被保险车辆本身发生损失，保险人予以赔偿。由货船、客船、客货船或滚装船等运输工具承载被保险车辆的过渡，不属于保险责任。

2. 施救保护费用

被保险车辆发生保险事故时，被保险人为防止或减少被保险车辆的损失所支付的必要的、合理的施救费用，由保险人承担，最高不超过保险金额。

施救措施是指发生保险责任范围内的灾害或事故时，为减少和避免被保险车辆的损失所实施的抢救行为。

保护措施是指保险责任范围内的自然灾害或意外事故发生以后，为防止被保险车辆损失扩大和加重而采取的行为。

合理费用是指保护、施救行为支出的费用是直接的、必要的，并符合国家有关政策规定。

保险人在处理以上费用时有一些具体的规定。在具体运用时要注意以下九条原则。

① 被保险车辆发生火灾时，被保险人或其允许的驾驶人使用他人非专业消防单位的消防设备，施救被保险车辆所消耗的合理费用及设备损失应赔偿。

② 被保险车辆出险后，失去正常的行驶能力，被保险人雇用吊车及其他车辆进行抢救的费用，以及将出险车辆拖运到最近修理厂的运输费用，按当地物价部门核准的收费标准或该车修理费用的20%（以低者为准），保险人应予负责。

③ 在抢救过程中，因抢救而损坏他人的财产，如果应由被保险人承担赔偿的，保险人可酌情予以赔偿。但在抢救时，抢救人员个人物品的损失和丢失，不予赔偿。

④ 抢救车辆在拖运受损被保险车辆途中发生意外事故，造成被保险车辆损失扩大部分和费用支出增加部分，如果该抢救车辆是被保险人自己或他人义务派来抢救的，予以赔偿；如果该抢救车辆是受雇的，则不予赔偿。

⑤ 被保险车辆出险后，被保险人或其代表奔赴肇事现场处理所支出的费用，不予负责。

⑥ 保险人只对被保险车辆的施救费用负责。例如，被保险车辆发生保险事故后，受损被保险车辆与其所装货物（或其拖带的未保险挂车）同时被施救，应按被保险车辆与货物的实际价值进行比例分摊赔偿。

⑦ 被保险车辆为进口车或特种车，发生保险责任范围内事故后，当地确实不能修理，在取得保险人同意后，该肇事车被移送到其他修理厂或去外地修理的移送费，予以负责。但护送被保险车辆人员的工资和差旅费，不予负责。

⑧ 施救保护费用（含起重机和拖运车费用）与修理费用应分别计算。当车辆全损无施救价值时，一般不给施救费。残余部分如果有一定价值，可适当给予一定的施救费，但不能超过残值的100%。在施救前，如果施救保护费用与修理费用相加，估计已达到或超过保险金额，则可推定全损予以赔偿，但保险人不接受权益转让。

⑨ 被保险车辆发生保险责任范围内事故后，对其停车费、保管费、扣车费以及各种罚款，保险人不予负责。

3. 责任免除

被保险车辆的下列损失和费用，保险人不负责赔偿。

① 自然磨损、朽蚀、故障、轮胎单独损坏

● 自然磨损。自然磨损是指车辆由于使用造成的机件损耗。

● 朽蚀。朽蚀是指机件与有害气体、液体相接触，被腐蚀损坏。

● 故障。故障是指由于车辆某个部件或系统性能发生问题，影响车辆的正常工作。

● 轮胎单独损坏。轮胎单独损坏是指被保险车辆在使用过程中，不论何种原因造成轮胎的单独破损。

但由于自然磨损、朽蚀、故障、轮胎单独损坏而引起的保险事故（如碰撞、倾覆等），造成被保险车辆其他部位的损失，保险人应予以赔偿。

② 玻璃单独破碎、无明显碰撞痕迹的车身划痕。玻璃单独破碎是指不论任何原因引起的玻璃单独破碎。玻璃包括风窗玻璃和车窗玻璃。

③ 人工直接供油、高温烘烤造成的损失

● 人工直接供油。人工直接供油是指不经过车辆正常供油系统的供油。

● 高温烘烤。高温烘烤是指无论是否使用明火，违反了车辆安全操作规则的加热、烘烤升温的行为。

④ 自燃以及不明原因引起火灾造成的损失

● 自燃。自燃是指因本车电器、线路、供油系统发生故障或所载货物自身原因起火燃烧。即在没有外界火源，被保险车辆也未发生碰撞、倾覆的情况下，由于被保险车辆本车漏油或电器、线路、供油系统、载运的货物等自身发生问题引起的火灾。

● 不明原因引起火灾。公安消防部门的"火灾原因认定书"中认定的起火原因不明的火灾。

⑤ 遭受保险责任范围内的损失后，未经必要修理继续使用，致使损失扩大的部分。即被保险车辆因发生保险事故遭受损失后，没有及时进行必要的修理，或修理后车辆未达到正常使用标准而继续使用，造成被保险车辆损失扩大的部分。

⑥ 车辆标准配置以外，未投保的新增设备的损失。

⑦ 在淹及排气管或进气管的水中起动，或被水淹后未经必要处理而起动车辆，致使发动机损坏。即被保险车辆在淹及排气管或进气管的水中起动或被水淹后操作不当致使发动机损坏。

被保险车辆在停放或行驶过程中，被水淹及排气管或进气管，驾驶人继续起动车辆或利用惯性起动车辆；以及车辆被水淹后转移至高处，或水退后未经必要的处理而起动车辆，造成的发动机损坏。

⑧ 被保险车辆所载货物坠落、倒塌、撞击、泄漏造成的损失

● 受本车所载货物撞击的损失。受本车所载货物撞击的损失是指被保险车辆行驶时，车上货物与本车相互撞击，造成本车的损失。

● 车辆所载货物坠落。车辆所载货物坠落是指被保险车辆装载的货物从车上掉下砸伤他人或砸坏他人财产。

⑨ 摩托车停放期间因翻倒造成的损失。这是指两轮摩托车或轻便摩托车停放期间由于翻倒造成的车辆损失。

6.2.2 第三者责任险

第三者责任险属于责任保险范畴，它承保机动车辆所有者或被保险人允许的合格驾驶人，在使用车辆过程中发生意外事故造成第三者人身伤害财产直接损失，且依法应由被保险人承担

的损害赔偿责任。由保险人根据相关法律、法规和保险合同的有关规定进行赔偿。

1. 保险责任

① 被保险人或其允许的驾驶人，在使用被保险车辆过程中发生意外事故，致使第三者遭受人身伤亡或财产直接损毁，依法应当由被保险人承担的经济赔偿责任，保险人依照相关法律、法规和保险合同的规定负责赔偿。但因事故产生的善后工作，保险人不负责处理。

- 被保险人允许的驾驶人，这里有两层含义：一是被保险人允许的驾驶人，指持有驾驶执照的被保险人本人、配偶及他们的直系亲属或被保险人的雇员，或驾驶人使用被保险车辆在执行被保险人委派的工作期间，或被保险人与使用被保险车辆的驾驶人具有营业性的租赁关系；二是合格，指上述驾驶人必须持有有效驾驶执照，并且所驾车辆与驾驶执照规定的准驾车型相符。只有"允许"和"合格"两个条件同时具备的驾驶人在使用被保险车辆发生保险事故造成损失时，保险人才予以赔偿。被保险车辆被人私自开走，或未经车主、被保险车辆所属单位主管负责人同意，驾驶人私自许诺的人开车，均不能视为"被保险人允许的驾驶人"开车，此类情况发生的肇事，保险人不负责赔偿。

- 意外事故，即不是行为人出于故意，而是行为人不可预见的以及不可抗拒的，并造成人员伤亡或财产损失的突发事件。车辆使用中发生的意外事故分为以下几类。

道路交通事故：凡在道路上发生的交通事故属于道路交通事故，即被保险车辆在公路、城市街道、胡同（里巷）、公共广场、公共停车场发生的意外事故。道路即《中华人民共和国道路交通安全法》（以下简称《道路交通安全法》）所规定的"公路、城市道路和虽在单位管辖范围但允许社会机动车通行的地方，包括广场、公共停车场等用于公众通行的场所"。

非道路事故：被保险车辆在铁路道口、渡口、机关大院、农村场院、乡间小道等处发生的意外事故。

- 第三者。在保险合同中，保险人是一方，也叫第一者；被保险人或使用被保险车辆的致害人是第二方，也叫第二者；除保险人与被保险人之外的，因被保险车辆的意外事故致使被保险车辆下的人员遭受人身伤亡或财产损失，被保险车辆下的受害人是第三方，也叫第三者。同一被保险人的车辆之间发生意外事故，相对方均不构成第三者。

- 人身伤亡，即人的身体受伤害或人的生命终止。

- 财产直接损毁，即被保险车辆发生意外事故，直接造成事故现场他人现有财产的实际损毁。

- 依法应当由被保险人承担的经济赔偿责任，即按道路交通安全法律、法规，被保险人（或驾驶人）承担的事故责任所应当支付的赔偿金额。

- 保险人负责赔偿，即保险人按照相关法律、法规及保险合同的规定给予补偿。

- 保险合同的规定，即基本险条款、附加险条款、特别约定、保险单、保险批单等所载明的有关规定，第三者责任险按规定的范围、项目、标准进行赔偿。

- 善后工作，即民事赔偿责任以外对事故进行妥善料理的有关事项。如被保险车辆对他人造成伤害所涉及的抢救、医疗、调解、诉讼等具体事宜。

② 经保险人事先书面同意，被保险人给第三者造成损害而被提起仲裁或者诉讼的，对应由被保险人支付的仲裁或者诉讼费用以及其他费用，保险人负责赔偿。赔偿的数额在保险单载明的责任限额以外另行计算，最高不超过责任限额的30%。

2. 机动车辆损失险和第三者责任险的共同责任免除

下列情况下，不论任何原因造成的被保险车辆损失和对第三者的经济赔偿责任，保险人均不负责赔偿。

① 地震、战争、军事冲突、恐怖活动、暴乱、扣押、罚没、政府征用。

- 地震，即因地壳发生急剧的自然变异，影响地面而发生震动的现象。无论是地震使保险车辆直接受损，还是地震造成外界物体倒塌所致被保险车辆的损失，保险人都不负责赔偿。

- 战争，即国家与国家、民族与民族、政治集团与政治集团之间，为了一定的政治、经济目的而进行的武装斗争。

- 军事冲突，即国家或民族之间在一定范围内的武装对抗。

- 恐怖活动，即恐怖分子制造的危害社会稳定、危及人的生命与财产安全的一切形式的活动。1937年的《防止和惩治恐怖主义公约》，将恐怖行为定义为"为反对一个国家或者旨在给特定的人群、人民团体或普通公众的精神上制造恐怖状态而策划的犯罪行为"。由于"9·11"事件以后恐怖活动猖獗，恐怖活动造成的灾害与军事冲突相似，保险人将其纳入责任免除范围，为不可保风险。

- 暴乱，即破坏社会秩序的武装骚动。战争、军事冲突、恐怖活动、暴乱以政府宣布为准。

- 扣押，即采用强制手段扣留被保险车辆。

- 罚没，即司法或行政机关没收违法者的被保险车辆，作为处罚。

- 政府征用，特指政府利用行政手段有偿或无偿占用被保险车辆。

② 竞赛，测试，在营业性维修场所修理、养护期间。

- 竞赛，即被保险车辆作为赛车直接参加车辆比赛活动。

- 测试，即对被保险车辆的性能和技术参数进行测量或试验。

- 在营业性维修场所修理、养护期间，即被保险车辆进入维修厂（站、店）保养、修理期间，由于自然灾害所造成的被保险车辆或他人的损失。其中，营业性维修场所是指被保险车辆进入以盈利为目的的修理厂（站、店）；养护期间是指被保险车辆进入维修厂（站、店）开始到保养、修理结束并验收合格提车为止，包括保养、修理过程中的测试。

③ 利用被保险车辆从事违法活动。被保险人及其允许的驾驶人不能利用被保险车辆从事法律、法规和有关规定所不允许的活动和经营。

④ 驾驶人饮酒、吸食或注射毒品、被药物麻醉后使用被保险车辆。

- 驾驶人饮酒，即驾驶人饮酒开车，可根据下列之一来判定：公安机关交通管理部门处理交通事故时作出的酒后驾车结论；有饮酒后驾车的证据。

- 吸毒，即驾驶人吸食或注射鸦片、海洛因、大麻、可卡因，以及国家规定管制的其他能够使人形成瘾癖的麻醉药品和精神药品。

- 被药物麻醉，即驾驶人注射有麻醉成分的药品，在整个身体或身体的某一部分暂时失去控制的情况下驾驶车辆。

⑤ 被保险车辆肇事逃逸，即被保险车辆肇事后，为了逃避法律、法规制裁，逃离肇事现场的行为。

⑥ 驾驶人有下列情形之一者。

- 无驾驶证或驾驶车辆与驾驶证准驾车型不相符。

- 在公安机关交通管理部门规定的其他属于无有效驾驶证的情况下驾车，有以下几种情况。

a. 持军队或武警部队驾驶证驾驶地方车辆，持地方驾驶证驾驶军队或武警部队车辆。

b. 学习驾车时，无教练员随车指导，或不按指定时间、路线学习驾车。

c. 实习期间驾驶大型客车、电车、起重机和带挂车的汽车时，无正式驾驶员并坐监督指导。

d. 实习期间驾驶执行任务的警车、消防车、工程抢修车、救护车和载运危险物品的车辆。

e. 实习期在高速公路上驾车。

f. 驾驶人持审验不合格的驾驶证或未经公安机关交通管理部门同意，持未审验的驾驶证驾车。

g. 公安机关交通管理部门规定的其他属于无有效驾驶证的情况。

- 使用各种专用机械车、特种车的人员无国家有关部门核发的有效操作证，驾驶营业性客车的驾驶人无国家有关部门核发的有效资格证书。

⑦ 非被保险人允许的驾驶人使用被保险车辆，即被保险人或其允许的驾驶人以外的其他人员使用被保险车辆。被保险车辆不具备有效行驶证件。

⑧ 因污染（含放射性污染）造成的损失。

- 因污染引起的任何补偿和赔偿，即不论是否发生保险事故，被保险车辆本身及被保险车辆所载货物泄漏造成的对外界的任何污染而引起的补偿和赔偿，保险人都不负责赔偿。

- 污染范围。污染包括被保险车辆在正常使用过程中，由于车辆油料或所载货物的泄漏造成的污染，以及被保险车辆发生事故导致本车或第三者的油料或所载货物的泄漏造成的污染。

- 车辆所载货物泄漏，即被保险车辆装载液体、气体因流泄、渗漏而对外界一切物体造成腐蚀、污染、人畜中毒、植物枯萎以及其他财产的损失。例如，保险车辆漏油造成对路面的损害。

⑨ 被保险车辆或第三者财产因市场价格变动造成的贬值，修理后因价值降低引起的损失。

⑩ 被保险车辆被盗窃、抢劫、抢夺造成第三者人身伤亡或财产损失，以及因被盗窃、抢劫、抢夺受到损坏或车上零部件、附属设备丢失。

被保险车辆全车被盗窃、抢劫、抢夺期间是指从被保险车辆被盗窃、抢劫、抢夺行为发生之时起至公安部门将该车收缴之日止。

附属设备是指购买新车时，随车装备的基本设备。随车工具、新增设备等不属于附属设备。

被保险车辆被盗窃、抢劫、抢夺期间发生交通事故，造成第三者人身伤亡或财产损失，保险人不负责赔偿。

⑪ 被保险人或驾驶人的故意行为造成的损失，即明知自己可能造成损害的结果，而仍希望或放任这种结果发生。

⑫ 其他不属于保险责任范围内的损失和费用。

- 不属于基本险条款规定的第三者责任范围内的损失和费用。

- 保险事故发生前，未按书面约定履行交纳保险费义务的，保险人不负责赔偿。

- 发生保险事故时被保险车辆没有公安机关交通管理部门核发的行驶证和号牌，或未按规定检验或检验不合格，保险人也不负责赔偿。

3. 第三者责任险的责任免除

① 被保险车辆造成下列人身伤害或财产损失，不论在法律上是否应当由被保险人承担赔偿责任，保险人均不负责赔偿。

● 被保险人及其家庭成员的人身伤亡、所有或代管的财产的损失。

被保险人或其允许的驾驶人所有或代管的财产包括被保险人或其允许的驾驶人自有的财产，或与他人共有财产的自有部分，或代替他人保管的财产。

对于有些规模较大的投保单位，"自有的财产"可以掌握在其所属各自独立核算单位的财产范围内。

第三者责任险在财产损失赔偿上掌握的原则是，保险人付给受害方的赔款最终不能落到被保险人手中，但碰撞标的均投保了机动车辆损失险的可酌情处理。

● 本车驾驶人及其家庭成员的人身伤亡、所有或代管的财产的损失。私有车辆、个人承包车辆的被保险人或其允许的驾驶人及其家庭成员，以及他们所有或代管的财产。

具体有如下四种情况。

a. 私有、个人承包车辆的被保险人或其允许的驾驶人及其家庭成员。可根据独立经济的户口划分区别。

b. 私有、个人承包车辆的被保险人或其允许的驾驶人及其家庭成员所有或代管的财产。即被保险人或其允许的驾驶人及其家庭成员自有的财产，或与他人共有财产的自有部分，或他们代替他人保管的财产。

c. 私有车辆。车辆所有权属于私人的车辆，如个人和私营企业等的车辆。

d. 个人承包车辆。以个人名义承包单位、他人的车辆。

● 本车上其他人员的人身伤亡或财产损失。本车上的一切人员和财产是指意外事故发生的瞬间，在本保险车辆上的一切人员和财产，包括此时在车上的驾驶人。这里包括车辆行驶中或车辆未停稳时非正常下车的人员，以及起重机正在吊装的财产。

② 被保险车辆拖带未投保第三者责任险的车辆（含挂车）或被未投保第三者责任险的其他车辆拖带。

被保险车辆拖带车辆（含挂车）或其他拖带物，二者当中至少有一个投保第三者责任险。无论是被保险车辆拖带未被保险车辆，还是未被保险车辆拖带被保险车辆，都属于被保险车辆增加危险程度，超出了保险责任正常承担范围，故由此产生的任何损失，保险人不予赔偿（公安机关交通管理部门的清障车拖带障碍车不在此列）。

但拖带车辆和被拖带车辆均投保了机动车辆损失险的，发生机动车辆损失险责任范围内的损失时，保险人应对车辆损失部分负赔偿责任。

③ 下列损失和费用，保险人不负责赔偿。

● 被保险车辆发生意外事故，致使被保险人或第三者停业、停驶、停电、停水、停气、停产、通信中断的损失以及其他各种间接损失。

被保险车辆发生保险事故受损后，丧失行驶能力，从受损到修复这一期间，被保险人停止营业或不能继续运输等损失，保险人均不负责赔偿。

被保险车辆发生意外事故致使第三者营业停止、车辆停驶、生产或通信中断和不能正常供电、供水、供气的损失，以及由此而引起的其他人员、财产或利益的损失，不论在法律上是否应当由被保险人负责，保险人都不负责赔偿。

● 精神损害赔偿，即因保险事故引起的、无论是否依法应由被保险人承担的任何有关精神损害的赔偿。

6.2.3　交强险

1. 强制汽车责任保险的定义与特征

（1）强制汽车责任保险的定义

责任保险是指以被保险人依法应当对第三人承担的损害赔偿责任为保险标的的保险。强制汽车责任保险是国家政府基于公共政策的考虑，为维护社会的普遍利益，以颁布法律法规的形式实施的汽车责任保险。一方面用法律法规的手段强制被保险人必须参加责任保险，另一方面保险人也必须承保汽车责任保险，其中心目的就是保障交通事故的受害人能得到合理的基本保障。实施强制汽车责任保险的国家广泛采用"法定保险，商业经营"的模式。

（2）强制汽车责任保险的特征

与商业汽车责任保险相比，强制汽车责任保险所具有的特征表现为：

① 强制性；

② 对第三者的利益具有基本保障性；

③ 具有不可选择性；

④ 建立社会保险基金，由政府专门管理和使用；

⑤ 以无过失责任为基础；

⑥ 具有公益性。

2. 交强险的定义

我国的强制汽车责任保险是以《机动车交通事故责任强制保险条例》（以下简称《交强险条例》）的形式制定的，机动车是指汽车、电车、电瓶车、摩托车、拖拉机及各种专用机械车、特种车。因此，我国的强制汽车责任保险应遵从《交强险条例》的有关规定。

交强险是指由保险公司对被保险机动车发生道路交通事故造成本车人员、被保险人以外的受害人的人身伤亡、财产损失，在责任限额内予以赔偿的强制性责任保险。

3. 交强险与第三者责任险的区别

交强险与第三者责任险保障的内容都是保险车辆发生交通事故给第三者（无辜受害人）所带来的人身伤亡和财产损失，这是它们的共同点。由于交强险还具有强制性、广泛覆盖性及公益性的特点，其与第三者责任险的区别主要表现在以下六个方面。

① 交强险实行强制性投保和强制性承保。交强险的强制性，一方面体现在所有在道路上行驶的机动车的所有人或管理人必须依法投保该险种；另一方面体现在具有经营交强险资格的保险公司不能拒绝承保和随意解除合同。这一特点区别于基于保险双方自愿的第三者责任险。

② 交强险与第三者责任险的赔偿原则不同。目前实行的第三者责任险，保险公司是根据被保险人在交通事故中所承担的事故责任来确定其赔偿责任的。交强险实施后，无论被保险人是否在交通事故中负有责任，保险公司均将按照《交强险条例》以及《机动车交通事故责任强制保险条款》（以下简称《交强险条款》）的具体要求在责任限额内予以赔偿。

③ 为有效控制风险，减少损失，第三者责任险规定有不同的责任免除事项和免赔率（额）。而交强险除被保险人故意造成交通事故等少数几项情况外，其保险责任几乎涵盖了所有道路交通风险，且不设免赔率与免赔额。

④ 交强险按不盈不亏原则制定保险费率。交强险不以盈利为目的，并与其他保险业务分开管理、单独核算。而第三者责任险则无须与其他车险险种分开管理、单独核算。

⑤ 交强险实行分项责任限额制，且责任限额固定；第三者责任险只设定综合的责任限额，但责任限额可以分成不同的档次，由投保人自由选择。

交强险责任限额分为死亡伤残赔偿限额、医疗费用赔偿限额、财产损失赔偿限额以及被保险人在道路交通事故中无责任的赔偿限额。其中无责任的赔偿限额分为无责任死亡伤残赔偿限额、无责任医疗费用赔偿限额以及无责任财产损失赔偿限额。而第三者责任险只设定综合的责任限额，责任限额可以分成不同的档次，由投保人自由选择。

⑥ 交强险实行全国统一条款和基础费率，并且费率与交通违章挂钩。在第三者责任险中不同保险公司的条款、费率有所不同。交强险实行费率与交通违章挂钩这一"奖优罚劣"的费率浮动机制。一辆车如果多次出险，则来年的保费会很快涨上去；而如果常年不出险，保费也会逐年降低。

4. 我国交强险适用的对象

我国于 2006 年 7 月 1 日起实施的《交强险条例》明确要求，在中华人民共和国境内道路上行驶的机动车的所有人或者管理人应当投保交强险。这一规定明确了我国交强险的适用对象是在中国境内道路上行驶的机动车的所有人或者管理人。

交强险的强制性不仅体现在强制投保上，同时也体现在强制承保上。一方面，未投保交强险的机动车不得在道路上行驶；另一方面，具有经营交强险资格的保险公司不能拒绝承保交强险业务，也不能随意解除交强险合同（投保人未履行如实告知义务的除外）。违反强制性规定的机动车所有人、管理人或保险公司都将受到处罚。

机动车所有人、管理人未按照规定投保交强险的，由公安机关交通管理部门扣留机动车，通知机动车所有人、管理人依照规定投保，并处以依照规定投保最低责任限额应缴纳的保险费的两倍罚款。

上道路行驶的机动车未放置保险标志的，公安机关交通管理部门应当扣留机动车，通知当事人提供保险标志或者补办相应手续，可处以警告或者 20 元以上、200 元以下的罚款。

5. 交强险的保障对象和保障内容

（1）交强险的保障对象

交强险涉及全国一亿多辆机动车，保障全国十几亿道路和非道路通行者的生命财产安全。交强险保障的对象是被保险机动车致害的交通事故受害人，但不包括被保险机动车的本车人员、被保险人。限定受害人的范围，一是考虑到交强险作为一种责任保险，以被保险人对第三方依法应负的民事赔偿责任为保险标的；二是要求客运服务的承运人必须投保承运人责任险，乘客的人身财产损害可以依法得到赔偿。

（2）交强险的保障内容

交强险的保障内容包括受害人的人身伤亡和财产损失。《交强险条例》规定，被保险机动车发生道路交通事故造成本车人员、被保险人以外的受害人人身伤亡、财产损失的，由保险公司依法在交强险责任限额范围内予以赔偿。道路交通事故的损失由受害人故意造成的，保险公司不予赔偿。

6.《交强险条款》细则

（1）《交强险条款》的内容组成

《交强险条款》包括总则，定义，保险责任，垫付与追偿，责任免除，保险期间，投保人、被保险人义务，赔偿处理，合同变更与终止，附则十项内容。

（2）交强险的责任限额

交强险在全国范围内实行统一的责任限额。责任限额分为四项：死亡伤残赔偿限额、医疗费用赔偿限额、财产损失赔偿限额以及被保险人在道路交通事故中无责任的赔偿限额，见表 6-1。

表 6-1 交强险的责任限额

被保险车辆责任情况	死亡伤残赔偿限额	医疗费用赔偿限额	财产损失赔偿限额
被保险机动车交通事故中有责任	110000 元	10000 元	2000 元
被保险机动车交通事故中无责任	11000 元	1000 元	100 元

前三项责任限额是被保险人在交通事故中有过错的情况下，对受害人死亡伤残、医疗费用以及财产损失等不同类型的赔付项目分别设置的最高赔偿金额。实行分项责任限额有利于结合人身伤亡和财产损失的风险特点进行有针对性的保障，有利于降低赔付的不确定性，从而有效控制风险，降低费率水平。

第四项责任限额是在被保险人在交通事故中无过错的情况下，对受害人设置的赔偿限额。一方面，这体现了对受害人的保护，无论交通事故受害人在交通事故中是否有过错，均能获得一定的经济补偿；另一方面，兼顾了投保人以及社会公众的利益，体现了公平性原则。

（3）交强险的费率

交强险实行统一的保险条款和基础保险费率。中国保险监督管理委员会（以下简称保监会）按照总体上不盈利不亏损的原则审批保险费率。保险公司经营此项业务应当与其他业务分开管理、单独核算。

① 交强险的费率与交通违章挂钩。

交强险的费率水平与交通违章行为挂钩，安全驾驶者可以享有优惠的费率，经常肇事者将负担高额保费。建立这样一种"奖优罚劣"的费率浮动机制，一方面可以利用费率经济杠杆的调节手段，提高驾驶人的道路交通安全法律意识，督促驾驶人安全行驶，有效预防和减少道路交通事故的发生；另一方面，政府通过市场机制的辅助手段来进行道路交通安全管理，有利于政府职能的转变，提高道路交通安全管理效率。

实行费率与违章挂钩的费率浮动机制，首先要建立完善保险信息与道路交通违章信息共享机制。保监会、国务院公安部门、农业主管部门以及其他有关部门应逐步建立有关交强险、道路交通安全违法行为和道路交通事故的信息共享机制。

② 交强险的费率与风险程度相匹配。

交强险采用的是商业化运作模式，即由保险公司自主经营，自负盈亏。因此，将条款费率的制定权交给保险公司，可以充分利用市场机制，督促保险公司进一步加强管理，提高服务意识和管理水平。我国自 2003 年开始实行机动车辆保险条款费率管理制度改革，由原来监管机关制定全国统一的条款费率改由监管机关对费率制定中应考虑的各项风险因素（如随车、随人因素等）进行指导，由保险公司根据自身经营水平和经营数据，通过精算，自主制定费率，报监管机关审批后执行。这样做，使得车险费率能更加准确地反映市场实际水平，更加科学，费率水平与风险程度更加匹配。

交强险业务按照总体上不盈利不亏损的原则，由保险公司制定的交强险基础费率见表 6-2。

表 6-2　交强险基础费率表

车辆大类	序号	车辆明细分类	保费	−10%	−20%	−30%
（一） 家庭自用车	1	家庭自用汽车6座以下	950	855	760	665
	2	家庭自用汽车6座及以上	1100	990	880	770
（二） 非营业客车	3	企业非营业汽车6座以下	1000	900	800	700
	4	企业非营业汽车6～10座	1130	1017	904	791
	5	企业非营业汽车10～20座	1220	1098	976	854
	6	企业非营业汽车20座以上	1270	1143	1016	889
	7	机关非营业汽车6座以下	950	855	760	665
	8	机关非营业汽车6～10座	1070	963	856	794
	9	机关非营业汽车10～20座	1140	1026	912	798
	10	机关非营业汽车20座以上	1320	1188	1056	924
（三） 营业客车	11	营业出租租赁6座以下	1800	1620	1440	1260
	12	营业出租租赁6～10座	2360	2124	1888	1652
	13	营业出租租赁10～20座	2400	2160	1920	1680
	14	营业出租租赁20～36座	2560	2304	2048	1792
	15	营业出租租赁36座以上	3530	3177	2824	2471
	16	营业城市公交6～10座	2250	2025	1800	1575
	17	营业城市公交10～20座	2520	2268	2016	1764
	18	营业城市公交20～36座	3020	2718	2416	2114
	19	营业城市公交36座以上	3140	2826	2512	2198
	20	营业公路客运6～10座	2350	2115	1880	1645
	21	营业公路客运10～20座	2620	2358	2096	1834
	22	营业公路客运20～36座	3420	3078	2736	2394
	23	营业公路客运36座以上	4690	4221	3750	3283
（四） 非营业货车	24	非营业货车2t以下	1200	1080	960	840
	25	非营业货车2～5t	1470	1323	1176	1029
	26	非营业货车5～10t	1650	1485	1320	1155
	27	非营业货车10t以上	2220	1998	1776	1554
（五） 营业货车	28	营业货车2t以下	1850	1665	1480	1295
	29	营业货车2～5t	3070	2763	2456	2149
	30	营业货车5～10t	3450	3105	2760	2415
	31	营业货车10t以上	4480	4032	3584	3136
（六） 特种车	32	特种车一	3710	3339	2968	2597
	33	特种车二	2430	2187	1944	1701
	34	特种车三	1080	972	864	756
	35	特种车四	3980	3582	3184	2786

车辆大类	序号	车辆明细分类	保费	-10%	-20%	-30%
（七） 摩托车	36	摩托车 50CC 及以下	80	—	—	—
	37	摩托车 50~250CC（含）	120	—	—	—
	38	摩托车 250CC 以上及侧三轮	400	—	—	—
（八） 拖拉机	39	农用型拖拉机 14.7kW 及以下	待定	—	—	—
	40	农用型拖拉机 14.7kW 以上	待定	—	—	—
	41	运输型拖拉机 14.7kW 及以下	400	—	—	—
	42	运输型拖拉机 14.7kW 以上	560	—	—	—

注：1. 座位和吨位的分类都按照"含起点不含终点"的原则来解释。

2. 特种车一：油罐车、汽罐车、液罐车。

特种车二：专用净水车、特种车一以外的罐式货车，以及用于清障、清扫、清洁、起重、装卸、升降、搅拌、挖掘、推土、冷藏、保温等的各种专用机动车。

特种车三：装有固定专用仪器设备从事专业工作的监测、消防、医疗、电视转播等的各种专用机动车。

特种车四：集装箱拖头。

3. 挂车根据实际的使用性质并按照对应吨位货车的30%计算。

所谓不盈利不亏损原则，是指保险公司在厘定交强险费率时只考虑成本因素，不设定预期利润率，即费率构成中不含利润。也就是说，不盈利不亏损原则体现在费率制定环节，而不是简单等同于保险公司的经营结果。保险公司在实际经营过程中，可以通过加强管理、降低成本来实现微利，也可能由于新环境下赔付成本过高而出现亏损。

为了能够核查保险公司经营交强险的实际情况，保险公司经营交强险业务，应当与其他保险业务分开管理，单独核算。

（4）交强险的赔偿范围

依据《道路交通安全法》和《交强险条例》的规定，交强险的保障范围包括本车以外受害人的人身伤亡和财产损失。获得赔偿具体分以下几种情况。

① 被保险机动车发生交通事故。

保险公司对投保了交强险的机动车所造成的道路交通事故责任负责赔偿，对于非保险机动车肇事的，保险公司不负责赔偿。根据《道路交通安全法》的规定，交通事故是指车辆在道路上因过错或者意外造成的人身伤亡或者财产损失的事件。道路是指公路、城市道路和虽在单位管辖范围但允许社会机动车通行的地方，包括广场、公共停车场等用于公众通行的场所。

为了最大限度保护受害人，《交强险条例》第43条规定："机动车在道路以外的地方通行时发生事故，造成人身伤亡、财产损失的赔偿，比照适用本条例。"即保险公司对于被保险机动车发生非道路交通事故责任，也负责赔偿。

② 本车以外的受害人遭受人身伤亡或财产损失。

本车以外的受害人是指除被保险机动车本车人员、被保险人以外的道路交通事故受害人。本车人员，包括本车驾驶人和车上乘客。

人身伤亡是指人的身体受伤害或人的生命终止。根据《最高人民法院关于审理人身损害赔偿案件适用法律若干问题的解释》，发生人身伤亡依法可以获得的赔偿项目包括医疗费、误工费、护理费、交通费、住宿费、住院伙食补助费、必要的营养费、残疾赔偿金、残疾辅助器具费、被扶养人生活费、康复费、后续治疗费、丧葬费、死亡补偿费、精神损害抚慰金等。保险公司根据受害人人身损害的程度以及实际发生的各项费用在责任限额内给予赔偿。

财产损失是指被保险机动车发生道路交通事故，直接造成事故现场受害人现有财产的实际损毁。财产损失不包括被保险机动车本车和车内财产的损失，也不包括因市场价格变动造成的贬值、修理后因价值降低而造成的损失和其他间接财产损失。

③ 保险公司的赔偿金额不超过责任限额。

责任限额是保险公司赔偿的最高限额。对于受害人的人身伤亡和财产损失，保险公司最高赔偿的金额不超过责任限额，即对于损失金额超过责任限额以上的部分，保险公司不负责赔偿。

依据《道路交通安全法》第76条和《交强险条例》第21～23条的规定，机动车承担交通事故责任，保险公司承担交强险义务。具体赔偿范围如下。

● 机动车与非机动车、行人之间发生交通事故。

在非机动车、行人一方故意造成交通事故的情况下，机动车和交强险投保的保险公司都不承担赔偿义务。

在机动车一方完全没有过错，非机动车、行人一方负全责的情况下，机动车一方承担不超过10%的赔偿责任，交强险投保的保险公司承担总额不超过12.2万元的赔偿义务，其中死亡伤残赔偿不超过11万元，医疗费用赔偿不超过1万元，财产损失赔偿不超过1000元。

在机动车一方有部分过错，非机动车、行人一方也存在过错的情况下，要适当减轻机动车一方的赔偿责任，但是交强险投保的保险公司要承担总额不超过12.2万元的赔偿义务，其中死亡伤残赔偿不超过11万元，医疗费用赔偿不超过1万元，财产损失赔偿不超过1000元。

在机动车一方故意制造交通事故、机动车驾驶人未取得驾驶资格或者醉酒、被保险机动车被盗抢期间肇事的情况下，交强险投保的保险公司在交强险的责任限额范围内垫付抢救费用，不承担赔偿义务，并有权向致害人追偿。

● 机动车与机动车之间发生交通事故。

在受害方故意造成交通事故的情况下，交强险投保的保险公司不承担赔偿义务。

在受害方负全责，致害方无过错的情况下，致害方无须承担赔偿责任。但是致害方交强险投保的保险公司仍然承担无责任赔偿义务，即总额不超过1.21万元的赔偿义务，其中死亡伤残赔偿不超过1.1万元，医疗费用赔偿不超过1000元，财产损失赔偿不超过100元。

在双方都有过错的情况下，要按照双方的过错比例承担赔偿责任，但是交强险投保的保险公司要承担总额不超过12.2万元的赔偿义务，其中死亡伤残赔偿不超过11万元，医疗费用赔偿不超过1万元，财产损失赔偿不超过1000元。

在致害方负全责，受害方无过错的情况下，致害方承担全部赔偿责任，交强险投保的保险公司需要承担赔偿义务，即保险公司要承担总额不超过12.2万元的赔偿义务，其中死亡伤残赔偿不超过11万元，医疗费用赔偿不超过1万元，财产损失赔偿不超过1000元。

在一方故意制造交通事故，另一方无过错的情况下，交强险投保的保险公司在交强险的责任限额范围内垫付抢救费用，不承担赔偿义务，并有权向致害人追偿。

● 酒后驾驶。

依据《交强险条例》的规定，因醉酒驾驶发生道路交通事故造成受害人的财产损失，保险公司不承担赔偿责任。在商业汽车责任保险范围内，保险公司亦不负赔偿责任。

按照《交强险条例》的规定，"酒后驾车"并没有被排除在保险公司赔偿范围之外；但在商业汽车责任保险中，"酒后驾车"依然被列在免除责任范围内。也就是说，如果驾驶人酒后驾车造成事故，是不能获得保险公司赔偿的。但与商业汽车责任保险相比，交强险有一个明显变化，那就是它并没有将"酒后驾车"列入免除责任范围。

饮酒后驾车出了事故的被保险机动车，交强险会根据情况给予不同的支持，主要区分是酒后驾驶还是醉酒驾驶。如果饮酒后驾车出险，造成第三方损失，保险公司会在交强险责任范围内对第三方给予赔付，但赔付的条件仅限于"酒后"。如果被判定为醉酒驾驶，则保险公司先行垫付，事后再向驾驶人追偿。

但如果是驾驶人自己的车及人身损失，就不在理赔范围之内。按照规定，酒精含量在20～80mg，属酒后驾驶；酒精含量在80mg以上，则属醉酒驾驶。

并不是任何情况下都能由保险公司垫付抢救费用。保险公司对于先行垫付的情况有特殊要求。按照《交强险条例》的规定，驾驶人未取得驾驶资格或醉酒的、被保险机动车被盗抢期间肇事的、被保险人故意制造道路交通事故的，保险公司先行垫付的费用限额为8000元。对于垫付的抢救费用，保险公司有权向致害人追偿。

（5）交强险投保人享有的权利

按照《交强险条例》的规定，投保人享有以下权利。

① 投保人在投保时应该选择具备从事交强险业务资格的保险公司。保险公司一般情况下不得拒绝拖延承保。

② 签订交强险合同时，保险公司不得强制投保人订立第三者责任险合同或者其他商业汽车责任保险合同以及其他附加险条件。

③ 保险公司不得解除交强险合同，除非投保人或者被保险人有重要事项未履行如实告知的义务。

④ 被保险机动车发生道路交通事故，被保险人或者受害人通知保险公司，保险公司应当立即给予答复，告知被保险人或者受害人具体赔偿程序等有关事项。

⑤ 被保险机动车发生道路交通事故时，由被保险人向保险公司申请赔偿金，保险公司应当在收到赔偿申请之日起，一日之内书面告知被保险人保险公司需要哪些证明和资料。

⑥ 保险公司在收到被保险人证明资料5天之内，对是否赔偿做出核定，并将结果及时通知被保险人。对属于保险责任的，应当在与被保险人达成赔偿金额协议10天之内赔偿保险金。

7. 交强险承保实务

（1）保险人义务

① 向投保人介绍条款、履行明确说明义务。

- 向投保人介绍条款，主要包括保险责任、各项赔偿限额、责任免除、投保人义务、被保险人义务、赔偿处理等内容。特别是对责任免除事项，要向投保人明确说明。
- 向投保人明确说明交强险各分项赔偿限额。
- 向投保人明确说明，保险人按照国务院卫生主管部门组织制定的交通事故人员创伤临床诊疗指南和国家基本医疗保险标准进行医疗费用审核。
- 告知投保人不要重复投保交强险，即使投保多份也只能获得一份保险保障。
- 提醒有风窗玻璃的机动车的投保人将保险标志贴在车内风窗玻璃右上角，摩托车、拖拉机的驾驶人要随身携带。
- 告知投保人如何查询交通安全违法行为、交通事故记录。

② 提醒投保人履行如实告知义务。

- 投保人应提供以下资料。

　　a. 首次投保交强险的，投保人应提供投保机动车行驶证和驾驶证复印件。

　　b. 对于续保业务，投保人需要提供上期交强险保险单原件或其他能证明上年已投保交强险的书面文件。未建立机动车联合信息平台的地区，投保人不能提供机动车上年交通安全违法行为、交通事故记录的，保险人不给予相应的费率优惠；建立机动车联合信息平台的地区，根据信息平台记录的信息相应浮动费率。

　　● 要求投保人对以下重要事项履行如实告知义务。

　　a. 机动车种类、厂牌型号、VIN、牌照号码、使用性质。

　　b. 机动车所有人或者管理人姓名（名称）、性别、年龄、住址、身份证或驾驶证号（组织机构代码）。

　　c. 续保前该机动车交通安全违法行为、交通事故记录等影响费率水平的事项（交强险实施第一年不需要提供）。

　　d. 保监会规定的其他事项。

　　● 要求投保人提供联系电话、地址、邮政编码等，以便保险人提供保险服务。

　　● 交强险合同解除后，投保人应当及时将保险单、保险标志交还保险人核销（若标志残损，只要可辨认，即可核销）。

　　（2）填写投保单

　　① 保险人应指导投保人正确填写投保单，投保单至少应当载明机动车的种类、厂牌型号、VIN、车牌号码、使用性质，投保机动车所有人或者管理人的姓名（名称）、性别、年龄、住所、身份证或者驾驶证号码（组织机构代码），以及续保前投保机动车交通安全违法行为、交通事故记录等影响费率水平的事项。

　　② 要求投保人真实、准确地填写交强险投保单的各项信息，并在投保单上签字或加盖公章。

　　③ 投保人提供的资料复印件附贴于投保单背面。

　　④ 保险期间的起期必须在保险人接受投保人的投保申请日之后，保险期间开始前保险人不承担赔偿责任。

　　⑤ 交强险的保险期间为一年，但有下列情形之一的，投保人可以投保短期保险。

　　● 临时入境的境外机动车。

　　● 距报废期限不足一年的机动车。

　　● 临时上道路行驶的机动车（如领取临时牌照的机动车、临时提车、到异地办理注册登记的新购机动车等）。

　　● 保监会规定的其他情形。

　　（3）出具保险单、保险标志

　　① 保险人必须在收取保险费后方可出具保险单、保险标志。

　　② 保险单必须单独编制号码并通过业务处理系统出具。

　　③ 交强险必须单独出具保险单、保险标志和发票。保险单、保险标志必须使用保监会监制的交强险保险单、保险标志，不得使用商业保险单证代替。

　　④ 投保人因交强险保险单、保险标志发生损毁或者遗失申请补办的，保险人应在收到补办申请及报失认定证明后的 5 个工作日内完成审核，补发相应的保险单、保险标志，并通过业务处理系统重新打印保险单、保险标志。新保险单、保险标志的印刷流水号码与原保险单号码能够通过系统查询到对应关系。

　　⑤ 对于业务分散的摩托车、农用型拖拉机可以使用定额保险单。定额保险单可以手工出

单，但必须在出具保险单后的 7 个工作日内，准确补录到业务处理系统中。

⑥ 对于运输型拖拉机不使用定额保险单。

（4）保险合同的变更和终止

① 保险人解除合同。投保人对重要事项未履行如实告知义务，保险人解除合同前，应当书面通知投保人，投保人应当自收到通知之日起 5 日内履行如实告知义务；投保人在上述期限内履行如实告知义务的，保险人不得解除合同。

保险人解除合同的，保险人应收回保险单、保险标志，并书面通知机动车管理部门。

② 除下列情况外，不得接受投保人解除合同的申请。

● 被保险机动车被依法注销登记的。

● 被保险机动车办理停驶的。

● 被保险机动车经公安机关证实丢失的。

● 投保人重复投保交强险的。

办理合同解除手续时，投保人应提供相应的证明材料，保险人应在收回交强险保险单、保险标志后，方可办理交强险退保手续，并书面通知机动车管理部门。

投保人因重复投保解除交强险合同的，只能解除后签订的保险合同，保险人全额退还后签订的保险合同的保险费，出险时由起期在前的保险合同负责赔偿。

③ 发生以下变更事项时，保险人应对保险单进行批改，并根据变更事项增加或减少保险费。

● 被保险机动车转卖、转让、赠送他人。

● 被保险机动车变更使用性质。

● 变更其他事项。

上述批改按照日费率增加或减少保险费。

④ 发生下列情形时，保险人应对保险单进行批改，并按照保单年度重新核定保险费计收。

● 投保人未如实告知重要事项，对保险费计算有影响，并造成按照保单年度重新核定保险费上升的。

● 在保险合同有效期限内，被保险机动车因改装、加装、使用性质改变等导致危险程度增加，未及时通知保险人，且未办理批改手续的。

8. 交强险理赔实务规程

1）接报案和理赔受理

① 接到被保险人或者受害人报案后，应询问有关情况，并立即告知被保险人或者受害人具体的赔偿程序等有关事项。涉及人员伤亡或事故一方没有投保交强险的，应提醒事故当事人立即向当地公安机关交通管理部门报案。

② 保险人应对报案情况进行详细记录，并统一归档管理。

③ 被保险机动车发生交通事故的，应由被保险人向保险人申请赔偿保险金。保险人应当自收到赔偿申请之日起 1 个工作日内，以索赔须知的方式书面告知被保险人需要向保险公司提供的与赔偿有关的证明和资料。保险人应当自收到被保险人提供的证明和资料之日起 5 个工作日内，对是否属于保险责任作出核定，并将结果通知被保险人。对不属于保险责任的，应当书面说明理由；对属于保险责任的，在与被保险人达成赔偿协议后 10 个工作日内赔偿保险金。

索赔须知必须通俗、易懂，并要求根据实际案情提供以下与赔偿有关的证明和资料。

● 索赔申请书。

- 保险单正本。
- 交通事故认定书、调解书、简易事故处理书、交通事故自行协商处理协议书。
- 法院裁定书、裁决书、调解书、判决书、仲裁书。
- 车辆定损单、车辆修理发票、财产损失清单。
- 医院诊断证明、医疗费报销凭证、误工证明及收入情况证明、伤残鉴定书、死亡证明。
- 被扶养人证明材料。
- 户籍证明、机动车行驶证、机动车驾驶证、被保险人身份证明。
- 领取赔款人身份证明。

2）查勘和定损

① 事故各方机动车的保险人在接到客户报案后，均有责任进行查勘，对受害人的损失进行核定。

② 事故任何一方的估计损失超过交强险赔偿限额的，应提醒事故各方当事人依法进行责任划分。

③ 事故涉及多方保险人，但存在一方或多方保险人未能进行查勘定损的案件，未能进行查勘定损的保险人，可委托其他保险人代为查勘定损。接受委托的保险人，应向委托方的被保险人提供查勘报告、事故/损失照片和损失情况确认书。损失情况确认书一车一份，并由事故各方签字确认。

3）垫付和追偿

（1）抢救费用垫付条件

① 符合《交强险条款》第9条规定的以下情形，由保险公司垫付抢救费用。

- 驾驶人未取得驾驶资格的。
- 驾驶人醉酒的。
- 被保险机动车被盗抢期间肇事的。
- 被保险人故意制造交通事故的。

② 接到公安机关交通管理部门要求垫付的通知书。

③ 受害人必须抢救，且抢救费用已经发生，抢救医院提供了抢救费用单据和明细项目。

④ 不属于应由道路交通事故社会救助基金垫付的抢救费用。

（2）垫付标准

① 按照交通事故人员创伤临床诊疗指南和抢救地的国家基本医疗保险的标准，在交强险医疗费用赔偿限额或无责任医疗费用赔偿限额内垫付抢救费用。

② 被抢救人数多于一人且在不同医院救治的，在医疗费用赔偿限额或无责任医疗费用赔偿限额内按人数进行均摊；也可以根据医院和公安机关交通管理部门的意见，在限额内酌情调整。

（3）垫付方式

自收到公安机关交通管理部门出具的书面垫付通知、伤者病历/诊断证明、抢救费用单据和明细项目之日起，及时向抢救受害人的医院出具《承诺垫付抢救费用担保函》，或将垫付款项划转至抢救医院在银行开立的专门账户，不进行现金垫付。

（4）追偿

对于所有垫付的案件，保险人垫付后有权向致害人追偿。追偿收入在扣减相关法律费用（诉讼费、律师费、执行费等）、追偿费用后，全额冲减垫付款。

4）赔偿处理

（1）赔偿原则

保险人在交强险责任范围内负责赔偿被保险机动车因交通事故造成的对受害人的损害赔偿责任。

（2）抢救费用支付

交通事故属于保险责任，因抢救受害人需要保险人支付抢救费用的，保险人在接到公安机关交通管理部门的书面通知和医疗机构出具的抢救费用清单后，参照事故赔款的标准和支付方式进行赔偿。

交通事故不属于保险责任或者应由道路交通事故社会救助基金垫付的抢救费用，保险人不予以支付。

（3）赔款计算

① 保险人在交强险各分项赔偿限额内，对受害人人身伤亡、财产损失分别计算赔偿。其基本计算公式为

总赔款=∑各分项损失赔款

＝受害人死亡伤残赔款+受害人医疗费用赔款+受害人财产损失赔款

各分项损失赔款=各分项核定损失金额

各分项核定损失金额超过各分项赔偿限额的，按各分项赔偿限额计算赔偿。

② 下列情况下，保险人按相应方式计算赔偿。

● 两辆及两辆以上机动车交通事故的赔偿。

a．交通管理部门未确定保险事故各方机动车在交强险项下所承担的赔偿责任时，按照以下方式进行赔偿：

各分项核定损失金额=（交通事故中被保险机动车以外的所有受害人的各项核定损失金额之和）÷（$N-1$）

式中，N 为交通事故肇事机动车的数量。

b．交通管理部门已确定保险事故各方机动车在交强险项下所承担的赔偿责任时，按照以下方式进行赔偿：

各分项核定损失金额=交通管理部门确定的被保险机动车对事故中所有受害人承担的各分项损失之和

c．肇事机动车中有未投保交强险的，视同投保机动车计算赔款。

● 机动车与非机动车、行人的交通事故的赔偿。

a．事故中所有受害人的分项核定损失之和在交强险分项赔偿限额之内的，按实际损失计算赔偿。

b．事故中所有受害人的分项核定损失之和超过交强险分项赔偿限额的，按分项赔偿限额计算赔偿。

c．交通管理部门已确定保险事故各方机动车在交强险项下所承担的赔偿责任时，按照以下方式进行赔偿：

各分项核定损失金额=交通管理部门确定的被保险机动车对事故中所有受害人承担的各分项损失之和

d．多辆被保险机动车碰撞非机动车或行人的，各被保险机动车的保险人分别在交强险的责任限额内承担赔偿责任。若交通管理部门未确定事故各方机动车应承担的赔偿责任，则各被

保险机动车的保险人对各受害人的各分项损失平均分摊，并在对应的分项赔偿限额内计算赔偿。

- 两辆及两辆以上机动车与多个非机动车、行人的交通事故，参照上述规定计算赔偿。对于非机动车、行人、车外财产损失，参照"两辆及两辆以上机动车交通事故的赔偿"各分项核定损失金额的计算公式，但分母为 N。
- 受害人财产损失需要施救的，财产损失赔款与施救费累计不超过财产损失赔偿限额。
- 主车和挂车在连接使用时发生交通事故，主车与挂车的交强险保险人分别在各自的责任限额内承担赔偿责任。若交通管理部门未确定主车、挂车应承担的赔偿责任，则主车、挂车的保险人对各受害人的各分项损失平均分摊，并在对应的分项赔偿限额内计算赔偿。主车与挂车由不同被保险人投保的，在连接使用时发生交通事故，按互为第三者的原则处理。
- 被保险机动车投保一份以上交强险的，保险期间起期在前的保险合同承担赔偿责任，起期在后的不承担赔偿责任。

③ 死亡伤残费用和医疗费用的核定标准。

- 被保险机动车在道路交通事故中有责任的赔偿限额：死亡伤残赔偿限额 110000 元，医疗费用赔偿限额 10000 元，财产损失赔偿限额 2000 元。
- 被保险机动车在道路交通事故中无责任的赔偿限额为：死亡伤残赔偿限额 11000 元，医疗费用赔偿限额 1000 元，财产损失赔偿限额 100 元。

④ 对被保险人依照人民法院的判决或者调解承担的精神损害抚慰金，原则上在其他赔偿项目足额赔偿后，在死亡伤残赔偿限额内赔偿。

5）支付赔款

① 未建立机动车联合信息平台的，保险人支付赔款后应在保险单正本上加盖"×年×月×日出险，负××（全部、主要、同等、次要）责任，××（有无）伤人"条形章。

② 单证分割。如果交强险和第三者责任险在不同的保险公司投保，损失金额超过交强险责任限额，由交强险承保公司留存已赔偿部分发票或费用凭据原件，将需要商业保险赔付的项目原始发票或发票复印件，加盖保险人赔款专用章，交被保险人办理商业保险索赔事宜。

③ 直接向受害人支付赔款的赔偿处理。

- 发生受害人人身伤亡或财产损失，且符合下列条件之一的，保险人可以受理受害人的索赔。
- a．被保险人出具书面授权书。
- b．人民法院签发判决书或执行书。
- c．被保险人死亡、失踪、逃逸、丧失索赔能力或书面放弃索赔权利。
- d．被保险人拒绝向受害人履行赔偿义务。
- e．法律规定的其他情形。
- 受害人索赔时应当向保险人提供以下材料。
- a．人民法院签发的判决书或执行书或者交通管理部门出具的交通事故认定书和调解书原件。
- b．受害人的有效身份证明。
- c．受害人人身伤残程度证明以及有关损失清单和费用单据。
- d．其他与确认保险事故的性质、原因、损失程度等有关的证明和资料。经被保险人书面授权的，还应提供被保险人书面授权书。

● 赔偿计算。

a. 保险事故涉及多个受害人的，在所有受害人均提出索赔申请，且受害人所有材料全部提交后，保险人方可计算赔款。

b. 事故中所有受害人的分项核定损失之和在交强险分项赔偿限额之内的，按实际损失计算赔偿。

c. 各受害人各分项核定损失承担金额之和超过被保险机动车交强险相应分项赔偿限额的，各受害人在被保险机动车交强险分项赔偿限额内应得到的赔偿为

$$\begin{array}{l}\text{被保险机动车交强}\\\text{险对某一受害人分}\\\text{项损失的赔偿金额}\end{array} = \begin{array}{l}\text{交强险分项}\\\text{赔偿金额}\end{array} \times \begin{array}{l}[\text{事故中某一受害人的分项}\\\text{核定损失承担金额}/\Sigma\ \text{各}\\\text{受害人分项核定损失承担金额}]\end{array}$$

6）结案和归档

（1）理赔单证

保险人向被保险人或受害人支付赔款后，将赔案所有单证按赔案号进行归档。必备单证包括：

① 保单抄件。

② 报案记录、被保险人书面索赔申请。

③ 查勘报告、现场照片及损失项目照片、损失情况确认书、医疗费用原始票据及费用清单、赔款计算书。以上原始票据，由查勘定损公司留存。

④ 行驶证及驾驶证复印件、被保险人和受害人的身份证明复印件（如直接支付给受害人）。

⑤ 公安机关交通管理部门或人民法院等机构出具的合法事故证明、有关法律文件及其他证明，当事人自行协商处理的协议书。

⑥ 其他能够确认保险事故性质、原因、损失程度等的有关证明、协议及文字记录。

⑦ 赔款收据、领取赔款授权书。

（2）上传至信息平台

有关赔付情况应于赔付后 3 个工作日内上传至机动车联合信息平台。

6.2.4 保险金额与责任限额

1. 费率划分标准

（1）按车辆使用性质划分

① 非营业车辆，即各级党政机关、社会团体、企事业单位自用的车辆或仅用于个人及家庭生活的车辆。

② 营业车辆，即从事社会运输并收取运费的车辆。

对于兼有两类使用性质的车辆，按高档费率计算保险费。

（2）按车辆种类、基本险费率表列出的车种档次及 A（进口）、B（国产）两个类别来划分

A 类车辆是指以下车辆：

① 整车进口的一切机动车辆。

② 主要零部件由国外进口，国内组装的车辆。

③ 合资企业生产的 16 座以上（含 16 座）的客车。

④ 外资、合资企业生产的摩托车。

⑤ 合资企业生产的国产化率低于 70% 的机动车辆。

B 类车辆是指 A 类以外的机动车辆。

2. 保险费的计算

（1）机动车辆损失险保险费

其计算公式为

机动车辆损失险保险费=基本保险费+保险金额×费率（%）

其中，非营业车辆费率为 1.01%～1.4%，营业车辆费率为 1.6%～2.0%。

（2）第三者责任险保险费

按车辆种类及使用性质，选择不同的赔偿限额档次，收取固定保险费。

其计算公式为

$$保险费=N×A×（1.05-0.025N）/2$$

式中，A 为同档次车辆第三者责任险保费；N 为投保限额/责任限额档次（万元）。

（3）短期保险费。

机动车辆保险的费率表是年费率表。投保时，保险期限不足一年的，按短期月费率收取保险费（不足一个月的按一个月计算）。短期月费率，见表 6-3。

表 6-3 短期月费率表

保险期限（月）	1	2	3	4	5	6	7	8	9	10	11	12
短期月费率（%）	10	20	30	40	50	60	70	80	85	90	95	100

其计算公式为

$$短期保险费=年保险费×短期月费率$$

3. 基本险的保险期限

除另有约定外，机动车辆保险合同基本险的保险期限为一年，以保险单载明的起讫时间为准。

除法律另有规定外，投保时保险期限不足一年的按短期月费率计收保险费。保险期限不足一个月的按一个月计算。以上规定了机动车辆保险合同期限与保险费率的关系。

对于保险合同期限和短期月费率的对应关系，应以各险别的保险期限来确定。

4. 第三者责任险的责任限额

第三者责任险每次事故的最高赔偿限额是保险人计算保险费的依据，同时也是保险人承担第三者责任险每次事故赔偿金额的最高限额。

① 每次事故的责任限额，由投保人和保险人在签订保险合同时按 5 万元、10 万元、20 万元、50 万元、100 万元和 100 万元以上不超过 1000 万元的档次协商确定。第三者责任险每次事故的最高赔偿限额应根据不同车辆种类选择确定。

② 主车与挂车连接时发生保险事故，保险人在主车的责任限额内承担赔偿责任。发生保险事故时，挂车引起的赔偿责任视同主车引起的赔偿责任。保险人对挂车赔偿责任与主车赔偿责任所负赔偿金额之和，以主车赔偿限额为限。

6.2.5 保险人、投保人、被保险人的义务

1. 保险人的义务

① 保险人在承保时，应向被保险人说明投保险种的保险责任、责任免除、保险期限、保险费及支付方法、投保人和被保险人的义务等内容。

② 保险人应及时受理被保险人的事故报案，并尽快进行查勘。保险人接到报案后 48h 内未进行查勘且未给予受理意见，造成财产损失无法确定的，以被保险人提供的财产损毁照片、损失清单、事故证明和修理发票作为赔付理算依据。

③ 保险人收到被保险人的索赔请求后，应当及时作出核定。

● 保险人应根据事故性质、损失情况，及时向被保险人提供索赔须知；审核索赔材料后认为有关的证明和资料不完整的，应当及时通知被保险人补充提供有关的证明和资料。

● 在被保险人提供了各种必要单证后，保险人应当迅速审查核定，并将核定结果及时通知被保险人。

● 对属于保险责任的，保险人应在与被保险人达成赔偿协议后 10 天内支付赔款。

④ 保险人对在办理保险业务中知道的投保人、被保险人的业务和财产情况及个人隐私，负有保密的义务。

2. 投保人、被保险人的义务

① 投保人应如实填写投保单并回答保险人提出的询问，履行如实告知义务。在保险期限内，保险车辆改装、加装或非营业用车从事营业运输等，导致保险车辆危险程度增加的，应当及时书面通知保险人。否则，因被保险车辆危险程度增加而发生的保险事故，保险人不承担赔偿责任。

投保人应履行告知义务，在投保机动车辆保险时，应按投保单和保险人的要求如实申报被保险车辆的情况。在保险合同有效期内，被保险车辆改变使用性质或改变车型，被保险人应事先通知保险人，并申请批改车辆使用性质或车型。被保险人将以非营业性质投保的车辆出租的，视为该车已变更用途。

危险程度增加是指订立合同时由于未曾预见或未予估计，可能增加的危险程度直接影响到保险人在承保时决定是否加收保险费和接受承保。在保险合同有效期内，被保险车辆危险程度增加，被保险人应事先通知保险人，并申请办理批改，按规定补交保险费。

② 除另有约定外，投保人应当在保险合同成立时一次交付保险费。保险费交付前发生的保险事故，保险人不承担赔偿责任。

③ 发生保险事故时，被保险人应当及时采取合理的、必要的施救和保护措施，防止或者减少损失，并在保险事故发生后 48h 内通知保险人。否则，造成损失无法确定或扩大的部分，保险人不承担赔偿责任。

被保险人应履行施救和报案的义务。被保险车辆发生交通事故后，被保险人应当积极采取合理的保护、施救措施，以防止损失的扩大，并立即向出险地的公安机关交通管理部门报告，同时在 48h 内通知保险人。

④ 发生保险事故后，被保险人应当积极协助保险人进行现场查勘。被保险人在索赔时应当提供有关证明和资料。引起与保险赔偿有关的仲裁或者诉讼时，被保险人应当及时书面通知保险人。

被保险人必须遵守诚实信用原则，在向保险人索赔时提供的情况和各种证明、资料必须真实可靠，对被保险人提供涂改、伪造的单证或制造假案等图谋骗取赔款的，保险人应拒绝赔偿或追回已支付的保险赔款。

任务三　机动车辆保险的附加险

在投保机动车辆基本险的基础上方可投保附加险，即只有投保了基本险后方能投保相应的附加险，附加险不能单独投保。当基本险的保险责任终止时，相应的附加险的保险责任同时终止。

近些年来，各家保险公司为了满足机动车辆保险客户的需求，扩大保险市场份额，陆续推出了新的附加险品种，已由原来的9种增加到现在的30余种。

6.3.1　机动车辆损失险的附加险

传统的机动车辆损失险的附加险有：全车盗抢险，玻璃单独破碎险，车辆停驶损失险，自燃损失险，火灾、爆炸、自燃损失险，新增设备损失险，救助费用特约条款，车身划痕损失险，发动机特别损失险等。新增设的附加险有：全车盗抢附加高尔夫球具盗窃险、指定专修厂特约条款、多次事故免赔特约条款、车身油漆单独损伤险、附属设备被盗窃险等。

1. 全车盗抢险

（1）保险责任

① 被保险车辆被盗窃、抢劫、抢夺，经出险当地县级以上公安刑侦部门立案证明，满60天未查明下落的全车损失。

被保险车辆（含投保的挂车）被盗窃、抢劫、抢夺是指被保险车辆全车（含投保的挂车）在停放中被他人偷走，或者在停放和行驶中被劫走或被夺走，下落不明。

经县级以上公安刑侦部门立案证明是指经县级以上（含县级）独立的刑事侦查部门立案并出具书面证明。

满60天是指自保险车辆被盗窃、抢劫、抢夺之日起满60天。

抢劫是指用暴力把别人的东西夺过来，据为己有。

抢夺是指用强力把别人的东西夺过来。

② 被保险车辆全车被盗窃、抢劫、抢夺后，受到损坏或车上零部件、附属设备丢失需要修复的合理费用。

③ 被保险车辆在被盗窃、抢劫、抢夺过程中，受到损坏需要修复的合理费用。

（2）责任免除

① 非全车遭盗窃，仅车上零部件或附属设备被盗窃或损坏。

② 被保险车辆被诈骗、罚没、扣押造成的损失。被保险车辆被他人诈骗或被保险人因违反政府有关法律、法规被有关国家机关罚没、扣押期间造成的全车或部分损失，保险人不负责赔偿。

③ 被保险人因民事、经济纠纷而导致被抢劫、抢夺。无论公安部门是否出具被保险车辆被抢劫、抢夺的书面证明，只要是被保险人与他人因民事或经济纠纷而导致被保险车辆被抢劫、抢夺，保险人均不负责赔偿。

④ 租赁车辆与承租人同时失踪。

⑤ 全车被盗窃、抢劫、抢夺期间，被保险车辆造成第三者人身伤亡或财产损失。被保险车辆在全车被盗窃、抢劫、抢夺期间，无论任何人驾驶该车肇事，导致第三者人身伤亡或财产损失，保险人均不赔偿。

⑥ 被保险人及其家庭成员、被保险人允许的驾驶人的故意行为或违法行为造成的损失。

（3）保险金额

保险金额由投保人和保险人在投保时按不超过被保险车辆的实际价值进行协商确定。

当被保险车辆的实际价值高于购车发票金额时，以购车发票金额确定保险金额。保险金额最高不得超过实际价值。

2. 玻璃单独破碎险

（1）投保范围

本保险是机动车辆损失险的附加险，已投保机动车辆损失险的车辆方可投保本附加险。

（2）投保方式

投保人与保险人在协商的基础上，可自愿按进口风窗玻璃或国产风窗玻璃选择投保，保险人根据协商选择的投保方式承担相应的赔偿责任。

（3）保险责任

在保险期限内，被保险车辆在使用过程中，发生本车风窗玻璃或车窗玻璃的单独破碎，保险人按实际损失赔偿。

① 发生玻璃单独破碎后，保险人按受损玻璃的实际修复费用给予赔偿。

② 选择进口玻璃投保的，按进口玻璃的价格予以赔偿；选择国产玻璃投保的，按国产玻璃的价格予以赔偿。

（4）责任免除

本附加险所称玻璃，仅指被保险车辆的风窗玻璃和车窗玻璃。

保险车辆的下列损失，保险人不负责赔偿。

① 安装、维修车辆的过程中造成玻璃的破碎。

② 灯具、车镜玻璃破碎。

③ 被保险人或驾驶人的故意行为造成的玻璃破碎。

④ 本附加险不计免赔。

3. 车辆停驶损失险

（1）投保范围

本保险是机动车辆损失险的附加险，已投保机动车辆损失险的车辆方可投保本附加险。

（2）保险责任

在保险期间内，被保险车辆在使用过程中，因发生机动车辆损失险保险责任范围内所列的保险事故，造成车身损毁，致使被保险车辆需要进厂修理，造成被保险车辆停驶的损失，保险人按保险合同规定在赔偿限额内负责赔偿。

（3）责任免除

保险人对下列停驶损失不负责赔偿。

①车辆被罚没、扣押、查封期间的损失。

② 被保险人或驾驶人未及时将被保险车辆送修或拖延修理时间造成的损失。

③ 因车辆修理质量不合格，造成返修期间的损失。

（4）保险金额

保险金额按照投保时约定的日赔偿金额乘以约定的赔偿天数确定，约定的日赔偿金额最高为300元，约定的赔偿天数最长为60天。

（5）赔偿处理

① 全车损失，按保险单载明的保险金额计算赔偿；部分损失，在保险金额内约定的日赔

193

偿金额乘以从送修之日起至修复之日止的实际天数计算赔偿。

② 实际天数超过双方约定的修理天数时，以双方约定的修理天数为准。

③ 在保险期限内，赔偿金额累计达到保险单载明的保险金额，本附加险保险责任终止。

④ 当本附加险的保险期限到期时，被保险车辆尚未修复完毕，保险人在约定的赔偿天数内继续承担保险责任。

4. 自燃损失险

（1）投保范围

本保险是机动车辆损失险的附加险，已投保机动车辆损失险的车辆方可投保本附加险。

（2）保险责任

① 因被保险车辆电器、线路、供油系统、供气系统发生故障或所载货物自身原因起火燃烧造成本车的损失。

② 发生故障时，被保险人为防止或者减少被保险车辆的损失所支付的必要的、合理的施救费用。

（3）责任免除

下列损失，保险人不负责赔偿。

① 因自燃仅造成电器、线路、供油系统、供气系统的损失。

② 所载货物自身的损失。

③ 被保险人在使用被保险车辆过程中，因人工直接供油、高温烘烤等违反车辆安全操作规则造成的损失。

④ 被保险人的故意行为或违法行为造成被保险车辆的损失。

（4）保险金额

投保人与保险人在投保商定被保险车辆的实际价值时，明确保险金额在被保险车辆的实际价值内协商确定，而不能按新车购置价承保，因为自燃常造成车辆全损。如果按新车购置价承保，依照损失补偿原则，按实际价值赔偿易引发索赔纠纷。

（5）赔偿处理

① 全部损失，在保险金额内计算赔偿；部分损失，在保险金额内按实际修理费用计算赔偿。

② 施救费用在保险金额内按实际支出计算赔偿。

③ 每次赔偿实行 20%的免赔率。赔款计算如下。

● 全部损失。

$$赔款=保险金额×（1-20\%）$$

● 部分损失。

a. 当实际费用<保险金额时：

$$赔款=实际修理费用×（1-20\%）$$

b. 当实际费用≥保险金额时：

$$赔款=保险金额×（1-20\%）$$

● 施救费用。

a. 施救费用≥保险金额时：

$$赔款=保险金额×（1-20\%）$$

b. 施救费用<保险金额时：

赔款=实际支出×（1−20%）

5. 火灾、爆炸、自燃损失险

（1）投保范围

投保了营业用车辆损失险的机动车，可投保本附加险。

（2）保险责任

① 火灾、爆炸、自燃造成被保险车辆的损失。

② 发生保险事故时，被保险人为防止或者减少被保险车辆的损失所支付的必要的、合理的施救费用。

（3）责任免除

① 因自燃仅造成电器、线路、供油系统、供气系统的损失。

② 所载货物自身的损失。

③ 轮胎爆裂的损失。

④ 人工直接供油、高温烘烤造成的损失。

（4）保险金额

保险金额由投保人与保险人在投保时按不超过被保险车辆的实际价值进行协商确定。

（5）赔偿处理

① 全部损失，在保险金额内计算赔偿；部分损失，在保险金额内按实际修理费用计算赔偿。

② 施救费用在保险金额内按实际支出计算赔偿。

③ 每次赔偿实行20%的免赔率。

6. 新增设备损失险

（1）投保范围

投保了机动车辆损失险的机动车，可投保本附加险。

（2）保险责任

① 投保了本附加险的被保险车辆在使用过程中，发生机动车辆损失险责任范围内的事故，造成本车上新增设备的直接损毁，保险人按照保险合同的约定在保险单该项目所载明的保险金额内，按实际损失计算赔偿。

② 发生本附加险保险责任范围内的事故时，被保险人或其代表为防止或者减少被保险车辆损失而采取施救、保护措施所支出的必要、合理的费用，保险人负责赔偿。本项费用的最高赔偿金额以本附加险的保险金额为限。

（3）保险金额

保险金额按新增设备投保时的实际价值确定。

（4）赔偿处理

本附加险每次赔偿均实行绝对免赔率。绝对免赔率的比例按照基本险的规定确定。

（5）其他事项

① 新增设备是指除被保险车辆出厂时原有各项设备以外，被保险人另外加装或改装的设备与设施。如在被保险车辆上加装制冷设备、加氧设备、清洁燃料设备、CD及电视录像设备、检测设备、真皮或电动座椅、电动升降器、防盗设备、GPS（全球定位系统）等。

② 未发生保险事故，而新增加设备单独损毁，如被盗窃、丢失、故障、老化、被破坏等，保险人不负责赔偿。

③ 实际价值是指在投保时新增加设备的市场价格，保险金额在实际价值内由投保人和保

险人协商确定。

④ 发生部分损失，按照实际修复费用赔偿。

⑤ 办理本附加险时，应在新增加设备明细表中列明新增加设备的名称及价格。新增加设备明细表中未列明的设备，保险人不负责赔偿。

7. 救助费用特约条款

（1）投保范围

投保了机动车辆损失险的车辆，可附加本特约条款。

（2）保险责任

被保险车辆在行驶过程中发生事故或故障，保险人给予下列赔偿或救助。

① 下列情况下，被保险人为防止或者减少被保险车辆的损失所支付的必要的、合理的施救费用，应由被保险人承担的部分，保险人负责赔偿。

- 机动车辆损失险中，因不足额保险而由被保险人自己承担的施救费用。
- 根据机动车辆损失险保险条款的约定，按驾驶人在保险事故中所负责任比例应予免赔而由被保险人自己承担的施救费用。
- 应由第三方承担的施救费用，被保险车辆支付后又无法追回的。

② 有约定的救助区域内，因被保险车辆发生意外事故或故障致使被保险车辆无法行驶，经被保险人申请，保险人提供下列救助。

- 拖车（将车辆拖至距出险地点最近的修理场所）。
- 简单故障现场急修。
- 被保险车辆因缺油、缺电而无法行驶时，保险人给送油（每次以 10L 为限）、充电。
- 更换轮胎。

（3）责任免除

① 因机动车辆损失险条款责任免除中约定的情况造成的车辆救助费用，保险人不负责赔偿。

② 非保险人提供的救助所产生的费用，保险人不负责赔偿。

③ 油料和更换的零部件、轮胎等成本费用，保险人不负责赔偿。

④ 法律或国家有关部门规定不允许进入的区域，保险人不负责救助。

⑤ 其他不属于本特约条款责任范围内的损失和费用，保险人不负责赔偿。

（4）其他事项

在保险期限内仅发生过本特约条款保险责任②的赔款的，续保时，不影响本特约条款以外险种的无赔款优待。

8. 车身划痕损失险

（1）投保范围

本保险是机动车辆损失险的附加险，已投保了机动车辆损失险的车辆方可投保本附加险。

（2）保险责任

在保险期限内，被保险车辆发生无明显碰撞痕迹的车身表面油漆单独划伤，保险人根据本合同的规定按实际损失负责赔偿。

（3）责任免除

被保险车辆的下列损失，保险人不负责赔偿。

① 被保险人或驾驶人的故意行为造成被保险车辆的损失。

② 他人因与被保险人或驾驶人及其家庭成员发生民事、经济纠纷造成被保险车辆的损失。

③ 车身表面自然老化、损坏。

④ 其他不属于保险责任范围内的损失和费用。

（4）赔偿处理

① 本保险每次赔偿均实行 15%的绝对免赔率。

② 在保险期限内，保险人赔偿金额累计达到赔偿限额时，本附加险保险责任终止。

9. 发动机特别损失险

（1）投保范围

投保了家庭自用车辆损失险或非营业用车辆损失险的机动车，可投保本附加险。

（2）保险责任

保险期限内，投保了本附加险的被保险车辆在使用过程中，因下列原因导致发动机进水而造成发动机的直接损毁，保险人负责赔偿。

① 被保险车辆在积水路面涉水行驶。

② 被保险车辆在水中起动。

③ 发生上述保险事故时被保险人或其允许的驾驶人对被保险车辆采取施救、保护措施所支出的合理费用。

（3）赔偿处理

① 在发生保险事故时被保险车辆的实际价值内计算赔偿，但不超过被保险车辆的保险金额。

② 本保险每次赔偿均实行 20%的免赔率。

6.3.2 第三者责任险附加险

在投保了第三者责任险的基础上，方可投保第三者责任险的附加险。第三者责任险的附加险包括：车上人员责任险、车上货物责任险、无过失责任险、车载货物掉落责任险、保险事故善后处理费用险、非常事故损失特约险、法律服务险、车辆意外事故污染责任险、交通事故精神损害赔偿责任险及承运货物责任险等。

1. 车上人员责任险

（1）保险责任

发生意外事故，造成被保险车辆上人员的人身伤亡，依法应由被保险人承担的经济赔偿责任，保险人负责赔偿。

投保了本附加险的机动车辆在使用过程中，发生意外事故，致使被保险车辆上人员的人身伤亡，依法应由被保险人承担的经济赔偿责任，以及被保险人为减少损失而支付的必要的、合理的施救、保护费用，保险人在保险单所载明的保险赔偿限额内计算赔偿。

（2）责任免除

① 违章搭乘人员人身伤亡。

② 车上人员因疾病、分娩、自残、斗殴、自杀、犯罪行为造成的人身伤亡或在车下时遭受的人身伤亡。

③ 由于以下原因引起的损失，保险人不负责赔偿。

● 凡由于违章搭乘直接导致事故发生，造成人员伤亡，保险人不负责赔偿。违章搭乘是指客货混载或超核定载客数载客等。

● 由于驾驶人的故意行为或本车上人员因疾病、分娩、自残、斗殴、自杀、犯罪行为所致的人员伤亡，以及车上人员在车下时所发生的人身伤亡。

（3）责任限额

车上人员每人责任限额和投保座位数，由投保人和保险人在投保时协商确定。投保座位数以被保险车辆的核定载客数为限。

保险事故发生时，如车上人员伤亡数多于投保座位数，保险人仅承担其中的投保座位数部分的赔偿责任。

核定载客数是指机动车辆行驶证所载明的载客数。

（4）赔偿处理

车上人员的人身伤亡按道路交通安全法律、法规规定的赔偿范围、项目和标准以及保险合同的约定赔偿，每人赔偿金额不超过保险单所载明的每人责任限额，赔偿人数以投保座位数为限。

① 车上人员伤亡的赔偿范围、项目和标准以道路交通安全法律、法规的规定为准，在此基础上根据保险单所载明的每座赔偿限额及投保座位数计算赔偿金额。

② 每次赔偿均实行相应的免赔率，免赔率及办法与基本险对免赔率的规定相同。

2. 车上货物责任险

（1）保险责任

发生意外事故，致使被保险车辆所载货物遭受直接损毁，依法应由被保险人承担的经济赔偿责任，保险人负责赔偿。

（2）责任免除

① 哄抢、自然损耗、本身缺陷、短少、死亡、腐烂、变质造成的货物损失。

② 违法、违章载货或因包装不善造成的损失，包括因包装、坚固不善，装载、遮盖不当造成的货物损失。违章载货是指所载货物超过公安机关交通管理部门核定的长度、宽度、高度等。

③ 车上人员携带的私人物品。

（3）责任限额

责任限额由投保人和保险人在投保时协商确定。

（4）赔偿处理

① 被保险人索赔时，应提供运单、起运地货物价格证明等相关单据。保险人在责任限额内按起运地价格计算赔偿，每次赔偿实行20%的免赔率。

② 承运的货物发生保险责任范围内的损失，保险人按起运地价格在赔偿限额内负责赔偿。

3. 无过失责任险

（1）保险责任

被保险车辆与非机动车辆或行人发生交通事故，造成对方的人身伤亡或财产直接损毁，被保险车辆一方无过失，且被保险人拒绝赔偿未果，对被保险人已经支付给对方而无法追回的费用，保险人按照道路交通安全法律、法规和出险当地的道路交通事故处理规定的标准，在责任限额内计算赔偿，每次赔偿实行20%的免赔率。

（2）责任限额

责任限额由投保人和保险人在5万元以内协商确定。

无过失责任险可以从以下几个方面来解读。

① 投保了本附加险的机动车辆在使用过程中，与非机动车辆、行人发生意外交通事故造成对方人员伤亡和财产直接损毁，被保险车辆一方无过失，根据道路交通安全法律、法规的有

关规定，对于应由被保险人承担的 10% 的经济赔偿部分，在保险赔偿限额之内，保险人承担赔偿责任。对于 10% 以上的经济赔偿部分，如被保险人拒绝赔偿未果，且已经支付给对方而确实无法追回，保险人亦在保险赔偿限额内承担赔偿责任。保险人承担的 10% 及 10% 以上的赔偿责任加免赔金额之和，最高不得超过赔偿限额。

② 本附加险的赔偿限额应在被保险人所投保的第三者责任险的赔偿限额以内的档次选择确定，最高不超过 5 万元。

③ 每次保险事故无论损失大小，赔偿均实行 20% 的绝对免赔率。

④ 非机动车、行人一方故意造成自身伤害或者进入高速公路造成损害的除外。

4. 车载货物掉落责任险

（1）保险责任

① 被保险人或其允许的合格驾驶人在使用被保险车辆过程中，所载货物从车上掉落致使第三者遭受人身伤亡或财产直接损毁，依法应由被保险人承担的经济赔偿责任，保险人在保险单所载明的本保险赔偿限额内负责赔偿。

② 车载货物分为固体、液体和气体三种。本附加险所承担的保险责任，是指投保了本附加险的机动车辆在正常使用过程中，装载在被保险车辆上的固体货物（对盛装液体和气体的容器视同固体对待），从被保险车辆上掉下，砸伤（亡）他人或砸毁他人财产，应由被保险人承担的经济赔偿责任，保险人在保险单所载明的赔偿限额内负责赔偿。

（2）责任免除

① 被保险人及其家庭成员的人员伤亡、财产损失。

② 在装卸过程中货物掉落所造成的损失。

③ 车载货物掉落造成被保险车辆及货物本身的损失。

④ 车上所载气体、液体泄漏造成的第三者人身伤亡或财产损毁。

（3）赔偿限额

每次事故最高赔偿限额由投保人与保险人协商确定。

（4）赔偿处理

本附加险每次赔偿均实行 20% 的绝对免赔率，无论保险事故损失的大小。

5. 保险事故善后处理费用险

（1）保险责任

① 投保了本附加险的车辆发生第三者责任险的保险事故后、所发生的事故处理费用，经保险人同意与第三方就赔偿争议的解决支付的诉讼费、律师费，保险人按照保险合同约定承担赔偿责任。

② 当发生第三者人身伤亡的保险事故后，所发生的慰问金费用，保险人按照本保险约定承担赔偿责任。

（2）责任免除

① 车辆被扣押的损失，以及公安机关交通管理部门对驾驶人及有关责任人的罚款。

② 事故处理期间的停车费、物价评估部门的评估费。

③ 第三者受伤但未住院而发生的慰问金费用。

④ 被保险车辆上的一切人员人身伤亡以及所发生的一切费用。

⑤ 其他不属于保险责任范围内的损失和费用。

（3）赔偿限额

赔偿限额以保险合同中约定的金额为准。

（4）赔偿处理

① 道路交通事故处理费用，依据公安机关交通管理部门的有关规定，并以其出具的相关收费凭证为计算依据。

② 诉讼费用以各级人民法院出具的判决书、调解书中列明的诉讼费中应由被保险人承担的部分计算赔偿。

③ 律师费用以经保险人书面同意被保险人支付的律师费计算赔偿。

④ 第三者受伤住院慰问金赔偿金额以本保险合同约定的金额为限。

⑤ 第三者死亡慰问金最高赔偿金额以本保险合同约定的金额为限。

⑥ 由保险人指派的理赔人员陪同被保险人前往伤（丧）者家或医院，见证其支付事实后计算赔偿。

⑦ 以上各项赔偿费用累计以约定的赔偿金额为限，当一次或多次事故累计赔偿金额达到约定的赔偿金额时，本附加险责任终止。

6. 非常事故损失特约险

非常事故损失特约险是专门针对酒后驾车行为推出的附加险，不能单独投保，只有投保了相关主险后，才可投保这一险种。费率为 0.8%，每份保费为 2000 元。如果驾驶人在酒后驾驶，导致第三者受到伤害或财产损失，保险人最高可赔偿 25 万元。

（1）保险责任

在交通事故责任认定书中载明驾驶人饮酒驾车肇事，致使第三者人身伤亡或财产直接损失以及本车乘客遭受伤亡，依法应由被保险人负责赔偿的，保险人依据本条款的约定承担保险责任。

（2）保险金额

每次事故损失的责任限额为人民币 25 万元。

（3）赔偿处理

本附加险实行 30% 的绝对免赔率。

7. 法律服务险

（1）适用范围

只有在投保了机动车辆损失险及第三者责任险的基础上方可投保本附加险，当机动车辆损失险和第三者责任险中任一险别的保险责任终止时，本附加险保险责任同时终止。

（2）保险责任

投保了本附加险的被保险车辆发生保险事故，与第三方产生纠纷后可要求保险人提供以下法律服务，但保险人不对法律服务的结果作出承诺。

① 保险事故在行政程序处理阶段，保险人提供有关事故处理的法律咨询。

② 保险事故在仲裁程序或司法程序处理阶段，可授权保险人代为处理各种法律事宜，并由保险人承担因此引起的交通费、住宿费、人工费、诉讼费、仲裁费、评估费、鉴定费。如赔偿纠纷涉及的金额超过按保险合同保险人应承担的赔偿金额，保险人按保险合同应承担的赔偿金额与赔偿纠纷所涉及的总金额的比例承担本项列明的各项费用。但每次事故最高赔偿金额为5000 元。

（3）责任免除

① 吊扣与吊销证件、扣押、罚没等事宜。

② 罚金、交通事故处理费及其他行政费用。

③ 与保险事故无关的法律事务。

④ 具有人身处罚性质的法律事务。

⑤ 被保险人（违背保险人意志）单独与第三方达成承诺所致的法律事务和费用。

⑥ 应当由交强险承担的赔偿金额。

⑦ 其他不属于保险责任范围内的损失和费用。

（4）赔偿处理

保险人对每次事故的处理以仲裁机构的仲裁结果或人民法院的终审判决或调解为止，对在此以后发生的任何事务或费用，保险人均不再负责处理或承担。

（5）被保险人义务

① 被保险人向保险人委托有关事宜时，应与保险人在立场、观点等方面达成一致。

② 在事务处理过程中，如被保险人确实需要与事故的第三方接触，应事先通知保险人。

6.3.3 特约险

只有在同时投保了机动车辆损失险和第三者责任险的基础上方可投保特约险。当机动车辆损失险和第三者责任险中任一险别的保险责任终止时，特约险的保险责任同时终止。

特约险包括不计免赔特约条款、价值损失特约条款、指定部位赔偿条款、基本险不计免赔特约条款、附加险不计免赔特约条款、多次事故免赔率特约条款、使用安全带特约条款、指定专修厂特约条款、修理期间费用补偿特约条款、事故附随费用特约条款、换件特约条款等二十余项。

1. 不计免赔特约条款

（1）保险责任

① 经特别约定，保险事故发生后，按对应的投保险种，应由被保险人自行承担的免赔金额，保险人负责赔偿。

② 办理本特约险的机动车辆发生保险事故造成赔偿，对其在符合赔偿规定的金额内按基本险条款规定的免赔金额，保险人负责赔偿。

③ 不计免赔是指根据基本险条款的规定，保险人负责赔偿机动车辆损失险和第三者责任险所实行的免赔金额。

④ 在保险期限内，不论被保险车辆发生一次或多次基本险保险事故，本特约险均承担相应的不计免赔责任。

（2）责任免除

下列应由被保险人自行承担的免赔金额，保险人不负责赔偿。

① 机动车辆损失险中应当由第三方负责赔偿而确实无法找到第三方的。

② 因违反安全装载规定增加的免赔金额。

③ 同一保险年度内多次出险，每次增加的免赔金额。

④ 非约定驾驶人使用被保险车辆发生保险事故增加的免赔金额。

⑤ 附加盗抢险或附加火灾、爆炸、自燃损失险或附加自燃损失险中约定的免赔金额。

⑥ 对于各附加险项下规定的免赔金额，保险人亦不负责赔偿。

2. 价值损失特约条款

只有在投保了机动车辆损失险的基础上,使用年限在一年以内的家庭自用车及行政用车方可投保本特约条款。当机动车辆损失险的保险责任终止时,本特约条款的保险责任同时终止。

投保本特约条款的被保险车辆发生机动车辆损失险责任范围内的部分损失时,保险人对由于车辆损毁引起的车辆贬值按以下方式进行补偿。

① 当被保险车辆的实际修复费用大于或等于新车购置价的10%(含10%)时,按新车购置价的10%给予补偿。

② 当被保险车辆的实际修复费用小于新车购置价的10%时,按实际修复费用给予补偿。

③ 保险人对被保险车辆的价值损失进行一次补偿后,本保险责任自动终止。

④ 本特约条款所指新车购置价不含车辆购置税。

⑤ 本特约条款项下赔偿不实行免赔。

3. 指定部位赔偿条款

只有在投保了机动车辆损失险的基础上,方可投保本条款。

① 投保了本条款的被保险车辆发生保险事故后,保险人仅对投保人指定保险事故造成的下列车辆部位的损失予以赔偿。

- 发动机。
- 底盘。
- 车身。
- 电气部分。
- 车饰(即被保险人自行添加或改造的用于增加车辆舒适度或美观度的车体内的配置)。

② 投保了本条款后,保险人对投保人指定部位以外的车体损失均不负赔偿责任。

③ 投保了本条款后,主条款的免赔规定不发生变化。

4. 基本险不计免赔特约条款

只有在同时投保了机动车辆损失险及第三者责任险的基础上方可投保本特约条款。当机动车辆损失险和第三者责任险中任一险别的保险责任终止时,本特约条款的保险责任同时终止。

投保了本特约条款的机动车辆发生保险事故造成赔偿,对其在符合赔偿规定的金额内,按基本险规定计算的按责免赔金额,保险人负责赔偿。

下列各项免赔金额,保险人不负责赔偿。

① 各附加险项下规定的免赔金额。

② 保险合同中规定的由于被保险人索赔时,未提供必要单证而增加的免赔金额。

③ 保险合同中规定的由于投保人、被保险人未履行或未完全履行义务而增加的免赔金额。

④ 保险合同中规定的由于被保险车辆在一个保险年度内,四次及以上索赔而增加的免赔金额。

5. 附加险不计免赔特约条款

只有在同时投保了机动车辆损失险及第三者责任险的基础上方可投保本特约条款。当机动车辆损失险和第三者责任险中任一险别的保险责任终止时,本特约条款的保险责任同时终止。

投保了本特约条款的被保险车辆发生保险事故造成赔偿,对其在符合赔偿规定的金额内,按其所投保本特约条款保险责任的规定计算的按责免赔金额,保险人负责赔偿。

下列各项免赔金额,保险人不负责赔偿。

① 基本险项下规定的免赔金额。

② 保险合同中规定的由于被保险人索赔时，未提供必要单证而增加的免赔金额。

③ 保险合同中规定的由于投保人、被保险人未履行或未完全履行义务而增加的免赔金额。

④ 保险合同中规定的由于被保险车辆在一个保险年度内，四次及以上索赔而增加的免赔金额。

6. 多次事故免赔率特约条款

只有在投保了机动车辆损失险的基础上方可投保本特约条款。

投保人投保了本特约条款后，可按经中国保险监督管理委员会批准的机动车辆保险费率方案享受相应的费率折扣。

投保了本特约条款后，在一个保险期限内，被保险车辆发生三次及以上保险事故的，保险人将从第三次事故起，每增加一次机动车辆损失险事故，就在机动车辆损失险规定的绝对免赔率基础上再增加 5% 的绝对免赔率，计算公式如下：

$$增加的绝对免赔率=（保险事故次数-2）×5\%$$

7. 使用安全带特约条款

本特约条款仅适用于核定座位数在 10 座以下（不含 10 座）的客车，且只有在投保了车上人员责任险的基础上方可投保本特约条款。当机动车车上人员责任险保险责任终止时，本特约条款保险责任同时终止。

被保险车辆发生机动车车上人员责任险范围内的事故，导致车上人员死亡或一级伤残，且死亡或一级伤残的车上人员在发生事故时按《中华人民共和国道路交通安全法》及其他相关法律、法规规定使用安全带的，保险人对死亡或一级伤残的车上人员进行赔偿时，按本保险合同的约定增加赔偿限额。

本特约条款增加的赔偿限额由投保人在投保时与保险人协商确定。

基本险中的免赔规则适用于本特约条款。

一级伤残根据《道路交通事故受伤人员伤残评定》（GB 18667—2002）的标准评定。

8. 指定专修厂特约条款

投保了机动车辆损失险的机动车，可附加本特约条款。

投保人在投保时未选择本特约条款的，机动车辆损失险事故发生后，因保险事故损坏的机动车辆，在修理前应当按照基本险条款的规定，由被保险人与保险人协商确定修理方式和费用。

投保人在投保时选择本特约条款，并增加支付本特约条款的保险费的，机动车辆损失险事故发生后，被保险人可自主选择具有被保险车辆专修资格的修理厂进行修理。

9. 修理期间费用补偿特约条款

只有在投保了机动车辆损失险的基础上方可投保本特约条款。机动车辆损失险保险责任终止时，本特约条款保险责任同时终止。

投保了本特约条款的机动车在使用过程中，发生机动车辆损失险责任范围内的事故，造成车身损毁，致使被保险车辆停驶，保险人按以下规定向被保险人补偿修理期间费用，作为代步车费用或弥补停驶损失。

① 被保险车辆发生部分损失的，自被保险人报案之日起至修复竣工之日止的实际天数或保险合同约定补偿天数的剩余天数（两者以低者为准）乘以保险合同约定的日补偿金额。

② 被保险车辆发生全车损失或推定全损的，按保险合同约定补偿天数的剩余天数乘以保险合同约定的日补偿金额。

③ 在保险期限内，本特约条款累计补偿的天数不超过保险合同约定的补偿天数，保险合同约定的补偿天数不得超过 90 天，日补偿金额不得超过 300 元。

如出现下列情况，保险人不承担修理期间费用补偿。

● 因机动车辆损失险责任范围以外的事故导致被保险车辆的损毁或修理。

● 非在保险人指定的修理厂修理时，因车辆修理技术不合要求造成返修。

● 被保险人或驾驶人拖延车辆送修期间。

10. 事故附随费用特约条款

本特约条款仅适用于使用性质为家庭自用汽车，党政机关、事业团体用车，企业非营业用车，核定座位数在 10 座以下（不含 10 座）的客车。只有在投保了机动车辆损失险的基础上方可投保本特约条款。当机动车辆损失险的保险责任终止时，本特约条款的保险责任同时终止。

投保了本特约条款的被保险车辆在行驶过程中，发生机动车辆损失险责任范围内的事故而丧失行驶能力，被保险人因此而发生的下列费用，可要求保险人给予补偿。

① 临时交通费用。被保险人因被保险车辆丧失行驶能力而必须转乘其他交通工具而发生的费用；本项费用的每次事故赔偿限额为 500 元；保险人以正式票据为凭在赔偿限额内按实际发生费用计算赔偿。

② 临时住宿费用。被保险人因被保险车辆丧失行驶能力而必须在其经常居住地以外的城市住宿而发生的住宿费用；本项费用的每次事故赔偿限额为 500 元；保险人以正式票据为凭在赔偿限额内按实际发生费用计算赔偿。

丧失行驶能力是指被保险车辆发生事故，无法正常行驶、自行移动，必须由救援车拖曳、牵引方可移动。

经常居住地是指被保险人在发生保险事故前已连续居住一个月以上的市、县。

如果被保险人要求保险人赔偿的"临时交通费用"是发生在被保险人经常居住地的费用，则不能同时要求保险人赔偿临时住宿费用；如果被保险人发生的住宿费用是被保险人计划内的费用（如外出目的地住宿费用），则该费用不属于临时住宿费用，保险人不负责赔偿。

保险期限内临时交通费与临时住宿费两项费用累计赔偿总额不得超过 2000 元。

任务四 车辆保险理赔

保险理赔是指保险人在被保险车辆发生风险事故导致损失后，对被保险人提出的索赔要求进行处理的过程。

保险理赔工作是保险政策和作用的具体体现，保险的优越性及保险给予被保险人的经济补偿在很大程度上都是通过理赔工作来实现的。

理赔工作一般是由被保险人提供各种必要的单证，由保险公司负责理赔的工作人员经过计算、复核等具体程序，最后使被保险人获得赔偿。

6.4.1 理赔的特点、意义和作用

1. 理赔的特点

机动车辆保险与其他保险不同，其理赔工作也具有显著的特点。理赔工作人员必须对这些特点有一个清醒和系统的认识，了解和掌握这些特点是做好机动车辆理赔工作的前提和关键。

① 被保险人的公众性。我国机动车辆保险的被保险人曾经以单位为主，但随着个人拥有

车辆数量的增加，被保险人中单一车主的比例逐步增大。这些被保险人的特点是他们购买保险具有较大的被动色彩，加上文化、知识和修养的局限，他们对保险、交通事故处理、车辆修理等知之甚少。再者，由于利益的驱动，检验人员、理赔人员在理赔过程中与其交流沟通存在较大的障碍。

② 损失率高且损失幅度较小。虽然保险事故损失金额一般不大，但事故发生的频率高，保险公司在经营过程中需要投入的精力和费用较多。有的事故金额不大，但是，仍然涉及对被保险人的服务质量问题，保险公司同样应予以足够的重视。再者，从个案的角度看虽赔偿的金额不大，但是，积少成多也将对保险公司的经营产生重要影响。

③ 标的流动性强。机动车辆具有相当强的流动性，因而发生事故的地点和时间不确定。这就要求保险公司必须拥有一个运作良好的服务体系来支持理赔服务，主体是一个全天候的报案受理机制和庞大而高效的检验网络。

④ 受制于修理厂的程度较大。汽车修理厂是理赔工作中的一个重要环节，修理厂的修理价格、工期和质量均直接影响机动车辆保险的服务。大多数被保险人在发生保险事故后，均认为由于投了保险，保险公司就必须负责将车辆修复，所以，在将车辆交给修理厂之后就很少过问。一旦车辆修理质量或工期甚至价格等出现问题，就将保险公司和修理厂一并指责。而事实上，保险公司在保险合同项下承担的仅仅是经济补偿义务，对于事故车辆的修理以及相关事宜并没有负责义务。

⑤ 道德风险普遍。在财产保险业务中，机动车辆保险是道德风险的"重灾区"。机动车辆保险具有标的流动性强、户籍管理中存在缺陷、保险信息不对称等特点，机动车辆保险条款不完善、相关的法律环境不健全，以及机动车辆保险经营管理中存在一些问题和漏洞，给了不法之徒可乘之机，致使机动车辆保险欺诈案件时有发生。

2. 理赔的意义

机动车辆保险是一个出险率较高的险种，它涉及面广、社会影响大，机动车辆保险理赔工作质量好坏，直接影响到保险公司的声誉，关系到被保险人的切身利益，对机动车辆保险业务的开展甚至其他财产保险业务的拓展都起着举足轻重的影响作用，同时也决定了保险公司自身的经济效益。

3. 理赔的作用

理赔工作是加强车辆防灾减损的重要内容和依据。机动车辆理赔工作的主要作用表现在以下三个方面。

① 经济补偿。在保险标的遭受保险责任范围内的自然灾害和意外事故损失后，及时给予被保险人经济补偿。

② 加强防灾，减少损失。在理赔处理过程中和理赔以后能起到加强防灾、减少损失的作用。在事故发生后，保险标的及第三者往往还有加重损失的可能性，需要采取必要的抢救和保护措施，尽量挽回可以避免的损失。

③ 吸取经验教训，掌握事故规律。通过赔案工作的处理，可以从中吸取经验教训，掌握机动车辆发生事故的规律。如对机动车辆按使用性质、车型、车类以及车辆所有权（公有或私有）等进行事故赔案分类，或按事故性质进行分类，通过分类统计，找出理赔工作的规律，以提高理赔工作的管理水平，促进机动车辆保险业务的拓展。

6.4.2 理赔工作人员应具备的条件

保险公司一般都设有专职理赔人员，经营规模较大的企业都设有理赔部门专门处理赔案工作。机动车辆理赔工作是一项技术性、业务性都很强的工作。因此，要求从事机动车辆理赔工作的人员必须具备以下条件。

1. 廉洁奉公、秉公办事、认真负责

① 热爱机动车辆理赔工作，且有从事机动车辆技术工作的实践经验，有一定的工作能力。

② 热爱保险事业，关心和维护企业声誉，为人正派，实事求是，坚持真理。

③ 自觉服从领导安排，遵纪守法，团结同志，有任劳任怨的奉献精神，严格遵守理赔人员工作守则。

2. 精熟条款、实事求是处理赔案

① 认真领会和掌握保险条款，逐步学会对条款的灵活应用。

② 深入调查研究，实事求是、合情合理、审慎地做好赔案中每个环节的工作。

3. 掌握有关专业知识

① 机动车辆构造及其工作原理，了解事故车辆修理工艺。

② 了解汽车配件市场动态，掌握汽车配件价格。

③ 了解汽车市场新技术、新工艺、新设备及发展动向。

④ 掌握和了解国家道路交通法规及交通事故处理办法，熟练掌握事故现场查勘要领，做到定损合理、准确。

⑤ 掌握相关险种有关知识以及赔偿标准。

6.4.3 理赔工作的基本原则

机动车辆理赔工作涉及面广，情况比较复杂。在赔偿过程中，特别是在对机动车辆事故进行查勘工作过程中，必须明确和遵守理赔工作的基本原则。

1. 树立为保户服务的指导思想，坚持实事求是原则

在整个理赔工作过程中，体现了保险的经济补偿职能作用。当发生机动车辆保险事故后，保险人要急被保险人之所急，千方百计避免扩大损失，尽量减轻因灾害事故造成的影响，及时安排事故车辆修复，并保证基本恢复车辆的原有技术性能，使其尽快投入生产运营。

在现场查勘、事故车辆修复定损、支付赔款、赔案处理等方面，要坚持实事求是的原则，在尊重客观事实的基础上，具体问题具体分析，严格按条款办事，并结合实际情况进行适当灵活处理，尽力使各方都比较满意。

2. 坚持重合同、守信用、依法办事原则

保险人是否履行合同，就看其是否严格履行经济补偿义务。因此，保险方在处理赔案时，必须加强法制观念，严格按条款办事。该赔的一定要赔，而且要按照赔偿标准及规定赔足；不属于保险责任范围的损失，不滥赔，同时还要向被保险人讲明道理，拒赔部分要讲事实、重证据。

要依法办事，坚守合同，诚实信用，只有这样才能树立保险的信誉，扩大保险的积极影响。

3. 坚决贯彻"八字"理赔原则

"主动、迅速、准确、合理"是保险理赔人员在长期的工作实践中总结出的经验，是保险理赔工作优质服务最基本的要求。

① 主动，就是要求保险理赔人员对出险的案件，要积极、主动地进行调查，了解和勘查

现场，掌握出险情况，进行事故分析并确定保险责任。

② 迅速，就是要求保险理赔人员勘查、定损处理迅速、不拖沓，抓紧赔案处理，对赔案要核得准，赔款计算快，复核、审批快，使被保险人及时得到赔款。

③ 准确，就是要求从查勘、定损到赔款计算，都要做到准确无误，不错赔、不滥赔、不惜赔。

④ 合理，就是要求在理赔工作过程中，要本着实事求是的精神，坚持按条款办事。在许多情况下，要结合具体案情准确定性，尤其是在对事故车辆进行定损的过程中，要合理确定事故车辆维修方案。

理赔工作的"八字"原则是辩证的统一体，不可偏废。如果片面地追求某一方面而忽略了其他方面，则可能使赔案久拖不决，甚至会发生错案，引起不必要的法律诉讼纠纷，造成极坏的社会影响。总的要求是从实际出发，为保户着想，既要讲速度，又要讲质量。

4. 注重"交通事故认定书"的证据作用

"交通事故认定书"（以下简称认定书）对事故当事人和保险当事人在利益调整上起着举足轻重的作用，在保险理赔中是必不可少的证据材料。认定书在民事诉讼案中不属司法审查范围，因其特殊的地位，保险人形成了一种思维定式，在理赔中把它当做具有无可辩驳的证明力的依据，这样做必将给保险企业留下巨大的证据风险和经营风险。因此，应对认定书的真实性进行审查后方可将其作为证据予以采信，以防范风险。这就要求理赔人员对认定书的证据作用必须有明确的以识。

① 从事故当事人的情况来看，认定书作为证据的真实性受到了影响和破坏，客观上要求保险从业人员对其真实性进行审查。在保险事故发生后，受损方经常不是据其本身在事故中所负责任轻重，通过合法的程序和方式向车方提出合法的索赔请求，而是通过有形或无形的胁迫手段来逼迫就范；而车方想尽快解决事故赔偿纠纷，往往被迫做出妥协，承担比责任更重的损害赔偿金。这就造成了认定书的不真实性。

② 从责任认定主体的情况来看，认定书作为证据的真实性受到了影响和破坏，同样须进行证据审查。

认定书能否反映事故的客观情况，是受多方面因素制约的，主要来自以下四个方面。

● 实践经验。经办人员能否搜集到全面充足的现场材料，能否由表及里、去粗取精、去伪存真，提出反映事故本来面目的客观材料。

● 法律及相关专业知识。经办人员能否把手中的材料与有关法律法规有机结合。

● 职业道德因素。经办人员能否不徇私情、不谋私利、秉公执法。

● 认定程序和取证方法。主体内容和程序是否合法。认定书不可避免地受主、客观因素的制约，在一定程度上具有很大的随意性和主观性。

受上述各种因素的制约和影响，责任认定人出具的认定书从形式上看是合法的，但其内容却无法反映客观真实性。因此，将认定书作为理赔的证据显然不合适。

③ 认定书直接关系到保险当事人的切身利益。机动车辆保险条款规定：根据被保险车辆驾驶人在事故中所负责任，机动车辆损失险和第三者责任险，在符合赔偿规定的金额内实行绝对免赔率，负全部责任的免赔率为 20%，负主要责任的免赔率为 15%，负同等责任的免赔率为 10%，负次要责任的免赔率为 5%。因此，必须采取审慎认真、客观全面、科学公正的态度来认定事实、划分责任、采信证据，才能使保险双方当事人的利益都得到保护，同时遏止事故当事人和责任认定人对事故责任认定的随意性。

④ 通过对认定书作为证据的真实性的查证，提高保险人现场查勘效率，掌握第一手资料，在保险理赔工作中才能做到有理有据、定案准确、理赔合理。

在认定书经查证认定符合事实的情况下，当被保险人提出相反证据（足以推翻公证证明的除外）时，保险人有权决定是否采信；在认定书与事实明显不符或重大不符的情况下，对涉及保险理赔范围内的责任认定事宜，保险人有权依据事实重新核定或拒绝赔偿。

6.4.4　保险理赔工作的内容和程序

1. 保险理赔的主要工作内容

保险理赔的工作内容主要分为出险受理、现场查勘、损失确认、索赔处理和赔案制作五个环节。

（1）出险受理

出险受理包括受理报案、查抄底单、登记立案等。机动车辆保险事故发生后，被保险人要保护事故现场，同时尽力施救以减少财产损失，要主动抢救受伤人员，速向公安机关交通管理部门报案，并在48h内向保险公司报案。火灾事故速向消防部门（119）报案，盗抢案件在24h内速向公安刑侦部门（110）报案。保险公司接到被保险人的报案后，要立即查抄底单，登记立案。

（2）现场查勘

现场查勘包括现场调查和施救保护。保险公司理赔人员在登记立案后，要立即赴现场进行查勘，并进行必要的继续施救工作，以减少损失。

（3）损失确认

在现场查勘中，保险公司理赔人员要取得被保险人、公安机关交通管理部门和消防部门的配合，确认保险事故所造成的损失，包括对事故机动车辆及第三者财产的损失进行核定，逐项核实损失项目，即定损。到事故处理部门进行责任认定和事故调解。

制定修复方案，明确修理范围及项目，确定修复费用，并根据招标定修原则，确定修理厂家。

当车辆进厂修理经拆解后，又发现其他损坏时，保险公司理赔人员要进行复勘。

在招标定修，确定修理厂家时，应掌握以下原则。

① 定损价格是否合理。

② 修理厂条件是否能保证事故车辆的修复质量。

对于第三者或车上人员的人身伤亡，要根据事故处理部门认定的责任和调解结果，确定保险人应承担的相应经济责任。

被保险车辆的火灾若原因不明，应要求被保险人向权威检验部门申请鉴定。车辆遭盗抢，应要求被保险人到市级以上报社发布寻车启事，60天后到公安刑侦部门开具未破案证明，到车辆管理部门办理失窃车辆牌证注销手续。

（4）索赔处理

要求被保险人尽快收集必要的索赔单证，10日内向保险公司申请索赔。若被保险人在两年内不提供单证申请索赔，即视为自愿放弃索赔权益。在索赔时，根据事故性质，要求被保险人提交以下有关单证。

① 保险单复印件，盗抢案件提供保险单正本。

② 出险通知书。

③ 损失清单。

④ 保险公司估价单。

⑤ 行驶证复印件，盗抢案件须提供行驶证及副本原件。

⑥ 驾驶证复印件。

⑦ 修车发票。

⑧ 必要的、合理的施救费发票。

⑨ 事故证明，由保险公司确认的事故，也可由事故单位自行证明。

⑩ 事故责任认定书。

⑪ 事故调解书。

⑫ 第三者身份复印件。

⑬ 伤者诊断证明。

⑭ 残疾鉴定报告。

⑮ 出院小结。

⑯ 医院病历。

⑰ 一次性赔偿凭证。

⑱ 医疗费、交通费、住宿费等票据。

⑲ 被抚养人的户籍证明（限伤残致丧失劳动能力者）。

⑳ 死亡证明书。

㉑ 消防部门的火灾事故证明。

㉒ 车钥匙。

㉓ 购车发票及车辆附加费凭证。

㉔ 登报寻车启事。

㉕ 停车场证明。

㉖ 停车场收据正本。

㉗ 权益转让书。

㉘ 盗抢车辆报告表。

㉙ 公安报案受理表。

㉚ 公安刑侦部门60天未破案证明，失窃车辆牌证注销登记表。

㉛ 单位营业执照复印件。

（5）赔案制作

赔案制作包括责任审核、费用核定、赔偿计算、综合报告、赔案审批等，并在10天内通知被保险人携带身份证到保险公司领取赔偿。

2. 保险理赔的程序

保险理赔的基本程序是报案、查勘定损、签收审核索赔单证、理算复核、审批、赔付结案，具体的理赔流程如图6-2所示。

（1）报案

① 出险后，客户向保险公司理赔部门报案。

② 内勤接到报案后，要求客户立即将出险情况填入"业务出险登记表"（电话、传真等报案由内勤代填）。

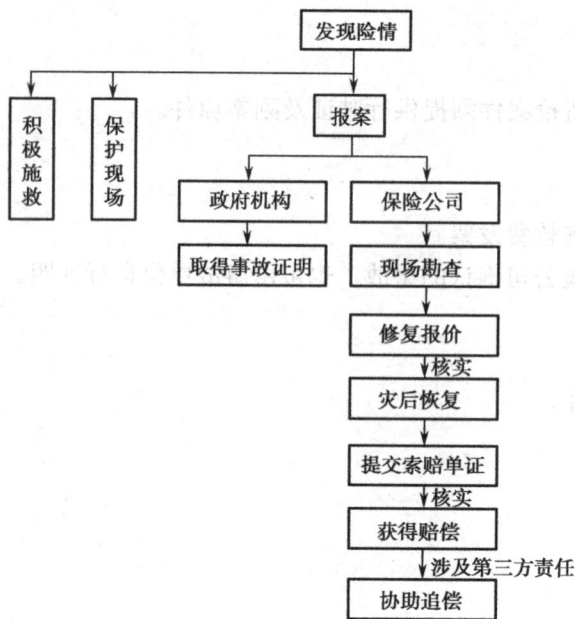

图 6-2　保险理赔流程

③ 内勤根据客户提供的保险凭证或保险单号立即查阅保单副本，并抄单以及复印保单、保单副本和附表。查阅保费收费情况，并由财务人员在保费收据（业务及统计联）复印件上确认签章（特约付款须附上协议书或约定）。

④ 确认保险标的在保险有效期限内或出险前特约交费，要求客户填写"出险立案查询表"，予以立案（电话、传真等报案，由检验人员负责要求客户填写），并按报案顺序编写立案号。

⑤ 发放索赔单证。经立案后向被保险人发放有关索赔单证，并告知索赔手续和方法（电话、传真等报案，由检验人员负责）。

⑥ 通知检验人员，报告损失情况及出险地点。

以上工作在半个工作日内完成。

（2）查勘定损

① 检验人员在接到保险公司内勤通知后一个工作日内完成现场查勘和检验工作（受损标的在外地的检验，可委托当地保险公司在三个工作日内完成）。

② 要求客户提供有关单证。

③ 指导客户填列有关索赔单证。

（3）签收审核索赔单证

① 营业部、各保险分公司内勤人员审核客户交来的赔案索赔单证，对手续不完备的向客户说明需要补交的单证后退回客户，对单证齐全的赔案应在"出险报告（索赔）书"（一式二联）上签收后，将黄色联交还被保险人。

② 将索赔单证及备存的资料整理后，交产险部核赔科。

（4）理算复核

① 核赔科经办人接到内勤交来的资料后审核，单证手续齐全的在交接本上签收。

② 所有赔案必须在三个工作日内理算完毕，交核赔科负责人复核。

（5）审批

① 产险部权限内的赔案交主管理赔的经理审批。

② 超出产险部权限的逐级上报。

（6）赔付结案

① 核赔科经办人将已完成审批手续的赔案编号、赔款收据和计算书交财务划款。

② 财务对赔付确认后，除赔款收据和计算书红色联外，其余取回。

6.4.5 索赔的基本程序及各方权利和义务

1. 索赔的基本程序

索赔是指被保险人在保单许可的范围内，要求保险人赔偿保险事故造成的损失和给付赔偿金的过程。

买车险就是为了在出险时获得保险公司的赔偿，被保险人如果了解保险公司的索赔手续，就可以更快地取得赔款，还要了解保险公司的拒赔规定，这样就能在车辆使用或索赔时避免不当行为，减少被拒赔的可能性。投保车辆万一发生不测，遭受意外事故或自然灾害，被保险人及驾驶人应积极采取措施进行施救并保护好现场，同时向保险公司报案并通知有关部门，然后提出索赔申请。索赔的基本程序如下。

（1）报案、定损和修理

① 通知出险和提出索赔要求。

保险事故发生后，被保险人首先要立即报案，通知公安机关交通管理部门和保险公司，然后提出索赔请求。被保险人或受益人应当将保险事故发生的时间、地点、原因及造成的损失情况，以最快的方式通知保险人，便于保险人及时调查核实，确认责任。同时，被保险人或受益人也应当把保险单证号码、保险标的、保险险种险别、保险期限等事项一并告知保险人。如果保险标的在异地出险受损，被保险人应向原保险人及其在出险当地的分支机构或其代理人报案，这就是通知出险。

报案的基本要求如下。

● 如果是在本地出险，被保险人或驾驶人应立即前往（或电话通知）所投保的保险公司报案。报案时，应向保险公司工作人员出示保险单正本。保险公司工作人员检验保险单后，将提供"机动车出险登记表"、"机动车辆保险出险通知书"和"机动车辆保险索赔须知"，被保险人要根据事实详细填写有关内容并签章。

被保险人若用电话报案，则事后应及时补填"机动车出险登记表"和"机动车辆保险出险通知书"。

● 如果是在外地出险，被保险人或驾驶人应及时向当地相应的保险公司（根据各保险公司的规定，在全国范围内任何一家保险公司的分支机构均为为其他公司代办理赔业务的责任）报案，并在 48h 内通知承保的保险公司，当地公司根据实际情况查勘定损完毕后，被保险人可立即向承保公司办理索赔。

● 被保险车辆被盗抢，应在 24h 内向出险地当地公安刑侦部门报案，必须在 48h 内通知保险公司，并携带保险单和机动车辆保险证向保险公司索取出险通知书，由被保险人按表内各栏规定如实填写，字体要端正清楚，如属单位车辆的要盖公章，私人车辆则要签名。

根据被保险人填写的"机动车出险登记表"，保险公司工作人员将使用计算机查抄保险单和批单。填写出险通知书,也就是索赔申请书。对于上门报案的,由保险公司的接待人员指导报案人当场填写。对于其他方式报案的,在事故查勘、核定损失时,由保险公司专业人员现场指导填写。被保险人是单位的,还须加盖单位公章。

报案时还须注意以下几个问题。

● 报案期限:保险事故发生后,48h 内通知保险公司。
● 报案方式:到保险公司报案,电话(传真)报案,业务员转达报案。
● 报案内容:被保险人姓名,保单号,保险期限,保险险别,出险时间、地点、原因,出险车辆牌号、厂牌车型,人员伤亡情况,伤者姓名、送医时间,医院名称、地址,事故损失及施救情况,车辆停放地点,驾驶人、报案人姓名及与被保险人关系,联系电话等。

② 合理施救,保护事故现场。

对于发生的保险事故,被保险人负有及时施救以减少损失和保护现场原状的责任,以避免损失扩大和便于保险公司派员查勘现场。否则,将给索赔带来困难。被保险人应当采取必要的、合理的抢救措施,进行抢救,如灭火、抢救遇险财产等,并对受损的保险标的进行必要的整理。

保险事故发生后,未经保险人查勘、核损或同意,被保险人或受益人应当保护好事故现场,不要先行清理事故现场,也不要自行拆修、处理受损财产。否则,会给以后的理赔工作造成困难,增加定损、赔付的麻烦。

③ 接受保险人的检验。

保险人有权进行现场查勘,而被保险人负有接受检验的义务。因此,被保险人应根据保险人的要求,提出检验申请,接受保险人或其委托的其他人员(如保险代理人、检验机关)的检验,并为其进行的检验提供方便的条件,以保证保险人及时、准确地查明事故原因,确认损害程度和损失数额等。

④ 查勘与定损。

保险公司接到客户的报案后,会及时派出专业人员赶赴事故现场,对保险责任范围内的事故进行查勘、定损,协助处理事故,分析事故原因,了解事故损失,告知理赔注意事项。被保险人及驾驶人应积极配合保险公司的查勘人员调查取证,如实回答查勘人员提出的问题,主动与保险公司的查勘定损人员一起确定事故车辆的损失情况,并在评估单上签字后,将车辆送到修理厂修理。

核定损失,因保险事故受损或造成第三者财产损坏,应当尽量修复。修理前被保险人会同保险公司检验,确定修理项目、修理方式和费用。

⑤ 事故车辆的修理。

受损的被保险车辆,必须进厂修理的,一律要经保险公司的查勘估价,经核损认可,出具估价单,定损后由被保险人自行选择修理厂修车或到推荐的修理厂维修。若客户未经保险公司认可自行修理,保险公司有权重新核定修理费用甚至拒绝赔偿。在外地出事并已委托代查勘定损的车辆,其估价单须经保险公司核定认可后方可维修。

(2)索赔时应提供的单证

索赔时要带全必要单证。被保险人或受益人在提出索赔时,应当根据有关法律和保险合同的规定,在公安机关交通管理部门对交通事故处理结案之日起 10 天内,向保险人提供事故相应的索赔单证,如事故证明、裁决书、赔偿调解书等,保险人才会受理其索赔。

被保险人应妥善保管各种必要单证,如修理被保险车辆、赔偿第三者受损财产时开具的发票以及抢救治疗受伤人员时开具的票据等，以便在索赔时提供给保险公司；积极配合有关部门办理理赔手续，并根据保险公司的需要提供这些资料，以便保险公司确定保险赔偿责任。

一般情况下，被保险人在索赔时应提供如下单证。

① 基本单证。

● 证明保险标的或当事人身份的原始文件。

a. 保险单或保险凭证的正本，已交纳保险费的凭证，如账册、收据、发票、装箱单等。

b. 车辆行驶证。

c. 当事人的证件，如身份证、工作证、户口簿、驾驶证复印件等。

● 证明保险事故的有关文件。

a. 出险通知书、保险事故调查检验报告。

b. 因交通事故造成的损失，应提供公安机关交通管理部门的事故责任认定书、事故调解书或其他证明材料。

c. 因火灾造成的损失，应提供公安机关消防部门的火灾证明。

d. 因全车盗抢造成的损失，应提供由出险地县级以上公安刑侦部门出具的盗抢案件证明。

e. 因气象原因造成的损失，应由气象部门提供证明。

② 被保险车辆施救、修理单证。

● 现场及车损照片、各种费用（如施救、保护费用）清单、修理估价单等。

● 汽车维修业专用发票。

● 定损单、结算清单、修理材料清单。

③ 第三者赔偿费用的有关单证。

● 第三者的赔偿费用清单、第三者财产损失赔款收据、赔款委托书等。

● 现场照片、财产损失清单、损害鉴定证明。

● 修车发票。

● 误工费、护理费、赡养费、抚养费等证明。

● 医疗费凭证、治疗诊断书。

● 伤残鉴定书。

● 事故中死亡者的死亡证明书。

● 其他证明材料。

④ 其他按规定应当提供的文件。

交通事故的必要单证表见表 6-4。

表 6-4　交通事故的必要单证表

单证名称	单方肇事事故	双方车损事故	人员受伤事故	人员死亡事故	获取渠道
责任认定书	√	√	√	√	交通管理部门
调解书或判决书		√	√	√	交通管理部门、人民法院
行驶证、驾驶证	√	√	√	√	自备
医疗费用收据			√	√	治疗医院
伤残鉴定证明			√	√	治疗医院
伤残补助说明			√	√	公安机关

单证名称	单方肇事事故	双方车损事故	人员受伤事故	人员死亡事故	获取渠道
死亡、销户证明				√	公安机关
修车发票	√	√	√	√	修理厂
赔偿对方的发票		√	√	√	接受赔偿方

（3）领取赔款

保险公司在赔偿时应以事实为依据，依照条款按责赔偿。因此，被保险人在处理事故时要实事求是地承担责任，超过应负责任的损失保险公司不负责赔偿。

公安机关交通管理部门结案后，被保险人可携带出险证明、事故责任认定书、事故调解书、损失技术鉴定书或伤残鉴定书、有关原始单据以及其他证明、材料，到所投保的保险公司办理索赔。

① 领取赔款时应提供的单证。被保险人领取赔款时，须提供出险登记表、被保险人身份证、公章、取款人身份证，如有疑问，可向理赔人员咨询。

② 向保险人开具权益转让书。由于车辆保险具有补偿性，被保险人不能在补偿其被保险车辆损失的范围以外获取利益。因此，在车辆保险的索赔和理赔中适用代位追偿和委付制度。对于涉及第三者赔偿责任的情况，被保险人应当向保险人开具转移其向第三者索赔权给保险人的书面转让文件，用以证明保险人在向被保险人赔付后享有的向第三者追偿的权利。

此外，在推定车辆保险的保险标的全损的情况下，被保险人也可以向保险人申请委付，但是，被保险人必须出具转移保险标的的一切权利给保险人的书面文件。

③ 确认赔偿金额，领取保险赔款。被保险人提供齐全、有效的索赔单证后，保险公司即根据条款、单证进行赔款理算，然后向被保险人说明赔偿标准和计算依据，若被保险人对赔款没有异议，即可领取赔款。一般情况下，赔款金额经双方确认后，保险公司在 10 天内一次赔偿结案。赔款收据应填上开户银行账号，盖上财务公章。如为私人车辆，则由被保险人签名，经保险公司审核无误后，凭本人身份证到保险公司领取赔款。

在被保险人领取了保险赔款后，其索赔的保险单是否继续有效，要根据具体情况来处理。对于机动车辆损失险来说，被保险人领取了全部保险金额赔偿后，其保险单的效力终止。对于第三者责任险，责任保险单因其无责任限额，在领取了部分保险金额赔偿后，根据保险合同的约定，保险单继续有效，故原则上是在保险人赔付后继续有效至保险期限届满；若该类保单规定了累计限额，则在扣除赔款额后的余额范围内继续有效。

（4）索赔时应注意的问题

① 被保险车辆发生的损失是第三方造成的，应由其负责赔偿时，被保险人首先应向第三方索赔。如遇第三方不予支付的情况，应向人民法院提起诉讼，然后携带人民法院的受理证明，请求保险公司先行赔付。

② 如果被保险车辆的事故属单方性质，在及时报案并经承保公司现场查勘后，在办理索赔时被保险人可不必提供事故证明。

③ 如果被保险车辆被盗，被保险人应办理被盗车辆的封档手续。查找 60 天无下落，向承保公司索赔。封档手续如下：被保险人持案发地派出所证明到车辆管理所领取封档表，持表到派出所、所属分局刑警队、公安局主管处室分别盖章，然后送车辆管理所封档签章。

④ 保险索赔必须在索赔时效内提出，超过时效，被保险人或受益人不向保险人提出索赔，

不提供必要单证和不领取保险金，视为放弃权利。机动车辆保险的索赔时效为 2 年，索赔时效应从被保险人或受益人知道保险事故发生之日算起。

2. 当事人在索赔和理赔中的权利和义务

为保证索赔、理赔工作的顺利进行，《保险法》及具体的保险合同规定了各方当事人在索赔和理赔过程中，应当享有的权利和承担的义务。

（1）被保险人的权利和义务

① 权利——索赔权。

如果被保险人履行了所承担的各项义务，就有权在保险单许可的范围内要求保险人赔偿保险事故造成的损失或给付保险金。保险人对于其保险责任项下的款项应当迅速赔付，不得以其权利（诸如代位求偿权或分摊权等）尚未实现为由而暂缓赔付。否则，将构成违约。

② 义务。

- 发生保险事故的通知义务。被保险人在发生了保险事故后，应当立即通知保险人，将发生保险事故的事实以及损害情况通知保险人及其代理人。其目的是让保险人能够及时调查保险事故发生的原因，查证损失情况，并采取适当的措施来防止损失的扩大，以避免因延误时间而增加调查的困难，防止被保险人隐瞒或消灭证据等欺诈行为。

如果被保险人在保险事故发生后，经过一段合理的时间，并且能够通知而没有向保险人及其代理人发出通知，即违反了这一义务，保险人有权因此而拒绝赔偿。

- 施救的义务。虽然被保险人的损失可以从保险人那里得到约定的赔偿，但是，出于保护社会财富，防止被保险人谋取不当利益的道德危险的要求，《保险法》规定了此项义务，即被保险人在保险事故发生时，应当采取必要的、合理的措施进行抢救，防止或减少保险标的的损失。同时，被保险人对于其履行施救义务中支出的必要费用有权要求保险人予以承担。如果违反这一义务，保险人对于由此造成的损失扩大部分，不承担赔偿责任。

- 提供索赔单证的义务。为了获取保险人的赔付，被保险人在提出索赔要求时，应当按照有关法律和保险合同的规定，向保险人提交有关的索赔单证，以此证明保险事故发生的事实和损失数额。否则，保险人将拒绝接受其索赔请求。

（2）保险人的权利和义务

① 义务。

保险人在索赔和理赔过程中的主要义务是根据被保险人或受益人的索赔要求，及时正确地进行理赔，依据法律和保险合同的规定向被保险人或受益人予以赔付。保险人应当赔付而未予赔付，或故意拖延赔付，或所赔付的数额小于应当赔付的数额，均构成违约行为，其依法要承担违约责任。

② 权利。

- 调查权。为使审核损失、确定责任的工作顺利进行，法律赋予保险人调查损失的权利。基于这一权利，保险人可以进入事故现场，调查事故发生的原因及造成的损失情况。必要时，保险人有权聘请专门机构和人员评估损失。并且，保险人有权审核被保险人或受益人提交的索赔单证是否属实、齐全。

- 代位求偿权。如果第三者对于保险标的的损失依法负有赔偿责任，保险人在向被保险人进行赔付时，有权要求被保险人将其享有的向第三者的赔偿请求转移给保险人自己。然后，保险人得以代被保险人向第三者请求赔偿。保险人取得代位求偿权的前提是向被保险人履行了保险赔偿义务。

如果被保险人作为受害人已经从第三者处得到了赔偿，且所得赔偿的数额等于或大于保险人依保险合同所应赔付的数额，被保险人在保险合同中的索赔权随之消失，保险人也就不存在代位求偿的权利。

● 分摊权。这一权利存在于重复保险的财产保险合同中。如果投保人就同一保险标的分别向两个或两个以上保险人投保，导致各个保险合同的赔偿总额超过了被保险人的实际损失，则构成重复保险。在重复保险的情况下，被保险人只向其中一个保险人提出索赔请求时，该保险人有权向其他保险人要求，按一定的分摊方法承担各自的赔偿责任，保险人要求其他保险人分摊损失的权利即为分摊权。

6.4.6 赔款计算

计算赔款是理赔工作的最后环节，也是理赔工作中关键、重要的一步。被保险车辆肇事后经现场查勘、调查、定损以至事故车辆修复后，由被保险人提供单证、事故责任认定书、损害赔偿调解书、车辆估损单、修理清单和修车发票以及其他赔偿费用单据，经保险责任审定、损失费用核定后，就第三者责任险、施救费、车辆附加险等分别计算赔款数额。

1. 机动车辆损失险的赔款计算

（1）车辆全部损失的赔款计算

① 机动车辆全部损失是指保险标的因碰撞、倾覆或火灾事故而造成车辆无法修复，即整车损毁；或保险标的受损严重，车辆修复费用极高，基本上接近于被保险车辆的保险金额，已失去修复价值，或按国家有关汽车报废条件，达到报废程度，由保险公司的查勘定损人员推定全损。

② 在车辆全损的赔款计算中应注意区分车辆的实际价值和车辆的保险金额。若保险金额等于或低于出险时车辆的实际价值，在赔款计算中则以保险金额为最高赔偿限额进行赔款计算；若保险金额高于出险时车辆的实际价值，则以出险时车辆的实际价值进行赔款计算。车辆残值应根据车辆损坏程度、残余部分的有用价值与被保险人协商作价，折旧归被保险人，并在赔款计算中扣除。

③ 车辆出险时实际价值的确定。机动车辆发生事故推定全损后，要确定发生事故前车辆原有的实际价值，通常的做法是按照国家关于汽车使用更新报废条件中的使用年限，比照现行车辆重置价值，采取按使用年限折旧的方法予以确定。也可以参照各地汽车交易市场同一车型、同一使用年限的车辆交易平均价格确定。

④ 车辆全损赔付款的计算公式为

保险赔款=车辆核定损失×按责任分担损失的比例×（1-免赔率）

被保险车辆发生全部损失后，如果保险金额等于或低于出险时车辆的实际价值，按保险金额计算赔款，即

保险赔款=（保险金额-残值）×按责任分担损失的比例×（1-免赔率）

被保险车辆发生全部损失后，如果保险金额高于出险时车辆的实际价值，以出险时的实际价值计算赔款，即

保险赔款=（实际价值-残值）×按责任分担损失的比例×（1-免赔率）

在实际计算时应注意以下两点。

● 免赔率是指机动车辆保险每次赔款计算中，应按规定扣除的按责免赔比例。免赔率的

高低与被保险人承担的事故责任成正比。负全部或单方事故责任的免赔 20%，负主要责任的免赔15%，负同等责任的免赔10%，负次要责任的免赔5%。

● 计算公式中的按责任分担损失的比例是交通事故责任者应当按照所负交通事故责任承担的相应损害赔偿责任。交通事故责任认定划分为全部责任，主、次责任，同等责任。全部责任（含单方事故）承担事故所造成的全部损失；主、次责任通常情况下按 7∶3 的比例分担事故所造成的全部损失，也有按 9∶1、8∶2 或 6∶4 的比例分担损失的；同等责任按 5∶5 分担事故所造成的全部损失。

（2）车辆部分损失的赔款计算

① 车辆部分损失是指被保险车辆出险受损后，尚未达到"整体损毁"或"推定全损"的程度，仅发生局部损失，通过修复，车辆还可继续使用。

② 机动车辆部分损失的赔款计算，也应区分两种不同情况分别计算。

● 被保险车辆以新车购置价确定保险金额的，发生部分损失后，按实际修理费用计算赔偿。但每次以不超过保险金额或出险时车辆的实际价值为限，如果有残值则应在赔款中扣除。其计算公式为

保险赔款＝（实际修复费用−残值）×按责任分担损失的比例×（1−免赔率）

● 保险金额低于新车购置价的车辆，按照保险金额与新车购置价的比例计算赔偿修理费用。但每次以不超过保险金额为限，如果有残值则应在赔款中扣除。其计算公式为

保险赔款＝（修理费用−残值）× 按责任分担损失的比例 × （保险金额/新车购置价）×（1−免赔率）

2. 施救费用的计算

施救费用的赔偿是保险赔偿责任中的一个组成部分，是在施救费用核定的基础上进行计算的。通常保险人只承担为施救、保护被保险车辆及其财物而支付的正常、必要、合理的费用，保险人在保险金额范围内按施救费用赔偿；但对于被保险车辆装载的货物、拖带的未保险车辆或其他拖带物的施救费用，不予负责。施救的财产中，含有本保险合同未保险的财产，如果两者费用无法划分，则应按本保险合同保险财产的实际价值占总施救财产的实际价值的比例分摊施救费用。

其计算公式为

被保险车辆施救费＝总施救费×保险金额/（保险金额+其他被施救财产价值）

3. 第三者责任险的赔款计算

被保险车辆发生第三者责任事故时，应按有关法律、法规、条例规定的赔偿范围、项目和标准以及保险合同的规定进行处理，在保险单载明的赔偿限额内核定、计算赔偿金额，对被保险人自行承诺或支付的赔偿金额，保险人有权重新核定或拒绝赔偿。

在计算和处理赔偿过程中，通常会遇到以下四种情况。

① 当被保险人应付赔偿金额超过保险赔偿限额时，其计算公式为

保险赔款＝赔偿限额×（1−免赔率）

② 当被保险人应付赔偿金额等于或低于赔偿限额时，其计算公式为

保险赔款＝应付赔偿金额×（1−免赔率）

③ 当第三者责任险的保险责任为连续责任时，被保险车辆发生第三者责任事故，保险人赔偿后，每次事故无论赔款是否达到保险赔偿限额，在保险期限内，第三者责任险的保险责任仍然有效，直至保险期满。

④ 当第三者责任事故赔偿后，对受害第三者的任何赔偿费用的增加，保险人不再负责。

4. 车辆附加险的赔款计算

（1）车上责任险的赔款计算

① 车上责任险的保险责任。

被保险人在投保机动车辆损失险及第三者责任险后，若附加投保车上（人员、货物）责任险，则保险人负以下赔偿责任。

- 被保险车辆因发生机动车辆损失险规定范围内的灾害事故，致使车上人员伤亡或货物损毁，依法应由被保险人承担的经济赔偿责任。
- 被保险人对上述人员伤亡或货物损毁进行抢救、施救所发生的合理费用。
- 已投保机动车辆盗抢险的被保险人，在本车被劫时车上人员伤亡。

② 车上责任险的赔款计算方法。

被保险人凡发生车上责任险范围内的各项损失，保险人按责任限额以及被保险人在事故发生过程中所应承担的责任，扣减相应比例的免赔率进行赔付款计算。具体计算方法如下。

- 人员伤亡。车上人员伤亡按人分别计算，每辆车给付的人数以不超过被保险车辆的额定座位（包括驾驶人）数为限。如实际载客人数超过额定座位数，按额定座位数与实际载客数的比例给付。

a. 当被保险人应承担的受伤人员医疗费、抢救费超过限额时（含车上人员伤亡）：

$$赔付款 = 赔偿限额 \times (1 - 免赔率)$$

b. 当被保险人应承担的受伤人员医疗费、抢救费低于限额时：

$$赔付款 = 实际费用 \times (1 - 免赔率)$$

按人分别计算后的合计数，即为保险人应支付被保险人的赔款数。

- 车上货物损失。

a. 当被保险人应承担的车上货物损失（含施救费）超过限额时：

$$赔付款 = 赔偿限额 \times (1 - 免赔率)$$

b. 当被保险人应承担的车上货物损失（含施救费）低于限额时：

$$赔付款 = 实际损失费用 \times (1 - 免赔率)$$

（2）盗抢险的赔款计算

附加盗抢险的被保险车辆，在保险期间被盗窃或被抢劫，若满 60 天后仍未找到，保险人在取得车辆权益转让书后，按车辆保险金额或出险时车辆实际价值计算赔偿，并扣除相应的免赔率。

① 当车辆保险金额高于或等于车辆出险时的实际价值时：

$$赔付款 = 实际价值 \times (1 - 免赔率)$$

② 当车辆保险金额低于车辆出险时的实际价值时：

$$赔付款 = 保险金额 \times (1 - 免赔率)$$

如果被盗抢车辆在 60 天内找回，但车辆遭受部分损失（碰撞、车上装备丢失以及其他机械方面的损坏），则保险人比照机动车辆损失险赔付款的计算方法进行计算。

项目七

汽车维修客户的接待与投诉处理

教学要求 ....

1. 掌握言谈与倾听的技巧；
2. 熟练掌握与客户沟通的方法；
3. 能正确处理在价格上的异议；
4. 能够正确处理客户的投诉。

....

任务一 客户接待技巧

在接待客户时应注意做好准备。服务接待要事先做好充分的准备，要能了解客户信息、环境和情感三方面的需求，并加以满足，特别要满足客户的情感需求。

客户在接受某项基本服务时，最基本的要求就是服务接待能关注他直接的需求，能受到热情的接待；在不需要接待时，客户就不希望服务接待去打扰他。服务接待要想在接待客户的过程中，呈现出良好的服务技巧，就必须事先做好充分的准备工作。

服务接待在接待客户之前，应先了解一下客户可能有哪些方面的需求，再分别做好准备。一般来说，客户有以下三个方面的需求（图7-1）。

1. 信息需求

客户来做保养，那么他会要求知道本次保养有哪些维护项目，要多长时间，价格是多少等，这些都称为信息需求。

为了满足客户的这种信息需求，就要求服务接待事先做好充分的准备，要求服务接待不断地充实自己的专业知识。这样才有可能为客户提供满意的服务，才可能满足他对信息的需求。

2. 环境需求

在天气很热时，客户希望房间里很凉爽；如果当前服务需要等候很长时间，客户一定会需要一些书刊、杂志来看等，这些都是客户对环境的需求。

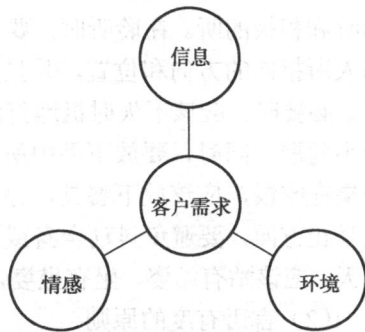

图7-1 客户需求

3. 情感需求

客户都有被赞赏、同情、尊重等各方面的情感需求，服务接待需要理解客户的这些情感。满足客户情感需求的难度是相当大的，要做好这方面的准备工作也是相当不容易的。这就要求服务接待具有敏锐的洞察力，能够观察到客户的这些需求并加以满足。

服务接待在认识到客户的三种需求以后，就应该根据客户的这些需求做好相应的准备工作。如果每个服务接待都能根据本行业的特点做好这三方面的准备工作，那么在真正面对客户的时候就有可能为客户提供满意的服务。

服务接待在做好充分的准备工作后，下一步的工作就是迎接客户。服务接待在迎接客户时要做好以下几个方面的工作。

① 职业化的第一印象。对客户来讲，他非常关注服务人员给他的第一印象。服务接待在欢迎客户时一定要呈现出非常好的、职业化的第一印象。

② 欢迎的态度。态度是非常重要的，因为它决定着客户对于整个服务的感知，决定着整个服务的成败。所以，对于服务接待来说，在欢迎客户时，一定要发自内心地展现微笑，要以一种欢迎的态度对待客户。

③ 关注客户的需求。这就是上面说的要关注客户的信息需求、环境需求和情感需求。

④ 以客户为中心。服务接待应该以客户为中心，时刻围绕着客户。

7.1.1 言谈的技巧

1. 言谈的原则

（1）充分聆听的原则

充分聆听既是对讲话者的一种尊重，是起码的礼貌要求，也是互动交流的基础。只有充分交流，才可以有根据地进行回应，才会激发起讲话者的兴趣。

但是，在充分聆听时，要注意，这种聆听不是傻听，不是盲听，而是有礼貌的听、有礼节的听和积极的听。在聆听时，要注意及时回答对方的提问，目光停留于别人的脸部，及时注意别人所指向的方向和位置，并且要不断地通过"是吗"、"对呀"等短语让别人充分知道你在聆听。必要时，应该不失时机地打断别人的讲述，如在他讲完一段话，或者停顿下来时，问一两个小问题。同时，要放下手中所有的工作和活动，不可不断地看表，或者不停地摆弄小物品。如果在吃饭，应该放下餐具，停止进食。目光不可飘飞，不可给人一心二用、三心二意之感。从举止方面，要避免抖动全身或身体的某个部位，不可双手抱头、叉腰，不可抓耳挠腮、哈欠连天，应该站有站姿、坐有坐姿，落落大方，沉稳真诚。只有这样，才算真正做到了充分聆听。

（2）言语有度的原则

在言谈交流过程中，还要注意言语有度。这种有度主要体现在适时、适量和适当。

① 适时：讲话要合乎时宜，要相机而言，不可不分场合。在正式场合中，下级要避免打断上级或者职位高者的讲话，不要无休止地追问某一两个问题，不要过多地占用与上级谈话的时间。也不可在别人谈话时，交头接耳。异性之间，除非夫妻或者恋人，在公开场合的谈话要注意距离和讲话的时机。同时，又要避免该讲话时不讲话，不该讲话时却讲话的现象。

② 适量：讲话的内容和长短要适量，时间宽裕可以多讲一些，时间不够则应删繁就简，突出重点。特别是在会场或演讲场合向发言人发问时，要避免花很长时间说一个问题的背景，然后才问问题。要避免谈话东拉西扯，让人一头雾水。

③ 适当：讲话的内容要适宜，主题要恰当，话题要准确。说话时要尽可能把心中想要表

达的意思清楚地表达出来。有很多时候光是心里有某种想法不行，必须用语言说明。特别是人与人交往应该有情感的成分，不管是商务关系还是同事关系，交往一段时间后，都应该产生一定的友情。因此，在重逢和分别的时候，说一些带有感情的话理所当然。

（3）准确运用肢体语言的原则

肢体语言是人的一种情感表达方式，人们在交谈中，往往会情不自禁地挥臂、伸手、伸出手指和拳头等来辅助、增强和渲染语言表达的效果。不同社会背景、不同年龄层的人有不同的肢体语言表达方式，甚至同一种肢体语言在不同的区域、文化和个体之间有不同的含义。

因此，用肢体语言来增强讲话效果时：

① 要准确，不可引起误解；

② 要适量，不可过多过快；

③ 要及时，避免慢半拍；

④ 要避免不礼貌的肢体动作。

（4）避讳隐私的原则

由于风俗习惯、政治信仰等的不同，有些话题在交谈中或非常敏感，或容易引起反感，因此不应将其作为谈话的内容，应予以避免，这就是避讳。与此同时，现在很多人初次见面时不愿透露过多的个人信息。因此，也应避免过多询问。总体来说，以下方面应予以避免：家庭、婚姻等情况，女性的年龄、体重等有关个人生理状况的问题，男性的工资收入、职务职衔等，宗教和政治问题，就餐时谈动物内脏问题，谈疾病、死亡等。

（5）保持正确的礼仪距离的原则

每个人在潜意识中都有自己的一个私人领地。这个领地大约有半米的半径，与人交流应该避免突破这个礼仪距离，礼仪距离的存在还可避免体臭等异味可能带来的不良影响，保证交流活动的成功进行。

（6）经常使用基本的礼仪用语的原则

人与人之间的交往过程，在很大程度上也是情感的交流过程。特别是在现代生活中，"以人为本"，充分尊重人，也是顺利实现交际交流的重要条件。而礼仪用语最能体现这种对人格、情感的尊重和关怀。"您好"、"请"、"谢谢"、"对不起"、"祝贺"、"再见"这些基本的礼仪用语，看上去简单平常，但其所蕴含的社会意义和历史经验却非常丰富。

2. 交谈的内容

① 交谈内容要"就地取材"、"随机应变"。与客户初次见面时，总要先寒暄几句，如果开门见山、单刀直入，会给人唐突的感觉。可以简单聊聊今天天气如何，但若不论时间、地点一味谈天气就太单调了。如何避免这一情况呢？不妨结合所处的环境，就地取材引出适当的话题。恰当的开场白可以使气氛融洽。要多用称赞的口气和语言，而不应用挑剔的口吻。还可以根据情况的变化转换话题，使交谈自然融洽地进行下去。

② 谈话要看客户定内容。交谈不是一味地表达自己的想法或见闻，而是一种双向交流。交谈应看对象，因人而异。各种年龄、各种职业、各种地位的人都有各自不同的情趣、特点及习惯等。因此，在交谈中选择的话题、采用的语言与口吻应当有所不同，才不至于产生"层次差"。比如，不要和艺术家大谈金钱，不要和失恋的人大谈自己和异性朋友的甜蜜感情等，否则别人是没兴趣听的。

③ 多谈客户感兴趣的话题。可以试着从客户的话语中找到他的兴趣所在，让他对自己有兴趣的话题发表看法等，如他的特长、他所喜爱的生活。一般而言，一个人感兴趣的话题，多

是他知识储备中的精华部分。如能就此进行交谈，不仅可以谈得很有兴趣，而且谈话内容也会比较充实。

3. 交谈的方式

交谈时，一般有以下9种方式。

（1）直言

在交往中，心诚意笃、直抒胸臆的话语，没加什么粉饰雕琢，有时还可能是逆耳之言，但效果常常很好。直言是信任别人的表现，也是和对方关系密切的标志。在朋友之间，真诚的直言还是一种美德。

直言也是自信的表现，那种过分顾忌别人反应的人，反而可能使人觉得猥琐，因而不乐意与他交往。在某些国家，人们不习惯太多的客套，提倡自然坦诚。客气谦逊也要适当，而且要看讲话的对象。

在一定场合，需要直言时就大胆直言。但直言不讳不等于粗鲁、不讲礼貌，也不是想说啥就说啥，想怎么说就怎么说。在直言时，特别是在说逆耳之言时，应该注意：一是要心诚、坦荡；二是要配上适当的语速、语调和表情、姿态；三是在直言拒绝、制止或反对客户的某些要求、行为时，要诚恳陈述原因和利害关系。

（2）委婉

人们的认识和情感有时并不完全一致。在交往中，有些话虽然完全正确，但对方却碍于情面而难以接受，直言不讳的效果往往不好。这时，委婉就派上用场了。委婉就是从侧面触及或以柔克刚，使客户在听你谈话的同时仍感到自己是被人尊重的，这样也许他就能既从理智上，又从情感上接受你的意见。

委婉的具体做法大致有以下几种。

① 用某些语气词。例如，用"吗、吧、啊、嘛"等软语气，使人感到讲话口气不那么生硬。又如，第一句是："别唱了！"第二句是："别唱了，好吗？"无疑，第二句比第一句显得客气、婉转，使人易于接受。

② 灵活用词。如把"我觉得这样不好"改为"我并不觉得这样好"，就能把同样的意思表达得不那么咄咄逼人了。又如，面对客户无理要求，你不想直截了当地拒绝，就可以说："这件事目前恐怕很难办到。"

（3）含蓄

人们在交往中有时因种种原因不便把某一信息表达得太清晰直露，而要靠对方从自己的话中揣摩、体会出里面所蕴含的真正意思。这种"只可意会，不可言传"的手段就是含蓄。

（4）模糊

交往中，有时因故不便或不愿把自己的真实思想暴露给别人，这时可以把自己的信息"模糊化"，既不伤人，又不使自己难堪。比如，答非所问。有位小姐问你："我漂亮么？"你可以回答："你很有特点。"又如，有人问你："你看我是否变老了？"你可以回答："一下子看不出来。"

（5）自言

在社交场合，若大家都互不认识，一句"今天天气真热"之类的自言自语，往往就能成为交谈开场的引子，使你和原不相识的人攀谈起来。自言自语一般有助于人的自我表现。因此，不要看轻自言自语与自我表现，它们在交往中常具有其他手段所没有的优点。

（6）沉默

沉默是金，有时候沉默比说什么话都好，这就是"此时无声胜有声"。沉默可以表示赞许，也可以表示无声的抗议；可以是欣然默认，也可以是保留己见；可以是威严的震慑，也可以是心虚的表现。比如，别人请你去参加你不喜欢的聚会，你可以摇摇头，然后沉默，对方就不好再说了。

（7）反语

中国有句古语云："将欲取之，必先予之。"交谈中有时为达到某种目的，说话者口头说的意思和自己的真实意图恰恰相反，却反而成功。这就是反语的妙用。

（8）幽默

幽默具有许多妙不可言的功能，交往中要善于利用幽默语言。幽默能活跃气氛，也能缓解紧张的氛围。比如，德国作家和诗人歌德一天在公园散步，碰到了曾恶毒攻击他的批评家。那位批评家傲慢地说："我是从不给傻瓜让路的。"歌德立即回答："我却完全相反。"说完转到一边去了。幽默可用于对别人的善意批评和自我解嘲。如一天杜邦先生到一家小旅馆，他问老板："一个单间多少钱一天？"老板回答："不同的楼层价格不同，二楼的房间是 15 马克一天，三楼是 12 马克，四楼是 10 马克，五楼是 7 马克。"杜邦听后转身要走，老板问："您觉得价格太高了吗？"杜邦说："是您的旅馆太低了。"杜邦的幽默，既含蓄地批评了旅馆价太高，又对自己住不起高价客房做了自我解嘲。

（9）提问

交往中，提问是交谈的一大技巧，是引导话题、展开谈话或转移话题的一个好办法。提问有三种功能。

① 通过发问来了解自己不熟悉的情况。

② 把对方的思路引导到某个要点上。

③ 打破僵局，避免冷场。

提问要注意内容，不要问对方难以应对的问题，如高深的学术问题。更不应问人们的隐私及大家都忌讳的问题。提问题要把握时机，一般是一个话题快谈完时，提出一个问题，使交谈继续下去；或者不愿就某个话题进行交谈，可以用提问转移话题。

7.1.2 倾听的技巧

1. 倾听的目的

做服务工作有项技巧需要不断练习和提高，这就是倾听的技巧。

倾听的基础是听清楚别人讲什么。要听两个方面的内容：事实和情感。听事实和听情感，这是两个不同的层面。

① 听事实。了解对方说了哪些话，他讲的意思是什么。这个并不难，只要认真听，听清楚，就可以很容易做到这一点。

② 听情感。听情感是被很多人忽视的一个层面。需要听谈话者在说话的时候表达了什么样的情感需求，是否需要给予相应的回应。客户的情感需求值得服务人员加以关注并恰当回应。如果听到跟没听到一样，客户的这种情感需求就很难被满足了。

倾听看似一个消极被动的过程，其实不然，倾听需要思维的参与，应该是一个积极的过程。

因此，倾听不仅仅是耳朵听到相应的声音，还是一种情感活动，需要通过面部表情、肢体语言和话语的回应，向对方传递一种信息：我很想听你说话，我尊重和关注你，我在认真听你讲话。

2. 倾听时的注意事项

倾听，是一种美德，是一种尊重，是一种与人为善、心平气和、谦虚谨慎的姿态。善于倾听是成熟的人最基本的素质，智者善听，仁者善听。但人们在倾听时常会出现各种问题，如受情绪状态的影响、接受信息时的非理性等。因此，必须了解一下有效倾听的注意事项。

① 不要有意打断客户。好的倾听者不会有意打断对方的谈话，不会用自己的经验、观点来有意打断客户的谈话。在反馈客户的谈话之前，稍作停顿，确保已经全部理解客户的观点。这不仅表示你很关注客户的观点，也给了你一定的时间来对客户做出回应。

② 复述以确定准确理解。要确信你已经完全理解客户的意思和观点，最好的方法就是复述对方的话。用自己的话复述一下对方表达的意思，可以确保你已经完全理解了客户的观点。你可以说"我的理解是……"、"你的意思是……"。不要伪装你已经理解了客户。如果你仍然有疑惑，或漏掉了客户的一些话，可以请他们再说一遍。客户会尊重你的诚实，并且你也能够更好地满足客户的需求。

③ 肯定对方谈话的价值。在谈话时，即使是一个小小的价值，如果能够得到肯定，讲话者的内心也会很高兴，同时会对肯定他的人产生好感。因此，在谈话中，一定要用心去发现对方的价值，并给予积极的评价和赞美，这是获得对方好感的一大绝招。

④ 提问。提问是一个非常重要的技巧，可以帮助你发现和收集客户需求的信息，使你更好、更有效地为客户服务。好的问题才能有好的答案。一个不恰当的问题可能让客户马上就离开。一个业务接待的服务技能怎么样，服务经验是否丰富，关键看他提问题的质量。问题可以分为两种：一种叫做开放式问题，一种叫做封闭式问题。

- 开放式问题可以让客户比较自由地讲出自己的观点，这种提问方式是为了了解一些事实。一般以"是什么，怎么样，为什么"等开始询问，如"有什么我能够帮您的吗？"一般来说，在服务开始的时候常采用开放式问题，可以采用5W2H方法。
- 封闭式问题是为了帮助客户进行判断，客户只能回答是或不是的问题。比如，"你可以填一份客户需求调查表吗？""你需要发票吗？"等。

这两种问题可以交替使用，直到能够准确判断客户的需求为止。如图7-2所示为提问的类型。

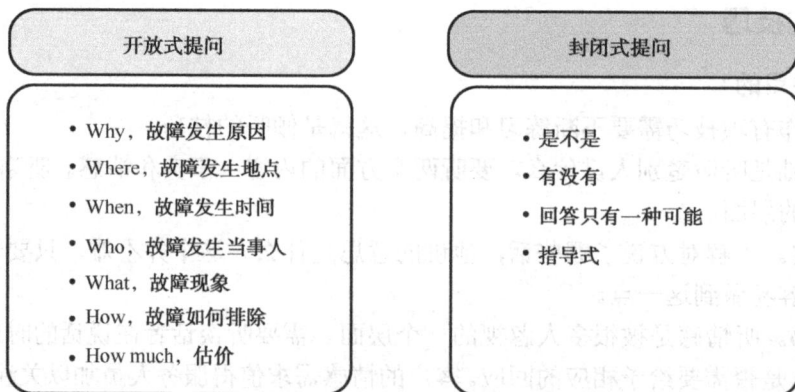

开放式提问

- Why，故障发生原因
- Where，故障发生地点
- When，故障发生时间
- Who，故障发生当事人
- What，故障现象
- How，故障如何排除
- How much，估价

封闭式提问

- 是不是
- 有没有
- 回答只有一种可能
- 指导式

图7-2 提问的类型

⑤ 注视客户，表示兴趣。这个姿态是对客户的一种尊重和鼓励，只有对客户表示出兴趣，

客户才有说的愿望与激情。注意观察非语言行为，即说者的语音语调、身体姿势、手势、脸部表情等，理解这些因素带来的信息，让倾听更有效。

⑥ 对客户观点加以设想。在倾听时，要根据客户传递过来的信息，加以设想，理解其语言及所描述的语境，通过设想进一步理解客户的意图。

⑦ 在倾听时，不要急于做判断。好的倾听者从不急于做出判断，而是感受客户的情感，设身处地地看待问题。

7.1.3 与客户沟通的技巧

1. 与客户沟通的原则

① 勿逞一时的口舌之能。与客户沟通最忌讳的就是逞一时的口舌之能。逞一时的口舌之能，虽然会获得短暂的胜利快感，但绝对不可能说服客户，只会给以后的工作增加难度。在与客户沟通时，不要做出若无其事的样子，这样会引起客户的反感。真正的沟通技巧，不是与客户争辩，而是引导客户接受你的观点或向你的观点"倾斜"，晓之以理，动之以情。

② 顾全客户的面子。要想说服客户，就应该顾全他的面子，要给客户下台阶的机会。顾全客户的面子，客户才会给你面子。顾全客户的面子并不是一件难事，只要稍微注意自己的态度和措辞即可。

③ 不要太"卖弄"自己的专业术语。千万要记住，平时接触的客户当中，很多人可能对你的专业根本不懂。在与客户沟通时，不要老以为自己高人一等，什么都知道。在向客户说明专业性用语时，最好的办法就是用简单的例子、浅显的方法来说明，让客户容易理解和接受，解释时还要不厌其烦；否则客户会失去听你解释的耐心，使得你根本达不到目的。

④ 维护公司的利益。维护公司的合法利益是每一位员工应该做的，也是与客户沟通的出发点和基本原则。在与客户沟通时，不能以损害公司的利益为代价，博取客户的欢心，更不能以损害公司或他人的利益来换取客户对个人的感谢。

2. 与客户沟通的要点

① 抓住客户的心。摸透对方的心理，是与人沟通的良好前提。只有了解并掌握对方的心理和需求，才可以在沟通过程中有的放矢，可以适当地投其所好，对方可能会视你为他的知己，那问题可能会较好地解决。

② 记住客户的姓名。记住客户的名字，可以让客户感到愉快且产生一种受重视的满足感，这在沟通交往中是一项非常有用的法宝。记住客户的名字，比任何亲切的言语都起作用，更能打动对方的心。

③ 不要吝啬"赞美的语言"。人性最深切的渴望就是获得他人的赞赏，经常给客户戴一戴"高帽"，也许就会改变他的态度；用这种办法，可以进一步激发人的潜能，使戴"高帽"的人有被重视的感觉。

④ 学会倾听。在沟通中要充分重视"听"的重要性。善于表达自己的观点与看法，抓住客户的心，使客户接受你的观点与看法，这只是你沟通成功的一半；那成功的另一半就是善于听客人的倾诉。会不会听是一个人会不会与人沟通的重要标志。做一名忠实的听众，同时，让客户知道你在听，不管是赞扬还是抱怨，你都得认真对待，客户在倾诉的过程中，会被你认真倾听的态度所感动，会对你的人格加以认同，这会为你下一步的解释工作奠定良好的基础。

⑤ 付出真诚与热情。你只有对客户真诚，客户才可能对你真诚；在真诚对待客户的同时，还要拥有热情，只有拿出你的真诚与热情，沟通才有可能成功。"真诚"是沟通取得成功的必

要条件。

⑥ 因地制宜，随机应变。不同的沟通场合需要不同的沟通方式，对不同的人也需要采取不同的沟通方法，要因地制宜、随机应变，这样才能保证沟通的效果。

⑦ 培养良好的态度。只有你具有良好的态度，才能让客户接受你、了解你。在沟通时，要投入你的热情；在沟通时，你要像对待朋友一样对待你的客户。

7.1.4 处理客户异议的技巧

在现代商业服务活动中，从接近客户、调查、产品介绍、示范操作、提出建议书到签约的每一个步骤中，客户都有可能提出异议。面对客户的异议，客户服务人员必须懂得基本的异议处理方法，且掌握的异议处理技巧越多，越能冷静、坦然地化解客户的异议，每化解客户的一个异议，就摒除了与客户之间的一个障碍，离客户就更近一步。

1. 客户异议概述

（1）客户异议的内涵

客户异议是指在客户服务人员服务过程中，客户针对客户服务人员语言表述、身体动作等提出的不赞同、质疑或拒绝。例如，去拜访客户，客户说没时间；询问客户需求时，客户隐藏了真正的动机；向客户介绍产品时，客户带着不以为然的表情等。这些都称为异议。

一般人对客户异议都抱着负面的看法，人们会因为太多的异议而感到挫折与恐惧。但是有经验的客户服务人员却能从积极的角度体会异议，领悟出以下含义。

① 从客户提出的异议，能判断客户是否有需要。

② 从客户提出的异议，能了解客户对自己及自己的建议接受的程度，从而能迅速修正服务。

③ 从客户提出的异议，能获得更多的信息。

"异议"的这层意义，是"客户服务是从客户的拒绝开始的"的最好印证。

（2）客户异议的分类

客户异议的分类方法有多种，最常见的是将异议分为真实的异议与隐藏的异议两类。

① 真实的异议。

所谓真实的异议是指客户表达目前没有需要或对产品与服务不满意，或对产品与服务抱有不同看法。例如，客户通过朋友口碑知道某产品常出故障，因此对该产品的推销提出异议。面对真实的异议，可视情况采取立刻处理或延后处理的策略。

面对下述三种情况必须立刻处理客户异议：

● 当客户提出的异议属于他关心的重要事项时；
● 必须处理后才能继续进行服务的说明时；
● 当处理异议后，客户能立刻下订单时。

而面对下述三种情况必须延后处理客户异议：

● 权限外或确实不确定的事情，须向客户承认无法立刻回答客户所提出的问题，但保证会迅速找到答案并告诉他；
● 客户在还没有完全了解产品的特性及利益前提出价格问题时，最好将这个异议延后处理；
● 当客户提出的一些异议在以后能以更具说服力的方式加以消除时。

② 隐藏的异议。

所谓隐藏的异议指客户将真实的异议隐藏，而提出各种真的异议或假的异议，借此创造解决隐藏异议的有利环境。例如，客户希望降价，但却提出其他如品质、外观、颜色等方面的异议，以降低产品的价值，而达成降价的目的。

（3）异议产生的原因

异议产生的原因有许多，其主要原因有两大类，一类是客户本身的原因，另一类则是客户服务人员的原因。只有了解产生异议的各种可能原因，才能更冷静地判断出异议的原因，针对原因处理才能化解异议。

① 客户的原因。

● 拒绝改变。大多数人在接受新产品或新品牌时，都会因改变而产生抵抗，这是最常见的异议产生的原因。

● 情绪处于低潮。当客户情绪正处于低潮时，没有心情进行商谈，容易提出异议。

● 没有意愿。客户的意愿没有被激发出来，没能引起他的注意及兴趣。

● 无法满足客户的需要。客户的需要不能充分被满足，因而无法认同客户服务人员提供的商品。

● 预算不足。客户预算不足会产生价格上的异议。

● 借口、推托。客户不想花时间会谈。

● 客户抱有隐藏的异议。客户抱有隐藏的异议时，会提出各式各样的其他异议。

② 客户服务人员的原因。

● 客户服务人员无法赢得客户的好感。客户服务人员的举止态度让客户反感，从而产生异议。

● 做了夸大或不实的陈述。客户服务人员为了说服客户，往往以不实的说辞哄骗客户，结果带来更多的异议。

● 事实调查不正确。客户服务人员引用不正确的调查资料，引起客户的异议。

● 使用过多的专业术语。客户服务人员说明产品时，若使用过于高深的专业术语，会让客户觉得自己无法使用而提出异议。

● 沟通不当。说得太多或听得太少都无法确实把握住客户的问题点，从而产生许多的异议。

● 展示失败。展示失败会立刻遭到客户的质疑。

● 姿态过高，处处让客户词穷。客户服务人员处处说赢客户，让客户感觉不愉快，而提出许多主观的异议。例如，不喜欢这种颜色、不喜欢那个式样。

2. 处理客户异议的原则

（1）不打无准备之仗原则

"不打无准备之仗"，是客户服务人员处理客户异议应遵循的一个基本原则。客户服务人员在走出公司大门之前就要将客户可能会提出的各种拒绝罗列出来，然后考虑一个完善的答复。由于事前有准备，面对客户的拒绝时就可以做到胸中有数，从容应付。例如，加拿大的一些企业专门组织客户服务专家收集客户异议并制定出标准应答语，要求客户服务人员记住并熟练运用。编制与应用标准应答语的程序，如图7-3所示。

```
┌─────────────────────────────────────────────────┐
│            记录每天遇到的客户异议                   │
└─────────────────────────────────────────────────┘
                        ↓
┌─────────────────────────────────────────────────┐
│  进行分类统计，按异议出现的频率排列出顺序，频率高的异议排在前面  │
└─────────────────────────────────────────────────┘
                        ↓
┌─────────────────────────────────────────────────┐
│  以集体讨论方式编制适当的应答语，并编写整理成应答语录册   │
└─────────────────────────────────────────────────┘
                        ↓
┌─────────────────────────────────────────────────┐
│              熟记应答语录册                        │
└─────────────────────────────────────────────────┘
                        ↓
┌─────────────────────────────────────────────────┐
│        通过角色扮演，轮流练习标准应答语              │
└─────────────────────────────────────────────────┘
                        ↓
┌─────────────────────────────────────────────────┐
│    对在练习过程中发现的不足进行讨论，加以修改和提高    │
└─────────────────────────────────────────────────┘
                        ↓
┌─────────────────────────────────────────────────┐
│      对修改过的应答语进行再练习，并最后定稿备用       │
└─────────────────────────────────────────────────┘
```

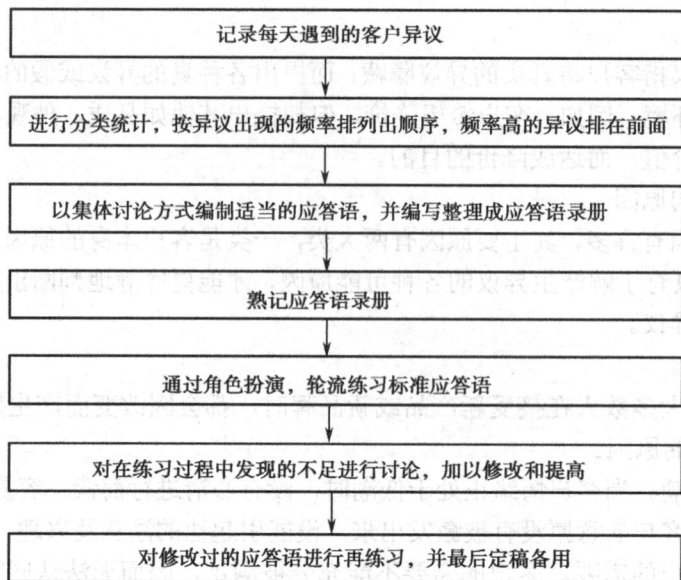

图 7-3　编制与应用标准应答语的程序

（2）选择恰当的时机原则

研究发现，好的客户服务人员遇到客户强烈反感的可能只是差的客户服务人员的十分之一。这是因为，优秀的客户服务人员对客户提出的异议不仅能给予一个比较圆满的答复，而且能选择恰当的时机进行答复。懂得在何时回答客户异议的客户服务人员会取得更好的成绩。客户服务人员对客户异议答复的时机选择有 4 种情况。

① 在客户异议尚未提出时解答。防患于未然，是消除客户异议的最好方法。客户服务人员觉察到客户会提出某种异议，最好在客户提出之前，就主动提出来并给予解释，这样可使客户服务人员争取主动，先发制人，从而避免因纠正客户看法或反驳客户的意见而引起不快。

客户服务人员完全有可能预先揣摩到客户异议并抢先处理，因为客户异议的发生有一定规律性，如客户服务人员谈论产品的优点时，客户很可能会从最差的方面去琢磨问题。有时客户没有提出异议，但他们的表情、动作以及谈话的用词和声调却可能有所流露，客户服务人员觉察到这种变化，就可以抢先解答。

② 异议提出后立即回答。绝大多数异议需要立即回答。这样，既可以促使客户购买，又显示出对客户的尊重。

③ 过一段时间再回答。有些异议需要客户服务人员暂时保持沉默，过一段时间再回答。例如，异议显得模棱两可、含糊其辞、让人费解；异议显然站不住脚、不攻自破；异议不是三言两语可以辩解得了的；异议超过了客户服务人员的能力水平；异议涉及较深的专业知识，解释不易被客户马上理解等。急于回答客户此类异议是不明智的。经验表明：与其仓促错答十题，不如从容地答对一题。

④ 不回答。有些异议客户服务人员可以不回答，如无法回答的奇谈怪论，容易造成争论的话题，废话，可一笑置之的戏言，异议具有不可辩驳的正确性，明知故问的发难等。客户服务人员不回答时可采取以下技巧：沉默；装作没听见，按自己的思路说下去；答非所问，悄悄转换对方的话题；插科打诨幽默一番，最后不了了之。

（3）永不争辩原则

不管客户如何批评，客户服务人员永远不要与客户争辩，因为争辩不是说服客户的好方法。与客户争辩，失败的永远是客户服务人员。一句客户服务行话是"占争论的便宜越多，吃客户服务的亏越大"。

（4）给客户留"面子"原则

客户服务人员要尊重客户的意见。客户的意见无论是对是错、是深刻还是幼稚，客户服务人员都不能表现出轻视的样子，如不耐烦、轻蔑、走神、东张西望、绷着脸、耷拉着头等。客户服务人员要双眼正视客户，面部略带微笑，表现出全神贯注的样子。并且，客户服务人员不能语气生硬地对客户说"您错了"、"连这您也不懂"；也不能在交谈时显得比客户知道的更多，如"让我给您解释一下……"、"您没搞懂我说的意思，我是说……"。这些说法明显地抬高了自己，贬低了客户，会挫伤客户的自尊心。

3. 处理客户异议的技巧

（1）忽视法

所谓"忽视法"，顾名思义，就是当客户提出一些反对意见，并不是真的想要获得解决或讨论时，如果这些意见和眼前的目的没有直接关系，只要面带笑容地同意他就好了。

对于一些"为反对而反对"或"只是想表现自己的看法高人一等"的客户的意见，若是认真地处理，不但费时，还有旁生枝节的可能。因此，只要满足了客户表达的欲望，就可采用忽视法，迅速地转移话题。具体方法如下。

微笑点头，表示"同意"或表示"听了您的话"。

"您真幽默！"

"嗯！真是高见！"

（2）补偿法

当客户提出的异议有事实依据时，应该承认并欣然接受，强力否认事实是不明智的举动。但记住，要给客户一些补偿，让他取得心理平衡，也就是让他产生产品或服务的价值与售价一致的感觉。

产品或服务的优点对客户是重要的，产品或服务没有的优点对客户而言是不太重要的。

世界上没有一样十全十美的产品或服务，当然要求产品或服务的优点越多越好，但真正影响客户购买与否的关键点其实不多，补偿法能有效地弥补产品或服务本身的弱点。

补偿法的运用范围非常广泛，效果也很显著。

（3）太极法

基本做法是当客户提出某些不购买的异议时，服务人员立刻回复说："这正是我认为您要购买的理由！"如果服务人员能立即将客户的反对意见，直接转换成他必须购买的理由，则会收到事半功倍的效果。

例如，客户说："收入少，没有钱买保险。"服务人员说："就是收入少，才更需要购买保险，以获得保障。"

太极法能处理的异议多半是客户通常并不十分坚持的异议，特别是客户的一些借口。太极法最大的目的，是让服务人员能借处理异议而迅速地陈述他能带给客户的利益，以引起客户的注意。

（4）询问法

通过询问，把握住客户真正的异议点。服务人员在没有确认客户反对意见的重点及程度前，直接回答客户的反对意见，往往会引出更多的异议，自找烦恼。

在服务人员的字典中，有一个非常珍贵、价值无穷的字眼——"为什么"。不要轻易地放弃这个利器，也不要过于自信，认为自己已能猜出客户为什么会这样或为什么会那样，最好让客户自己说出来。

当服务人员问为什么的时候，客户必然会做出以下反应：

① 他必须回答自己提出反对意见的理由，说出自己内心的想法；

② 他必须再次检视他提出的反对意见是否妥当。

此时，服务人员能听到客户真实的反对原因及明确地把握住反对的项目，这样也能有较多的时间思考如何处理客户的反对意见。

（5）"是的……如果"法

人有一个共性，不管有理没理，当自己的意见被别人直接反驳时，内心总是不痛快，甚至会被激怒，尤其是遭到一位素昧平生的服务人员的正面反驳。

屡次正面反驳客户，会让客户恼羞成怒，就算说的都对，也没有恶意，还是会引起客户的反感。因此，服务人员最好不要开门见山地直接提出反对的意见。在表达不同意见时，尽量利用"是的……如果"的句法，软化不同意见的语气。用"是的"同意客户部分意见，在"如果"中表达另外一种状况是否会比较好。

可以比较下面的两种说法，体会其中的差别。

A："您根本没了解我的意见，因为状况是这样的……。"

B："平心而论，在一般的状况下，您说的都非常正确，如果状况变成这样，您看我们是不是应该……。"

A："您的想法不正确，因为……。"

B："您有这样的想法，一点也没错，当我第一次听到时，我的想法和您完全一样，可是如果我们做进一步的了解后……。"

（6）直接反驳法

在"是的……如果"法的说明中，我们已强调不要直接反驳客户。直接反驳客户容易陷入与客户的争辩中，往往事后懊恼，但已很难挽回。但有些情况下，必须直接反驳以纠正客户不正确的观点。

① 客户对你的服务、企业的诚信有所怀疑时。

② 客户引用的资料不正确时。

出现上面两种状况时，必须直接反驳。因为客户若对你的服务、企业的诚信有所怀疑，那么你取得成功的机会几乎可以说是零。如果客户引用的资料不正确，你能以正确的资料佐证你的说法，客户会很容易接受，反而对你更信任。

使用直接反驳法时，在遣词造句方面要特别注意，态度要诚恳，对事不对人，切勿伤害客户的自尊心，要让客户感受到你的专业与敬业。

4. 价格异议的处理

在服务过程中，价格问题是企业与客户之间十分敏感的问题之一。在实际工作中，关于价格问题的异议，很多时候与服务质量并没有太大的关系。无论前期的服务如何到位，在涉及价格问题的时候，客户总是希望能够获得优惠，这在中低档车的消费群体当中，表现得尤为明显。当客户与服务接待之间出现价格异议的时候，可以运用相关的原则和方法来处理异议，以达到双赢的目的。

（1）价格异议产生的原因

价格问题是业务接待在交车作业中最容易遇到的问题之一，产生价格异议的原因主要有以下几个方面。

① 客户经济状况、支付能力等方面的原因。

② 仅仅出自客户的习惯。

③ 客户对服务提供或代用品服务提供之间的价格比较。

④ 客户不了解公司的服务产品。客户习惯了到综合型的维修企业去修车，对品牌全方位服务提供的整体情况不理解，只知道现在修车要比过去贵得多。

⑤ 客户除了在A公司选择维修服务外，还在B公司体验服务，因此他希望把企业的价格压下去，以此作为和另一方讨价还价的筹码。

⑥ 客户的其他动机。

由于客户对产品价格最为敏感，且产品价格与客户的利益有直接关系，故在产生购买欲望之后，客户首先会对价格提出异议，因而价格异议也是最常见、最容易提出的客户异议。

（2）处理客户价格异议的原则

客户总是希望用最低廉的价格买到优质的服务，显然一般是很难达到的。业务接待要处理好客户的价格异议，就要注意下列原则。

① 如果客户为累计消费金额或来店次数达到一定限额的客户，可以推荐使用积分卡或会员卡，主动为客户提供折扣，以促使客户继续来店消费。

② 如果业务接待服务过程中没有服务失误，而客户仍希望得到优惠，业务接待不可轻易答应客户的要求，可以考虑推荐客户成为会员或利用一定的技巧为客户做好解释工作。

③ 如果服务过程中存在服务失误，业务接待要真诚地向客户表示歉意，并根据企业有关服务失误的处理手段，采取道歉、解释、折让、提供补偿等手段来解决问题。

（3）处理价格异议的技巧

无论客户对服务满意与否，客户在交车的最后环节，总会和业务接待进行讨价还价，业务接待可以选择的处理技巧如下。

① 安全利益法。安全利益法是指业务接待在向客户解释维修项目时，首先向客户说明各个维修项目的必要性和危害性，向客户传达自己对客户安全的担忧。客户对维修项目的必要性认识越深刻，讨价还价的可能性也就越低。

② 价格分解法。价格分解法是指业务接待向客户解释维修项目时，逐项向客户介绍维修项目及价格。通过价格分解，让客户明白，每一项维修都是必要的，自己选择的维修服务项目实际上是客户选择范围内最划算的。

③ 总体计算法。总体计算法与价格分解法恰恰相反，该方法是业务接待向客户解释时从满足某一需求的总体费用上着手。譬如，业务接待推荐客户定期对车进行维护保养和检查，保证车辆的良好状态，延长车辆使用寿命，从而降低车辆的整体使用成本。

④ 补偿法。如果企业的维修服务在价格方面与同行相比的确不具备优势，而且服务差异性也不大，那么就必须为价格劣势补偿其他的利益，如为客户提供免费的检修等服务项目。

⑤ 暗示提醒成交法。在向客户解释维修项目的时候，如果客户一开场就直截了当地询问价格，千万不要马上回答他们价格是多少。因为，这时候很多客户还不完全清楚维修服务的价值所在，对价值的评判还不全面，无法做到客观公正，此时如果马上回应客户有关价格的问题，他们往往会凭直觉判断价格太高。这是客户消费心理的必然表现，很多失败的交车作业问题就

出在这个环节。

此时，如果业务接待继续向客户介绍有关维修项目的内容，客户往往无法静下心来细听，因为他们心理上已经由于价格因素产生了一种抗拒和排斥。这种情况比较容易发生在对维修服务费用情况还不了解的客户身上，除非他们已经多次来店维护并在心理上接受或认可了某品牌某车型的服务档次。这是刚进入汽车服务领域的业务接待最不容易处理的异议，需要特别注意。面对这样的情况，业务接待可以采用暗示提醒的办法，告诉客户："您看这是交车明细表，我们维修的每一个项目都是经过您同意的，费用我也给您估算过。"也就是说，在完成整个产品的价值信息传递后再与客户讨论价格问题。

⑥ 送"台阶"法。当业务接待没有明显的服务失误，而客户依然希望获得规定范围之外的折扣时，业务接待如果直接拒绝客户的请求，客户就会感觉十分没有"面子"，很容易导致客户不满。这时可以采用送台阶的方法来实现价格协商。当客户坚持要求折扣时，业务接待可以假意告诉客户请示上级主管，或赠送客户小礼品等，使客户感觉有台阶下，从而实现价格协商的目的。

任务二　处理客户投诉

1. 客户抱怨

客户购买商品或服务时，对商品本身和企业的服务都抱有良好的愿望和期盼，如果这些愿望和期盼得不到满足，就会失去心理平衡，由此产生的抱怨就称为客户抱怨。抱怨的定义为：客户因对产品或服务的不满和责难，而诉说产品或服务提供者的过错。

没有完美的服务体系，只要有服务，必定不可避免有失误，客户抱怨也就客观存在，不以服务的提供者和客户本人的意志为转移；同时，客户抱怨也是客户因服务期望与服务体验的差异而引起的不满意状态，具有比较性的特点。

客户抱怨的结果包括不再购买该品牌、不再光顾该商店、说该品牌或该商店的坏话等。

2. 客户投诉

客户投诉是客户对产品质量或服务不满意，或认为自己的合法权益受到侵害而向企业、政府或第三方管理机构提出书面或口头上的异议、抗议、索赔和要求解决问题等行为。

英国标准协会在其颁布的国际标准 BS8600（1999 版）中对投诉的定义是："投诉，客户的任何不满意的表示，不论正确与否。"

投诉一般会产生两种结果：一种是企业妥善解决了客户的投诉，客户会再次购买该企业的产品；另一种是问题没有得到解决，可能会造成客户流失。

客户抱怨和客户投诉的区别是：客户抱怨不一定要求有处理结果，而客户投诉要求必须有处理结果。

投诉只是客户面对产品或者服务存在某种缺陷而采取的公开行为，实际上投诉之前就已经产生了潜在抱怨，潜在抱怨随着时间推移就变成显性抱怨，而显性抱怨如未得到有效处理，可能会直接转化为公开的行为，即投诉。

例如，客户去维修站修理汽车，一次没修好，客户可能还没有想到去投诉，但随着返修一次、两次还未修好，而且该换的部件已换，故障还未消除，这时抱怨就变成显性抱怨，显性抱怨变成潜在投诉，最终变为投诉。

3. 客户期望

客户期望是指客户对某一产品或服务提供商能够为自己解决问题或提供解决问题的方案的能力大小的预期。这种预期是客户在参与服务体验之前就已经形成的一种意识形态，它具有很强的可引导性。虽然客户期望是一种意识形态，但其实质却离不开产品或服务本身这一核心。因此，如果能够围绕产品或服务这一核心，对客户的行为、意见及特殊需求进行周密的观测及调查，客户的期望是能够被测量的。

客户的投诉，尤其是客户的合理投诉，是客户期望最具代表性的集中反映。因此可通过对客户有理由投诉进行信息筛选及过滤，提炼客户的期望信息。

4. 客户满意

客户满意是"客户对其要求已被满足程度的感受"，是人们在接受了产品或服务，包括其所携带信息的刺激以后，所具有的一种肯定的心理状态。其实用简单的话来说，客户是否满意显示了客户的期望和获得的服务之间的关系。客户是否满意，可借用数学公式表述如下：

$$服务-期望<0 \quad 客户不满意$$
$$服务-期望>0 \quad 客户满意$$
$$服务-期望=0 \quad 客户基本满意$$

当客户觉得不满意时，就会选择如投诉等方式解决问题。如图 7-4 所示为客户满意与客户期望，A 顾客对服务 1 满意，B 顾客对服务 2 不满意。

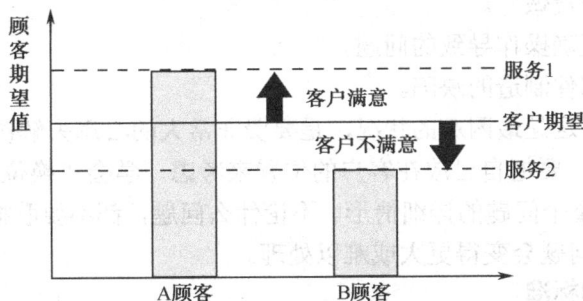

图 7-4　客户满意与客户期望

客户投诉是顾客不满意的一种表现。顾客的不满意可能表现在很多地方，从产品到服务，再到承诺的异议，顾客都可能产生不满。客户投诉是每一个企业都会遇到的问题，客户投诉是一剂多能良药，对客户的抱怨和投诉处理得好，不仅可以提高客户的忠诚度，还可以提升企业的形象，使企业获得竞争优势。当然，处理得不好不但会失去客户，还会给公司带来负面影响。

7.2.1　处理客户投诉的技巧

1. 投诉客户的期望

① 希望有人聆听。

② 希望被关注、被认同、被尊重。

③ 希望得到认真的对待。

④ 希望被投诉者有反应、有措施、有行动、有整改。

⑤ 希望得到补偿。

2. 客户投诉的危害

① 对生产厂商造成的危害：产生负面影响，影响品牌形象。

② 对经销商的危害：影响企业的正常工作，降低经销商的利润。

③ 对客户的影响：增加客户心理和经济负担。

3. 产生客户投诉的原因

① 销售时遗留的问题：销售员的承诺未履行；寻求心理平衡（买贵了）；销售员对购买产品的权利与义务向客户交待欠明确。

② 服务态度：服务人员不够热情；说明解释工作不到位；服务人员缺乏耐心。

③ 维修质量：首次修复结果不理想；同一问题多次出现；问题长时间没有解决；未对客户车辆进行防护；出厂时车辆不干净。

④ 非维修等待时间过长：长时间无服务人员接待；长时间未安排维修；长时间等待结算。

⑤ 服务承诺没有履行：未按约定时间交车；结算金额超出预期；未使用正品配件；未按客户要求作业。

⑥ 客户不正确的理解：保修条款；服务产品的说明；侥幸心理。

⑦ 客户对产品操作不当：对产品的性能不了解；未按操作规范使用。

⑧ 客户的期望值过高：希望产品不出问题；对维修时间要求较高；节省费用。

4. 客户投诉的种类

① 维修厂修理工作没做好。

② 客户自己的不正确操作导致的问题。

③ 车辆或更换零部件制造的缺陷。

④ 双方都有失误，这是最困难的状况，是要费非常大的心思去解决的问题。

在处理客户投诉时，要把自己放在客户的位置来考虑，学会"换位思考"。让客户说出他的不满，这样才能了解整个问题的详细情形。不论什么问题，都不要耽搁太久。问题摆着不会变小，相反时间久了，问题会变得更大或难以处理。

5. 处理客户投诉的标准

① 应迅速指派有能力的接待员去接待投诉的客户。

② 诚挚的态度是解决客户投诉的前提，态度要自信，但不可傲慢。

③ 接触之前，要先试图了解客户的精神状况。

④ 让客户完全说出他的投诉，这样他才能消除心中的怒气，恢复平静。

⑤ 行动要快，从接待员解决问题的行动和态度中，客户可以判断出接待员是否有诚意。

另外，还要注意"三变"技巧的应用，即变当事人、变场所与变时间。

6. 处理投诉的基本程序

① 请客人到办公室或会议室，这样做第一表示对他的重视，第二可以不用担心影响别的客户。

② 仔细听取客户的意见，说话要有礼貌；客户在投诉时的情绪往往比较激动，请他尽情地发泄，耐心倾听，不要打断，即使他用一些比较恶劣的语言，客人的情绪是针对所抱怨的事件，而不是针对接待员个人的，所以接待员完全可以心平气和地对待，让客人平静下来。

③ 确信已经了解客户抱怨与投诉的内容。继续讨论之前，接待员必须完全了解客户抱怨与投诉的问题所在，否则没有办法与客户达成一致意见。必要的时候，接待员可重复自己对客户问题的理解，并询问客户是否同意。

④ 认真检查车辆，查阅过去的维修记录，或与客人一起再次路试，找出问题所在，判定问题是维修厂还是客户造成的。

⑤ 对事件做出评估，向客户解释。

● 告诉客户他的汽车故障发生的原因，以及将采取的行动，包括将采取的措施及时间表，取得客户的同意。

● 如果是维修厂的过失，不要辩解，应向客户道歉。

● 若是客户的过失，应以委婉而有礼貌的态度告诉他故障发生的原因，建议防止这类故障再发生的办法，不要让客户觉得没有面子。

● 解释的时候，不要对客户太委曲求全。

● 如果接待员和客户都不愿意妥协，将会陷入僵局。协调应以互相信任的态度进行，以寻求双方都能接受的处理意见。

● 让客户觉得他被重视。

（6）立即采取措施，如果是简单维修，应尽可能请客户在场；向客户解释已经采取的补救措施；感谢客户使自己注意到这些问题，从而可以改进工作。

（7）电话回访，了解客户对投诉处理的结果是否满意，如果不满意，则应回到适当的步骤，重新处理。

7. 处理客户投诉的一般流程

（1）受理投诉阶段

① 控制自己的情绪，保持冷静、平和。

② 安抚和道歉。先平息客户的情绪，缓解客户的不快，并向客户表示歉意，再告诉他们公司将完全负责处理客户的投诉，从而改变客户心态，然后处理投诉内容。

③ 快速反应。用自己的话把客户的抱怨复述一遍，确信已经理解了客户抱怨之所在，而且对此已与客户达成一致。如果可能，应告诉客户自己会想尽一切办法来解决他们提出的问题。

④ 应将客户的投诉行为看成公事，进行实事求是的判断，不应加个人情绪和喜好。

⑤ 抱着负责的心态，真正关心客户投诉的问题。

（2）接受投诉阶段

① 认真倾听，保持冷静，同情、理解并安慰客户。

② 给予客户足够的重视和关注。

③ 不让客户等待太久；当客户不知道等待多久时，告诉客户明确的等待时间。

④ 注意对事件全过程进行仔细询问，语速不宜过快，要做详细的投诉记录。

⑤ 立即采取行动，协调有关部门解决。

（3）解释澄清阶段

① 不得与客户争辩或一味寻找借口。

② 注意解释的语调，不得让客户有受轻视、冷漠或不耐烦的感觉。

③ 换位思考，从客户的角度出发，做合理的解释或澄清。

④ 不要试图推卸责任，不得在客户面前评论公司、其他部门或同事的不是。

⑤ 在没有彻底了解清楚客户所投诉的问题时，不得马上将问题转交其他同事或相关部门。

⑥ 如果确实是我方原因，必须诚恳道歉，但是不能过分道歉。注意关注客户的期望，限时提出解决问题的方法。

（4）提出解决方案阶段

① 根据投诉类别和情况，提出相应的解决问题的具体措施。

② 向客户说明解决问题所需要的时间及其原因。

③ 如果客户不认可或拒绝接受解决方法，可坦诚地向客户表明公司的权限。

④ 按时限及时将需要后台处理的投诉记录传递给相关部门处理。

⑤ 对投诉客户进行必要且合适的补偿，包括心理补偿和物质补偿。心理补偿是指服务人员承认确实存在着问题，也确实造成了伤害，并道歉。物质补偿是指一种"让我们现在就做些实际的事情解决这个问题"的承诺，如经济赔偿、调换产品或对产品进行修理等。尽己所能满足客户。在解决了客户的抱怨后，还可以送给客户其他一些东西，比如优惠券、免费礼物，或同意客户廉价购买其他物品。

（5）跟踪回访阶段

① 根据处理时限的要求，注意跟进投诉处理的进程。

② 及时将处理结果向投诉的客户通告。

③ 询问客户对处理结果的满意程度。客户离开前，看客户是否已经满足；在解决了投诉后一周内，打电话或写封信给客户，了解他们是否依然满意，并可以在信中夹入优惠券。一定要与客户保持联系，将客户投诉转化为服务业绩，客户投诉得到令人满意的解决之时，就是推销品牌与服务的最佳时机。

8. 特殊客户投诉的处理

当出现客户投诉时，经销商应通过"迅速、高效、规范"的投诉处理，将客户投诉的负面影响降至最低。接到客户投诉，在处理时应热情大方，举止得体，文明礼貌，认真听取客户投诉的内容，必要时进行记录。

在自己能正确解决或回答的情况下，自己予以解决或回答，并将处理情况反映给领导或部门客户服务人员。

如自己不能解决客户投诉，要及时反馈给相关人员进行处理。

若遇到特殊情况下客户的投诉，如车主没有预约且非常不理性地投诉到访，未经预约的媒体采访等，应做如下处理。

① 立即报告上级领导和服务主管，并积极维持现场秩序，应做到礼貌、得体，不得表现出反感和敌对情绪，不对客户的言行进行讨论和指点，以免引起客户的误会，激化矛盾。

② 在接待过程中，对外围的情况应保持警惕，特别要关注是否存在媒体现场采访、摄影摄像等活动，一经发现，应及时报告上级领导或授权人员，由其负责处理。

如图 7-5 和图 7-6 所示为客户投诉处理流程。

9. 投诉处理原则

① 对于客户投诉，必须专人负责，及时处理，随时汇报进度。例如，杭州市机动车服务局要求，一定规模企业必须设立企业发言人，并对企业发言人进行定期培训。

② 当出现客户投诉时，经销商必须在 30 分钟内迅速与客户取得联系，了解情况。

③ 对于重大质量问题、特殊客户（如媒体工作者、政府机关人员、社会知名人士等）或新提车客户（购车时间在 2 日之内或车辆行驶里程在 200 公里之内的客户）的投诉，应及时向总经销商售后服务部汇报。

④ 经销商必须善于利用自身资源，把可能给汽车品牌和经销商造成的不良影响降到最低。

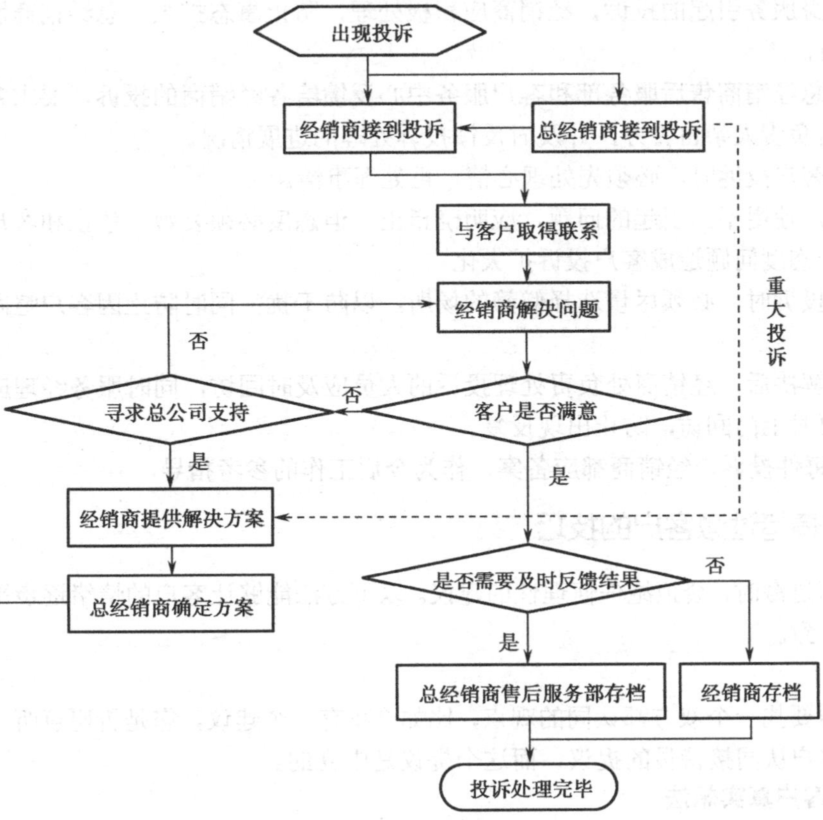

图 7-5　客户投诉处理流程（1）

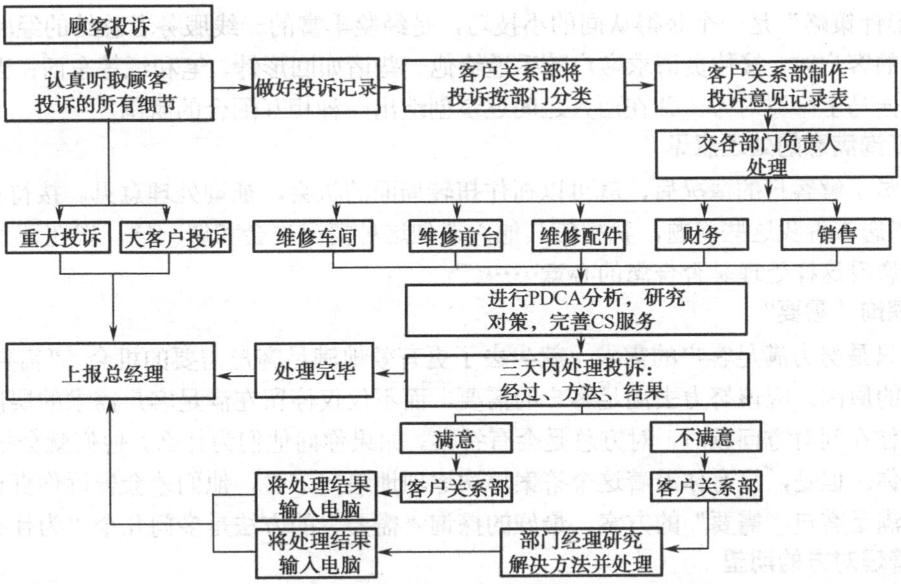

图 7-6　客户投诉处理流程（2）

⑤ 因自身服务引起的投诉，经销商应积极处理，防止事态扩大，总经销商服务部应给予技术上的支持。

⑥ 对于总经销商售后服务部和客户服务中心反馈给各经销商的投诉，要求各经销商充分重视，由售后负责人亲自督办，并及时反馈投诉处理的进展情况。

⑦ 处理客户投诉时，必须先处理心情，再处理事情。

⑧ 因客户使用不当引起的问题，应明确指出，但态度必须委婉，禁止和客户发生争执，必须避免由于态度问题造成客户投诉扩大化。

⑨ 解决投诉时，必须尽量选择僻静的场所，以防干扰；同时防止因客户喧闹引起其他客户的关注。

⑩ 投诉解决后，经销商处负责处理投诉的人员应及时回访，同时服务经理应亲自跟踪回访过程，必要时上门回访，防止出现反复。

⑪ 对于每件投诉，经销商都应备案，作为今后工作的参考指导。

7.2.2 处理情绪过激客户的技巧

客户情绪过激时，会拒绝任何理性的建议。以下方法能够让客户的情绪逐步平静下来并和接待员达成一致。

1. 合作

接待员需要找一个双方都认同的观点，比如"我有一个建议，您是否愿意听一下？"这么做是为了让客户认同接待员的提议，而这个提议是中立的。

2. 了解客户真实想法

想办法了解客户的真实想法，如"您希望我怎么做呢？"只有这样，接待员才能真正了解客户的想法，才可能达成双方都接受的解决方案。

3. 转移客户注意力

"回形针策略"是一个获得认同的小技巧，是经验丰富的一线服务者总结的经验。当接待情绪激动的客户时，接待员请求客户随手递给他一些诸如回形针、笔和纸等东西；当客户递给他时，他便马上感谢对方，并在两人之间逐步创造出一种相互配合的氛围。

4. 征询满意的处理意见

接待员了解客户的情况后，就可以抓住扭转局面的机会，征询处理意见。接待员可以说："我很高兴您告诉我这些问题，我相信其他人遇到这种情况也会和您一样。现在请允许我提一个问题，您看这样处理是否合您的心意……。"

5. 探询"需要"

如果只是努力满足客户的需求，就失去了更有效地满足客户需要的机会。"需要"是"需求"背后的原因。应该努力去满足客户的需要，而不仅仅停留在满足客户需求的层次上。

通常你在问对方问题时，对方总是会有答案。如果你问他们为什么，他们就会把准备好的答案告诉你。但是，只有你沿着这个答案再次逐项地追问下去，他们才会告诉你真正的原因，你才会有满足客户"需要"的方案。最好的探询"需要"的方法是多问几个"为什么"。

6. 管理对方的期望

在向客户说明你能做什么、不能做什么时，你就应该着手管理对方的期望了。大多数人所犯的错误是告诉对方自己不能做什么。应请直接告诉客户他到底可以期望你做些什么。

7. 感谢

感谢比道歉更加重要，感谢他告诉你他的问题，以便你能更好地为他服务；感谢他指出你的问题，帮助你改进工作；感谢他打来电话，你觉得和他沟通很愉快。客户的抱怨往往起源于我们的失误，客户的愤怒往往起源于我们的冷漠和推诿。所以客户打来电话之前会预期这将是场艰苦的对决，而你真诚的感谢大大出乎他的预料，他的情绪也将会很快得到平复。

项目八

汽车维修客户信息管理

....

1. 了解客户期望、客户关怀和客户满意之间的关系；
2. 能熟练处理汽车维修客户档案。

....

任务一　客户关系管理的理念与意义

市场是由需求构成的，需求的多少决定了企业的获利潜力，而企业对需求满足的品质决定了企业获利的多少。客户对产品和服务的满意程度成为企业发展的决定因素。

客户满意就是企业效益的源泉。因此"以客户满意为中心"成为当今企业管理的中心和基本观念，它替代了传统的"以利润为中心"的观念。为了实现这种管理中心的改变，克服传统市场营销中的弊病，现代市场营销理论的核心已由过去的 4P，即产品（Product）、价格（Price）、渠道（Place）和促销（Promotion），发展演变为 4C，实现了真正以客户满意为中心。4C 理论的内容如下。

① 满足消费者欲望与需求（Consumer's wants and needs）：努力研究消费者的需求，不要销售自己所能制造的产品或所能提供的服务，要销售消费者确实想购买的产品或服务。

② 降低满足消费者欲望与需求的成本（Cost to satisfy wants and needs）：了解消费者满足其需求所能付出的费用，降低满足消费者欲望与需求的成本。

③ 购买的便利（Conveilience to buy）：思考如何给消费者提供方便，以使消费者能更便利地购得商品或获得服务。

④ 沟通（Communication）：加强与消费者的联系沟通，了解消费者对产品或服务的真实想法。

一切从客户利益出发，目的是维持客户的忠诚。因为只有长期忠诚的客户才是企业稳定利润的源泉，所以企业关注的焦点应从企业内部运作转移到客户关系上来。

客户的发展阶段依时间顺序一般是：潜在客户、新客户、满意的客户、留住的客户、老客户（忠诚客户）。

据统计，开发一个新客户的成本是留住一个老客户所花费成本的 5 倍，而二成的重要客户可能带来企业八成的收益，即帕累托法则，也称"二八定律"。在任何一组东西中，最重要的只占其中一小部分，约 20%；其余 80%尽管是多数，却是次要的。约 80%的社会财富集中在 20%的人手里，而其余 80%的人只拥有 20%的社会财富。这种统计的不平衡性在社会、经济及生活中无处不在。

所以留住老客户比开发新客户更为经济有效。过去企业总是将精力集中在寻找新客户上，而忽略了现有的老客户身上蕴含的巨大商机。企业应该学会判断最有价值的客户，尽力想办法奖励这些客户，发现这些客户的需求并满足他们，从而提高为客户服务的水平，达到留住最有价值客户的目的。

8.1.1　客户关系管理的内容

企业的竞争重点正在经历着从以产品为中心向以客户为中心的转移，众多企业将客户看做其重要的资产，不断地采取多种方式对企业的客户实施关怀，以提高客户的满意度。客户关系管理由此产生，也就是以客户满意为中心，一切从客户利益出发，目的就是维持客户的忠诚。

客户关系管理（CRM）指的是企业通过有意义的交流沟通，理解并影响客户的行为，最终实现提高客户获取、客户保留、客户忠诚和客户获利的目的。

为赢得客户的高满意度，建立与客户长期良好的关系，在客户关系管理中应开展多方面的工作。

1．客户分析

客户分析工作主要是分析谁是企业的客户，以及客户的基本类型。不同类型的客户对服务具有不同的需求特征。

2．企业对客户的承诺

承诺的目的在于明确企业提供什么样的产品和服务。对于汽车维修企业来说，企业要承诺在一定的时间内，以一定的价格高质量地完成汽车的维护和修理服务。企业对客户承诺的宗旨是客户满意。

3．客户信息交流

客户信息交流是一种双向的信息交流，其主要功能是实现企业与客户的相互联系、相互影响。从实质上讲，客户管理的过程就是企业与客户信息交流的过程。实现有效的信息交流是建立和保持企业与客户良好关系的途径。

4．以良好的关系留住客户

为建立和保持与客户的长期稳定关系，首先需要良好的基础，即通过企业的服务取得客户的信任。企业要区别不同类型的客户关系及其特征，评价关系的质量，采取有效的措施保持企业与客户的长期友好关系。

5．客户反馈管理

客户反馈在衡量企业承诺目标实现的程度和及时发现企业在为客户服务过程中的问题等方面具有重要作用。投诉是客户反馈的重要途径，正确处理客户的意见和投诉，对于消除客户不满，维护客户利益，赢得客户信任都是十分重要的。

伴随着信息技术发展应运而生的客户关系管理系统软件，不仅为企业提供了一个收集、分析、利用客户信息的系统，更为现代企业提供了一个全新的商业管理战略工具，它可以帮助企业充分利用其客户资源，提高客户的满意度和企业的赢利能力，帮助企业在激烈的市场竞争中立足和发展。

8.1.2　客户关系管理的理念

客户关系管理是获取、保持和增加可获利客户的过程，是"以客户为中心"的管理理念的应用过程，是改善企业经营管理的思想方法。有效地管理客户是企业有利、有序、有度地发展的保障。

在客户关系管理过程中，可以把企业和客户的关系发展过程简化为：建立关系→维持关系→增进关系。

用另一种方式表述为：开发客户→留住客户→升级客户。

1．让客户更方便

要让客户方便获得企业的服务，就要如同家门口的杂货店，随时想要都可以去取。在目前的信息时代，要让客户自己选择采用何种沟通方式（电话、网站、传真、电子邮件、面对面等），与企业接触取得产品或服务信息。

对于汽车维修服务企业来说，让客户方便可做的内容很多，如企业的选址要交通方便、24小时营业、提供紧急救援、提供代步车等服务。

2．对客户更亲切

人性化、直接沟通才能体现亲切。使客户与企业的每一次接触，都能得到亲切的服务，留下愉快的记忆。当企业和客户间的关系纯粹是"给钱、交货"时，客户对企业的选择也只有"价格"，只要有更便宜的供应来源，客户就流失了，因此客户对企业毫无忠诚度可言。

许多特约汽车维修企业，在客户的车辆过了质量保证期后，客户再也不会光顾它们。除了价格因素外，这些维修企业还有更多的可检讨之处，它们很可能没有做到对客户亲切。

3．个性化

企业要把每一个客户，当做一个永恒的宝藏。所以必须了解每一个客户的喜好和习惯，并适时提出建议。

对于汽车维修企业来说，了解客户的生日，送上祝福；根据客户车辆的估计行驶里程，提醒客户安排定期保养等，这些个性化的服务是最能够打动和留住客户的。

4．立即响应

企业对于客户的行为，必须通过每次接触不断地了解，并且立即响应。对客户需求的快速响应体现了企业的工作效率和管理的规范化水平。任何客户都不愿被怠慢，立即响应是对客户很好的尊重，也能为企业带来更高的利润。

8.1.3　客户关系管理的意义

客户关系管理的核心是企业将"以客户为中心"的理念体现在企业运营的每一个环节，处处为客户着想，为客户提供满意的服务，将企业的客户转变为企业的忠诚客户。汽车维修企业为客户服务，就是要提供高质量的维修服务，这包括与客户交谈、迅速而又礼貌地接听客户的电话、树立专业的形象等，使企业的每一次服务对客户来说是将一件不愉快的事（汽车维修是因为车辆故障，是客户所不希望发生的事情）变为一件愉快的事的过程。

为客户提供优质服务是企业在今天的激烈竞争中站稳脚跟，走向繁荣的基础。一次不满意的服务将带给企业极大的负面效应。

经营理念和认识上的落后是实施客户关系管理的最大障碍。我国汽车维修企业应冲破传统经营管理思想的羁绊，从公司发展战略的高度认识实施客户关系管理的重要性。要用先进的理念教育员工，使公司上至决策层，下至一线员工都深刻认识到"客户资源是企业最重要的资源"、客户是公司生存和发展的基础，自觉地将"以客户为中心"的经营理念贯彻到工作的每个环节中，真正做到"想为客户所想、急为客户所急"，把客户视做自己的衣食父母。

任务二　客户期望与客户关怀

消费者在进行消费行为之前，都会对自己的消费行为抱有一种期望。汽车客户同样如此，在来维修企业之前，他将对此次维修的情况抱有一种期望，如故障是否能够被消除，企业对待他的态度如何，是否很快消除故障，此次的费用如何等。如在消费过程中，车辆故障很快被消除，其期望基本得到满足，那么他对此次的消费行为就会感到满意；如果企业的服务态度好，而且费用能够被客户接受，则会超过其期望，客户会感到很满意。如果消费行为与其期望差得很远，客户就会很不满意甚至抱怨。对于服务企业而言，要想让客户满意，那么就应该首先了解客户的期望。

8.2.1　客户期望与客户满意

1. 客户期望

企业通常有两个方面的客户：内部客户，即本企业的员工；外部客户，即与本企业有业务联系的客户。在这里只讨论外部客户。

（1）客户期望的分类

对于不同的客户，其期望是有区别的，这取决于客户的性别、年龄、受教育的程度和个人经历等诸多因素。客户期望大体上可分为一般期望、理想期望和最高期望。

① 一般期望。一般期望即满足其最基本的要求，如汽车客户来企业维修车辆，企业应按质、按时修好汽车。

② 理想期望。理想期望即满足其设想的条件，如企业在保证按质、按时修好车辆的同时，还有非常好的服务态度，且收费合理。

③ 最高期望。最高期望即满足于自己设想的最理想的期望，如除满足以上两点外，修理企业还对客户提供了有关车辆使用的注意事项，并提供了一些免费服务等。

（2）客户对车辆维修的期望

① 第一次即用正确的方法将车辆修好，即"一次性修好"。

② 在售后服务中心维修车辆时，应方便快捷。

● 售后服务中心应迅速确定维修预约。

● 预约应安排在对客户更方便的日期和时间。

③ 业务接待应表现出对客户维修需要的应有重视。

● 客户到达售后服务中心时，能立即得到接待。

● 业务接待表现出了解客户的需要。

● 在开始维修工作前，与客户一起检查车辆。

● 在开始维修工作前，提供精确的维修费用预算。

● 提供精确的预计维修完成时间。

● 对待客户应诚实真挚，没有欺骗。

④ 按预计时间并以专业化的方式完成车辆维修。

● 售后服务中心应在合理的时间内修好客户的车辆。
● 售后服务中心应通知客户有关维修项目的任何变更或额外的必要维护保养。
● 售后服务中心应通知客户有关车辆维修完成时间的任何变更。
● 售后服务中心应让客户在较方便的时间取车。
● 维修人员在维修过程中，应保持客户车辆的清洁。
⑤ 就所实施的维修项目进行清晰详尽的说明。
● 交车时应向客户说明所实施的全部维修项目和费用。
● 交车时应向客户提供车辆将来所需要的维修保养建议。
⑥ 在维修后的一个合理时间内，打电话询问客户是否对维修结果满意。
● 在合理时间内，给客户打电话，给予客户所希望的关注。
● 愿意随时为客户提供帮助。
⑦ 对出现的问题或客户所关注的事项迅速做出反应。
● 客户就有关事项与售后服务中心第一次联系时，应立即做出答复或解决客户所关注的问题。
● 售后服务中心应向客户提供清晰有益的建议。
● 售后服务中心应严格履行对客户所作的承诺。
⑧ 对售后服务中心的了解。
① 售后服务中心要有让客户感到舒适的休息环境。
② 售后服务中心要干净、整洁，符合客户对品质的要求。
③ 售后服务中心的人员要符合客户的要求。
如图 8-1 所示为客户对维修业务接待过程的期望值。

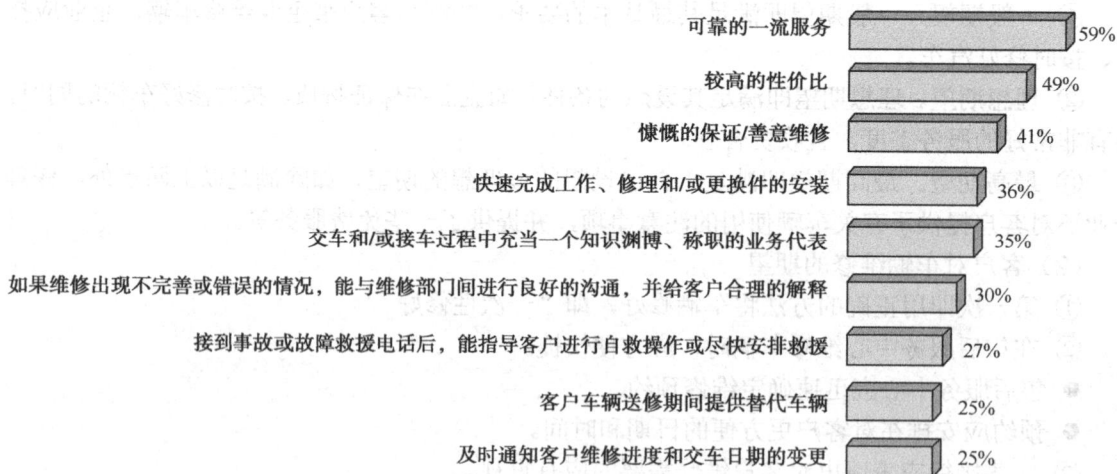

项目	期望值
可靠的一流服务	59%
较高的性价比	49%
慷慨的保证/善意维修	41%
快速完成工作、修理和/或更换件的安装	36%
交车和/或接车过程中充当一个知识渊博、称职的业务代表	35%
如果维修出现不完善或错误的情况，能与维修部门间进行良好的沟通，并给客户合理的解释	30%
接到事故或故障救援电话后，能指导客户进行自救操作或尽快安排救援	27%
客户车辆送修期间提供替代车辆	25%
及时通知客户维修进度和交车日期的变更	25%

图 8-1　客户对维修业务接待过程的期望值

（3）客户期望的获得

企业获得客户期望的途径有很多种。企业可以根据自身服务的特点，分析客户消费行为，从中得出客户的期望。概括起来有如下几种方法。

① 客户调查。客户调查是直接对现有客户进行调查的方法，是一种费用最高、费时最多的方法，企业可以根据服务的内容制作调查表和征求客户的意见，把这些内容进行归纳、整理，

总结出客户所关注的内容的重要程度，得到客户的期望。这种调查可以由企业内部人员进行，也可以利用外部代理进行。

② 采访中心。企业可以设立一个专门机构对现有客户或潜在客户询问有什么需求和期望，通过采访，分析结果，可以发现客户关注的需求。

③ 客户流向。企业调查有多少客户已经转向自己的竞争对手那里，企业得到了多少新的客户。通过分析竞争对手的优势和新客户来到自己这里的原因，得到客户的期望。

④ 重复消费。企业应当研究为什么客户向自己重复消费。

⑤ 服务信息反馈。利用服务信息反馈有关的潜在客户需求和期望，并进行分析，以此获取有关的信息。

⑥ 财务数据分析。通过对客户消费的有关支付情况的分析，取得有关客户对价格等方面的需求和期望。

⑦ 产品或服务的可靠性。了解客户如何看待自己得到的产品或服务的可靠性，客户是否需要使这些产品或服务更为可靠，在改进和提高可靠性方面企业还能做些什么。

⑧ 投诉和抱怨。记录并分析客户的投诉和抱怨是企业在业务控制中的一项重要工作。企业应检查并找出客户投诉和抱怨问题的根源，从中找到有关客户期望和需求的信息。

⑨ 形象和信誉分析。企业利用第三方咨询机构，通过电话回访和调查问卷等形式，对企业的形象和信誉方面的情况进行调查，从中得到有关期望和需求方面的信息。

⑩ 电话回访。企业设立专门人员对现有客户进行电话回访，询问有关客户对企业满足客户期望和需求的满意程度，增加客户附加值及理想服务，搜集改进信息。

2. 客户满意

（1）客户满意的内涵及发展

客户满意（CS）理念，即企业的全部经营活动都要从满足客户的需求出发，以提供满足客户需要的产品或服务作为企业的责任和义务，以满足客户需要、使客户满意作为企业经营目的。

① 客户满意的内涵。

客户满意是个系统，一般认为它包括3个纵向递进层次和5个横向并列层次：

纵向递进层次：

● 物质满意层次，即客户对企业服务产品的核心层，如服务产品的功能、品质、品种和效用感到满意。

● 精神满意层次，即客户对服务方式、服务环境、服务人员的态度、提供服务的有形层次和过程感到满意。

● 社会满意层次，即客户对企业产品和服务的消费过程中所体验的社会利益维护程序感到满意，充分地感受到企业在维护社会整体利益时所反映出的道德价值、政治价值和生态价值。

横向并列层次：

● 企业的经营理念满意，即企业经营理念带给客户的满足程度，经营理念包括经营宗旨、经营方式、经营哲学和经营价值观等方面，以及各个不同阶段的具体理念。

● 企业的营销行为满意，即企业的运行状态给客户的满足程度。企业的营销行为包括企业的行为机制、行为规则、行为模式和行为实施程序等。

● 企业的外在视觉形象满意，即企业具有的可视性外在形象带给客户的满足程度。这包括其外在视觉形象标志、标准度、标准色、企业外观设计、企业环境和企业的各种应用系统等。

- 产品满意，即企业的实物产品和服务产品载体带给客户的满足程度。这包括实物产品的质量、功能、设计、包装、品位、价格和服务产品载体等相应因素。
- 服务满意，即企业服务带给客户的满足程度。服务业的服务是服务产品本身，实物产品的服务是产品的延伸，都必须从服务的完整性、方便性、绩效性，保证体系的完备性，时间的节约性和文化氛围的商品品位等方面体现出来。

② 客户忠诚度的衡量。

推行 CS 理念的目标就是培养和提高客户的忠诚度。

客户忠诚度可以从以下几方面进行衡量。

- 订购数量：订购数量越多，忠诚度越高。
- 挑选时间：挑选时间越短，忠诚度越高。
- 对价格的敏感程度：客户对价格的敏感程度越低，客户对价格变化的承受力越强，即反应越小，则忠诚度越高。
- 对竞争对手的态度：客户对企业竞争对手的态度越冷淡，则对本企业越忠诚。

③ 客户满意度高的优势。

- 客户珍惜服务与正面经验意味着对价格关注的减小。
- 客户忠诚度高意味着价格折让的压力小，投入到广告宣传、营销举措、客户谈判方面的时间少、费用低。
- 客户满意意味着客户抱怨少，节省时间和财力。
- 重复采购的数量多意味着客户考虑其他品牌的概率小。

④ 客户满意理念的发展过程。

客户满意理念是对"以消费者为中心"理念的发展，它要求企业把客户的现实需求与潜在需求作为企业开发产品和服务项目的源头，在市场营销全过程及其各个环节中都要尽最大可能满足消费者需求，并且要及时跟踪、研究客户的满意度，据此设立改进项目和目标，调查企业的经营环节，以此稳住老客户，扩大新客户群。

CS 理念是对 CI（Corporate Identity 时）理念的补充，CI 理念强调的是企业的自我，CS 理念则强调营销对象——客户的满意。

CS 理念与传统经营理念存在着延续性、互补性，在文化品位和对企业发展战略的影响上具有更高境界。

CS 理念通过建立完善的客户满意系统，来更好地为客户服务，获得客户的高满意度。通过把产品满意和服务满意引入自身系统，强化企业与客户之间的紧密联系，弥补 CI 理念围绕自身形象设计的片面与不足。在理论的涵盖面和价值层次上它也超过了传统理念，CS 理念所提出的"服务"、"满意"，不是局限于对客户个人，而是将"社会满意"作为最高层次目标，从而将"客户满意"扩大到社会和全体公众的层面，这就更加突出了企业的社会价值，它使企业经营活动更有助于维护社会稳定、推动社会生态平衡和道德进步等方面的协调发展。在评价和度量标准方面，CS 理念引入了客户满意阶段和客户满意指标，使企业能更加具体而准确地把握客户需要与追求的脉搏。在营销理念体系方面，CS 理念反映了企业从市场营销导向向社会营销导向转化的水平。

（2）客户满意理念指导下的企业服务战略

现代企业实施客户满意的服务战略的根本目标，在于提高客户对企业生产经营活动的满意度。要真正做到这一点，必须切实可行地制定和实施如下策略。

① "客户第一"的观念。

根据美国学者的调查，每有一名通过口头或书面直接向公司提出投诉的客户，就有约 26 名感到不满意却保持沉默的客户。这 26 名客户中每个人都有可能对另外 10 名亲朋好友造成消极影响，而这 10 名亲朋好友中，大约 33%的人有可能再把这种不满信息传递给另外 20 人。也就是说，只要有一名客户对企业不满意，就会导致 326 人不满意，可见影响之深远，后果之严重。因此，有远见的现代汽车维修企业的管理经营人士已清醒地认识到，客户满意要求经营者真正做到从思想上到行动上把客户当做"上帝"。

实施 CS 战略，推行 CS 经营，首先必须确立"客户第一"的观念。坚持"客户第一"的原则，是市场经济发展的本质要求，也是市场经济条件下企业争取客户信赖，掌握市场主动权的法宝。现代汽车维修企业生产经营的目的是为社会大众服务，为客户服务，不断满足各个层次车主的需要。今天，坚持"客户第一"的原则，也是现代汽车维修企业不可动摇、追求卓越的经营思想，不为客户着想的企业家，就是一个缺乏远见、不合格的企业家。

"客户第一"与"利润第一"，在人们的脑海里一度是相互对立的两种经营观念。但是，随着商品经济的发展、买方市场的形成、市场发展的完善和营销观念的深入，人们渐渐意识到这两者实际是统一的。任何一个企业都是以追求经济效益为最终目的的，然而，如何才能实现自己的利润目标呢？从根本上说，就是首先必须满足客户的需求、愿望和利益，然后才能获得企业自身所需的利润。所以，企业在生产经营活动的每一个环节中，都必须眼里有客户，心中有客户，全心全意地为客户服务，最大限度地让客户满意。这样，才能使企业在激烈的市场竞争中增加活力，从而获得持久的发展。

② "客户总是对的"的意识。

CS 理念中蕴含着"客户总是对的"这一意识。当然，这不是绝对意义上的一种科学判断，也不一定符合客观实际。然而，在企业与客户这种特定的关系中，只要客户的错不会构成企业重大的经济损失，那就要将"对"让给客户，这是企业 CS 意识的重要表现。"得理也让人"，既是 CS 理念对员工服务行为的一种要求，又是员工素质乃至企业素质的一种反映。所以，CS 活动要求员工必须遵循以下三条原则。

● 应该站在客户的角度考虑问题，使客户满意并成为可靠的回头客。
● 不应把对产品或服务有意见的客户看成"讨厌的家伙"，应设法消除他们的不满，获得他们的好感。
● 应该牢记，同客户发生任何争吵或争论，企业绝不会是胜利者，因为企业会失去客户，也就意味着失去利润。

③ "员工也是上帝"的思想。

客户是上帝，几乎已成为汽车维修企业家的口头禅。然而，从 CS 战略的观点来看，员工也是上帝。一家维修企业效益滑坡，首先反映在车辆返修率高、服务质量下降、维修工时延长、维修费用增加等方面。这意味着员工工作时不积极，各部门不协调。员工抱怨，之后才是客户抱怨。只有做到员工至上，员工才会把客户放在第一位。

本质上，员工至上与客户至上并不矛盾。在 CS 理论中，它们是统一的、相辅相成的，它们共同的目标都是使客户满意。

"员工也是上帝"的思想告诉我们，对于一个汽车维修企业而言，只有善待自己的员工，员工才会善待企业的客户。满意的员工能够创造客户的满意，对于尚处于原始管理阶段的许多汽车维修企业来讲，这一点更值得其管理者深思。

因此，现代汽车维修企业要想使自己的员工让车主百分之百满意，首先必须从满足员工的需要开始。满足他们求知的需要和发挥才能的需要、享有权利的需要和实现自我价值的需要，关心和爱护员工，调动员工的积极性，激发员工的奉献精神，树立员工的自尊心，使他们真正成为推进企业 CS 战略、创造客户满意的主力军。一句话，维修企业的经营者必须用自己希望员工对待客户的态度和方法来对待员工。

④ 开发令客户满意的产品。

要想满足客户的各种需求，就必须熟悉客户，了解客户，即要调查他们现实和潜在的需求，分析他们购买的动机、行为、能力及水平，研究他们的消费传统、习惯、兴趣和爱好。只有这样，企业才能科学地顺应客户的需求走向，确定产品的开发方向。

⑤ 提供令客户满意的服务。

热情、真诚地为客户着想的服务能带来客户的满意，以便利客户为原则，用产品具有的魅力和一切为客户着想的体贴去感动客户，如维修企业围绕车辆维修工作，开展代办车辆年审，提供紧急救援服务等。

⑥ 科学地倾听客户的意见。

现代企业实施客户满意战略必须建立一套客户满意分析处理系统，用科学的方法和手段检测客户对企业产品和服务的满意程度，并及时反馈给企业管理层，使企业不断改进工作，从而为真正地满足客户需要服务。实施客户满意的服务战略，要在客户满意的服务调查和客户消费心理分析的基础上，建立企业的服务理念满意系统、行为满意系统、视听满意系统、产品满意系统和服务满意系统 5 个子系统。

- 服务理念满意系统。其核心是确立以客户为中心的企业理念。它具体地表现和反映在企业的经营宗旨、经营方针和经营哲学上，并贯穿于企业的质量观念、服务观念、社会责任观念和人才观念等诸多经营观念中。
- 行为满意系统。通过企业的行为机制满意、行为规程满意和行为模式满意来予以保障。
- 视听满意系统。这是指客户对企业标志、企业标准服装和标准色的视觉满意，以及对公司歌曲和广告宣传的音响效果等的听觉满意。
- 产品满意系统。企业在产品质量、性能及价格方面，以实际行动，满足客户的要求，使客户对企业的产品能基本认可。
- 服务满意系统。通过树立客户至上的服务观念，建立完善的服务目标、服务满意度考查和强化服务满意的行为机制来实现。

在 5 个子系统中，企业的服务理念满意系统居于统帅地位，它指导并制约着其他子系统的运行和实施。

在客户满意的服务理念中，为建立客户满意系统而进行的客户满意调查，以及检验客户满意系统的运作及其结果，需要通过客户满意度和客户满意指标来进行测量和评价。客户满意度是客户在消费了企业的产品或服务后所产生的满足状态的等级。

因此，汽车维修服务企业必须确认自己真实的服务水平，并想办法保持与客户的联系。

（3）建立"以客户服务中心为前台"的新型服务模式

服务企业要从组织机构上建立起"以客户服务中心为前台"的新型服务模式，构建起一个进行统一客户管理的服务平台，客户只需要和客户服务中心打交道，就可以解决所有问题。同时，客户服务中心作为一个信息岛，对企业各个部门的信息资源进行统一管理，包括信息的存储、更新与传递。因此，部门间的资源共享、适时沟通、协同工作都可以依靠客户服务中心实现，它的建设使企业可以更迅速、更方便地解决客户问题，满足客户需求。

（4）如何做到让客户满意。

① 掌握客户的心理需求。

客户一般有这些心理：担心被骗，烦躁、忧虑，赶时间，关心技术与质量，考虑价格、环境、方便与否，有被尊重的需求。

② 掌握客户满意度的标准。

● 技术要求。

送车来修的客户最基本的要求是"一次性修好"。要确保维修质量，做到为客户一次性修好车，很多人会想到建立特约维修站或 4S 连锁经营企业。这类企业的维修车种单一、专业化程度高且维修质量有保证。但对于大多数维修企业而言，不可能都建成这样的模式，更何况目前这类企业也存在着因维修车种的社会保有量小而带来的业务量不足等问题。因此，全面提高企业的优质服务水平，才是企业发展的唯一出路。

汽车维修企业要生存发展，受形势所迫，首先必须能为客户提供"一次性修好"的服务。在这方面，由于汽车工业技术的飞速发展，特别是电子技术和各种新材料、新工艺在汽车上的广泛应用，促进了现代汽车维修技术的发展。这给企业人员素质、维修技术及工艺和企业管理等方面都带来了挑战。在这种形势下，汽车维修企业要尽快为自己培养出一支高素质、稳定的现代汽车维修骨干队伍。

要培养适应现代汽车维修的"机电液一体化"人才，不能仅局限于师徒制培养模式。企业经营决策者要选择一批有一定机械和电子技术理论基础，有志献身于汽车维修事业的大中专毕业生，让他们到生产一线去磨炼，把学到的基础理论与实际工作结合起来，逐步做到会使用先进的检测设备，熟知各种车型的故障机理，成为合格的机电液一体化人才，替代那些只掌握传统维修技术的老师傅。

● 价格要求。

有人说："客户的满意度取决于他们所希望的水平和实际结果之间的差距。"在接待客户的工作中，除了要有礼貌、友善和关注之情，能提出专业方面的建议，能承诺有把握的交车时间等以外，为客户做出合理的服务收费估算，是赢得客户信任的第一步。

服务收费估算是否正确，反映了汽车维修企业经营管理的水平和接待员业务素质的高低。对于一般的维修作业项目，一个训练有素的接待员做维修工时费用的估算不会有太大的困难，但要对配件更换做出预测并报出相应的价格，就要有相当的业务水平了。总之，估算出来的配件价格，要经得起客户的市场调查和比较，通过比较让他知道这里的报价给他带来了实实在在的利益。除非维修过程中出现合同范围以外的大问题，否则收费估算应该与最后的竣工结算做到八九不离十。与那种"进门千般好，结账吓一跳"的做法相比，这种在科学管理与诚实待客基础上得出的收费估算，可使客户对收费的满意度显著提高。

● 时间要求。

汽车成了代步工具后，客户没有车用，就像人没有了脚一样，难怪不少客户在送车时要反复强调何时取车。在修车合同中一定要把有把握的承诺交车时间写上，拖延交车时间给客户带来的麻烦，不是靠一句简单的"对不起"就能遮盖过去的。就客户而言，他可能就因为拖延的这几分钟得罪了他要去接待的客人，失去了一笔业务，甚至影响一件重大公务的完成。

● 服务要求

有一个轻松、舒适的客户接待室，是赢得客户的第一步。宽敞明亮的大厅，有方便的服务设施，如空调、电视、当月的报刊、饮料和鲜花等。随着私家车的增多，为客户的孩子专设一间游戏室的做法在国外的修理厂也很普遍。另外，要让客户满意，在车辆修竣交车结账前，业务员除了将修理换件情况和收费情况向客户做完整的说明外，有几个问题切不可忽略。

a. 没有彻底修好的车绝不交付，这是原则。因此，在将汽车交还客户时，绝对不允许对其说"比原来好一点"一类模棱两可的话。

b. 在交车前一定要将汽车内外（包括地毯及坐垫等）清洁一遍。

c. 维修中要严格控制试车行程，不要超过一定的量。在交车时应根据接车时的里程表记录将试车行程对客户有所交代。

③ 建立客户档案，以便进行跟踪服务。

建立每一位来做汽车维修保养的车主的信息档案，是使客户满意的一个很好的捷径。首先要对客户进行划分，可以从时间、车型、车辆档次、维修类别、信用度、客户需求、维修项目和维修价格等方面来进行细分。其次，汽车修竣出厂后，进行认真的跟踪服务，做适当的电话回访，能发现客户的不满意和要求，从而给企业提供改进机会。在跟踪服务中，除对客户的某些意见要当即处理外，每月应至少商讨一次客户的不满意记录，找出不满意的种类和原因，提出相应的改进办法并付诸实践。

8.2.2 客户关怀与客户满意

1. 客户满意分析

客户满意是客户对其要求已被满足程度的感受。客户抱怨是一种满足程度低的最常见的表达方式，但没有抱怨并不一定表明客户很满意。即使规定的要求符合客户的期望并得到满足，也不能确保客户很满意。

一般认为，影响客户内心期望的因素分为保健因素和满意因素。

（1）保健因素

具备保健因素，只能减少客户不满，不能提升客户的满意度。在汽车维修中，保健因素有：

① 将车辆的故障排除；

② 在预定交车时间内交车；

③ 正确地判断故障；

④ 维修质量有保证。

（2）满意因素

在汽车维修中，满意因素有：

① 被尊重、被关注、被认可、被理解；

② 感到受欢迎；

③ 感到自己很重要，受重视；

④ 感到舒适。

调查表明，大多数客户在送修之前几乎总是看到缺点：工时费用高、配件费用高、送车和取车费时，以及修车时无车可开等。所有这一切原则上都是客户满意度的负面条件。因此，维修服务的目的就是增加满意因素，赢得客户的信任，让客户满意。

2. 客户满意因素

客户满意因素如图 8-2 所示。Q 代表品质（Quality），V 代表价值（Value），S 代表服务（Service），所以客户满意是品质、价值和服务 3 个因素的函数。它们之间的关系可以这样表示：

$$CS=f(Q,\ V,\ S)$$

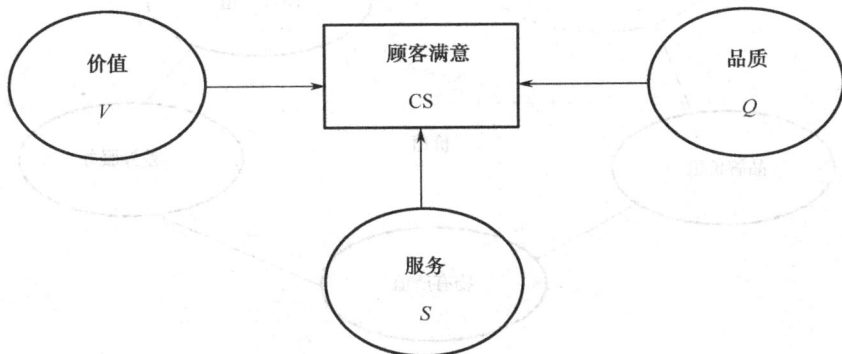

图 8-2　客户满意因素

企业竞争优势要在品质、价值和服务上体现。

（1）品质

品质因素如图 8-3 所示。

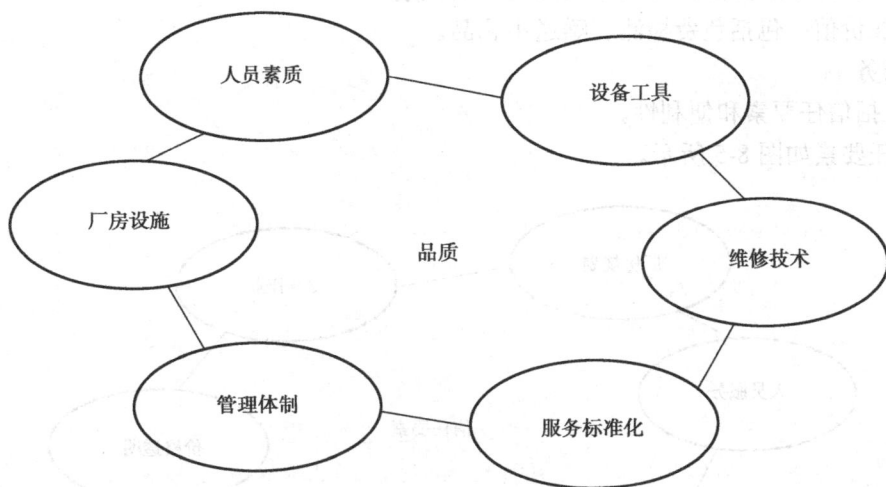

图 8-3　品质因素

① 人员素养：包括基本素质、职业道德、工作经验、教育背景、思想观念、工作态度和基本技能等。

② 设备工具：包括完不完善、会不会用、愿不愿用、是否按规程操作。

③ 维修技术：包括一次修复合格率、质量。

④ 服务标准化：包括接待、维修、交车、跟踪回访。

⑤ 管理体制：质量检验、进度掌控、监督机制。

⑥ 厂房设施：顺畅、安全、高效、整洁。

（2）价值

价值因素如图 8-4 所示。

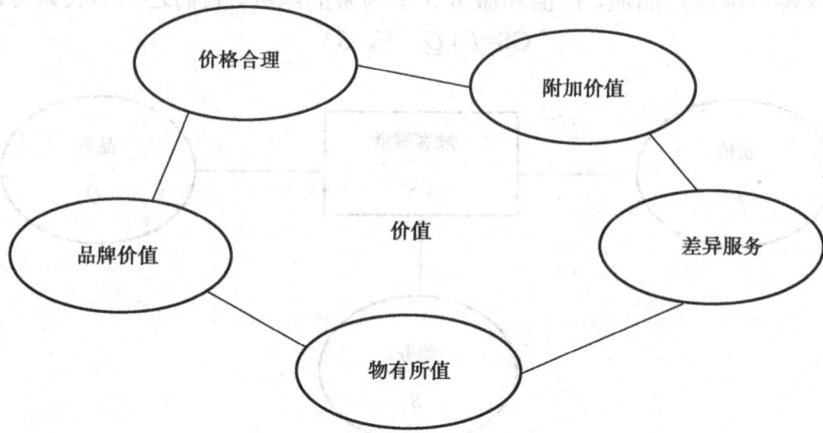

图 8-4　价值因素

① 价格合理：包括工时费、配件价格合理。

② 品牌价值：包括知名度、忠诚度。

③ 物有所值：包括方便、舒适、安全、干净。

④ 差异服务：服务品质与其他企业之间的差别。

⑤ 附加价值：包括免费检测、赠送小礼品。

（3）服务

服务包括信任要素和便利性。

① 信任要素如图 8-5 所示。

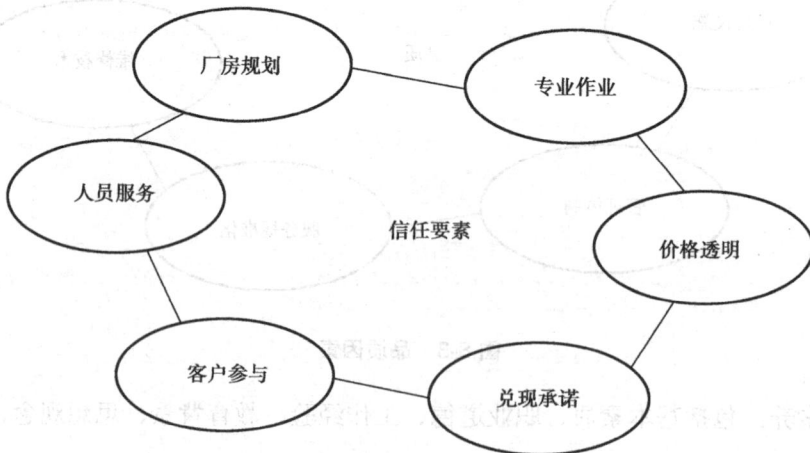

图 8-5　信任要素

● 厂房规划：CI 形象、区域划分、指示牌。

● 专业作业：标准程序、看板管理、5S 管理、专业分工、定岗定位。

● 价格透明：常用零件价格、收费标准。

- 兑现承诺：交车时间、维修时间、配件发货。
- 客户参与：寻求客户认同、需求分析、报告维修进度、告知追加项目并确认、交车过程、车主讲座。
- 人员服务：语言专业，个人形象，标准流程，态度热忱、亲切。

② 便利性如图 8-6 所示，主要考虑时间、地点、付款。

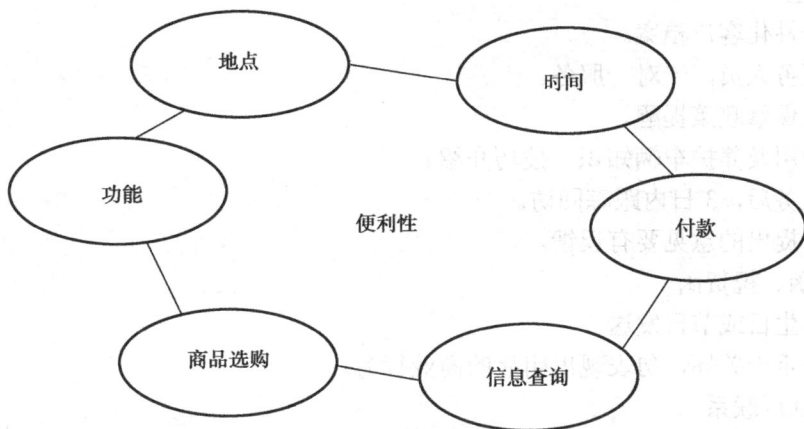

图 8-6 便利性

- 地点：与客户居住地的距离、客户进厂的路线、天然阻隔、接送车服务、指示牌。
- 时间：营业时间、节假日值班、24 小时救援、非维修等待时间。
- 付款：付款方式、专人指引或陪同结账、单据的整理。
- 信息查询：维修记录、费用、车辆信息、配件、工时费。
- 商品选购：精品、保险等的选购。
- 功能：车辆保险、维修保养、紧急救援、车辆年审、汽车俱乐部、接送车或代步车服务。

3. 客户关怀的基本原则

① 客户满意第一。
② 关怀要出自内心。
③ 把客户当成自己，换位思考。
④ 主动式的关怀。
⑤ 帮助客户降低服务成本，赢得客户的信任。
⑥ 勿表现出明显的商业行为。
⑦ 在客户满意和公司利益之间寻找最佳平衡点。

4. 客户关怀的要点

（1）客户购车当日
① 销售部门向客户介绍售后部门。
② 售后部门通过客户销售档案、联系卡、预约卡或名片等与客户建立联系。
③ 引导客户参观售后服务现场。
④ 询问客户是否愿意参加车主俱乐部并发放俱乐部会员卡。

（2）客户购车一个月

① 购车后 7 日内销售顾问电话联系客户，感谢客户并询问车辆使用状况。

② 购车后 15 日内售后经理或服务顾问电话联系客户，询问车辆使用状况或客户需求。

③ 购车后 30 日内客服专员电话联系客户，询问车辆使用状况并提示首次保养的里程与日期。

④ 主动告知服务站地点、营业时间、客户需要带的文件，并进行预约。

（3）首次进厂

① 建立个性化客户档案。

② 指定服务人员，一对一服务。

③ 服务及保修政策提醒。

④ 合理使用及养护车辆知识、技巧介绍。

⑤ 维修服务后，3 日内跟踪回访。

⑥ 对客户提出的意见要有反馈。

（4）关怀函、祝贺函

① 在客户生日或节日发送。

② 内容着重于关怀，勿表现出明显的商业行为。

（5）久未回厂联系

① 应先了解客户前次服务内容与客户是否有不满之处。

② 若客户有不满之处，应表示歉意，并征求客户意见，请客户来厂或登门访问。

（6）定期保养通知或提醒

① 保养日前两周发出通知函或前一周电话通知。

② 主动进行预约。

③ 主动告知保养内容与时间。

（7）老客户

① 每月举办车主课堂，讲解车辆使用常识、技巧及简单问题应急处理。

② 每次到店，对车辆提供免费检查、检测服务。

③ 根据保养周期预约性回访、提醒。

④ 邀请客户参加季节性免费检测活动。

⑤ 邀请客户参加车主俱乐部活动。

（8）车主交流会

① 交流会内容可包括：正确用车方式、服务流程讲解、简易维修处理程序、紧急事故处理等。

② 以 10～15 人为宜，时间一般不要超过两小时。

③ 请客户代表发言。

④ 赠送小礼品。

⑤ 进行客户满意度调查。

（9）信息提供

提供的信息应与客户利益相关，包括：

① 客户从事产业的相关信息。

② 新的汽车服务信息或道路法律法规。

③ 交通路况信息。

④ 客户感兴趣的其他相关信息。

5. 客户与企业关系的处理

在服务行业人们习惯把客户称为"上帝"，而在汽车维修行业，将客户当成朋友更为合适。由于汽车结构复杂、维修难度大及相关知识的多样性，客户也愿意与企业交朋友。因此，在维修服务中处理好企业员工（特别是业务接待）与客户的人际关系，在任何时候、任何地方都十分重要。处理人际关系要相互尊重，从而达到互相满意，这就是"双胜无败原则"。从客户与企业的关系来看，大致可出现4种情况。

（1）客户的行为与员工的行为都正确

使客户得到最想得到与应该得到的利益，使员工也得到最想得到与应该得到的利益，大家的需求都得到了满足，在人际关系的处理上就都赢得了胜利。这是处理人际关系的最高境界与最好结局。对于企业而言，客户与员工能相处成这种最高境界的人际关系，则客户会成为"常客"、"回头客"，员工也能满足其心理需求，企业就能宾客盈门，获得良好的经济效益与社会效益。

（2）客户的行为与员工的行为都不正确

客户没得到应有的利益，从此不但不再光临，而且造成很差的口碑效应；而员工的不正确行为将导致企业门庭冷落，最终被激烈的市场竞争无情地淘汰，员工与企业也将最终丧失自己应该获得的利益。这种双败无胜的结局是最坏的结局。客户与员工从内心来说都不希望这种局面出现，并努力避免这种结局。

（3）客户正确，员工不正确

从客户来分析，他们付了钱，要求获得优质服务是正确的、应该的，而且他们的实际行为也符合客人的身份。但由于企业与员工的种种原因，导致客户的利益获得受阻，造成客户失望。这种原因有以下几点。

① 员工主观上的原因，表现在工作态度上为对客人冷漠、消沉或者焦躁、粗暴；表现在工作行为上为懒散、马虎，敷衍塞责，得过且过；表现在言语上为使用不文明、不文雅、过于随便的言语与不恰当的肢体语言；表现在服务技能上为生疏、笨拙、毛手毛脚；表现在工作效率上为动作缓慢、反应迟钝、等待时间长；表现在对客交际上为忽视文化差异、冒犯客人忌讳；表现在服务质量上为标准太低等。

② 客观上的原因，如服务项目太少，为客户服务的设施老化、不完善，质量低劣，不能发挥正常的服务功能，或者与客户交际过程中出现一些误会等。服务有缺陷，客户肯定不满意。从功能上说，没解决实际问题，没把事情办好；从经济上说，没得到应有的享受，有"吃了亏"的感觉；从心理上说，没得到尊重。由于功能、经济、心理三方面的原因，会引起客户失望，表现为"逃避反应"行为或"攻击反应"行为。客户的"逃避反应"表现为不采取任何公开行为，至多摇头叹气，自认倒霉。这样，企业不知不晓，似乎很幸运，逃过了客户的投诉与索赔，实际上掩盖了企业管理与服务上的问题，失去了一次发现问题、改进产品质量的良机。客户还会选择"攻击反应"行为来排泄心中不满，这种"攻击反应"有时表现为非公开的行动，采取"暗中报复"手段。客户不仅自己从此不再光临，而且还会在亲朋中宣传自己不愉快的经历，使企业的形象与声誉受损。这种行动也可以是公开行动，最常见的是投诉，填写意见书，或向大众媒体投诉。这种情况是企业最不愿看到的。

（4）客户不正确，员工正确

员工既然是人对人服务，那么客户由于利益、认识差异等原因，与员工之间发生矛盾甚至冲突在所难免,而在那些矛盾与冲突中,员工选择了极力满足客户的期望或正确劝导客户的无理要求。员工忍受委屈,全心投入工作,可能会让客户满意,也可能让客户不满意。但员工的努力将客户不满意度降到了最低点,企业可设立"委屈奖",以安慰和鼓励员工。

综上所述,现代维修企业与客户之间应该争取"双胜无败"的最好结局,避免出现"双败无胜"的局面。

任务三　客户档案管理

8.3.1　客户分类

客户分类指按客户对企业的价值来区分客户,对高价值的客户提供优先服务。对客户进行分类有利于针对不同类型的客户进行客户分析,分别制定客户服务策略。

1. 客户的分类方式

客户的分类有很多方式,见表 8-1。

表 8-1　客户的分类

分类方式	分　　类			
车辆的档次	高档车客户	中档车客户	中低档车客户	低档车客户
车辆的数量	大户型客户	中户型客户	小户型客户	散户型客户
客户的属性	公务车客户	保险车客户	私家车客户	出租车客户
贡献度	一般客户		重要客户	金牌客户
客户的表现	要求型		困惑型	激动型
客户的性别	男性		女性	

以按客户的车辆档次分类为例,分析客户的类型,见表 8-2。

表 8-2　客户类型

客户类型	分析说明
高档车客户	注重品质服务,注意环境舒适性,注重受到特别尊重。针对这类客户,服务的规格要高,要细致、周到。服务人员形象要好,通过主动、热忱的服务,使客户感到受到尊重。服务价格上应坚持优质优价的做法。如果属于大、中户型,也可以在签订协议时一次承诺优惠价待遇,不宜每次商讨价格
中档车客户	注意服务质量,也要求环境舒适性,重视是否受到尊重,表现个性更复杂一些。针对这类客户要注意规范化服务到位,注意环境的清洁卫生,服务人员应注意礼节礼貌。这类客户一般数量较多,要整理好个人档案资料,要发挥个性化服务的优势作用。服务价格上要准确,也应坚持优质优价的原则,谨慎处理结算时的问题。对大、中户型,一般在签订协议时一次协议好价格
中低档车客户	注重服务的质量、速度、价格,希望有舒适的环境和受到礼遇。客户特别提出的要求,比如工期或价格,在维修质量有保证的前提下,尽可能缩短工期,适当加强用车技术指导(可以引导维修消费)
低档车客户	特别注重维修价格,注重服务单位的办事效率。针对这类客户,在保证质量的前提下给予优惠价格服务。服务过程必须规范化,不可简化服务环节,适当加强用护车技术指导

2. 客户的构成

客户构成如图 8-7 所示。

了解客户的构成，能使企业节约时间并更有效地利用有限资源，对不同类型的客户制定不同的服务策略，采取更有针对性的服务。

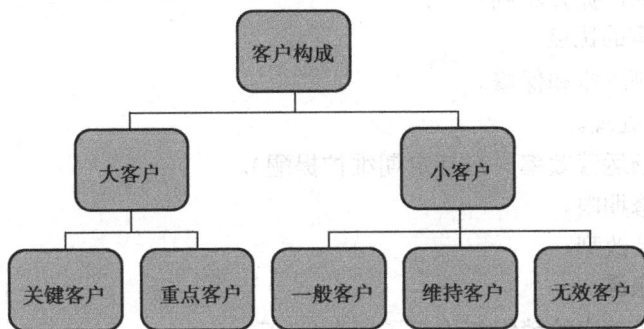

图 8-7　客户构成

3. 客户 ABC 分类法

ABC 分类法又称帕累托分析法、主次因素分析法，是帕累托法则或"二八定律"的延伸应用，是项目管理中常用的一种方法。它是根据事物在技术或经济方面的主要特征，进行分类排队，分清重点和一般，从而有区别地确定管理方式的一种分析方法。由于它把被分析的对象分成 A、B、C 三类，所以又称为 ABC 分析法。这种方法有利于人们找出主次矛盾，有针对性地采取对策，主要用于定量分析管理。

客户服务人员应每月或每个季度做一次 ABC 分析，并注意客户名次的变化。

① 将客户按实收金额高低排列，从第一名排到最后一名。

② 将全部客户的实收金额予以累计。

③ 进行客户分级。

A 类客户：从最高消费金额客户开始累计，累计金额占总金额 80%的客户称为关键客户或重点客户。

B 类客户：以此类推，累计金额占总金额 15%的客户称为一般客户。

C 类客户：累计金额占总金额 5%的客户为维持客户。

A 类客户数量虽然少，但为公司提供了 80%的利润；B、C 类客户数量大，但仅为公司提供了 20%的利润。

客户分类是为了根据不同的客户提供不同的服务，让每一类客户都能够享受到更好的服务，同时也让企业能够更合理地分配服务资源。

根据"二八定律"，业务接待既要做好 B 类客户与 C 类客户的客户关怀与客户维系，更要着重做好为公司提供 80%利润的 A 类客户的客户关怀与客户维系。

对服务人员来说，与那些创造了 80%利润的 20%的客人建立牢固关系，无可厚非；将大部分服务预算花在那些只创造公司 20%利润的 80%的客人身上，则是一种浪费或者效率低下，这是一个不容争论的事实。

8.3.2　客户档案

1. 建立客户档案的目的

① 建立用户关系。

② 了解目标用户及其个性化需求。

③ 提供有针对性的服务以提高用户满意度与信任度。

④ 发掘服务需求，提升获利水平。

2. 建立客户档案的优点

① 正确进行车辆维修和保修。

②规范客户投诉处理。

③ 提高维修市场运营效率（包括定期维护提醒）。

④ 及时通知保修期限。

⑤ 及时通知产品改型。

3. 客户档案的来源

① 客户从特约经销店的销售部购买了新车/旧车。

② 客户从其他销售点买的车，第一次来特约经销店维修。

建立关系后，客户服务专员应着手对每一位客户建立客户个性化档案，对此后与客户接触过程中客户所表现出的特质或典型事件，服务顾问应及时记录并将信息转到客户服务专员，以维护和更新客户个性化档案。

客户服务人员定期（每月）或不定期对客户个性化档案进行维护与更新，对档案中的累加值系统将自动进行更新，如图8-8所示。

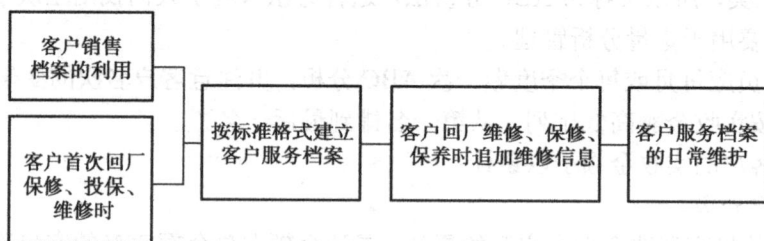

图 8-8　客户个性化档案

4. 客户档案的应用

如图8-9所示为客户档案在服务流程中的使用。

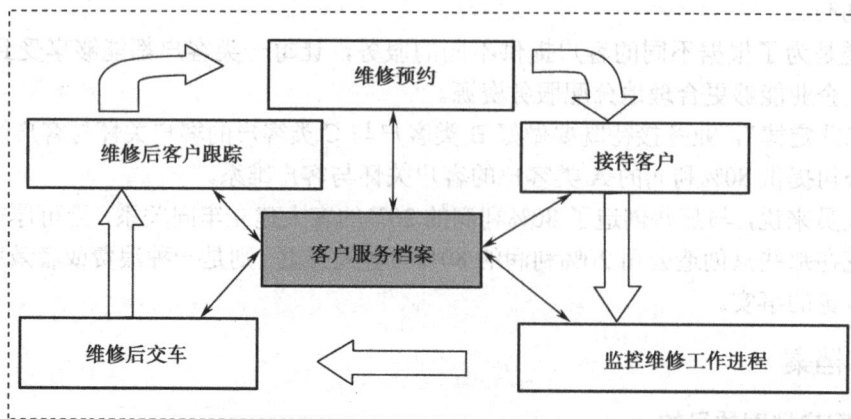

图 8-9　客户档案在服务流程中的使用

在服务流程中，借助于客户服务档案，对客户进行分类，然后针对不同类别客户制定相应的服务策略，在日常客户服务流程中进行有效的实施，从而提升客户服务品质，提高客户满意度与信任度，增加企业经营效益。客户关系管理要素，如图8-10所示。

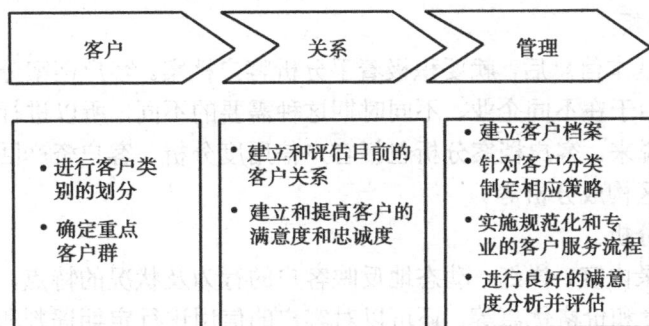

图8-10 客户关系管理要素

8.3.3 客户档案管理

1. 客户档案的建立

客户档案是企业的重要资源，通常利用客户档案可以建立客户群、扩大业务、提高企业的知名度等。客户档案的建立通常包括客户基本资料的建立与客户业务资料的管理。

（1）客户基本资料的建立

客户基本资料的建立包括客户基本资料的获取、整理、录入、保存、更新、取用和应急处理等。对于不同的企业来说，对客户基本资料的内容的要求各不相同，应该根据需要制定有关的规章制度细则，当然这些制度一般来说大同小异。一般客户的资料分为4个部分。

① 车辆的基本信息：车牌号、VIN、发动机号、车架号（底盘号）、钥匙号、出厂日期、首保日期、车型和车型分类等。

② 车辆的扩展信息：购买日期、档案登记日期、保险公司名称、保险联系人、续保日期、下次应保养日期、上次业务日期和车辆年检日期等。

③ 车主的基本信息：姓名、性别、出生日期、身份证号码、住址、邮政编码、联系电话和手机号码等。

④ 车主的扩展信息：车主的电子邮箱、即时通信号码、车主的其他联系人、开户银行、开户账号、税号、所在地区和类别等。

需要说明的是，车型的分类和客户的分类都有很多种办法。例如，可以按照年龄分类，可以按照地区分类，可以按照车辆用途分类，可以按照客户来源分类，可以按照业务大小分类，甚至还有的企业要求记录客户的兴趣爱好等。

（2）客户业务资料的管理

客户业务资料包括客户的来访记录、购车记录、购买配件记录、修车记录、保养记录、跟踪回访记录和投诉记录等。

① 销售记录。如果一个企业刚刚开始建立客户档案，查阅企业销售记录是一个最为直接、简单的方法。从销售原始记录中，可以看到现有客户和曾经进行交易的客户的名单，以及企业客户的类型。

259

② 维修服务登记。维修服务登记是建立客户档案的一个最简单的办法。可以采取请客户自己登记的办法，以获得更多、更准确的客户信息，不过这需要得到客户的配合。但很多客户不愿花费时间和精力填写登记卡，即使填了也难以保证质量。企业可以以某种方式对自愿登记的客户进行奖励，如通过赠送小礼品等方式来提高填写质量。

2. 客户档案的分析

在掌握了客户的基本信息后，就要积极着手分析客户档案。客户档案分析的内容取决于客户服务决策的需要，由于在不同企业、不同时期这种需要的不同，所以进行客户档案分析利用的内容也不同。一般说来，客户档案分析包括客户信用度分析、客户资产回报率分析、客户收入构成分析和客户地区构成分析等。

（1）客户信用度分析

利用客户档案记录内容，详细、动态地反映客户的行为及状况的特点，从而确定不同客户的付款条件、信用限度和价格优惠等，还可以对客户的信用进行定期评判和分类。信用分析中信用等级较高的客户，可作为业务发展的重点，并给予一定鼓励或优惠，如优先服务、特殊服务、优惠价格和信用条件等。这对于加速企业资金的周转和利用，防止出现呆账、坏账十分有效。

（2）客户资产回报率分析

客户资产回报率分析是分析企业从客户获利多少的有效方法之一。该方法仅从客户的毛利中减去直接客户成本，包括维修费用、服务费用和送货费用等，而不考虑企业的研究开发、设备投资等费用，从而求出客户资产回报率。

（3）客户收入构成分析

统计分析各类客户及每位客户在企业总收入中所占的比重，以及这一比重随时间推移的变动情况，用以表明企业服务的主要对象，从而划分不同规模的客户。这对于明确促销重点、掌握渠道变动情况是十分重要的。

（4）客户地区构成分析

利用客户档案分析客户地区构成是一种最为普遍、简单的档案分析方法，分析企业客户总量中各地区客户分散程度、分布地区和各地区市场对企业的重要程度，是设计、调整分销和服务网络的重要依据。值得指出的是，这种构成分析至少要利用5年以上的资料，才能反映出客户构成的变动趋势。

除以上档案分析内容外，在实践中一些企业还利用客户档案进行关系追踪与评价、客户与竞争者关系分析、客户占有率分析、开发新客户与损失客户分析、企业营销效果分析、合同履行分析等。建立客户档案、收集客户资料的目的是利用这些信息，使其在实现企业的客户向导中真正发挥作用，实现信息的价值。因此，要在建立客户档案的基础上，不断开发利用档案信息内容。客户档案不仅在客户关系管理，而且在企业面向客户服务的各项工作中都具有广泛而重要的作用。

3. 客户档案管理内容

客户档案管理，是汽车维修的基础管理工作，也是企业生产、技术管理的基础工作。

① 客户进厂后，业务接待人员当日要为其建立业务档案或更新档案；客户档案由业务部门负责收集、整理和保管。汽车大修、总成大修、汽车二级维护的客户档案一车一档，一档一袋，档案内容包括维修合同、检验签证单、竣工证存根、工时清单、材料清单等；汽车一级维护、小修的资料在维修登记本中保存。

② 对客户基本信息应进行整理，并利用电脑存档；纸质档案应保持整齐、完整，不得混杂乱装，档案袋应有明确的标识，以便检索查询，同时防止污染、受潮、遗失。

③ 车辆维修竣工后，检验员应在车辆技术档案中记载总成和重要零件更换情况及重要维修数据（如汽缸、曲轴直径加大尺寸）。

④ 单证入档后除工作人员外，一般人员不得随意查阅、更改、抽换。如确需更正，应经有关领导批准同意。

⑤ 档案内容有客户有关资料、客户车辆有关资料、维修项目、修理保养情况、结算情况、投诉情况，一般以该车"进厂维修单"的内容为主。老客户的档案资料表填好后，仍存入原档案袋。

⑥ 客户维修档案应保存两年或两年以上。

4. 客户档案管理工作流程

如图 8-11 所示为客户档案管理工作流程图。

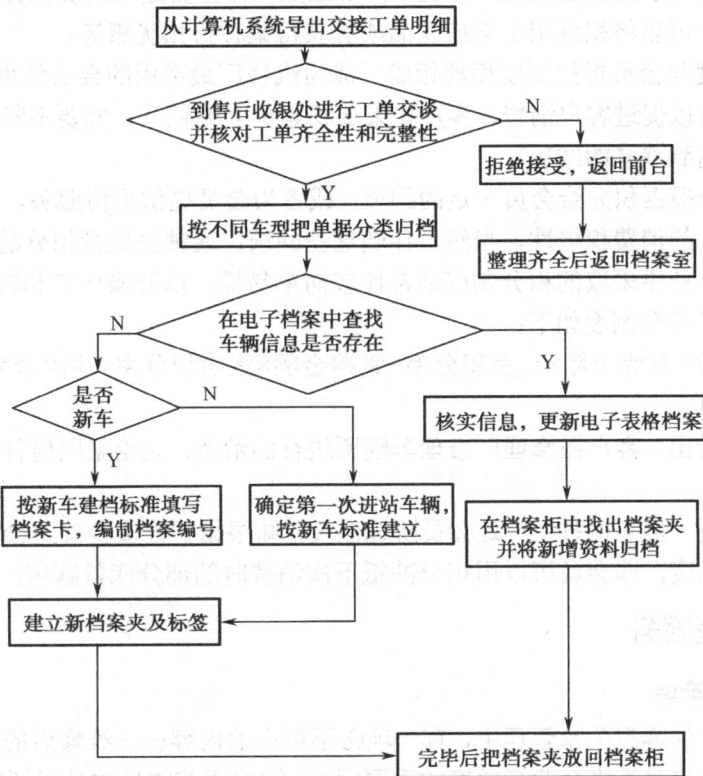

图 8-11　客户档案管理工作流程图

8.3.4　会员管理

1. 会员折扣管理

吸引到客户之后，商家需要持续努力，才能够长期留住客户，使其成为忠诚客户。会员制度，就是留住老客户的常用办法之一，也是客户关系管理的一种有效手段。一套完善的会员制度，是与客户建立良好关系的纽带与桥梁。会员制度的管理内容很多，下面介绍一下会员制度中的重点知识之———会员折扣制度。

折扣，就是厂商在向客户提供商品或服务时，在普通定价的基础上，以一定的优惠价格收取费用。会员折扣，就是为客户建立会员档案，然后为会员客户提供比普通客户优惠的消费折扣。在维修管理中，折扣可以用在维修项目和维修用料两个方面。比如，在维修厂中，维修项目的工时费折扣优惠措施，就会使客户感觉实惠，从而增加客户对修理厂的好感，留住客户。有的汽修厂也对配件的价格进行优惠。也有的采取工时、配件双优惠。

因为维修工时费和配件费的性质有所不同，所以一般的修理厂会将维修工时费和配件费折扣分开，即一单业务中会有两个折扣率。不同级别的客户享受的双折扣率也会有所区别，客户级别的划分也就成为会员制度的一个重要内容。一般来说，级别越高的会员，得到修理厂优惠的折扣越多。

2. 会员积分管理

会员折扣制度可以让会员每次来店都立即享受到优厚的待遇。而会员积分制度则是让会员通过消费积累积分，享受长远的优惠待遇。其方法是，为会员建立消费积分制度，当积分达到一定程度的时候，可以将积分用于交换礼品或者获得某种折扣优惠等。

会员积分制度与会员折扣制度相辅相成，成为汽修厂最常用的会员优惠方法。

通过积分，可以促进客户消费，客户如果要积累更多的积分，就要不断地进行消费，商家和客户通过积分达到双赢的结果。

通常，商家会根据积分给会员一定的回馈，或者为会员提供增值服务，或者向会员发放礼品，激发客户持久的消费积极性。当然，伴随这些回馈，通常要进行积分的扣减。

在汽车服务企业中采取的积分制度通常比较简单易懂，以便操作者和客户都容易领会。

最常见的会员积分制度如下：

本次消费积分=自费金额×自费积分率+索赔金额×索赔积分率+保险金额×积分率+免费金额×免费积分率

从公式可以看出，客户在修理厂修理车辆所进行的消费，无论采取何种收费方式，都可以进行积分。

会员积分制度一般有两种：一是会员阶梯制度，即根据积分多少确定会员的阶梯等级；二是"积分抵金"制度，即会员可以用积分冲抵下次消费时的部分应付款项。

8.3.5 其他管理服务

1. 跟踪回访管理

汽车维修企业的客户关系管理中，有一项必不可少的内容——维修后的跟踪回访。维修跟踪也是直接影响客户对维修企业好感度的重要因素。维修跟踪的目的是了解客户在修车过程中与修车后对本企业各种服务的评价、意见与建议，并对可能存在的问题进行处理。

客户的反馈信息，对修理厂纠正问题、改善服务、完善管理都起着重要作用。一个好的修理厂只有不断地了解客户所想，满足客户所需，才能提升修理厂在客户心目中的形象，更好地为客户服务。

维修跟踪包括跟踪记录、投诉记录、客户维修满意度统计和投诉处理满意度统计。

① 跟踪记录是指修理厂在客户维修结束后的一定天数后（通常小修 3～5 天，大修 2～4 周），主动联系客户，询问客户的评价、意见与建议，同时对客户提出的问题进行解决，反馈给客户并记录处理结果。

② 投诉记录是指对客户投诉的各种问题进行记录，然后与相关部门讨论，找到问题原因并解决。

③ 客户维修满意度统计是指在某时间段内，对维修跟踪过程中的客户总体评价进行打分，然后根据分值进行统计。

④ 投诉处理满意度统计是指在某时间段内，对客户投诉处理过程中的反馈结果进行打分，然后根据分值进行统计。

客户服务部门应该妥善处理跟踪回访和解决投诉。建立良好的客户服务关系，对修理厂提高客户忠诚度是十分重要的。

2. 短信群发管理

手机短信群发，是近年来客户关系管理的常用手段，也是汽车售后服务软件的重要功能。

① 如果管理软件系统能够自动预测出车辆的下次保养时间，可以用短信通知客户来店保养，为车主送上温馨的服务提醒，同时为管理者带来持久的利润。

② 有的车辆保险快要到期了，软件系统能够帮助提醒客户进行续保，这时可以通过手机短信群发自动通知客户。同样，对于驾照的年审、行驶证的年审等，都可以用短信群发功能。

③ 预防客户流失。有的老客户突然有几个月没有来本店进行维修，这时就要警惕客户流失的危险。应该通过计算机系统定期查询可能流失的客户，然后使用手机短信群发进行联系。

④ 逢年过节、客户生日、购车的周年日等，也可以通过短信给客户送去祝福，增进和客户的感情。

总而言之，使用短信群发联系客户的方法，能够缩小汽车服务企业与客户之间的距离。

3. 紧急救援管理

运转良好的紧急救援服务对提高客户满意度和客户忠诚度、增加企业收入，具有巨大的作用。

客户一般在最困难的时候，向企业发出救援信号。得到救援帮助的客户将非常感激，并对企业留下深刻的印象。既没有维修企业信息又没得到帮助的客户，或长时间等待的客户，会非常生气甚至恼怒，将对企业的生产能力和信誉产生怀疑并失去信心。

企业实行良好的紧急救援服务要具有以下条件：

① 成立紧急救援小组；

② 建立 24 小时值班制度；

③ 设立救援电话，并让顾客知道救援电话；

④ 设立紧急救援车辆。

参 考 文 献

[1] 段钟礼. 汽车服务接待实用教程[M]. 北京：机械工业出版社，2010.

[2] 毛峰. 汽车维修管理事务[M]. 北京：北京大学出版社，2011.

[3] 许平. 汽车服务企业管理基础[M]. 北京：电子工业出版社，2005.

[4] 才延伸. 汽车行业客户关系管理[M]. 上海：同济大学出版社，2011.

[5] 潘波. 汽车维修业务接待实务[M]. 北京：机械工业出版社，2012.

[6] 罗双. 怎样做好汽车维修业务接待[M]. 北京：机械工业出版社，2012.

[7] 贾逵钧，莫远. 如何做好汽车维修业务接待[M]. 3版. 北京：机械工业出版社，2013.

[8] 金家龙. 汽车维修业务接待[M]. 2版. 北京：电子工业出版社，2014.